公路隧道照明节能关键技术

王玉文　廖志鹏　夏杨于雨　赵明　王子豪　著

西南交通大学出版社
·成都·

图书在版编目（CIP）数据

公路隧道照明节能关键技术 / 王玉文等著. —成都：西南交通大学出版社，2021.11
ISBN 978-7-5643-8396-1

Ⅰ. ①公… Ⅱ. ①王… Ⅲ. ①公路隧道－照明技术－研究 Ⅳ. ①U453.7

中国版本图书馆 CIP 数据核字（2021）第 239742 号

Gonglu Suidao Zhaoming Jieneng Guanjian Jishu
公路隧道照明节能关键技术
王玉文　廖志鹏　夏杨于雨　赵　明　王子豪　著

责任编辑	杨　勇
封面设计	原谋书装
出版发行	西南交通大学出版社 （四川省成都市金牛区二环路北一段 111 号 西南交通大学创新大厦 21 楼）
发行部电话	028-87600564　028-87600533
邮政编码	610031
网　　址	http://www.xnjdcbs.com
印　　刷	成都蜀通印务有限责任公司
成品尺寸	170 mm × 230 mm
印　　张	21.25
字　　数	337 千
版　　次	2021 年 11 月第 1 版
印　　次	2021 年 11 月第 1 次
书　　号	ISBN 978-7-5643-8396-1
定　　价	68.00 元

图书如有印装质量问题　本社负责退换
版权所有　盗版必究　举报电话：028-87600562

前言

截止到 2020 年年末，全国在役公路隧道总里程达 21 999.3 km，比 2019 年增加了 3 032.7 km，中国已经成为世界上拥有公路隧道数量最多、里程最长的国家。在正常运营条件下，隧道照明是对行车安全和舒适影响最大的隧道机电子系统。由于不可间断性，照明系统电能消耗无疑是巨大的，一般占隧道总耗电量的 80%左右。2020 年我国在联合国大会上明确提出二氧化碳排放力争于 2030 年前达到峰值，努力争取 2060 年前实现碳中和，在此时代背景下，如何科学、合理地降低隧道照明系统的碳排放，同时兼顾行车安全和舒适，已成为当前亟待研究的重要课题。

隧道照明是一个复杂的系统工程，它融合了机电工程、土建工程、人体生理科学工程、光学工程、控制工程等多个领域，其学科交叉性与延伸性较强。本书以国内外近年来隧道照明取得的最新理论与技术进步为基础，开展了创新性的视觉实验与数值模拟，并融入了作者大量的研究成果与见解。第 1 章对公路隧道照明技术的研究现状做出了总结；第 2 章利用计算机数值模拟手段掌握了照明灯具最优适配方案；第 3 章针对夜间特殊的隧道行车环境，采用现场试验得出了隧道路面照明亮度的合理取值及调控方法；第 4 章结合数值模拟与依托工程现场实测，充分考虑日光照射"零碳化"的特点，设计出一种具有良好视觉缓冲作用的隧道洞口减光构筑物，给出了最佳结构配置参数，最后分析了减光构筑物的经济及社会效益；第 5 章基于毗邻隧道光环境变化剧烈的实际情况，通过设置减光棚构筑物与隧道内照明系统进行联动调控，达到节能的目的；第 6 章对国内外隧道照明规范及技术报告中与节能技术相关的条文进行了节选和介绍。

本书由广东惠清高速公路有限公司王玉文、招商局重庆交通科研设计院有限公司廖志鹏、中铁长江交通设计集团有限公司夏杨于雨、广东省路桥建设发展有限公司赵明和中铁城市规划设计研究院有限公司王子豪编写。全书共分为 6 章，其中第 1、2 章由王玉文、夏杨于雨编写，第 3、4、5 章由王玉文、廖志鹏编写，第 6 章由赵明、王子豪编写。

在本书编写过程中，作者得到了招商局重庆交通科研设计院有限公司隧道与地下工程院丁浩、马非、朱凯、刘鹏等大力帮助和支持，同时书中借鉴和引用了国内外大量与隧道照明相关的研究成果，在此对其原创作者一并致以诚挚的谢意。由于作者知识水平、资料收集等方面的局限，书中不可避免地会出现疏漏与不足，敬请读者批评指正。

著 者
2021 年 3 月

目录

第 1 章 公路隧道照明技术研究现状 ……………………………… 001
- 1.1 研究背景 ……………………………………………………… 001
- 1.2 公路隧道照明研究历程 ……………………………………… 002
- 1.3 照明灯具研究现状 …………………………………………… 003
- 1.4 夜间照明研究现状 …………………………………………… 003
- 1.5 自然光在隧道照明中的应用 ………………………………… 005
- 1.6 隧道照明计算评估现状 ……………………………………… 008

第 2 章 基于光线跟踪的隧道设备配光最优适配节能技术研究 ……………………………… 010
- 2.1 隧道照明质量评价体系 ……………………………………… 010
- 2.2 计算模型 ……………………………………………………… 014
- 2.3 研究工况 ……………………………………………………… 017
- 2.4 本章小结 ……………………………………………………… 132

第 3 章 高速公路隧道夜间照明节能技术研究 ……………………… 134
- 3.1 人的视觉特征 ………………………………………………… 134
- 3.2 高速公路隧道夜间光环境 …………………………………… 139
- 3.3 试验流程 ……………………………………………………… 144
- 3.4 试验数据分析 ………………………………………………… 148
- 3.5 本章小结 ……………………………………………………… 150

第 4 章 基于日光利用的隧道加强照明"零碳化"节能技术研究 ································ 151

4.1 洞外亮度的影响因素及计算模型 ································ 151
4.2 依托工程洞外亮度计算 ································ 153
4.3 生态减光棚 ································ 158
4.4 洞外减光结构物亮度及长度适应性研究 ································ 162
4.5 减光结构物长度的确定 ································ 185
4.6 生态减光结构参数优化配置 ································ 190
4.7 生态减光结构物模型试验研究 ································ 228
4.8 依托工程实施 ································ 238
4.9 经济及社会效益分析 ································ 242
4.10 本章小结 ································ 244

第 5 章 基于洞外光环境特性的毗邻隧道联动节能技术研究 ································ 247

5.1 计算模型 ································ 247
5.2 最佳减光棚配置分析 ································ 249
5.3 最佳透光率分析 ································ 286
5.4 研究依托工程 ································ 311
5.5 设计方案 ································ 311
5.6 亮度仿真分析结果 ································ 314
5.7 本章小结 ································ 317

第 6 章 国内外隧道照明相关规范及技术报告简介 ································ 319

6.1 《公路隧道照明设计细则》 ································ 319
6.2 CIE 88—2004 ································ 324

参考文献 ································ 329

【第1章】>>>>
公路隧道照明技术研究现状

1.1 研究背景

我国隧道及地下工程事业始自20世纪80年代。随着经济的持续发展、综合国力的不断提升及高新技术的不断应用，进入21世纪后，我国隧道及地下工程得到了前所未有的迅猛发展。据统计，中国已是世界上隧道和地下工程数量最多、里程最长、发展速度最快的国家，截止到2019年年末，全国在役公路隧道19 067处，总里程达1 896.66万米，比2018年分别增加了1 329处、173.05万米。

在隧道内行车，人的视觉所获得的信息是最主要的，对驾驶者的行为决策和情绪有着直接的影响，在车辆通过隧道的整个过程中，驾驶者经历的视觉适应过程为暗视觉—中间视觉—暗视觉。从以上人的视觉适应性特征可以看出，进入隧道后从暗视觉至中间视觉的转换过程是快速的，而驶出隧道后从中间视觉转换至暗视觉的过程则是缓慢的，在视觉转换的过程中存在较大的安全风险。因此，隧道照明系统对行车的安全性和舒适性有着非常重要的影响，良好的照明条件能够大大降低隧道内发生交通事故的概率。

然而，伴随着高速公路网向西部山区等不发达地区延伸，照明系统在隧道和隧道群的运营过程中将消耗大量的电能。与世界其他国家相比，中国能源消费的最大特点是煤炭消费比重很大。2005年中国煤炭消费占能源消费总量的比重为74%，2015年煤炭消费占比为63.7%，仍然位于世界主要国家之首。煤炭比重超过世界煤炭平均消费水平34.5个百分点，且分别超过欧盟和美国47.6和46.3个百分点。我国煤炭人均可采储量少，仅为世界平均水平的 2/3，煤炭资源开发和利用方式难以支撑经济和社会长远发展，中国煤炭资源的耗竭速度高于国际平均水平。公路隧道照明系统的电能消耗占隧道总电能消耗的比重约为 80%，电费支出往往成为运营企业的沉重负担。在全社会节能减排的大背景下，隧道照明系统的节能是必须长期坚持的一个方向。

当前我国已全面建成小康社会，推进生态文明建设也处于关键时期，绿色发展理念将深度融入经济社会发展全过程，节能减排工作面临重大战略机遇。与此同时，全国范围内经济社会发展的资源环境制约因素日益突出，节能减排潜力不断下降，工作难度持续加大，应积极推动交通运输的节能减排。

1.2 公路隧道照明研究历程

公路隧道照明的根本目的在于为驾驶员提供安全行车的视觉条件，提供可获得足够视觉信息的亮度，满足不同层次的驾驶员的视觉功能和心理需求，确保车辆无论是在白天还是在夜间，都能够以给定的设计速度安全行车，使车辆如同在一般的公路上一样安全行驶。

隧道照明与道路照明的显著区别，是夜间不仅需要照明，白天更需要照明，而且白天照明比夜间照明更加复杂，其不只像道路照明那样仅仅提供一定的亮度，还应综合考虑设计（实际）运营车速、交通量、隧道线型等因素，并注意司乘人员的安全性和舒适性，特别要注意隧道入口与相邻区段的视觉适应过程。

驾驶员从洞外亮度较高的日光环境进入隧道内较暗环境时，人眼对路面上障碍物的识别能力需要一段时间恢复。当洞内外的亮度差别越大，识别能力需要恢复的时间越长，安全风险越大，对人工照明的亮度要求越高；当洞内外的亮度差别越小，识别能力需要恢复的时间越短，安全风险越低，对人工照明的亮度要求越低。

我国在 20 世纪 90 年代初开始关注高速公路隧道照明的相关技术，直到 2000 年，国内第一部有关公路隧道照明设计的专用技术规范才正式发布。为了与国际隧道照明的发展进一步接轨，交通运输部在 2014 年又发布了《公路隧道通风照明设计规范》的修订版，即《公路隧道照明设计细则》。

1.3 照明灯具研究现状

灯具是隧道照明系统的核心组成部分，它关系到隧道内光环境的安全和舒适、节能以及建设和运营成本。

公路隧道照明光源研究，主要集中在LED灯和电磁感应灯。2010年以前国内公路隧道照明大多采用高压钠灯和荧光灯（主要用于洞内紧急停车带和横通道照明）。受国家"节能减排"战略的导向，以LED灯和电磁感应灯为代表的新型高效节能光源得到广泛关注。重庆交通科研设计院首次采用"中间视觉""视觉功效法"等视觉理论开展此类新型光源在公路隧道内应用指标参数等关键技术研究，并取得了重大技术创新，可实现公路隧道运营照明节能30%以上。广东、重庆、福建、陕西、河北、安徽、浙江等省、市开展了研究成果的试点应用工作，积累了大量的工程经验。如广东省交通运输厅积极研究并推广LED灯照明、太阳能、风能在交通机电工程及隧道安全设施中的应用，龙头山双洞八车道高速公路隧道采用LED光源，节能约40%，且显色性好，无频闪，有利于公路隧道交通安全。

目前，高速公路隧道人工照明采用的灯具以高压钠灯和LED灯具为主，仅有少量的高速公路隧道采用金卤灯、无极灯等其他灯具。近年来荧光灯一般应用到城市隧道的照明系统中，在高速公路隧道内较少采用。随着LED灯具光效的不断提升和成本的持续降低，LED灯具正逐渐取代其他类型的照明灯具。

1.4 夜间照明研究现状

在夜间，行驶在高速公路上的车辆在进入隧道前，仅仅有车灯为驾驶者提供光通量，车辆前方路面一定的距离内有光线分布，其他区域则无光线分布，整个视野基本上处于暗环境中。当车辆进入隧道后，由于隧道内基本照明或者应急照明回路开启，隧道内的亮度一般在 $1\sim 3\ cd/m^2$，其亮度环境是介于暗视觉和明视觉之间的中间视觉。

在车辆通过隧道的整个过程中，驾驶者经历的视觉适应过程为暗视觉—中间视觉—暗视觉。从人的视觉适应性特征可以看出，进入隧道后从暗视觉至中间视觉的转换过程是快速的，而驶出隧道后从中间视觉转换至暗视觉的过程则是缓慢的。

在夜间照明方面，从美国关于隧道夜间照明指南 *Practice for Tunnel Lighting*（IESNA-RP-22—2005）可以看出，隧道夜间照明要求要比白天照明要求要低。国际照明学会 *Guide for the Lighting of Road Tunnels and Underpasses*（CIE 88—2004）不仅对平均亮度等级提出了最低要求，而且对亮度总均匀度、纵向均匀度也提出了相应要求。国际照明协会、丹麦等在要求亮度水平的同时，特别强调隧道内路面均匀性。

现有的隧道照明设计指导细则（指南）主要将关注点放在了白天照明上，而针对夜间照明的内容较少，忽略了驾驶员的夜间视觉特性。在亮度要求上只是简单地取一个定值，也没有考虑车灯对隧道路面的影响，缺乏相应的基础研究。

《公路隧道照明设计细则》（JTG/T D70/2-01—2014）中对夜间调光提出了如下要求：

（1）夜间应关闭隧道入口段、过渡段和出口段的加强照明灯具。

（2）长度 $L \leqslant 500$ m 且设置有连续自发光诱导设施和定向反光轮廓标的高速公路和一级公路隧道，夜间可关闭全部灯具。

（3）长度 $L \leqslant 1\,000$ m 且设置有连续定向反光轮廓标的二级及以下等级公路隧道，夜间可关闭全部灯具。

（4）当隧道位于有照明路段时，隧道夜间照明的亮度应与该路段的亮度水平一致；当隧道位于无照明路段时，高速公路和一级公路隧道夜间照明路面亮度可取 $1.0\ \text{cd/m}^2$，二级及以下等级公路隧道夜间照明路面亮度可取 $0.5\ \text{cd/m}^2$。

（5）当单向交通隧道夜间交通量不大于 350 veh/(h·ln)、双向交通隧道夜间交通量不大于 180 veh/(h·ln) 时，可只开启应急照明灯具。

《公路隧道和地下通道照明指南》（CIE 88—2004）对隧道照明要求如下：

（1）当隧道位于设置照明的路段时，隧道夜间照明的亮度应同该路段的亮度水平、均匀性、眩光指数以及隧道外道路的参数值设置保持一致。隧道夜间照明的均匀性应不低于白天隧道照明的均匀性。

（2）如果隧道外道路没有照明，隧道内的路面平均亮度应不低于 $1\ \text{cd/m}^2$，路面亮度总均匀度应不低于 0.4，纵向均匀度应不低于 0.6。

《美国隧道照明技术指南》（ANSI/IESNA RP-22-05）对夜间的隧道照

明进行了规定。在夜间，驾驶员的眼睛已经适应了洞外较暗的亮度水平，因此，建议隧道内的平均亮度应不低于 2.5 cd/m²（该亮度值的确定已得到专家的共识）。在隧道入口前和出洞口外一个停车视距内，路面的亮度应不低于隧道洞内亮度的 1/3。在白天当车速为 80km/h 时，隧道内的亮度要求分别是 4 cd/m²，6 cd/m²，8 cd/m²。

《丹麦公路隧道照明指南》（Report No.4：1995）对夜间照明要求如下：当隧道存在照明时，隧道平均亮度为 2 cd/m²，亮度总均匀度不小于 0.4，纵向均匀度不小于 0.6。当隧道外道路存在照明时，隧道内的平均亮度要求为 1.0 cd/m²，亮度总均匀度不小于 0.4，纵向总均匀度不小于 0.6。

从中国、国际照明协会、美国关于隧道夜间照明指南（细则）可以看出，隧道夜间照明要求要比白天照明要求低，国际照明学会不仅对平均亮度等级提出了最低要求，而且对亮度总均匀度、纵向均匀度也提出了相应要求。

国际照明协会、丹麦等在要求亮度水平的同时，特别强调隧道内路面均匀性。

1.5 自然光在隧道照明中的应用

一天内从日出至日落的时段内，洞外亮度随着太阳方位角的变化而不断变化，一般来说，洞外亮度的最大值是在太阳处于中天位置时。一年当中，每天的最高洞外亮度随着地球所在公转轨道的位置而不断变化，太阳出现在天空的位置也不断变化。在研究洞外减光结构物时，结构物的形式、长度、材料等关键参数的确定须结合洞外亮度的时域变化特征，因此隧道洞外亮度的时域变化特征是首先要进行的基础性研究。

如何在不增加电能消耗的前提下提升隧道入口段行车的安全性和舒适性为目前面临的难题之一。太阳光为取之不尽、用之不竭的绿色资源，利用太阳光资源提升隧道照明水平是近年来业界关注的热点之一，大致分为三个方向：一是在隧道洞外设置格栅或者减光棚，在降低隧道洞外亮度的同时利用自然光对格栅或者减光棚下路面进行照明。二是通过设立太阳能光伏电站，将光能转换为电能，为隧道内照明灯具供电。三是利用透镜和光导管将太阳光输送到隧道内部提高隧道内的亮度，即天然光光纤照明技术。

国外在自然光利用中设置减光格栅的案例较多，早前的设置原理是利用格栅对太阳光的散射来提高路面亮度，通过控制格栅的宽度、高度、间距来避免太阳光线直接照射在路面上。实践表明，此种格栅的透光率严重依赖于云层的情况和太阳的位置，格栅下路面往往难以达到令人满意的亮度。于 1967 年通车的荷兰 Benelux 隧道就设置了铝质格栅，纵向长度 130 m，在任何情况下，阳光都不能直接照射在路面上或者隧道墙壁上。由于格栅的严重腐蚀，该隧道的减光格栅的透光效果严重下降。

在 1979 年至 1984 年间，荷兰研究者陆续在该隧道开展了一系列的格栅试验，其中方案之一允许阳光直接照射在格栅下的路面上，该方案格栅下的亮度有所改善，但由于光线的散射和光幕影响，对行车造成严重的干扰，如图 1-1 所示。

图 1-1 荷兰的隧道自然光利用案例

近年来，国外陆续出现了一些公路隧道减自然光利用案例，部分设施结合太阳能发电站进行设置，如图 1-2 所示。从国外能够查阅的设施案例可以看出以下特点：

（1）除格栅外，大部分减光结构的光线从两侧进入内部空间，光线从顶部进入内部空间的案例较少。

（2）减光结构物采用钢结构等轻型建筑形式的较多，而采用混凝土结构形式的减光结构物较少。

（3）从已有的资料来看，目前还没有通过藤蔓+网架减光的自然光利用形式。

图 1-2　韩国隧道的自然光利用案例

国内近年来实施的隧道照明自然光利用案例中，主要目的为提升洞口的景观效果，次要目的为降低隧道洞外亮度，没有根据人的亮度适应曲线进行结构物长度和其下路面亮度的精确计算，同时也没有根据洞口地理位置和朝向精确计算其时空特性及利用效能。如图 1-3 所示，路面上存在着严重的纵向或者竖向条纹，路面的亮度均匀度较差，影响了驾驶者的识认能力和视觉的舒适性。在目前自然光利用设施中，减光棚使用较多，采用绿化减光方式较少。

（a）上海外环隧道　　　　　　（b）深圳龙华隧道

图 1-3　国内隧道自然光利用案例

综上可以看出目前公路自然光利用设施存在的问题如下：

(1)亮度均匀度差,存在明显的横向或者竖向条纹,眩光严重,影响行车安全。

(2)长度和亮度设置随意,不符合人眼的视觉适应特性。

(3)造价高,初期投资高,经济效益不佳,后期维护费用高。

(4)隧道照明系统的控制与洞外结构无关,节能效果有限。

1.6 隧道照明计算评估现状

目前,国内在进行隧道照明设计时,一般利用系数法,根据灯具的总光通量和布灯形式,以路面平均照度为控制指标,计算灯具的纵向间距,忽略灯具光强分布、路面类型等因素的影响。传统的研究方法仅能计算灯具直射光线对隧道照明环境的影响,而无法评估反射光线对照明环境的影响,如图 1-4 所示。如何忽略反射光对隧道光环境的影响,计算结果与工程实际有较大的差距。

图 1-4 隧道模型光环境

随着计算机技术和图形图像技术的进步,采用计算机进行隧道照明的研究和设计变得切实可行。

大多数隧道照明计算机程序具有光线跟踪算法和光能传递算法。光线跟踪算法是由几何光线衍变而来,最早应用于道路照明计算和隧道照明计算。在道路和隧道照明应用方面,该算法主要基于路面反射特性表和灯具的光强分布表,通过路面反射特性矢量与灯具的光线矢量相乘得出路面上一点的亮度值,该算法的计算量小,计算速度快。当路面的漫反射程度较高时，光线跟踪算法的计算效率和精度都较低。由于该算法仅能计算直射光，采用该算法无法精确计算隧道墙壁的亮度水平，也无法评估隧道内表面材料对隧道照明环境的影响，具有一定的应用局限性。光能传递算法是基于能量守恒原理发展而来的算法，不仅可以计算直射光的能量传播，而且可以计算表面反射光的传播。当表面（如路面）的漫反射程度较高时，计算精度较高。能够计算场景中任意一个表面的亮度，如隧道墙壁的亮度，适用于隧道照明的计算和评估。目前，尚没有将光线跟踪算法和光能传递算法融合的技术，从而发挥各自的优势。

目前的模型和算法已经能够精确计算隧道路面的亮度，但还没有相应的隧道内壁计算模型，如图 1-5 所示。目前仅能够粗略计算隧道墙壁的照度，因此对隧道照明整个空间内的视觉特征难以进行全面评估。

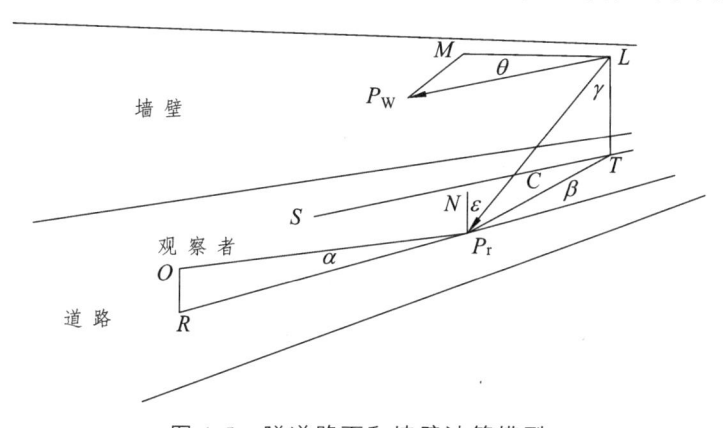

图 1-5 隧道路面和墙壁计算模型

【第2章】>>>>
基于光线跟踪的隧道设备配光最优适配节能技术研究

2.1 隧道照明质量评价体系

隧道照明质量评价指标体系中，主要评价指标为：亮度、亮度总均匀度、亮度纵向均匀度、照度、照度均匀度、阈值增量和 GR 眩光等。

1. 亮　度

亮度可以表达为单位面积光源在给定方向上，在每单位立体角（sr）内所发出的总光通量，单位为坎德拉每平方米（cd/m²），如图 2-1 所示。亮度与观察方向相关，观察者从某一方向观察发光面 S，在 S 上取足够小的面元 dA，其光强为 dI，如下图，观察视线与面元法线的夹角为 θ，则亮度可表达为：

$$L = \frac{\mathrm{d}I}{\cos\theta \mathrm{d}A} = \frac{\mathrm{d}^2\Phi}{\mathrm{d}A\mathrm{d}\Omega\cos\theta} \tag{2-1}$$

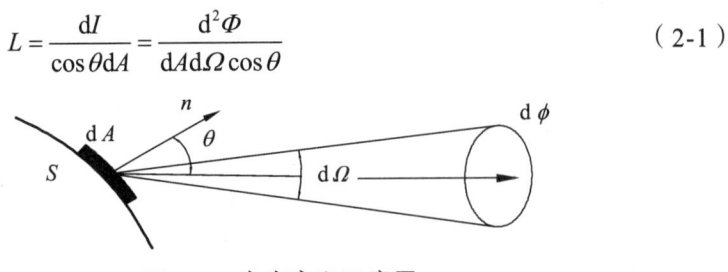

图 2-1　亮度定义示意图

在道路照明中，路面亮度是一个重要的指标，其大小与灯具的光通量大小、光强分布、灯具高度、灯具角度以及路面类型相关，路面上一点 P 的亮度计算公式如下：

$$L=\frac{I(C,\gamma)\cdot r(\beta,\varepsilon)\cdot \Phi \cdot MF \cdot 10^{-3}}{H^2} \qquad (2\text{-}2)$$

式中 L——路面上 P 点的亮度（cd/m²）；

$I(C,\gamma)$——方向上的光强（cd/klm），如图 2-2 所示；

$r(\beta,\varepsilon)$——入射光线指向 β，ε 的亮度系数，与路面类型相关；

Φ——灯具的光通量（klm）；

MF——灯具的光通量维持系数；

H——灯具的在路面上方的高度（m）。

在计算路面的亮度时，需要将计算点均匀地布设在所计算的车道上，如图 2-2 所示，其中 W_L 为车道宽度。观察者距离计算区域第一条横线的距离为 60 m。在横向上，观察者应处于每个车道的横向中心。

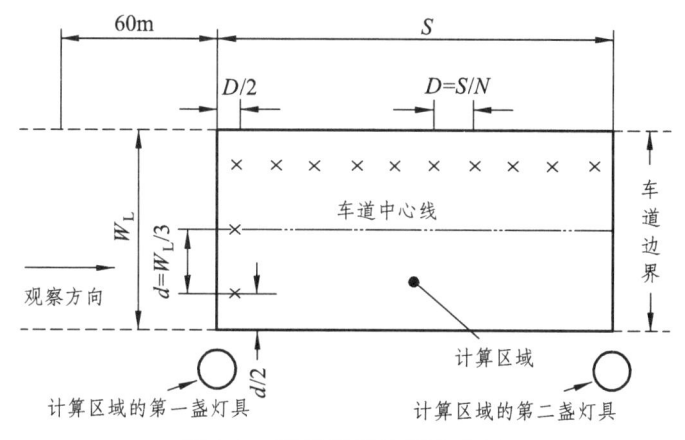

图 2-2 道路亮度计算点布置

2. 照 度

照度表示光源投射到物体表面单位面积上的光通量，单位为勒克斯（lx），其公式为：

$$E=\frac{\mathrm{d}\Phi}{\mathrm{d}A} \qquad (2\text{-}3)$$

照度是客观可精确测量的物理量，与人眼的视觉感受无关，因测量方便，照度被作为道路照明质量评价标准之一。

灯具在路面 P 点上产生的水平照度计算公式如下：

$$E = \frac{I(C,\gamma) \cdot \cos^3 \gamma \cdot \Phi \cdot MF \cdot 10^{-3}}{H^2} \qquad (2\text{-}4)$$

式中　E——路面上 P 点的照度（lx）；

　　　$I(C,\gamma)$——方向上的光强（cd/klm），如图 2-3 所示；

　　　Φ——灯具的光通量（klm）；

　　　MF——灯具的光通量维持系数；

　　　H——灯具在路面上方的高度（m）。

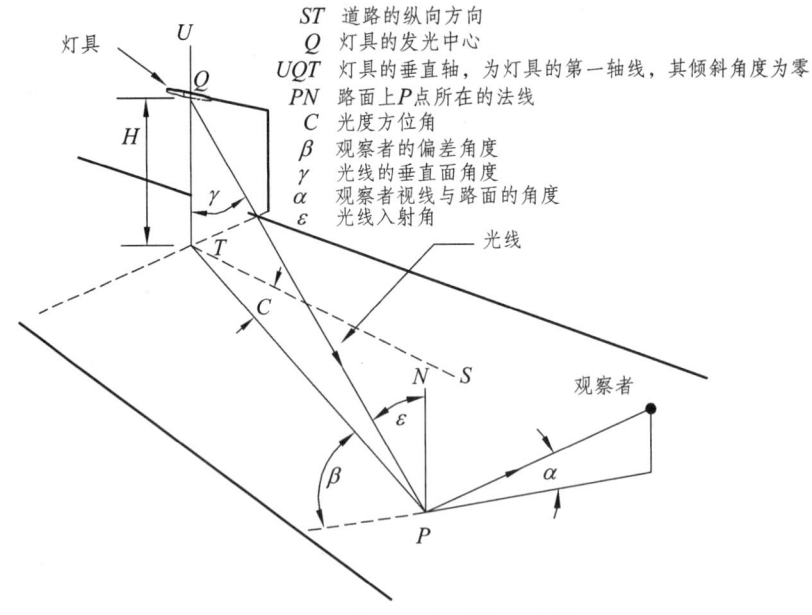

图 2-3　路面照度计算示意图

3. 均匀度

通过研究人的视觉特性发现，即使视野内平均亮度很高，但亮度分布相差较大，非常不利于障碍物的发现，同时降低了视觉的舒适性。良好的均匀度是为了保证驾驶员良好的能见度和视觉上的舒适性。由于视场中存在亮度不同的区域，眼睛从一种亮度区域移到另一种亮度区域时，需要一定的适应时间，且在适应过程中眼睛的视觉能力将会降低。如果经常交替适应，明暗变化带来的频闪效应，会使驾驶员的视力工作发生困难而导致视觉疲劳，如果亮度不足，就会造成视觉错误而危及行车安全。道路照明的均匀度分为两类，一是影响发现障碍物的总均匀度，二是影响驾驶员视觉舒适性的车道纵向中线均匀度。

1）亮度总均匀度

路面亮度总均匀度的计算公式为：

$$U_0 = \frac{L_{\min}}{L_{av}} \tag{2-5}$$

式中　U_0——路面亮度总均匀度；

　　　$L_{\min}$——计算区域内路面最小亮度（cd/m^2）；

　　　L_{av}——计算区域内路面平均亮度（cd/m^2）。

2）亮度纵向均匀度

车道中线亮度纵向均匀度的计算公式为：

$$U_1 = \frac{L'_{\min}}{L'_{\max}} \tag{2-6}$$

式中　U_1——车道中线亮度纵向均匀度；

　　　$L'_{\min}$——车道中线最小亮度（cd/m^2）；

　　　$L'_{\max}$——车道中线最大亮度（cd/m^2）。

3）照度均匀度

路面照度总均匀度的计算公式为：

$$E_0 = \frac{E_{\min}}{E_{av}} \tag{2-7}$$

式中　E_0——路面照度总均匀度；

　　　$E_{\min}$——计算区域内路面最小照度（lx）；

　　　E_{av}——计算区域内路面平均照度（lx）。

4. 失能眩光阈值增量

在道路照明中，一般采用阈值增量 TI 来衡量失能眩光的程度，该参数是一客观指标，可以通过测量其他照明指标而计算得出，其计算公式如下：

$$\mathrm{TI} = \frac{kLE_e}{L_{av}^{0.8} \cdot \Theta^2} = 641 \cdot \left[1 + \left(\frac{A}{66.4}\right)^4\right] \cdot \frac{LE_e}{L_{av}^{0.8} \cdot \Theta^2} \tag{2-8}$$

式中　A——驾驶者的年龄；

　　　E_e——由新安装的灯具在垂直于驾驶者视线的平面内产生的照度值，由纵向 500 m 范围内的所有灯具产生；

L_{av}——路面的初始安装亮度平均值;

θ——驾驶者视线与每盏灯具中心的角度。

5. 不舒适性 GR 眩光

按下式计算:

$$GR = 27 + 24\lg(L_{vl} / L_{ve}) \qquad (2-9)$$

式中 L_{vl}——由灯具产生的光幕亮度（cd/m²）;

L_{ve}——由环境产生的光幕亮度（cd/m²）。

2.2 计算模型

照明计算中，只考虑光源直射光的影响、不考虑反射光线影响的照明模型称为局部照明模型，考虑了到达计算点所有光线（包括直射光和反射光）影响的照明模型称为全局照明模型。目前，比较成熟的全局照明计算模型有光线跟踪模型（Ray Tracing）和光能传递模型（Radiosity）两种（如图 2-4）。

照明计算软件大都同时支持两种算法。应用较广泛的计算软件有 Dialux、AGI32 等。下面对隧道照明计算中经常使用的软件进行简单介绍。

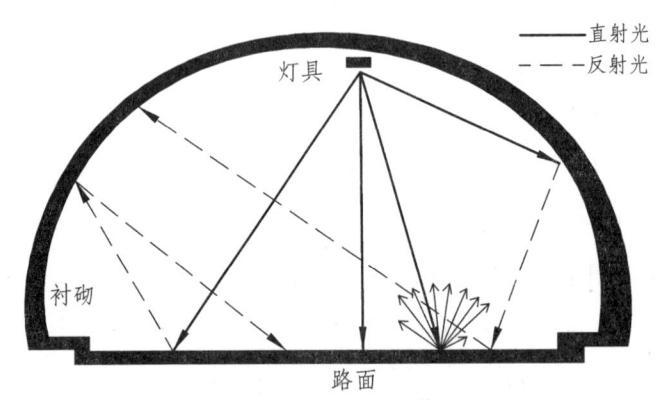

图 2-4 综合光线跟踪和光能传递技术的隧道计算模型

1. 计算软件介绍

1）Dialux

Dialux 是德国 DIAL 推出的专业照明模拟软件，分为 Dialux 4.x 版本和 Dialux evo 版本。Dialux 4.x 版本的计算内核采用的光能传递算法，Dialux evo 版本的计算内核采用的 Photon 算法。软件可以在官方网站免费下载使用，是目前业界使用率最高的软件之一。该公司有一个 20 人的工程师团队根据最新的技术进展和规范对该软件进行持续的更新和优化。Dialux 支持室内照明、室外日光照明及道路照明的计算。Dialux 能够通过表格、等值线、灰阶图、伪色表现图多种方式对计算结果进行展示。Dialux 支持报表配置和输出，能够自动形成计算报告。

Dialux 具有较强的兼容性。本身具有强大的建模功能，同时能够导入其他程序建立的模型，如 DWG、DXF、3DS 等。Dialux 建立了在线灯具库，用户可以根据需要进行选择，灯具厂商可以将产品的数据发布到 Dialux 的灯具库内。

在道路照明计算方面，Dialux 根据国际照明委员会 CIE 140—2000 的标准设置了道路计算模块，通过简单的参数配置即可完成道路照明的计算，但仅能计算灯具直射光的影响。在隧道照明计算方面，用户可以建立隧道三维空间模型分析隧道内光的空间分布，可以对不同的表面设置不同的反射率，但假设所有表面的反射类型均为完全漫反射，则计算结果与实际情况有一定的区别。

2）AGI32

AGI32 是美国 Lighting Analysts 公司推出的专业照明模拟软件，计算内核采用光能传递算法，支持室内人工照明计算和室外日光照明计算。AGI32 通过自身的建模工具可以建立复杂的模型，也可以导入其他程序建立的模型文件格式，如 DWG、DXF 等。

AGI32 的计算模式有两种，分别为直接计算模式和完整计算模式。直接计算模式仅计算灯具直射光，考虑了物体对光线的阻挡作用，物体表面均被认为是不透明的非反射表面，所需要的计算时间较短，适用于简单的人工照明计算，比如道路照明计算。在直接模式下，仅能输出计算点的数值结果，无法显示计算场景的渲染结果，无法对计算场景的光场进行直观展示。完整计算模式可计算灯具直射光和间接反射光，即考虑了表面间的相互反射影响，所需要的计算时间较长，适用于间接反射较强的场景。在完整计算模式下不仅可以输出计算点的数值结果，而且可以显示计算场景的渲染结果，能够对空间的光强分布进行直观展现。

在道路照明方面，AGI32 具有专门的道路计算模块，能够通过简单的参数配置进行道路照明的计算，支持的规范有 IES RP-8—2009、CIE 140—2000、BSEN-13201、AS1158-2—2005 和 NZ1158-2—2005。AGI32 能够计算道路照度、亮度、光幕亮度以及小目标可见度（STV）。

AGI32 的道路计算模型中，可以考虑物体后者反射光对计算网格亮度的影响，因此可以用于隧道内光场的计算，这需要将隧道内表面赋予 Roadway Contributor 属性，路面赋予 Road Pavement Single-sided DFO 属性。

2. 模型建立

研究通过光学分析软件 DIALUX 4.13 及 Agi32 18.3 建立隧道模型，对影响隧道照明质量的布灯方式、灯具横向间距、灯具纵向间距、灯具安装高度、灯具安装角度、灯具光强分布、墙面反射比等指标进行分析，涉及的主要参数有亮度、照度、亮度总均匀度、车道中线亮度纵向均匀度、照度总均匀度、眩光值、小目标物可见度等。在分析灯具光强分布对照明效果的影响时，配光类型考虑五种配光曲线的影响，照明类型分对称、逆光和顺光三种情况考虑；其余的指标均采用三种灯具配光曲线进行分析。

建立三维计算模型，模型为 3 车道隧道，路面宽度 11.75 m，隧道模型纵向长度为 100 m，隧道内表面及两侧检修道的材质为水泥，反射率为 30%，路面类型为沥青混凝土，反射特性为 R3，如图 2-5 和图 2-6 所示。

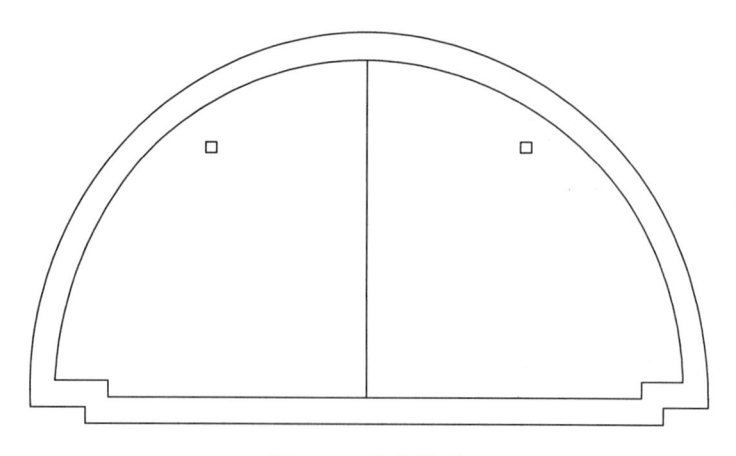

图 2-5　隧道模型

图 2-6　隧道模型光环境

2.3　研究工况

公路隧道内一般有 3 种布灯形式,分别为两侧对称布灯、两侧交错布灯和拱顶偏侧布灯,3 种灯具布置形式均具有一定的优缺点,需要根据隧道的断面特性进行选择。本次研究针对实际隧道断面特性,分别建立了两种布灯形式的光学计算模型如图 2-7 和图 2-8 所示,图中 L 为灯具的间距,基于光环境指标对两种灯具布灯形式进行了分析比较,提出了适用于本课题研究的隧道的灯具布灯形式。

灯具配光曲线是指光源（或是灯具）在空间各个方向的光强分布。在本研究分析中,共采用了 5 种常见的隧道灯具配光曲线,如图 2-9 所示是用极坐标方法表示的配光曲线图,为了方便横向比较配光曲线在照明指标上的优劣,在分析中灯具的光通量统一调整为 6 000 lm。5 种配光曲线中前三种用于所有分类的配置优化研究中,后两种仅结合前三种用在灯具配光类型配置优化研究部分。

图 2-7　两侧对称布灯灯具平面图

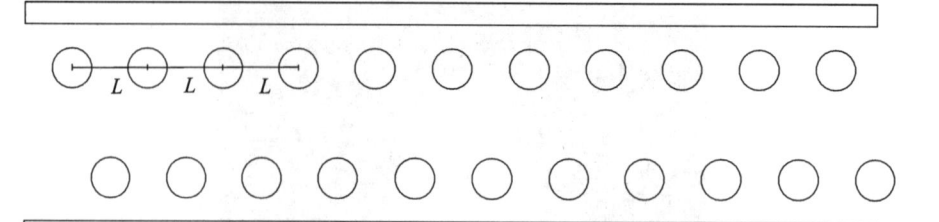

图 2-8　两侧交错布灯灯具平面图

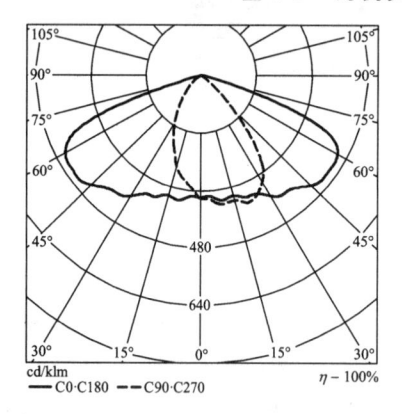

配光曲线 1：C0820-YC-TL-60W

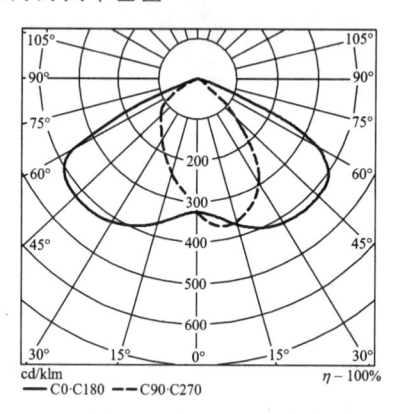

配光曲线 2：DELOS DL0623 SDTJ015

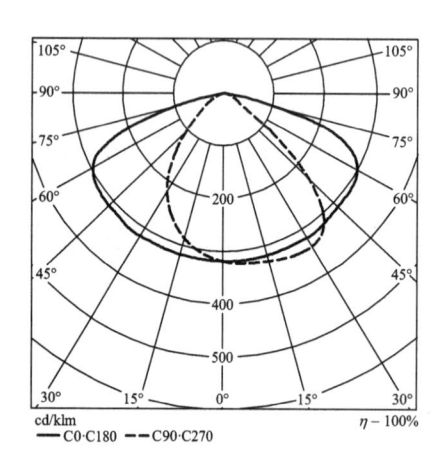

配光曲线 3：511-351B-T2S-60-60

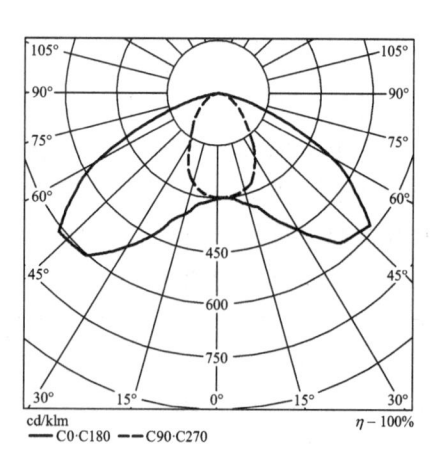

配光曲线 4：四联交通 SS

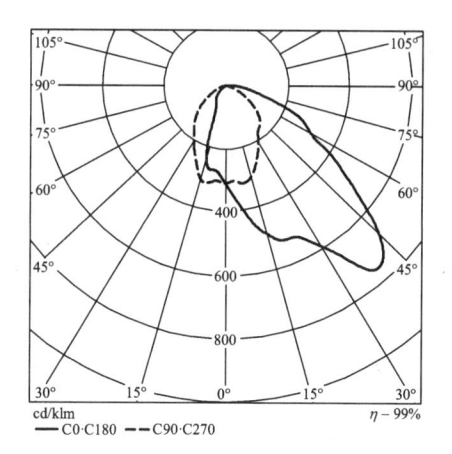

配光曲线 5：DELOS DL0611 SDTJ-002 43W 220V 4000K T2

图 2-9　隧道灯具配光类型（6 000 lm）

2.3.1　灯具横向位置配置

如图 2-10 所示，灯具横向位置配置优化研究中，采用两侧交错布灯方式，灯具纵向间距 10.0 m，灯具安装高度 6.0 m，灯具安装角度 0°，隧道墙面反射率 0.3。灯具横向配置位置设置了从 0 m 到 4.5 m 共 10 种距离变量分别模拟。

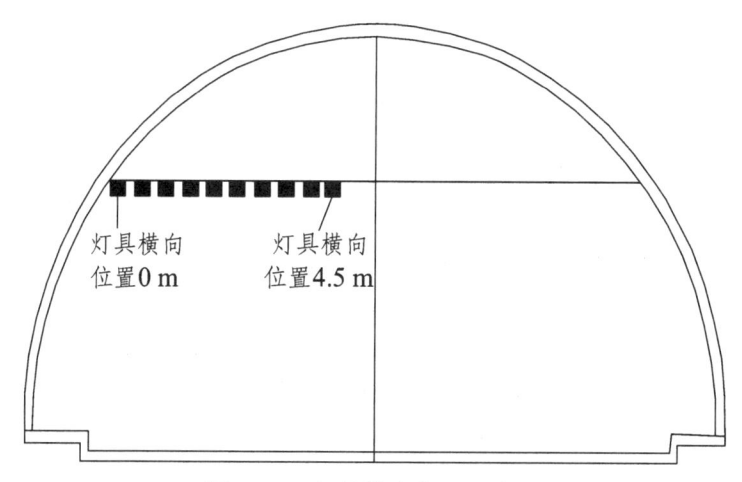

图 2-10　灯具横向位置示意图

2.3.1.1 灯具横向位置对亮度的影响

1. 灯具横向位置不同时的路面平均亮度值

表 2-1 配光曲线 1 灯具横向位置不同时的路面平均亮度值　　单位：cd/m²

灯具横向位置/m	0	0.5	1	1.5	2	2.5	3	3.5	4	4.5
左侧车道亮度	3.23	3.48	3.71	3.82	3.84	3.77	3.63	3.45	3.28	3.14
中间车道亮度	0.91	1.28	1.86	2.55	3.34	4.19	5.08	5.93	6.66	7.21
右侧车道亮度	3.23	3.48	3.71	3.82	3.84	3.77	3.63	3.45	3.28	3.14
所有车道亮度	2.54	2.82	3.13	3.4	3.64	3.84	4.01	4.15	4.27	4.36

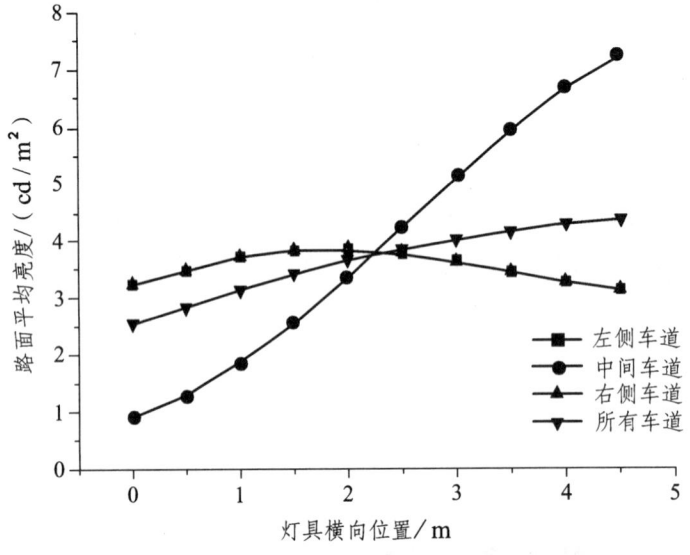

图 2-11 配光曲线 1 灯具横向位置不同时的路面平均亮度

结合表 2-1 和图 2-11 可以看出：采用配光曲线 1 灯具横向位置在 2 m 时，左侧车道平均亮度最大，为 3.84 cd/m²；灯具横向位置在 4.5 m 时，左侧车道平均亮度最小，为 3.14 cd/m²，与最大值相比平均亮度下降 18.2%。灯具横向间距在 4.5 m 时，中间车道平均亮度最大，为 7.21 cd/m²；灯具横向位置在 0 m 时，中间车道平均亮度最小，为 0.91 cd/m²，与最大值相比平均亮度下降 87.4%。灯具横向间距在 2 m 时，右侧车道平均亮度最大，为 3.84 cd/m²；灯具横向位置在 4.5 m 时，右侧车道平均亮度最小，为 3.14 cd/m²，与最大值相比平均亮度下降 18.2%。灯具横向间距在

4.5 m 时，所有车道平均亮度最大，为 4.36 cd/m²；灯具横向位置在 0 m 时所有车道平均亮度最小，为 2.54 cd/m²，与最大值相比平均亮度下降 41.7%。综合各方面的情况，灯具横向位置在 2.0~3.0 m 时，照明整体效果较好。

表 2-2　配光曲线 2 灯具横向位置不同时的路面平均亮度值　　单位：cd/m²

灯具横向位置/m	0	0.5	1	1.5	2	2.5	3	3.5	4	4.5
左侧车道亮度	2.47	2.71	2.94	3.08	3.15	3.13	3.05	2.91	2.75	2.61
中间车道亮度	0.98	1.23	1.59	2.02	2.52	3.10	3.75	4.42	5.05	5.56
右侧车道亮度	2.47	2.71	2.94	3.08	3.15	3.13	3.05	2.90	2.75	2.61
所有车道亮度	2.03	2.26	2.51	2.73	2.92	3.08	3.22	3.33	3.43	3.50

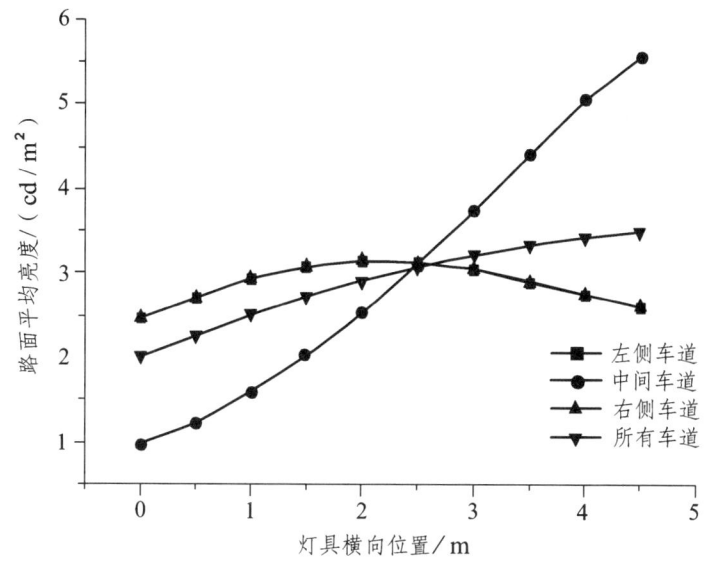

图 2-12　配光曲线 2 灯具横向位置不同时的路面平均亮度

结合表 2-2 和图 2-12 可以看出：采用配光曲线 2 灯具横向位置在 2 m 时，左侧车道平均亮度最大，为 3.15 cd/m²；灯具横向位置在 0 m 时，左侧车道平均亮度最小，为 2.47 cd/m²，与最大值相比平均亮度下降 21.6%。灯具横向间距在 4.5 m 时，中间车道平均亮度最大，为 5.56 cd/m²；灯具横向位置在 0 m 时，中间车道平均亮度最小，为 0.98 cd/m²，与最大值相比平均亮度下降 82.4%。灯具横向间距在 2 m 时，右侧车道平均亮度最大，为 3.84 cd/m²；灯具横向位置在 0 m 时，右侧车道平均亮度最小，为

2.47 cd/m², 与最大值相比平均亮度下降 21.6%。灯具横向间距在 4.5 m 时,所有车道平均亮度最大,为 3.5 cd/m²;灯具横向位置在 0 m 时,所有车道平均亮度最小,为 2.03 cd/m², 与最大值相比平均亮度下降 42%。综合各方面的情况,灯具横向位置在 2.0~3.0 m 时,照明整体效果较好。

表 2-3 配光曲线 3 灯具横向位置不同时的路面平均亮度值　　单位:cd/m²

灯具横向位置/m	0	0.5	1	1.5	2	2.5	3	3.5	4	4.5
左侧车道亮度	2.78	2.97	3.16	3.28	3.36	3.39	3.36	3.30	3.21	3.13
中间车道亮度	1.82	2.13	2.55	3.01	3.50	4.03	4.57	5.10	5.56	5.92
右侧车道亮度	2.90	3.10	3.30	3.44	3.51	3.53	3.49	3.40	3.30	3.19
所有车道亮度	2.54	2.80	3.04	3.24	3.42	3.57	3.70	3.80	3.88	3.93

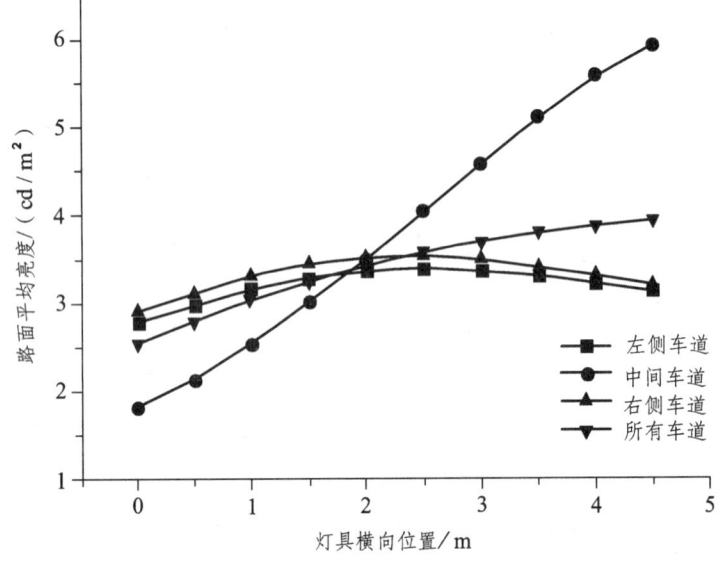

图 2-13 配光曲线 3 灯具横向位置不同时的路面平均亮度

结合表 2-3 和图 2-13 可以看出:采用配光曲线 2 灯具横向位置在 2.5 m 时,左侧车道平均亮度最大,为 3.39 cd/m²;灯具横向位置在 0 m 时,左侧车道平均亮度最小,为 2.78 cd/m², 与最大值相比平均亮度下降 17.99%。灯具横向间距在 4.5 m 时,中间车道平均亮度最大,为 5.92 cd/m²;灯具横向位置在 0 m 时,中间车道平均亮度最小,为 1.82 cd/m², 与最大值相比平均亮度下降 69.26%。灯具横向间距在 2.5 m 时,右侧车道平均亮度最大，为 3.53 cd/m²；灯具横向位置在 0 m 时，右侧车道平均亮度最小，为 2.9 cd/m²，与最大值相比平均亮度下降 17.85%。灯具横向间距在 4.5 m 时，所有车道平均亮度最大，为 3.93 cd/m²；灯具横向位置在 0 m 时，所有车道平均亮度最小，为 2.54 cd/m²，与最大值相比平均亮度下降 35.37%。综合各方面的情况，灯具横向位置在 1.5～2.5 m 时，照明整体效果较好。

2. 灯具横向位置与路面亮度的关系

表 2-4　灯具横向位置不同时的路面平均亮度横向比较　　　单位：cd/m²

配光形式	灯具横向位置/m	左侧车道亮度	中间车道亮度	右侧车道亮度	所有车道亮度
配光曲线 1	0	3.23	0.91	3.23	2.54
	0.5	3.48	1.28	3.48	2.82
	1	3.71	1.86	3.71	3.13
	1.5	3.82	2.55	3.82	3.40
	2	3.84	3.34	3.84	3.64
	2.5	3.77	4.19	3.77	3.84
	3	3.63	5.08	3.63	4.01
	3.5	3.45	5.93	3.45	4.15
	4	3.28	6.66	3.28	4.27
	4.5	3.14	7.21	3.14	4.36
配光曲线 2	0	2.47	0.98	2.47	2.03
	0.5	2.71	1.23	2.71	2.26
	1	2.94	1.59	2.94	2.51
	1.5	3.08	2.02	3.08	2.73
	2	3.15	2.52	3.15	2.92
	2.5	3.13	3.10	3.13	3.08
	3	3.05	3.75	3.05	3.22
	3.5	2.91	4.42	2.90	3.33
	4	2.75	5.05	2.75	3.43
	4.5	2.61	5.56	2.61	3.50

续表

配光形式	灯具横向位置/m	左侧车道亮度	中间车道亮度	右侧车道亮度	所有车道亮度
配光曲线 3	0	2.78	1.82	2.90	2.54
	0.5	2.97	2.13	3.10	2.80
	1	3.16	2.55	3.30	3.04
	1.5	3.28	3.01	3.44	3.24
	2	3.36	3.50	3.51	3.42
	2.5	3.39	4.03	3.53	3.57
	3	3.36	4.57	3.49	3.70
	3.5	3.30	5.10	3.40	3.80
	4	3.21	5.56	3.30	3.88
	4.5	3.13	5.92	3.19	3.93

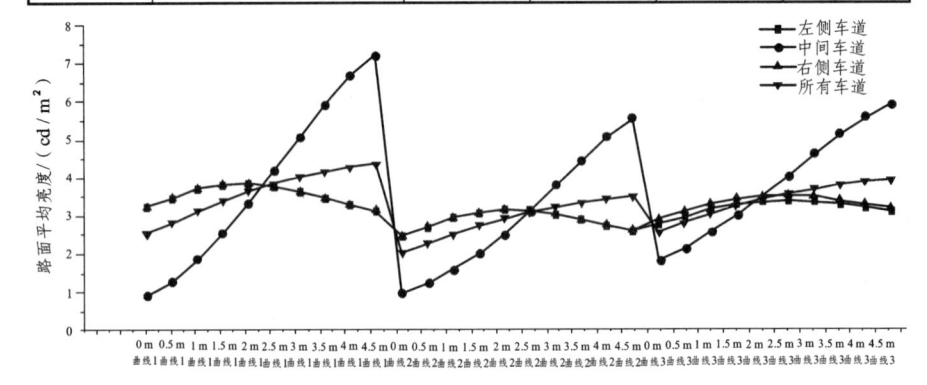

图 2-14　灯具横向位置不同时的路面平均亮度横向比较

结合表 2-4 和图 2-14 可以看出：采用配光曲线 1 灯具横向位置在 2.0 m 时，左侧车道平均亮度最大，为 3.84 cd/m^2；采用配光曲线 3 灯具横向位置在 0 m 时，左侧车道平均亮度最小，为 2.47 cd/m^2，与最大值相比平均亮度下降 35.68%。采用配光曲线 1 灯具横向间距在 4.5 m 时，中间车道平均亮度最大，为 7.21 cd/m^2；采用配光曲线 1 灯具横向位置在 0 m 时，中间车道平均亮度最小，为 0.91 cd/m^2，与最大值相比平均亮度下降 87.38%。采用配光曲线 1 灯具横向间距在 2.0 m 时，右侧车道平均亮度最大，为 3.84 cd/m^2；采用配光曲线 2 灯具横向位置在 0 m 时，右侧车道平均亮度最小，为 2.47 cd/m²，与最大值相比平均亮度下降 35.68%。采用配光曲线 1 灯具横向间距在 4.5 m 时，所有车道平均亮度最大，为 4.36 cd/m²；采用配光曲线 2 灯具横向位置在 0 m 时，所有车道平均亮度最小，为 2.03 cd/m²，与最大值相比平均亮度下降 53.44%。综合各方面的情况，采用配光曲线 1、2、3 灯具横向位置在 2.5 m 时，照明整体效果较好。

2.3.1.2 灯具横向位置对照度的影响

1. 灯具横向位置不同时的路面平均照度值

表 2-5　配光曲线 1 灯具横向位置不同时的路面平均照度值　　　　单位：lx

灯具横向位置/m	0	0.5	1	1.5	2	2.5	3	3.5	4	4.5
左侧车道照度	56	59	60	61	60	59	58	57	57	57
中间车道照度	21	29	42	56	70	84	96	107	115	119
右侧车道照度	56	59	60	61	60	59	58	57	57	57
所有车道照度	45	49	54	59	63	67	71	74	76	78

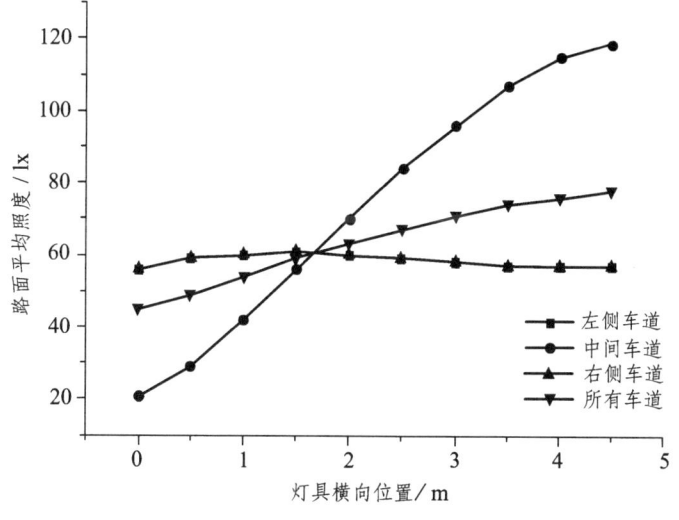

图 2-15　配光曲线 1 灯具横向位置不同时的路面平均照度

结合表 2-5 和图 2-15 可以看出：采用配光曲线 1 灯具横向位置在 1.0 m、2.0 m 时，左侧车道平均照度最大，为 60 lx；灯具横向位置在 0 m

时,左侧车道平均照度最小,为 56 lx,与最大值相比平均照度下降 6.67%。灯具横向间距在 4.5 m 时,中间车道平均照度最大,为 119 lx;灯具横向位置在 0 m 时,中间车道平均照度最小,为 21 lx,与最大值相比平均照度下降 82.35%。灯具横向间距在 1.0 m、2.0 m 时,右侧车道平均照度最大,为 60 lx;灯具横向位置在 0 m 时,右侧车道平均照度最小,为 56 lx,与最大值相比平均照度下降 6.67%。灯具横向间距在 4.5 m 时,所有车道平均照度最大,为 78 lx;灯具横向位置在 0 m 时,所有车道平均照度最小,为 45 lx,与最大值相比平均照度下降 42.31%。综合各方面的情况,采用配光曲线 1 灯具横向位置在 1.5~2.5 m 时,照明整体效果较好。

表 2-6　配光曲线 2 灯具横向位置不同时的路面平均照度值　　　单位:lx

灯具横向位置/m	0	0.5	1	1.5	2	2.5	3	3.5	4	4.5
左侧车道照度	50	53	56	58	58	58	57	56	55	54
中间车道照度	24	30	39	48	58	69	80	91	100	106
右侧车道照度	50	53	56	58	58	58	57	56	55	54
所有车道照度	41	45	50	55	58	62	65	68	70	72

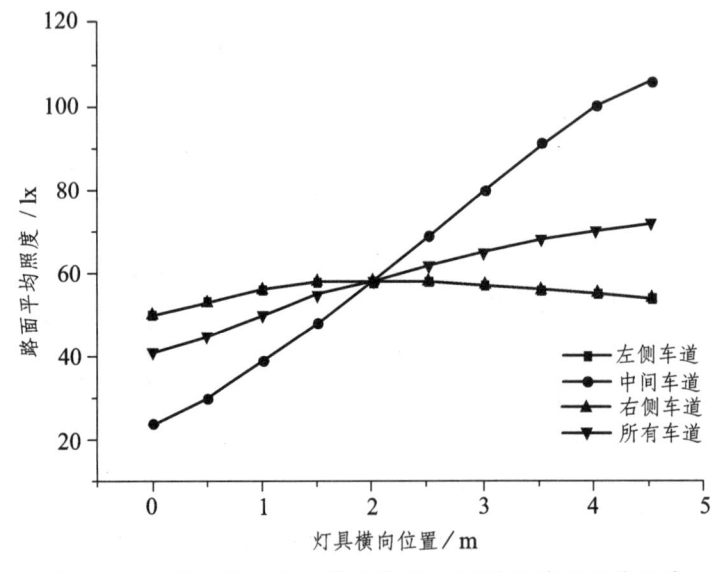

图 2-16　配光曲线 2 灯具横向位置不同时的路面平均照度

结合表 2-6 和图 2-16 可以看出:采用配光曲线 2 灯具横向位置在

1.5 m、2.0 m、2.5 m 时，左侧车道平均照度最大，为 58 lx；灯具横向位置在 0 m 时，左侧车道平均照度最小，为 50 lx，与最大值相比平均照度下降 13.79%。灯具横向间距在 4.5 m 时，中间车道平均照度最大，为 106 lx；灯具横向位置在 0 m 时，中间车道平均照度最小，为 24 lx，与最大值相比平均照度下降 77.36%。灯具横向间距在 1.5 m、2.0 m、2.5 m 时，右侧车道平均照度最大，为 58 lx；灯具横向位置在 0 m 时，右侧车道平均照度最小，为 50 lx，与最大值相比平均照度下降 13.79%。灯具横向间距在 4.5 m 时，所有车道平均照度最大，为 72 lx；灯具横向位置在 0 m 时，所有车道平均照度最小，为 41 lx，与最大值相比平均照度下降 56.94%。综合各方面的情况，采用配光曲线 2 灯具横向位置在 1.5~2.5 m 时，照明整体效果较好。

表 2-7　配光曲线 3 灯具横向位置不同时的路面平均照度值　　单位：lx

灯具横向位置/m	0	0.5	1	1.5	2	2.5	3	3.5	4	4.5
左侧车道照度	48	50	52	53	55	56	58	59	60	60
中间车道照度	40	47	55	63	71	78	84	88	92	95
右侧车道照度	48	50	52	53	55	56	58	59	60	60
所有车道照度	45	49	53	57	60	63	66	69	70	72

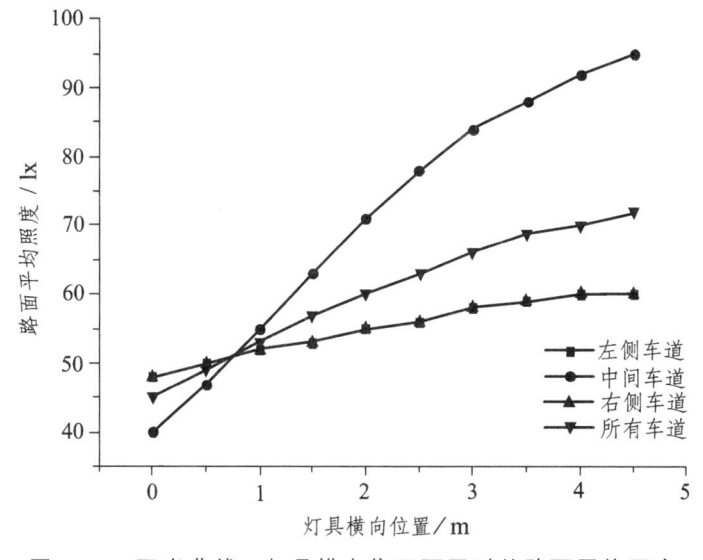

图 2-17　配光曲线 3 灯具横向位置不同时的路面平均照度

结合表 2-7 和图 2-17 可以看出：采用配光曲线 3 灯具横向位置在 4.0 m、4.5 m 时，左侧车道平均照度最大，为 60 lx；灯具横向位置在 0 m 时，左侧车道平均照度最小，为 48 lx，与最大值相比平均照度下降 20%。灯具横向间距在 4.5 m 时，中间车道平均照度最大，为 95 lx；灯具横向位置在 0 m 时，中间车道平均照度最小，为 40 lx，与最大值相比平均照度下降 57.89%。灯具横向间距在 4.0 m、4.5 m 时，右侧车道平均照度最大，为 60 lx；灯具横向位置在 0 m 时，右侧车道平均照度最小，为 48 lx，与最大值相比平均照度下降 20%。灯具横向间距在 4.5 m 时，所有车道平均照度最大，为 72 lx；灯具横向位置在 0 m 时，所有车道平均照度最小，为 45 lx，与最大值相比平均照度下降 37.5%。综合各方面的情况，采用配光曲线 3 灯具横向位置在 0.5～2.0 m 时，照明整体效果较好。

2. 灯具横向位置与路面照度的关系

表 2-8 灯具横向位置不同时的路面平均照度横向比较　　单位：lx

配光形式	灯具横向位置/m	左侧车道照度	中间车道照度	右侧车道照度	所有车道照度
配光曲线 1	0	56	21	56	45
	0.5	59	29	59	49
	1	60	42	60	54
	1.5	61	56	61	59
	2	60	70	60	63
	2.5	59	84	59	67
	3	58	96	58	71
	3.5	57	107	57	74
	4	57	115	57	76
	4.5	57	119	57	78
配光曲线 2	0	50	24	50	41
	0.5	53	30	53	45
	1	56	39	56	50
	1.5	58	48	58	55
	2	58	58	58	58
	2.5	58	69	58	62

续表

配光形式	灯具横向位置/m	左侧车道照度	中间车道照度	右侧车道照度	所有车道照度
配光曲线2	3	57	80	57	65
	3.5	56	91	56	68
	4	55	100	55	70
	4.5	54	106	54	72
配光曲线3	0	48	40	48	45
	0.5	50	47	50	49
	1	52	55	52	53
	1.5	53	63	53	57
	2	55	71	55	60
	2.5	56	78	56	63
	3	58	84	58	66
	3.5	59	88	59	69
	4	60	92	60	70
	4.5	60	95	60	72

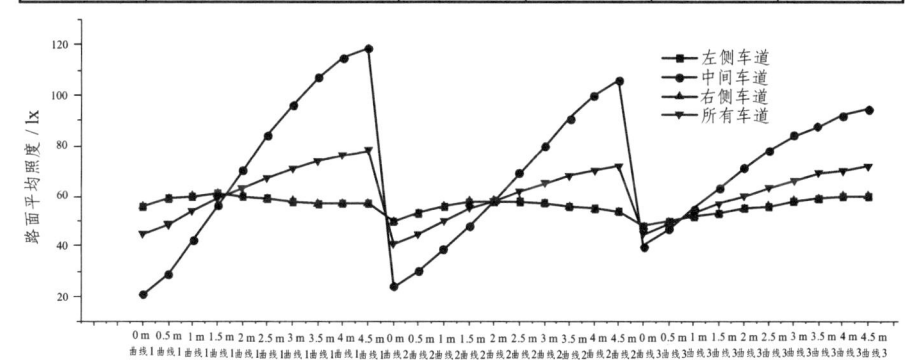

图 2-18 灯具横向位置不同时的路面平均照度横向比较

结合表 2-8 和图 2-18 可以看出：采用配光曲线 1 灯具横向位置在 1.5 m 时，左侧车道平均照度最大，为 61 lx；采用配光曲线 3 灯具横向位置在 0 m 时，左侧车道平均照度最小，为 48 lx，与最大值相比平均照度下降 21.31%。采用配光曲线 1 灯具横向间距在 4.5 m 时，中间车道平均照度最大，为 119 lx；采用配光曲线 1 灯具横向位置在 0 m 时，中间车道平均照度最小，为 21 lx，与最大值相比平均照度下降 82.35%。采用配光曲线 1 灯具横向位置在 1.5 m 时，右侧车道平均照度最大，为 61 lx；采用配光曲线 3 灯具横向位置在 0 m 时，右侧车道平均照度最小，为 48 lx，与最大值相比平均照度下降 21.31%。采用配光曲线 1 灯具横向间距在 4.5 m 时，所有车道平均照度最大，为 78 lx；采用配光曲线 2 灯具横向位置在 0 m 时，所有车道平均照度最小，为 41 lx，与最大值相比平均照度下降 47.44%。综合各方面的情况，采用配光曲线 1 灯具横向位置在 1.5~2.5 m 时、采用配光曲线 2 灯具横向位置在 1.5~2.5 m 时、采用配光曲线 3 灯具横向位置在 0.5~2.0 m 时，照明整体效果较好。

2.3.1.3 阈值增量 TI 值

1. 不同配光曲线下灯具横向位置不同时的阈值增量 TI 值

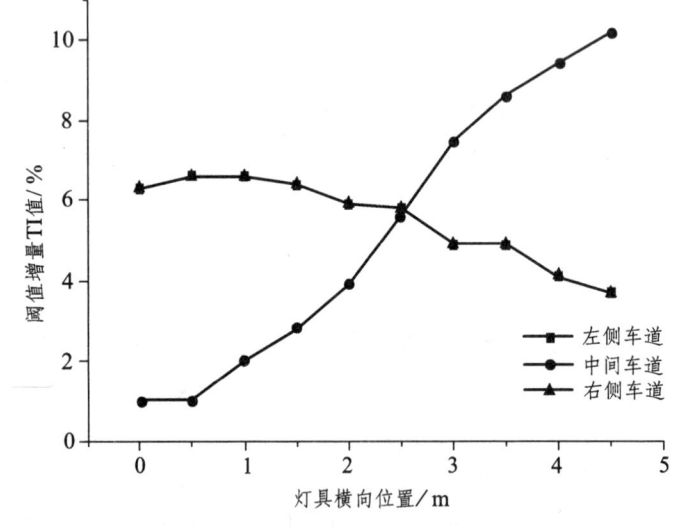

表 2-9　配光曲线 1 灯具横向位置不同时的阈值增量 TI 值（%）

灯具横向位置/m	0	0.5	1	1.5	2	2.5	3	3.5	4	4.5
左侧车道 TI 值	6.30	6.61	6.61	6.41	5.90	5.80	4.90	4.90	4.10	3.70
中间车道 TI 值	1.00	1.00	2.00	2.80	3.90	5.61	7.49	8.61	9.41	10.20
右侧车道 TI 值	6.30	6.61	6.61	6.41	5.90	5.80	4.90	4.90	4.10	3.70

图 2-19　配光曲线 1 灯具横向位置不同时的阈值增量 TI 值

从表 2-9 和图 2-19 可以看出：采用配光曲线 1 灯具横向位置在 0～4.5 m 时，阈值增量 TI 值均在 15% 以下，均能满足规范的要求。灯具横向位置在 0.5 m、1.0 m 时，左侧车道 TI 值最高，为 6.61%；灯具横向位置在 4.5 m 时，左侧车道 TI 值最低，为 3.7%，与最大值相比 TI 值降低了 44.02%。灯具横向位置在 4.5 m 时，中间车道 TI 值最高，为 10.2%；灯具横向位置在 0 m、0.5 m 时，中间车道 TI 值最低，为 1.0%，与最大值相比 TI 值降低了 90.19%。灯具横向位置在 0.5 m、1.0 m 时，右侧车道 TI 值最高，为 6.61%，灯具横向位置在 4.5 m 时，右侧车道 TI 值最低，为 3.7%，与最大值相比 TI 值降低了 44.02%。综合来看，灯具横向位置在 2.5 m 时，阈值增量 TI 值最低。

表 2-10 配光曲线 2 灯具横向位置不同时的阈值增量 TI 值（%）

灯具横向位置/m	0	0.5	1	1.5	2	2.5	3	3.5	4	4.5
左侧车道 TI 值	4.89	5.23	5.39	5.46	5.25	4.70	4.21	3.90	3.51	3.02
中间车道 TI 值	1.74	2.00	2.61	3.15	3.52	4.16	5.33	6.33	7.33	8.30
右侧车道 TI 值	4.89	5.23	5.39	5.46	5.25	4.70	4.21	3.90	3.51	3.02

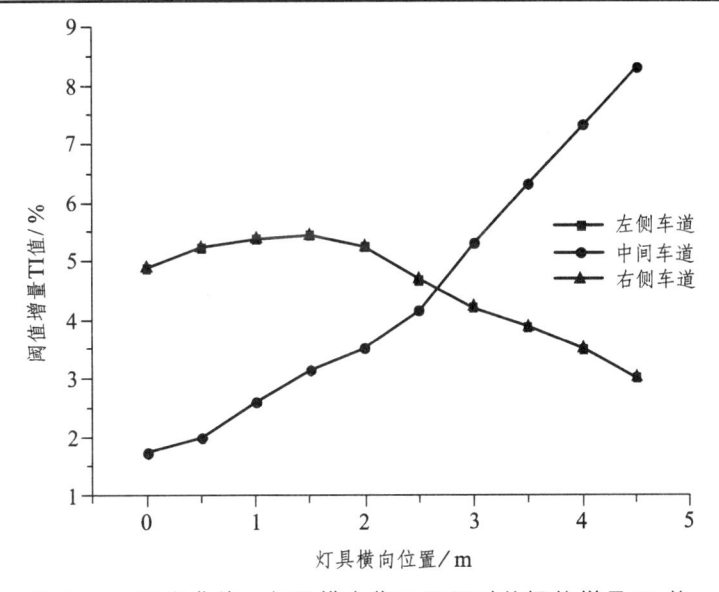

图 2-20 配光曲线 2 灯具横向位置不同时的阈值增量 TI 值

从表 2-10 和图 2-20 可以看出：采用配光曲线 2 灯具横向位置在 0～

4.5 m 时，阈值增量 TI 值均在 15%以下，均能满足规范的要求。灯具横向位置在 1.5 m 时，左侧车道 TI 值最高，为 5.46%；灯具横向位置在 4.5 m 时，左侧车道 TI 值最低，为 3.02%，与最大值相比 TI 值降低了 44.69%。灯具横向位置在 4.5 m 时，中间车道 TI 值最高，为 8.3%；灯具横向位置在 0 m 时，中间车道 TI 值最低，为 1.74%，与最大值相比 TI 值降低了 79.04%。灯具横向位置在 1.0 m 时，右侧车道 TI 值最高，为 5.46%；灯具横向位置在 4.5 m 时，右侧车道 TI 值最低，为 3.02%，与最大值相比 TI 值降低了 44.69%。综合来看，灯具横向位置在 2.5 m 时，阈值增量 TI 值最低。

表 2-11 配光曲线 3 灯具横向位置不同时的阈值增量 TI 值（%）

灯具横向位置/m	0	0.5	1	1.5	2	2.5	3	3.5	4	4.5
左侧车道 TI 值	8.80	8.85	8.82	8.69	8.38	8.00	7.52	7.10	6.70	6.31
中间车道 TI 值	4.69	5.34	6.08	6.89	7.39	8.69	9.95	10.92	11.77	12.49
右侧车道 TI 值	8.80	8.85	8.82	8.69	8.38	8.00	7.52	7.10	6.70	6.31

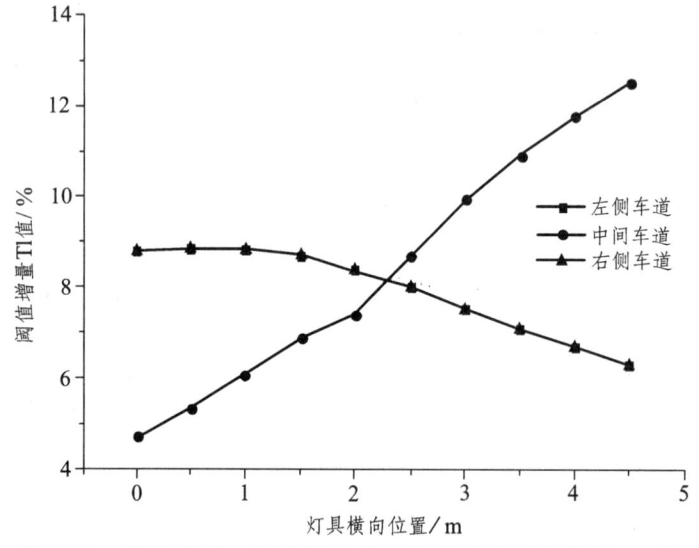

图 2-21 配光曲线 3 灯具横向位置不同时的阈值增量 TI 值

从表 2-11 和图 2-21 可以看出：采用配光曲线 3 灯具横向位置在 0～4.5 m 时，阈值增量 TI 值均在 15%以下，均能满足规范的要求。灯具横向位置在 0.5 m 时，左侧车道 TI 值最高，为 8.85%；灯具横向位置在 4.5 m

时，左侧车道 TI 值最低，为 6.31%，与最大值相比 TI 值降低了 28.7%。灯具横向位置在 4.5 m 时，中间车道 TI 值最高，为 12.49%；灯具横向位置在 0 m 时中间车道 TI 值最低，为 4.69%，与最大值相比 TI 值降低了 62.45%。灯具横向位置在 0.5 m 时，右侧车道 TI 值最高，为 8.85%；灯具横向位置在 4.5 m 时，右侧车道 TI 值最低，为 6.31%，与最大值相比 TI 值降低了 28.7%。综合来看，灯具横向位置在 2.5 m 时，阈值增量 TI 值最低。

2. 灯具横向位置不同时的阈值增量 TI 值对比

表 2-12 灯具横向位置不同时的阈值增量 TI 值（%）

配光形式	灯具横向位置/m	0	0.5	1	1.5	2	2.5	3	3.5	4	4.5
配光曲线 1	左侧车道 TI 值	6.30	6.61	6.61	6.41	5.90	5.80	4.90	4.90	4.10	3.70
	中间车道 TI 值	1.00	1.00	2.00	2.80	3.90	5.61	7.49	8.61	9.41	10.20
	右侧车道 TI 值	6.30	6.61	6.61	6.41	5.90	5.80	4.90	4.90	4.10	3.70
配光曲线 2	左侧车道 TI 值	4.89	5.23	5.39	5.46	5.25	4.70	4.21	3.90	3.51	3.02
	中间车道 TI 值	1.74	2.00	2.61	3.15	3.52	4.16	5.33	6.33	7.33	8.30
	右侧车道 TI 值	4.89	5.23	5.39	5.46	5.25	4.70	4.21	3.90	3.51	3.02
配光曲线 3	左侧车道 TI 值	8.80	8.85	8.82	8.69	8.38	8.00	7.52	7.10	6.70	6.31
	中间车道 TI 值	4.69	5.34	6.08	6.89	7.39	8.69	9.95	10.92	11.77	12.49
	右侧车道 TI 值	8.80	8.85	8.82	8.69	8.38	8.00	7.52	7.10	6.70	6.31

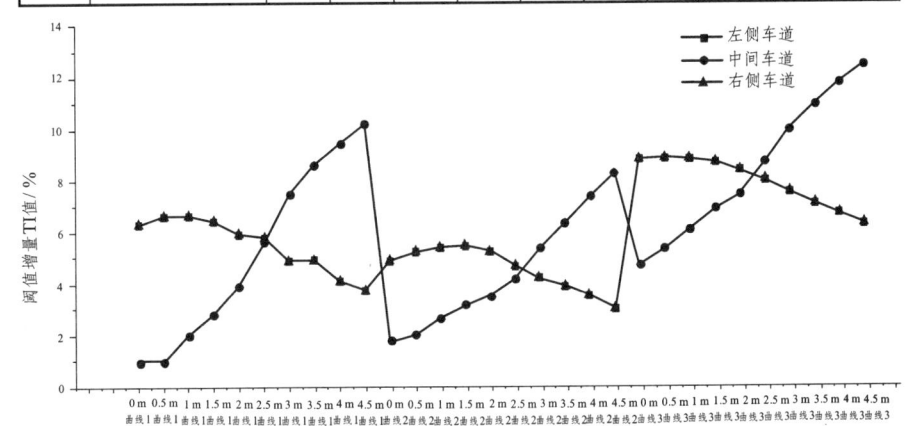

图 2-22 灯具横向位置不同时的阈值增量 TI 值

从表 2-12 和图 2-22 可以看出：采用三种配光曲线灯具横向位置在 0~4.5 m 时，阈值增量 TI 值均在 15% 以下，均能满足规范的要求。采用配光曲线 3 灯具横向位置在 0.5 m 时，左侧车道 TI 值最高，为 8.85%；采用配光曲线 2 灯具横向位置在 4.5 m 时，左侧车道 TI 值最低，为 3.02%，与最大值相比 TI 值降低了 65.88%。采用配光曲线 3 灯具横向位置在 4.5 m 时，中间车道 TI 值最高，为 12.49%；采用配光曲线 1 灯具横向位置在 0 m、0.5 m 时，中间车道 TI 值最低，为 1%，与最大值相比 TI 值降低了 91.99%。采用配光曲线 3 灯具横向位置在 0.5 m 时，右侧车道 TI 值最高，为 8.85%，采用配光曲线 2 灯具横向位置在 4.5 m 时，右侧车道 TI 值最低，为 3.02%，与最大值相比 TI 值降低了 65.88%。综合来看，采用三种配光曲线灯具横向位置 2.5 m 时，阈值增量 TI 值最低。

2.3.1.4 小目标物可见度 STV

1. 灯具横向位置不同时的小目标物可见度

表 2-13　配光曲线 1 灯具横向位置不同时的小目标物可见度 STV

灯具横向位置 /m	路面亮度 /(cd/m²)	背景亮度 /(cd/m²)	光幕亮度 /(cd/m²)	小目标亮度 /(cd/m²)	STV 值
0	2.83	2.83	0.05	3.35	2.2
0.5	3.17	3.18	0.06	3.66	2.1
1	3.49	3.49	0.06	3.98	1.9
1.5	3.74	3.74	0.06	4.26	1.8
2	3.96	3.96	0.07	3.88	1.6
2.5	4.12	4.12	0.08	4.74	1.5
3	4.26	4.26	0.08	4.94	1.4
3.5	4.37	4.37	0.09	5.10	1.5
4	4.45	4.44	0.08	5.23	1.6
4.5	4.49	4.49	0.09	5.33	1.9

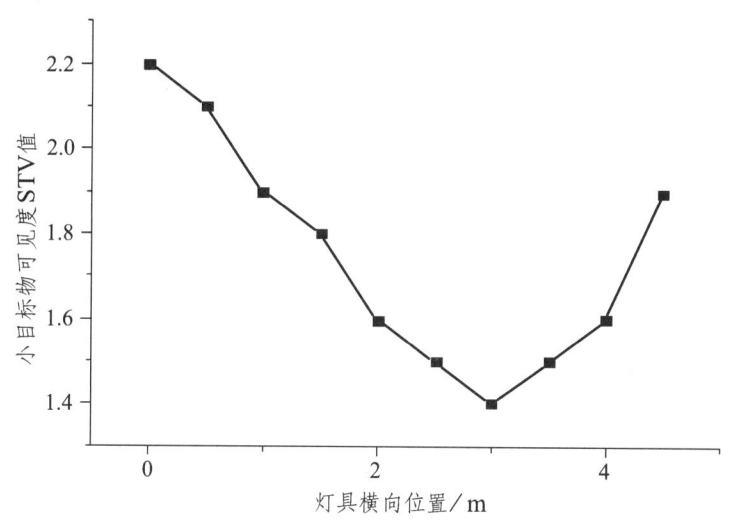

图 2-23 配光曲线 1 灯具横向位置不同时的小目标物可见度 STV

从表 2-13 和图 2-23 可以看出：采用配光曲线 1 灯具横向位置在 0 m 时，小目标物可见度 STV 值最大，为 2.2；灯具横向位置在 3.0 m 时，小目标物可见度 STV 值最小，为 1.4，与最大值相比小目标物可见度 STV 值降低了 36.36%。

表 2-14　配光曲线 2 灯具横向位置不同时的小目标物可见度 STV

灯具横向位置 /m	路面亮度/ (cd/m^2)	背景亮度/ (cd/m^2)	光幕亮度/ (cd/m^2)	小目标亮度/ (cd/m^2)	STV 值
0	2.30	2.30	0.04	2.75	2.2
0.5	2.58	2.58	0.04	3.02	2.1
1	2.79	2.80	0.05	3.25	2.0
1.5	2.98	2.98	0.06	3.46	1.8
2	3.15	3.15	0.06	3.65	1.6
2.5	3.30	3.30	0.06	3.83	1.5
3	3.38	3.39	0.06	3.97	1.4
3.5	3.46	3.46	0.07	4.08	1.4
4	3.54	3.54	0.07	4.18	1.6
4.5	3.59	3.59	0.07	4.25	1.7

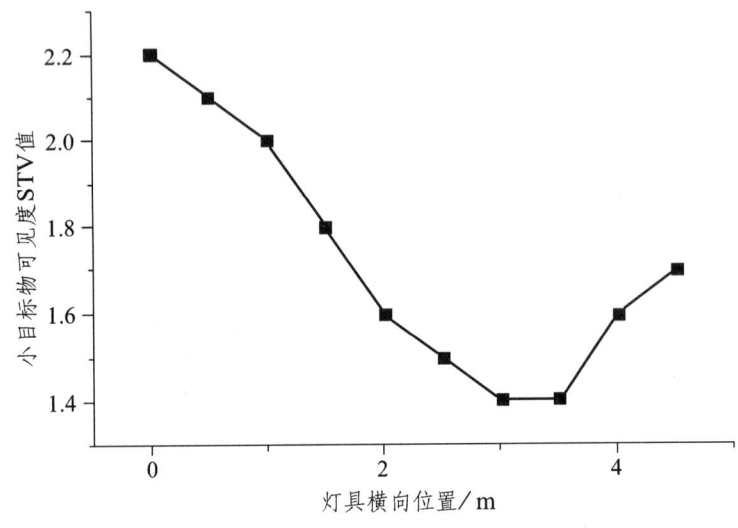

图 2-24 配光曲线 2 灯具横向位置不同时的小目标物可见度 STV

从表 2-14 和图 2-24 可以看出：采用配光曲线 2 灯具横向位置在 0 m 时，小目标物可见度 STV 值最大，为 2.2；灯具横向位置在 3.0 m、3.5 m 时，小目标物可见度 STV 值最小，为 1.4，与最大值相比小目标物可见度 STV 值降低了 36.36%。

表 2-15 配光曲线 3 灯具横向位置不同时的小目标物可见度 STV

灯具横向位置 /m	路面亮度/ (cd/m²)	背景亮度/ (cd/m²)	光幕亮度/ (cd/m²)	小目标亮度/ (cd/m²)	STV 值
0	2.78	2.78	0.13	3.52	2.4
0.5	3.06	3.06	0.14	3.74	2.2
1	3.30	3.30	0.15	3.96	2.0
1.5	3.49	3.49	0.17	4.14	1.8
2	3.66	3.66	0.17	4.30	1.6
2.5	3.80	3.79	0.18	4.46	1.5
3	3.89	3.89	0.18	4.56	1.4
3.5	3.96	3.96	0.18	4.65	1.4
4	4.02	4.01	0.19	4.70	1.6
4.5	4.04	4.03	0.19	4.70	1.9

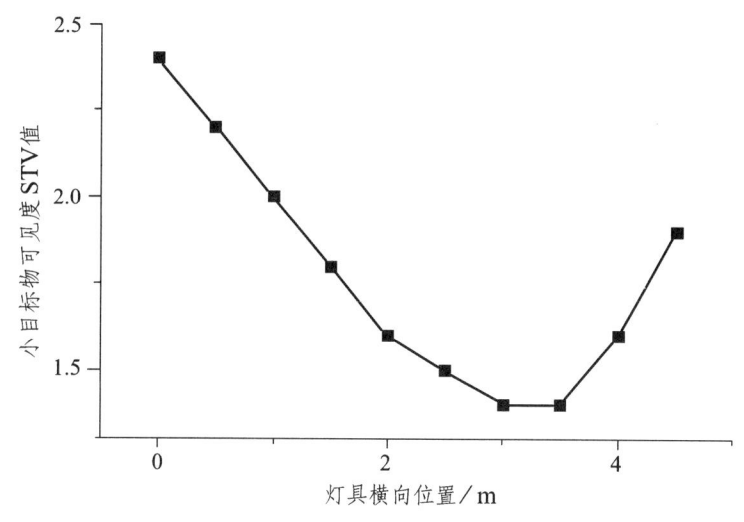

图 2-25 配光曲线 3 灯具横向位置不同时的小目标物可见度 STV

从表 2-15 和图 2-25 可以看出：采用配光曲线 3 灯具横向位置在 0 m 时，小目标物可见度 STV 值最大，为 2.4；灯具横向位置在 3.0 m、3.5 m 时，小目标物可见度 STV 值最小，为 1.4，与最大值相比小目标物可见度 STV 值降低了 41.67%。

2. 灯具横向位置不同时的小目标物可见度对比

表 2-16 灯具横向位置不同时的小目标物可见度

配光形式	灯具横向位置/m	路面亮度/(cd/m²)	背景亮度/(cd/m²)	光幕亮度/(cd/m²)	小目标亮度/(cd/m²)	STV 值
配光曲线 1	0	2.83	2.83	0.05	3.35	2.2
	0.5	3.17	3.18	0.06	3.66	2.1
	1	3.49	3.49	0.06	3.98	1.9
	1.5	3.74	3.74	0.06	4.26	1.8
	2	3.96	3.96	0.07	3.88	1.6
	2.5	4.12	4.12	0.08	4.74	1.5
	3	4.26	4.26	0.08	4.94	1.4
	3.5	4.37	4.37	0.09	5.10	1.5
	4	4.45	4.44	0.08	5.23	1.6
	4.5	4.49	4.49	0.09	5.33	1.9

续表

配光形式	灯具横向位置/m	路面亮度/(cd/m²)	背景亮度/(cd/m²)	光幕亮度/(cd/m²)	小目标亮度/(cd/m²)	STV 值
配光曲线 2	0	2.30	2.30	0.04	2.75	2.2
	0.5	2.58	2.58	0.04	3.02	2.1
	1	2.79	2.80	0.05	3.25	2.0
	1.5	2.98	2.98	0.06	3.46	1.8
	2	3.15	3.15	0.06	3.65	1.6
	2.5	3.30	3.30	0.06	3.83	1.5
	3	3.38	3.39	0.06	3.97	1.4
	3.5	3.46	3.46	0.07	4.08	1.4
	4	3.54	3.54	0.07	4.18	1.6
	4.5	3.59	3.59	0.07	4.25	1.7
配光曲线 3	0	2.78	2.78	0.13	3.52	2.4
	0.5	3.06	3.06	0.14	3.74	2.2
	1	3.30	3.30	0.15	3.96	2.0
	1.5	3.49	3.49	0.17	4.14	1.8
	2	3.66	3.66	0.17	4.30	1.6
	2.5	3.80	3.79	0.18	4.46	1.5
	3	3.89	3.89	0.18	4.56	1.4
	3.5	3.96	3.96	0.18	4.65	1.4
	4	4.02	4.01	0.19	4.70	1.6
	4.5	4.04	4.03	0.19	4.70	1.9

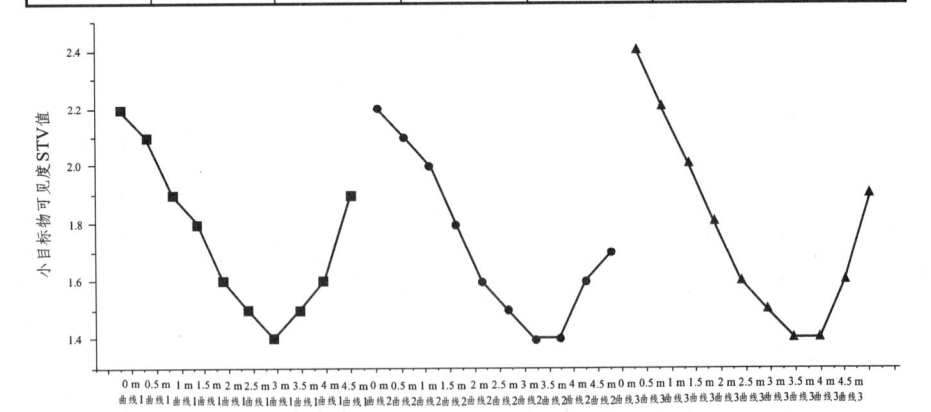

图 2-26 灯具横向位置不同时的小目标物可见度

从表 2-16 和图 2-26 可以看出：采用配光曲线 3 灯具横向位置在 0 m 时，小目标物可见度 STV 值最大，为 2.4，采用配光曲线 1 灯具横向位置在 3.0 m、采用配光曲线 2 灯具横向位置在 3.0 m 和 3.5 m、采用配光曲线 3 灯具横向位置在 3.0 m 和 3.5 m 时，小目标物可见度 STV 值最小，为 1.4，与最大值相比小目标物可见度 STV 值降低了 36.36%。

2.3.1.5 小　结

本节主要研究了灯具横向位置对路面亮度、路面照度、阈值增量 TI 值、小目标物可见度 STV 值的影响，得到的结论如下：

（1）采用配光曲线 1 灯具横向间距在 4.5 m 时，所有车道平均亮度最大，为 4.36 cd/m^2；采用配光曲线 2 灯具横向位置在 0 m 时，所有车道平均亮度最小，为 2.03 cd/m^2。综合各方面的情况，采用配光曲线 1、2、3 灯具横向位置在 2.5 m 时，照明整体效果较好。

（2）采用配光曲线 3 灯具横向间距在 1.0 m 时，所有车道亮度总均匀度最高，为 0.79；采用配光曲线 1 灯具横向位置在 4.5 m 时，所有车道亮度总均匀度最低，为 0.22。综合各方面的情况，采用配光曲线 1 或配光曲线 3 灯具横向位置在 1.5～2.5 m、采用配光曲线 2 灯具横向位置在 1.0～2.0 m 时，照明整体效果较好。

（3）采用配光曲线 1 灯具横向间距在 4.5 m 时，所有车道中线亮度纵向均匀度最高，为 0.99；采用配光曲线 2 灯具横向位置在 4.0 m 时，所有车道中线亮度纵向均匀度最低，为 0.93。综合各方面的情况，采用配光曲线 1 灯具横向位置在 0～2.0 m、采用配光曲线 2 灯具横向位置在 1.5～3.0 m、采用配光曲线 3 灯具横向位置在 1.0～2.5 m 时，照明整体效果好。

（4）采用配光曲线 1 灯具横向间距在 4.5 m 时，所有车道平均照度最大，为 78 lx；采用配光曲线 2 灯具横向位置在 0 m 时，所有车道平均照度最小，为 41 lx。综合各方面的情况，采用配光曲线 1 灯具横向位置在 1.5～2.5 m、采用配光曲线 2 灯具横向位置在 1.5～2.5 m、采用配光曲线 3 灯具横向位置在 0.5～2.0 m 时，照明整体效果较好。

（5）采用配光曲线 3 灯具横向间距在 0.5 m 时，所有车道照度总均匀度最高，为 0.9；采用配光曲线 1 灯具横向位置在 4.5 m 时，所有车道照度总均匀度最低，为 0.303。综合各方面的情况，采用配光曲线 1 灯具横向位置在 1.0～2.5 m、采用配光曲线 2 灯具横向位置在 1.0～2.0 m、采用配光曲线 3 灯具横向位置在 0～2.0 m 时,照明整体效果较好。

(6) 综合来看,采用三种配光曲线灯具横向位置在 2.5 m 时,阈值增量 TI 值最低。

(7) 采用配光曲线 3 灯具横向位置为 0 m 时,小目标物可见度 STV 值最大,为 2.4,采用配光曲线 1 灯具横向位置在 3.0 m、采用配光曲线 2 灯具横向位置在 3.0 m 和 3.5 m、采用配光曲线 3 灯具横向位置在 3.0 m 和 3.5 m 时,小目标物可见度 STV 值最小,为 1.4。

从亮度、照度、亮度总均匀度、车道中线亮度纵向均匀度、照度总均匀度、眩光值、小目标物可见度综合考虑,采用配光曲线 1、配光曲线 2、配光曲线 3 灯具横向位置在 2.0～3.0 m 时,照明效果最好。

2.3.2　灯具纵向位置

灯具的纵向布置间距对隧道照明的质量和电能消耗均有着重要的影响,因此必须进行深入研究。在确定隧道最佳灯具布置形式后对布灯间距进行深入分析,灯具纵向间距配置优化研究中,分析间距 9 m、10 m、11 m、12 m、13 m、14 m 等 6 种工况,采用两侧交错布灯方式,灯具横向间距 2.5 m,灯具安装高度 6.0 m,灯具安装角度 0°,隧道墙面反射率 0.3。

2.3.2.1　灯具纵向间距对亮度的影响

1. 灯具纵向间距不同时的路面平均亮度值

表 2-17　配光曲线 1 灯具纵向间距不同时的路面平均亮度值　　单位:cd/m^2

灯具纵向间距/m	9	10	11	12	13	14
左侧车道亮度	4.19	3.77	3.43	3.14	2.90	2.70
中间车道亮度	4.65	4.19	3.81	3.49	3.22	3.00
右侧车道亮度	4.19	3.77	3.43	3.14	2.90	2.69
所有车道亮度	4.27	3.84	3.49	3.20	2.95	2.75

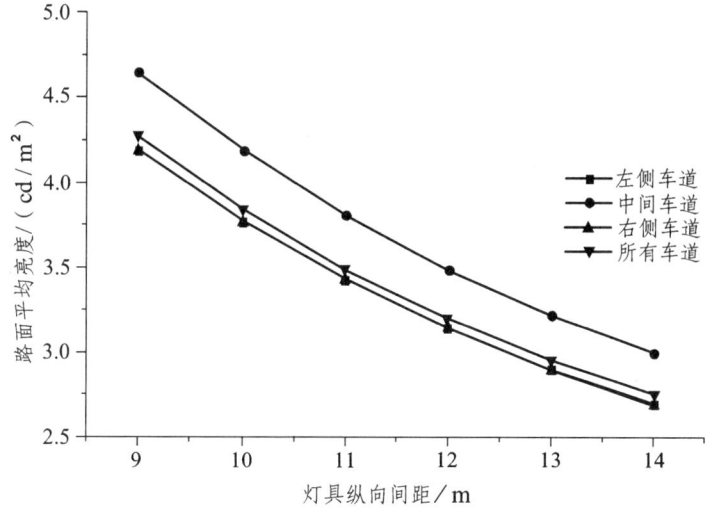

图 2-27 配光曲线 1 灯具纵向间距不同时的路面平均亮度

从表 2-17 和图 2-27 可以看出：采用配光曲线 1 灯具纵向间距为 9.0 m 时，左侧车道平均亮度最大，为 4.19 cd/m²；灯具纵向间距为 14.0 m 时，左侧车道平均亮度最小，为 2.7 cd/m²，与最大值相比平均亮度下降 35.56%。灯具纵向间距为 9.0 m 时，中间车道平均亮度最大，为 4.65 cd/m²；灯具纵向间距为 14.0 m 时，中间车道平均亮度最小，为 3.0 cd/m²，与最大值相比平均亮度下降 35.48%。灯具纵向间距为 9.0 m 时，右侧车道平均亮度最大，为 4.19 cd/m²；灯具纵向间距为 14.0 m 时，右侧车道平均亮度最小，为 2.69 cd/m²，与最大值相比平均亮度下降 35.79%。灯具纵向间距为 9.0 m 时，所有车道平均亮度最大，为 4.27 cd/m²；灯具纵向间距为 14.0 m 时，所有车道平均亮度最小，为 2.75 cd/m²，与最大值相比平均亮度下降 33.59%。综合各方面的情况，采用配光曲线 1 灯具纵向间距在 9.0 m 时，平均亮度最高。

表 2-18 配光曲线 2 灯具纵向间距不同时的路面平均亮度值　　单位：cd/m²

灯具纵向间距/m	9	10	11	12	13	14
左侧车道亮度	3.48	3.13	2.85	2.61	2.41	2.24
中间车道亮度	3.44	3.10	2.82	2.59	2.38	2.22
右侧车道亮度	3.49	3.14	2.85	2.62	2.41	2.25
所有车道亮度	3.42	3.08	2.80	2.57	2.37	2.20

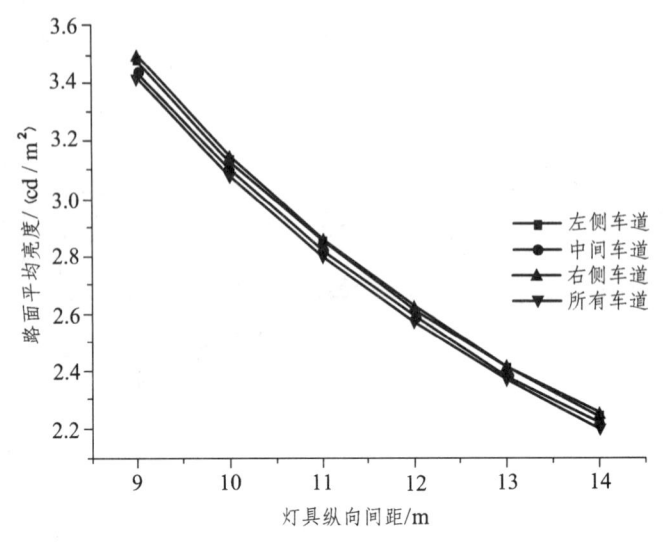

图 2-28 配光曲线 2 灯具纵向间距不同时的路面平均亮度

从表 2-18 和图 2-28 可以看出:采用配光曲线 2 灯具纵向间距为 9.0 m 时,左侧车道平均亮度最大,为 3.48 cd/m²;灯具纵向间距为 14.0 m 时,左侧车道平均亮度最小,为 2.24 cd/m²,与最大值相比平均亮度下降 35.63%。灯具纵向间距为 9.0 m 时,中间车道平均亮度最大,为 3.44 cd/m²;灯具纵向间距为 14.0 m 时,中间车道平均亮度最小,为 2.22 cd/m²,与最大值相比平均亮度下降 35.47%。灯具纵向间距为 9.0 m 时,右侧车道平均亮度最大,为 3.49 cd/m²;灯具纵向间距为 14.0 m 时,右侧车道平均亮度最小,为 2.25 cd/m²,与最大值相比平均亮度下降 35.53%。灯具纵向间距为 9.0 m 时,所有车道平均亮度最大,为 3.42 cd/m²;灯具纵向间距为 14.0 m 时,所有车道平均亮度最小,为 2.2 cd/m²,与最大值相比平均亮度下降 35.67%。综合各方面的情况,采用配光曲线 2 灯具纵向间距为 9.0 m 时,平均亮度最高。

表 2-19　配光曲线 3 灯具纵向间距不同时的路面平均亮度值　　单位:cd/m²

灯具纵向间距/m	9	10	11	12	13	14
左侧车道亮度	3.76	3.39	3.08	2.83	2.61	2.42
中间车道亮度	4.46	4.03	3.66	3.36	3.10	2.88
右侧车道亮度	3.90	3.53	3.21	2.94	2.72	2.52
所有车道亮度	3.96	3.57	3.25	2.98	2.75	2.55

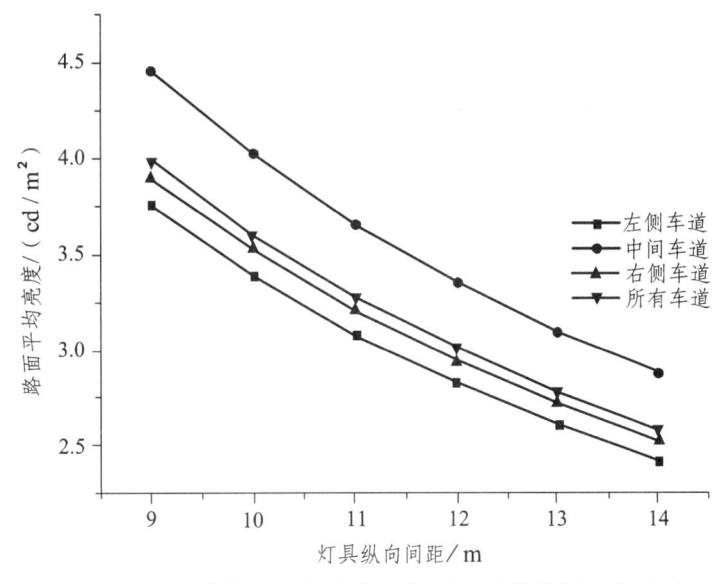

图 2-29 配光曲线 3 灯具纵向间距不同时的路面平均亮度

从表 2-19 和图 2-29 可以看出:采用配光曲线 3 灯具纵向间距为 9.0 m 时,左侧车道平均亮度最大,为 3.76 cd/m²;灯具纵向间距为 14.0 m 时,左侧车道平均亮度最小,为 2.42 cd/m²,与最大值相比平均亮度下降 35.64%。灯具纵向间距为 9.0 m 时,中间车道平均亮度最大,为 4.46 cd/m²;灯具纵向间距为 14.0 m 时,中间车道平均亮度最小,为 2.88 cd/m²,与最大值相比平均亮度下降 35.43%。灯具纵向间距为 9.0 m 时,右侧车道平均亮度最大,为 3.9 cd/m²;灯具纵向间距 14.0 m 时,右侧车道平均亮度最小,为 2.52 cd/m²,与最大值相比平均亮度下降 35.38%。灯具纵向间距为 9.0 m 时,所有车道平均亮度最大,为 3.96 cd/m²;灯具纵向间距为 14.0 m 时,所有车道平均亮度最小,为 2.55 cd/m²,与最大值相比平均亮度下降 35.61%。综合各方面的情况,采用配光曲线 3 灯具纵向间距为 9.0 m 时,平均亮度最高。

2. 灯具纵向间距与路面亮度的关系

表 2-20 灯具纵向间距不同时的路面平均亮度横向比较

配光形式	灯具纵向间距/m	左侧车道亮度	中间车道亮度	右侧车道亮度	所有车道亮度
配光曲线 1	9	4.19	4.65	4.19	4.27

续表

配光形式	灯具纵向间距/m	左侧车道亮度	中间车道亮度	右侧车道亮度	所有车道亮度
配光曲线 1	10	3.77	4.19	3.77	3.84
	11	3.43	3.81	3.43	3.49
	12	3.14	3.49	3.14	3.20
	13	2.90	3.22	2.90	2.95
	14	2.70	3.00	2.69	2.75
配光曲线 2	9	3.48	3.44	3.49	3.42
	10	3.13	3.10	3.14	3.08
	11	2.85	2.82	2.85	2.80
	12	2.61	2.59	2.62	2.57
	13	2.41	2.38	2.41	2.37
	14	2.24	2.22	2.25	2.20
配光曲线 3	9	3.76	4.46	3.90	3.96
	10	3.39	4.03	3.53	3.57
	11	3.08	3.66	3.21	3.25
	12	2.83	3.36	2.94	2.98
	13	2.61	3.10	2.72	2.75
	14	2.42	2.88	2.52	2.55

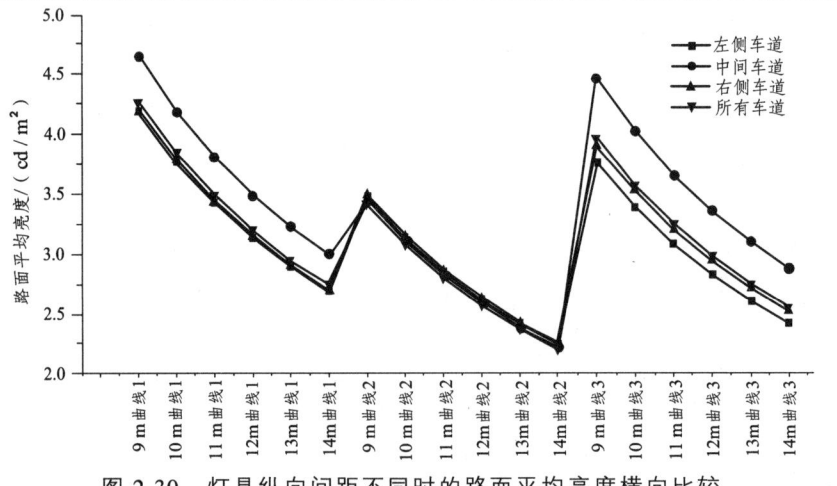

图 2-30 灯具纵向间距不同时的路面平均亮度横向比较

从表 2-20 和图 2-30 可以看出：采用配光曲线 1 灯具纵向间距为 9.0 m 时，左侧车道平均亮度最大，为 4.19 cd/m²；采用配光曲线 2 灯具纵向间距为 14.0 m 时，左侧车道平均亮度最小，为 2.24 cd/m²，与最大值相比平均亮度下降 46.54%。采用配光曲线 1 灯具纵向间距为 9.0 m 时，中间车道平均亮度最大，为 4.65 cd/m²；采用配光曲线 2 灯具纵向间距为 14.0 m 时，中间车道平均亮度最小，为 2.22 cd/m²，与最大值相比平均亮度下降 52.26%。采用配光曲线 1 灯具纵向间距为 9.0 m 时，右侧车道平均亮度最大，为 4.19 cd/m²；采用配光曲线 2 灯具纵向间距为 14.0 m 时，右侧车道平均亮度最小，为 2.25 cd/m²，与最大值相比平均亮度下降 46.3%。采用配光曲线 1 灯具纵向间距为 9.0 m 时，所有车道平均亮度最大，为 4.27 cd/m²；采用配光曲线 2 灯具纵向间距为 14.0 m 时，所有车道平均亮度最小，为 2.2 cd/m²，与最大值相比平均亮度下降 48.48%。综合各方面的情况，采用配光曲线 1、配光曲线 2、配光曲线 3 灯具纵向间距为 9.0 m 时，平均亮度最高。

3. 灯具纵向间距不同时的等亮度图

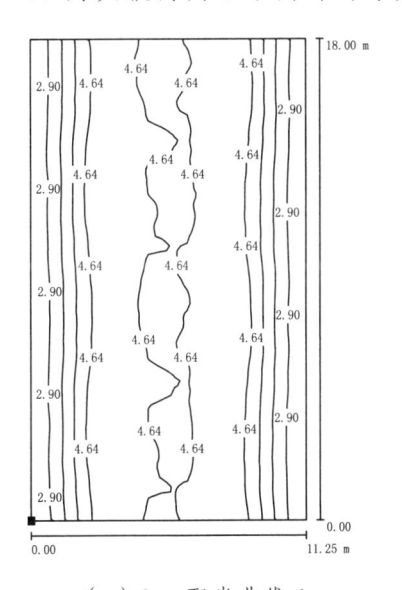

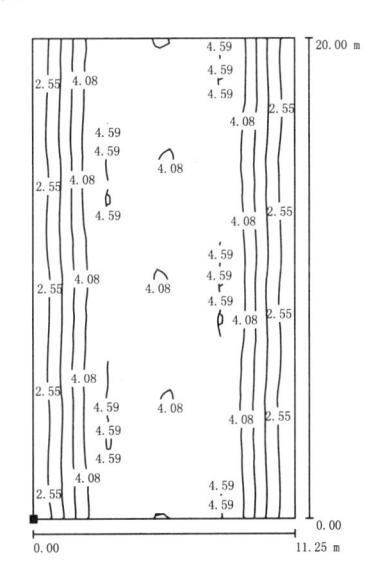

（a）9 m 配光曲线 1　　　　（b）10 m 配光曲线 1

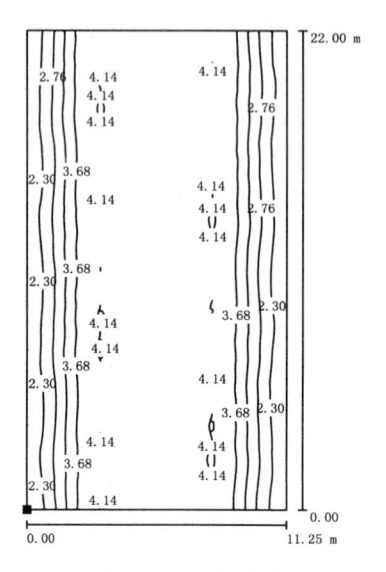

（c）11 m 配光曲线 1

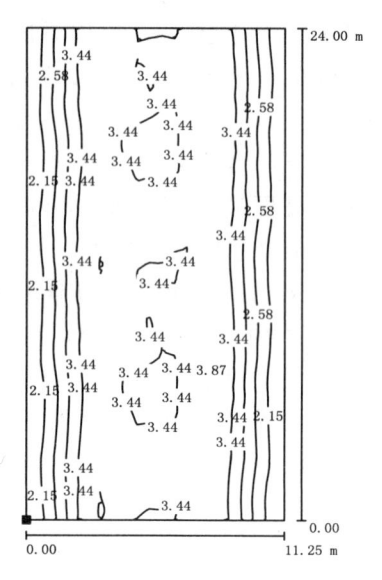

（d）12 m 配光曲线 1

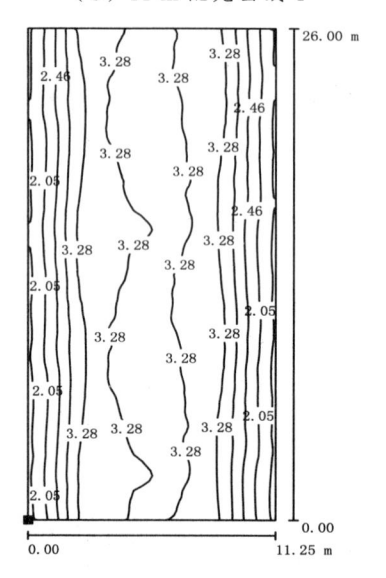

（e）13 m 配光曲线 1

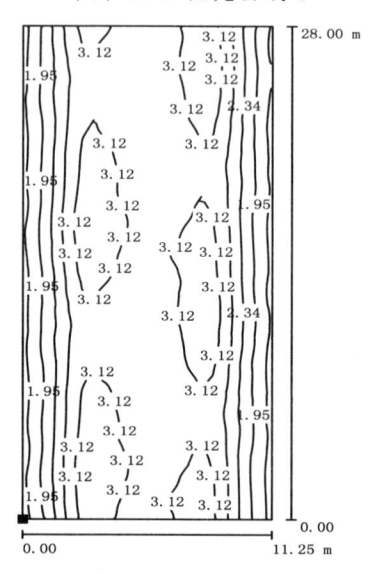

（f）14 m 配光曲线 1

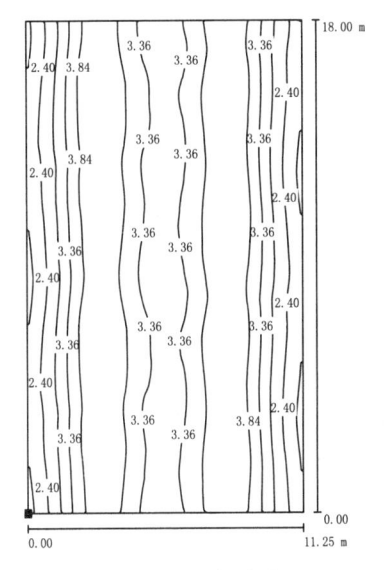

(g) 9 m 配光曲线 2

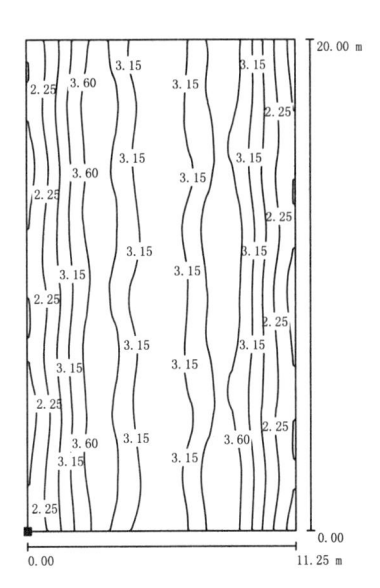

(h) 10 m 配光曲线 2

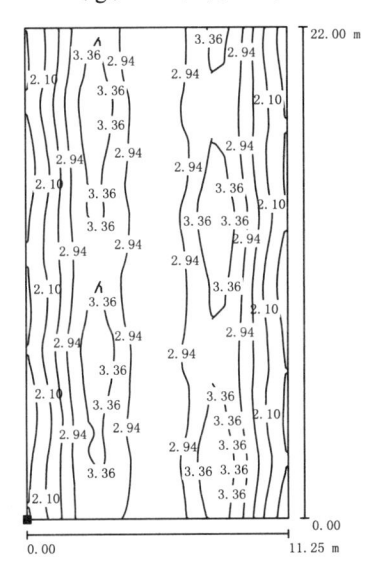

(i) 11 m 配光曲线 2

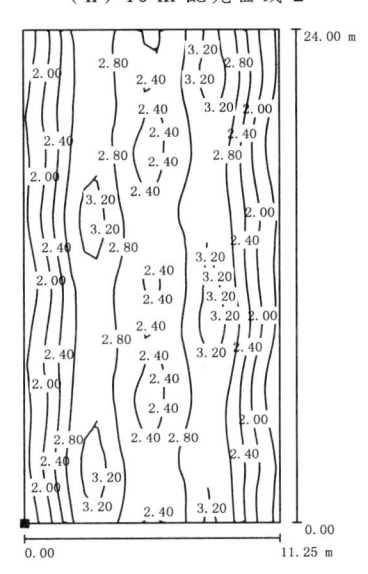

(j) 12 m 配光曲线 2

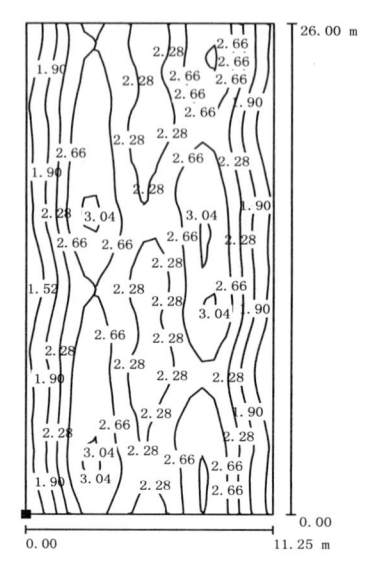

（k）13 m 配光曲线 2

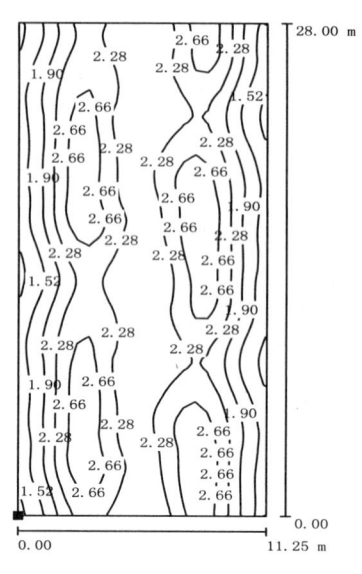

（l）14 m 配光曲线 2

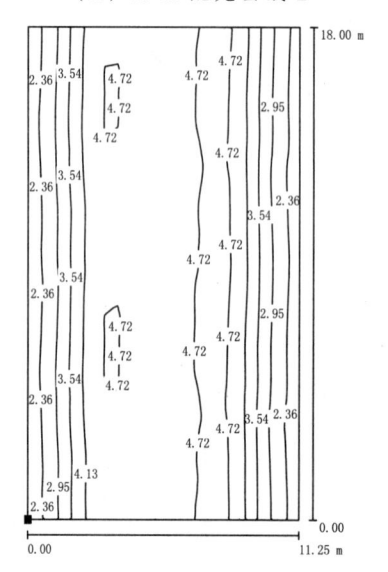

（m）9 m 配光曲线 3

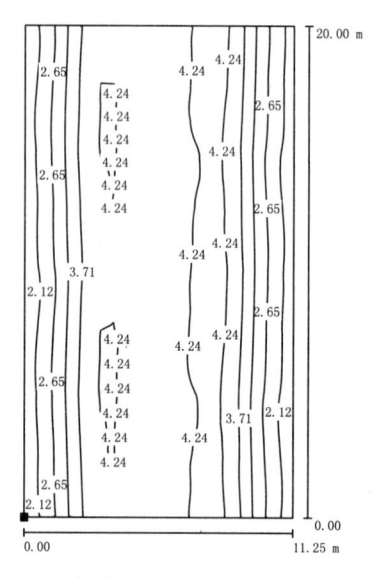

（n）10 m 配光曲线 3

第 2 章　基于光线跟踪的隧道设备配光最优适配节能技术研究　049

(o) 11 m 配光曲线 3

(p) 12 m 配光曲线 3

(q) 13 m 配光曲线 3

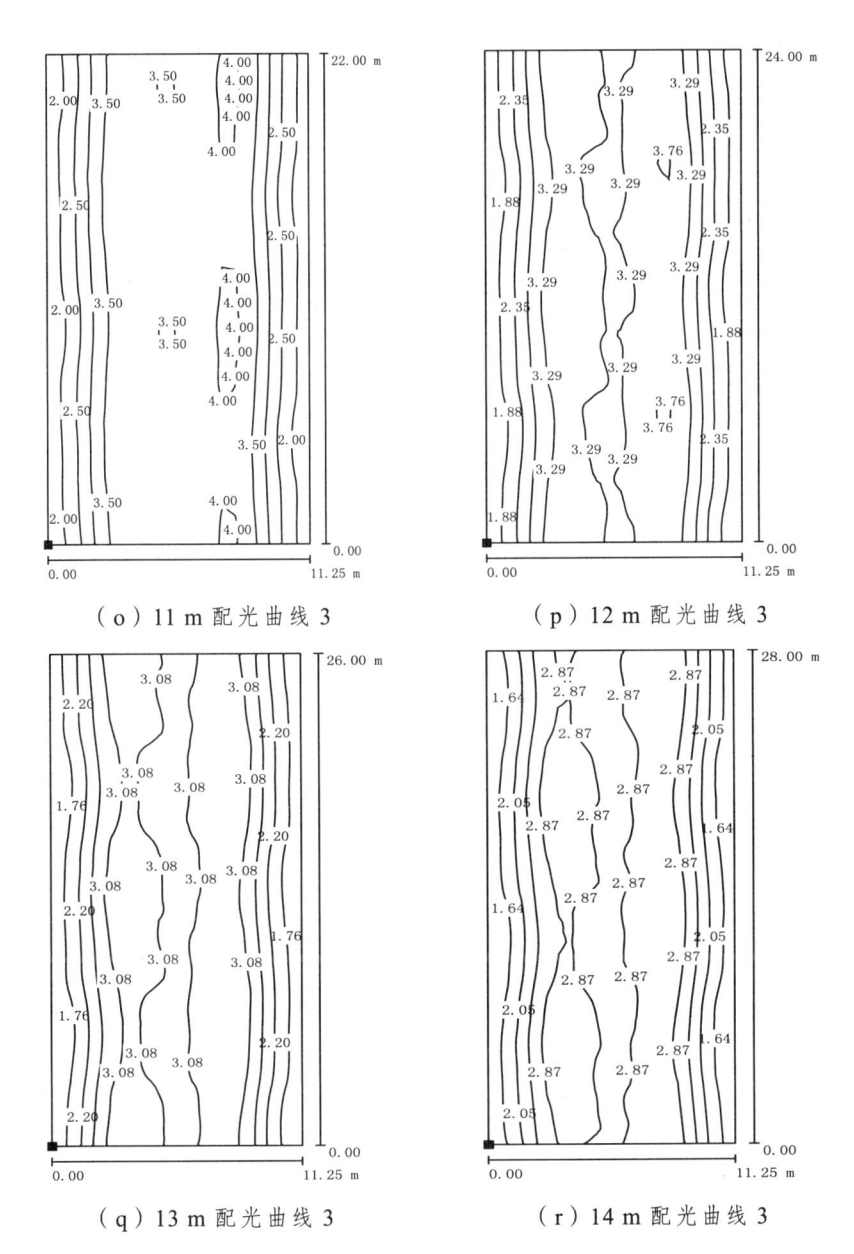

(r) 14 m 配光曲线 3

图 2-31　灯具纵向间距不同时的等亮度图

从图 2-31 中可以看出，采用不同的配光曲线灯具纵向间距不同时，路面平均亮度在左车道和右车道基本对称分布。

4. 空间亮度分布

（a）灯具纵向间距 9.0 m

（b）灯具纵向间距 10.0 m

（c）灯具纵向间距 11.0 m

（d）灯具纵向间距 12.0 m

（e）灯具纵向间距 13.0 m

（f）灯具纵向间距 14.0 m

图 2-32 配光曲线 1 时空间亮度分布

从图 2-32 中可以看出，采用配光曲线 1 灯具纵向间距为 9.0～11.0 m 时，照明整体效果较好。

(a)灯具纵向间距 9.0 m 　　　　　　(b)灯具纵向间距 10.0 m

(c)灯具纵向间距 11.0 m 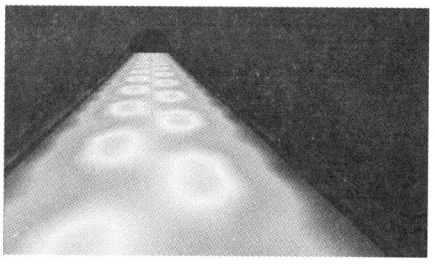　　　　　　(d)灯具纵向间距 12.0 m

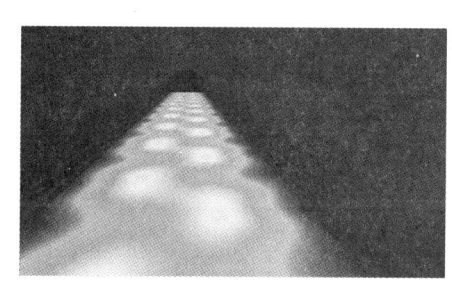

(e)灯具纵向间距 13.0 m 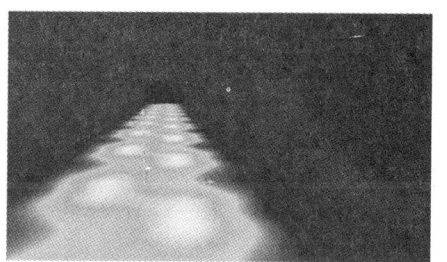　　　　　　(f)灯具纵向间距 14.0 m

图 2-33　配光曲线 2 时空间亮度分布

从图 2-33 可以看出，采用配光曲线 2 灯具纵向间距为 9.0~11.0 m 时，照明整体效果较好。灯具纵向间距超过 11.0 m 之后，路面上会出现一个个的光斑。

(a)灯具纵向间距 9.0 m

(b)灯具纵向间距 10.0 m

(c)灯具纵向间距 11.0 m

(d)灯具纵向间距 12.0 m

(e)灯具纵向间距 13.0 m

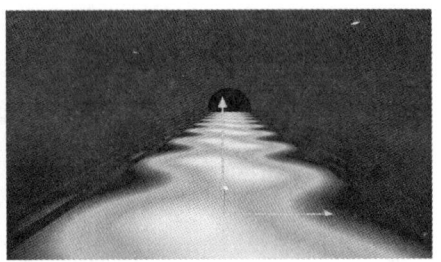

(f)灯具纵向间距 14.0 m

图 2-34 配光曲线 3 时空间亮度分布

从图 2-34 可以看出,采用配光曲线 3 灯具纵向间距为 9.0~12.0 m 时,照明整体效果较好。灯具纵向间距超过 12.0 m 之后,路面均匀度会下降。

2.3.2.2 灯具纵向间距对照度的影响

1. 灯具纵向间距不同时的路面平均照度值

表 2-21 配光曲线 1 灯具纵向间距不同时的路面平均照度值　　　单位：lx

灯具纵向间距/m	9	10	11	12	13	14
左侧车道照度	66	59	54	49	45	42
中间车道照度	93	84	76	70	64	60
右侧车道照度	66	59	54	49	46	42
所有车道照度	75	67	61	56	52	48

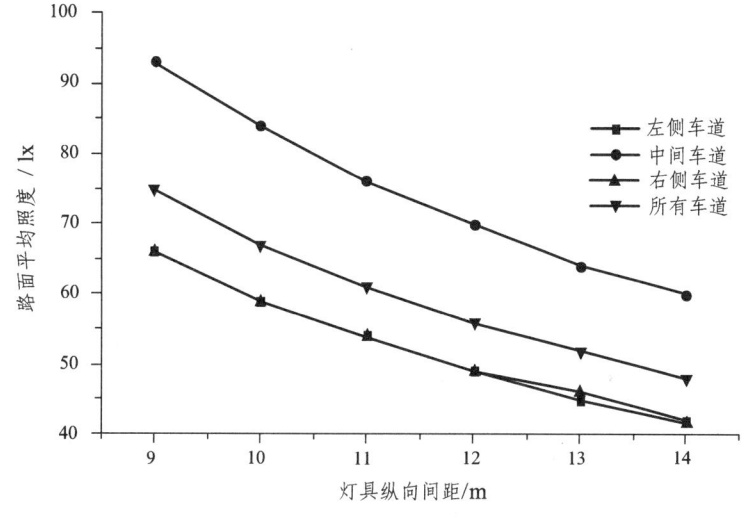

图 2-35 配光曲线 1 灯具纵向间距不同时的路面平均照度

从表 2-21 和图 2-35 可以看出：采用配光曲线 1 灯具纵向间距为 9.0 m 时，左侧车道平均照度最大，为 66 lx；灯具纵向间距为 14.0 m 时，左侧车道平均照度最小，为 42 lx，与最大值相比平均照度下降 36.36%。灯具纵向间距为 9.0 m 时，中间车道平均照度最大，为 93 lx；灯具纵向间距为 14.0 m 时，中间车道平均照度最小，为 60 lx，与最大值相比平均照度下降 35.48%。灯具纵向间距为 9.0 m 时，右侧车道平均照度最大，为 66 lx；灯具纵向间距为 14.0 m 时，右侧车道平均照度最小，为 42 lx，与最大值相比平均照度下降 36.36%。灯具纵向间距为 9.0 m 时，所有车道平均照度最大，为 75 lx；灯具纵向间距为 14.0 m 时，所有车道平均照度最小，为 48 lx，与最大值相比平均照度下降 36%。综合各方面的情况，采用配光曲线 1 灯具纵向间距为 9.0 m 时，路面平均照度最高。

表 2-22　配光曲线 2 灯具纵向间距不同时的路面平均照度值　　单位：lx

灯具纵向间距/m	9	10	11	12	13	14
左侧车道照度	65	58	53	49	45	42
中间车道照度	77	69	63	58	53	49
右侧车道照度	65	58	53	49	45	42
所有车道照度	69	62	56	52	48	44

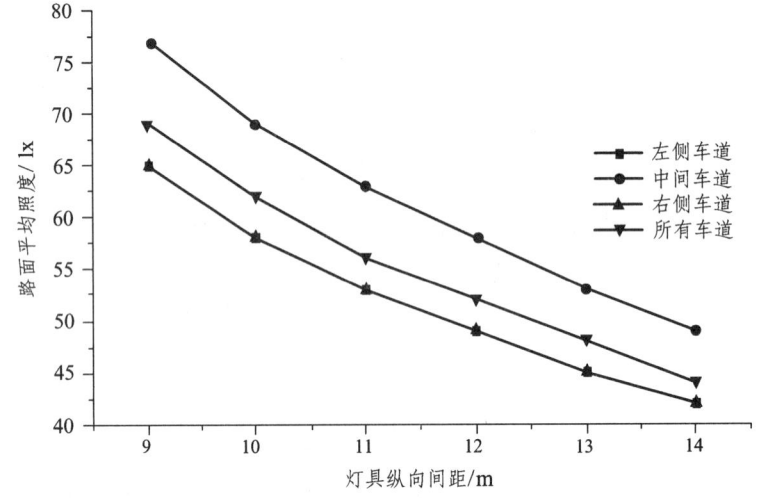

图 2-36　配光曲线 2 灯具纵向间距不同时的路面平均照度

从表 2-22 和图 2-36 可以看出：采用配光曲线 2 灯具纵向间距为 9.0 m 时，左侧车道平均照度最大，为 65 lx；灯具纵向间距为 14.0 m 时，左侧车道平均照度最小，为 42 lx，与最大值相比平均照度下降 35.38%。灯具纵向间距为 9.0 m 时，中间车道平均照度最大，为 77 lx；灯具纵向间距为 14.0 m 时，中间车道平均照度最小，为 49 lx，与最大值相比平均照度下降 36.36%。灯具纵向间距为 9.0 m 时，右侧车道平均照度最大，为 65 lx；灯具纵向间距为 14.0 m 时，右侧车道平均照度最小，为 42 lx，与最大值相比平均照度下降 35.38%。灯具纵向间距为 9.0 m 时，所有车道平均照度最大，为 69 lx；灯具纵向间距为 14.0 m 时，所有车道平均照度最小，为 44 lx，与最大值相比平均照度下降 36.23%。综合各方面的情况，采用配光曲线 2 灯具纵向间距为 9.0 m 时，路面平均照度最高。

表 2-23　配光曲线 3 灯具纵向间距不同时的路面平均照度值　　单位：lx

灯具纵向间距/m	9	10	11	12	13	14
左侧车道照度	63	56	51	47	43	40
中间车道照度	86	78	71	65	60	56
右侧车道照度	63	56	51	47	44	40
所有车道照度	71	63	58	53	49	45

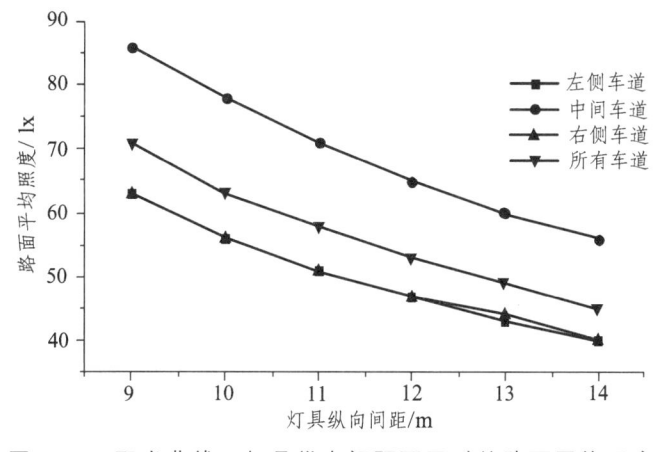

图 2-37　配光曲线 3 灯具纵向间距不同时的路面平均照度

从表 2-23 和图 2-37 可以看出：采用配光曲线 3 灯具纵向间距为 9.0 m 时，左侧车道平均照度最大，为 63 lx；灯具纵向间距为 14.0 m 时，左侧车道平均照度最小，为 40 lx，与最大值相比平均照度下降 36.51%。灯具纵向间距为 9.0 m 时，中间车道平均照度最大，为 86 lx；灯具纵向间距为 14.0 m 时，中间车道平均照度最小，为 56 lx，与最大值相比平均照度下降 34.88%。灯具纵向间距为 9.0 m 时，右侧车道平均照度最大，为 63 lx；灯具纵向间距为 14.0 m 时，右侧车道平均照度最小，为 40 lx，与最大值相比平均照度下降 36.51%。灯具纵向间距为 9.0 m 时，所有车道平均照度最大，为 71 lx；灯具纵向间距为 14.0 m 时，所有车道平均照度最小，为 45 lx，与最大值相比平均照度下降 36.62%。综合各方面的情况，采用配光曲线 1 灯具纵向间距为 9.0 m 时，路面平均照度最高。

2. 灯具纵向间距与路面照度的关系

表 2-24　灯具纵向间距不同时的路面平均照度横向比较　　　单位：lx

配光形式	灯具纵向间距/m	左侧车道照度	中间车道照度	右侧车道照度	所有车道照度
配光曲线 1	9	66	93	66	75
	10	59	84	59	67
	11	54	76	54	61
	12	49	70	49	56
	13	45	64	46	52
	14	42	60	42	48
配光曲线 2	9	65	77	65	69
	10	58	69	58	62
	11	53	63	53	56
	12	49	58	49	52
	13	45	53	45	48
	14	42	49	42	44
配光曲线 3	9	63	86	63	71
	10	56	78	56	63
	11	51	71	51	58
	12	47	65	47	53
	13	43	60	44	49
	14	40	56	40	45

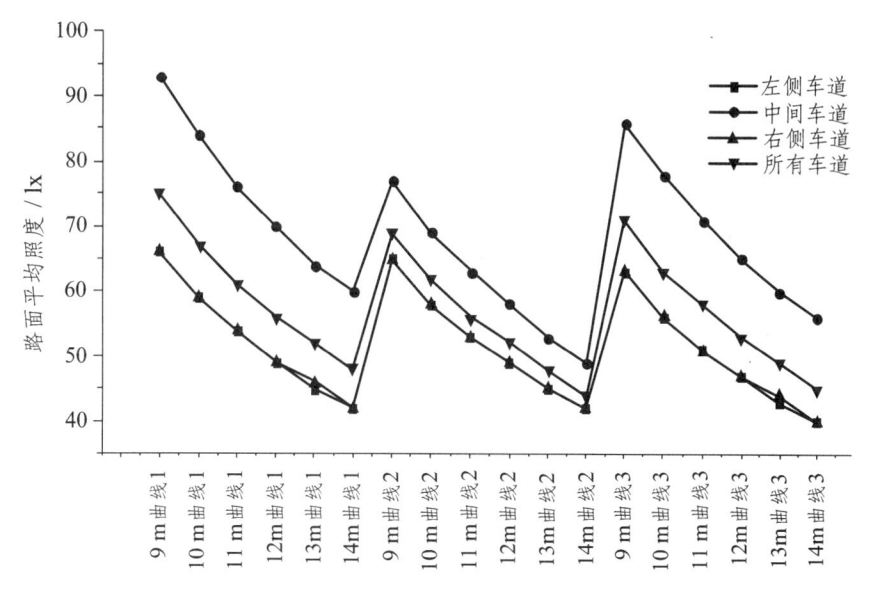

图 2-38　灯具横纵向间距不同时的路面平均照度横向比较

从表 2-24 和图 2-38 可以看出：采用配光曲线 1 灯具纵向间距为 9.0 m 时，左侧车道平均照度最大，为 66 lx；采用配光曲线 3 灯具纵向间距为 14.0 m 时，左侧车道平均照度最小，为 40 lx，与最大值相比平均照度下降 39.39%。采用配光曲线 1 灯具纵向间距为 9.0 m 时，中间车道平均照度最大，为 93 lx；采用配光曲线 2 灯具纵向间距为 14.0 m 时，中间车道平均照度最小，为 49 lx，与最大值相比平均照度下降 47.31%。采用配光曲线 1 灯具纵向间距为 9.0 m 时，右侧车道平均照度最大，为 66 lx；采用配光曲线 3 灯具纵向间距为 14.0 m 时，右侧车道平均照度最小，为 40 lx，与最大值相比平均照度下降 39.39%。采用配光曲线 1 灯具纵向间距为 9.0 m 时，所有车道平均照度最大，为 75 lx；采用配光曲线 2 灯具纵向间距为 14.0 m 时，所有车道平均照度最小，为 44 lx，与最大值相比平均照度下降 41.33%。综合各方面的情况，采用配光曲线 1、配光曲线 2、配光曲线 3 灯具纵向间距为 9.0 m 时，路面平均照度最高。

3. 灯具纵向间距不同时的等照度图

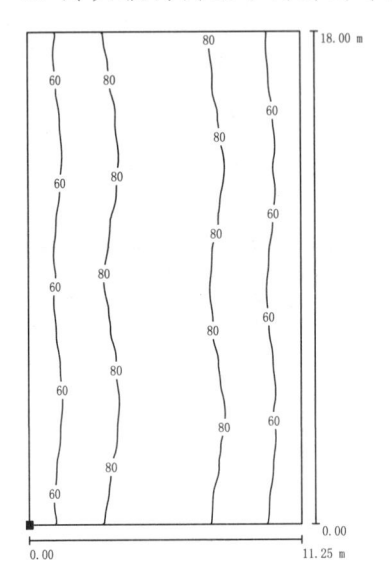

(a) 9 m 配光曲线 1

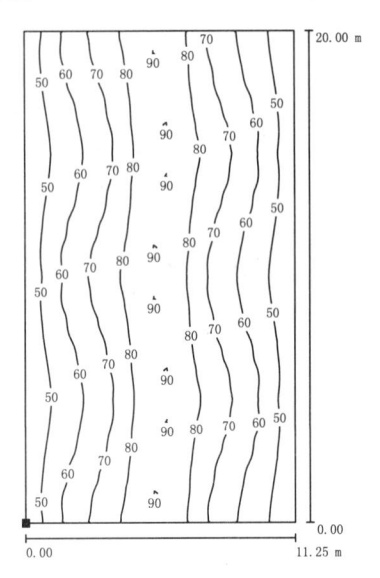

(b) 10 m 配光曲线 1

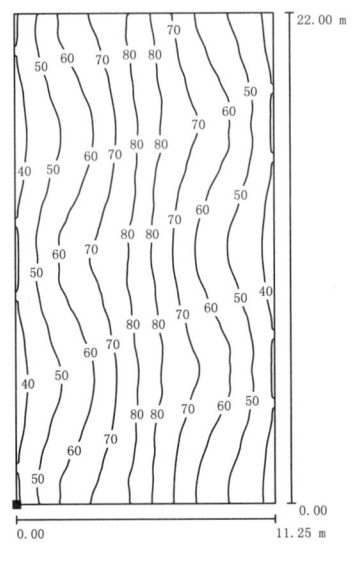

(c) 11 m 配光曲线 1

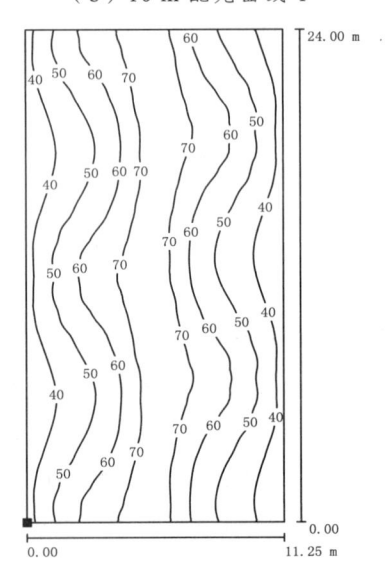

(d) 12 m 配光曲线 1

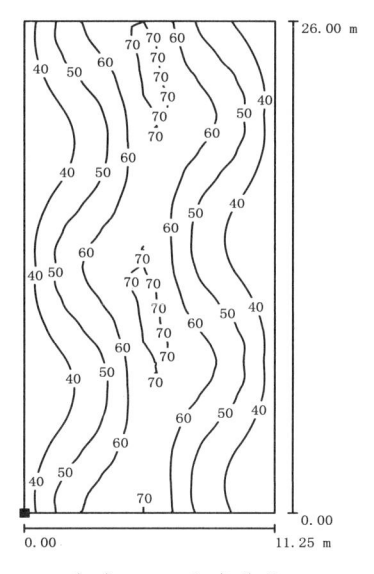

(e) 13 m 配光曲线 1

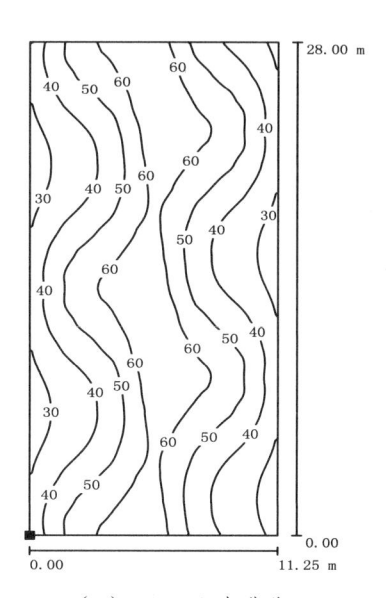

(f) 14 m 配光曲线 1

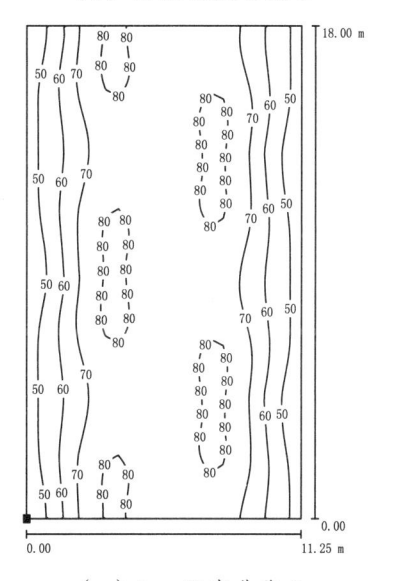

(g) 9 m 配光曲线 2

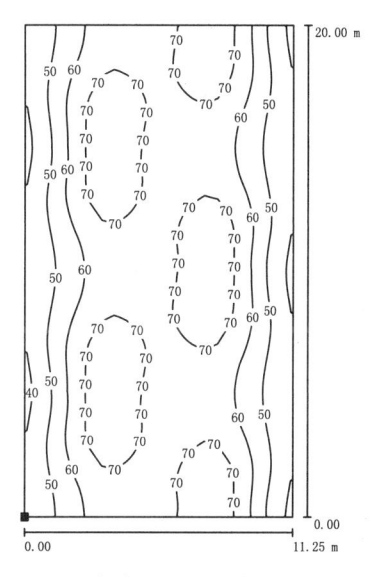

(h) 10 m 配光曲线 2

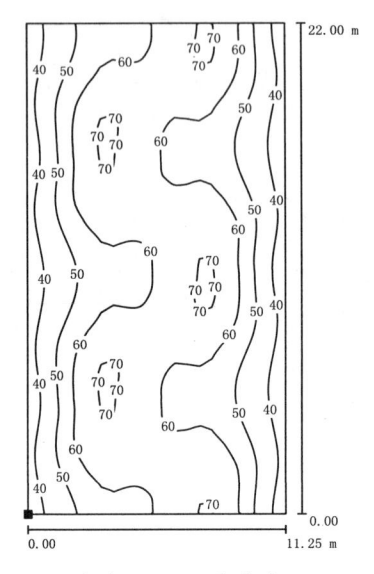

(i) 11 m 配光曲线 2

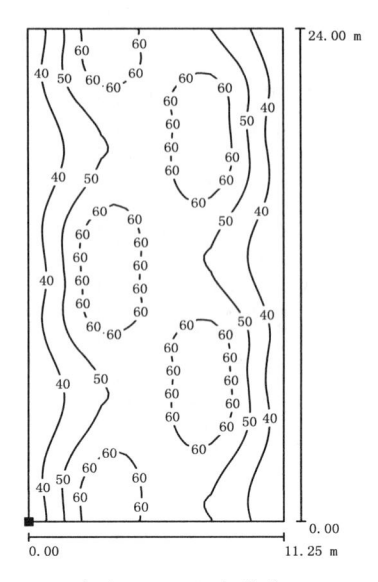

(j) 12 m 配光曲线 2

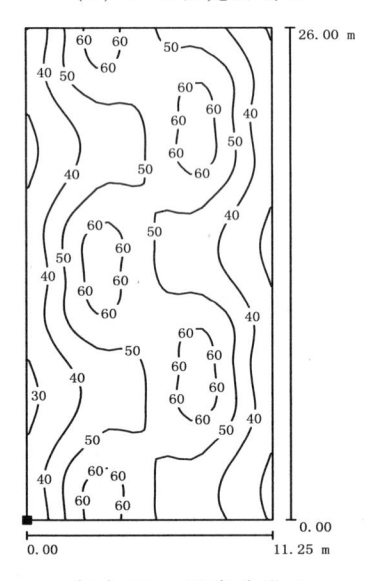

(k) 13 m 配光曲线 2

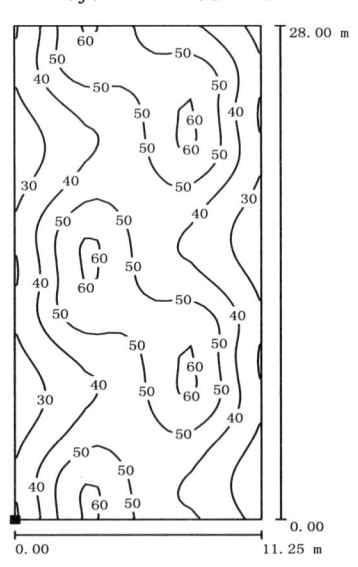

(l) 14 m 配光曲线 2

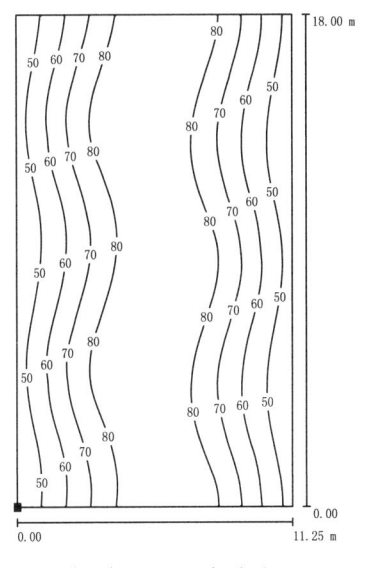

第 2 章　基于光线跟踪的隧道设备配光最优适配节能技术研究　061

（m）9 m 配光曲线 3

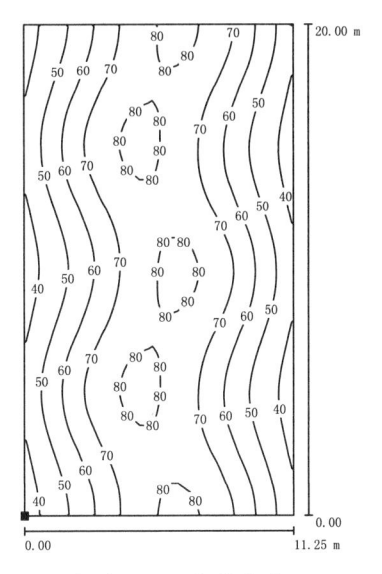

（n）10 m 配光曲线 3

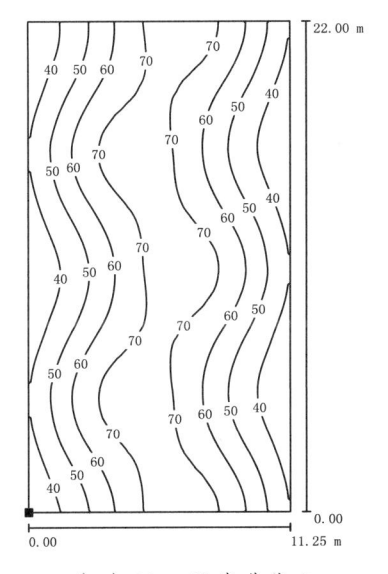

（o）11 m 配光曲线 3

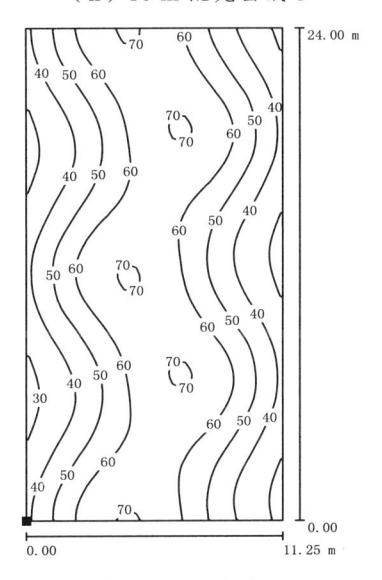

（p）12 m 配光曲线 3

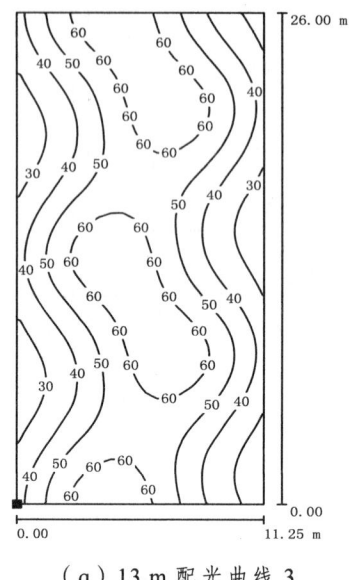

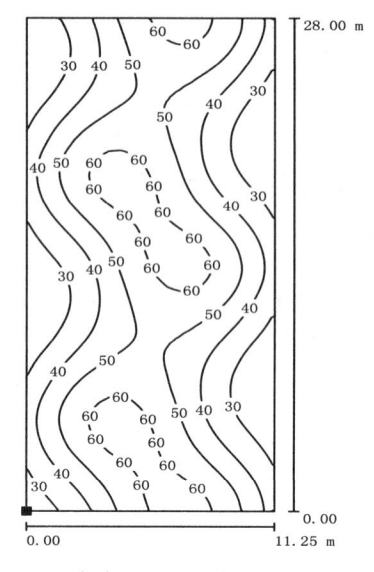

（q）13 m 配光曲线 3　　　　　（r）14 m 配光曲线 3

图 2-39　灯具纵向间距不同时的等照度图

从图 2-39 中可以看出，采用不同的配光曲线灯具纵向间距不同时，路面平均照度在左车道和右车道基本对称分布。当灯具纵向间距为 9.0 m 采用配光曲线 1、配光曲线 2 或者配光曲线 3 时，路面照度分布较为均匀。

2.3.2.3　阈值增量 TI 值

1. 灯具纵向间距不同时的阈值增量 TI 值

表 2-25　配光曲线 1 灯具纵向间距不同时的阈值增量 TI 值（%）

灯具纵向间距/m	9	10	11	12	13	14
左侧车道 TI 值	5.77	5.80	5.57	5.59	5.57	5.36
中间车道 TI 值	5.67	5.61	5.54	5.43	5.38	5.21
右侧车道 TI 值	5.77	5.80	5.57	5.59	5.57	5.36

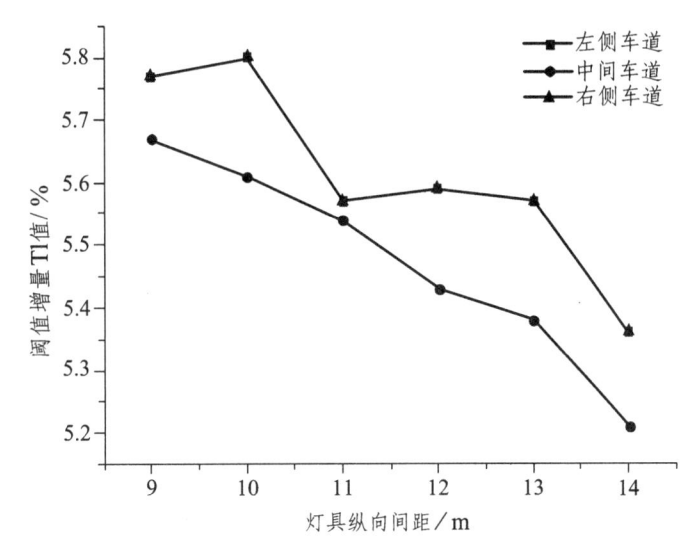

图 2-40　配光曲线 1 灯具纵向间距不同时的阈值增量 TI 值（%）

从表 2-25 和图 2-40 可以看出：采用配光曲线 1 灯具纵向间距为 9~14 m 时，阈值增量 TI 值均在 15%以下，均能满足规范的要求。灯具纵向间距为 10.0 m 时，左侧车道 TI 值最高，为 5.8%；灯具纵向间距为 14 m 时，左侧车道 TI 值最低，为 5.36%，与最大值相比 TI 值降低了 7.59%。灯具纵向间距为 9.0 m 时，中间车道 TI 值最高，为 5.67%；灯具纵向间距为 14 m 时，中间车道 TI 值最低，为 5.21%，与最大值相比 TI 值降低了 8.11%。灯具纵向间距为 10 m 时，右侧车道 TI 值最高，为 5.8%；灯具纵向间距为 14 m 时，右侧车道 TI 值最低，为 5.36%，与最大值相比 TI 值降低了 7.59%。综合来看，灯具纵向间距为 9.0 m 时，阈值增量 TI 值最大。

表 2-26　配光曲线 2 灯具纵向间距不同时的阈值增量 TI 值（%）

灯具纵向间距/m	9	10	11	12	13	14
左侧车道 TI 值	4.75	4.70	4.75	4.61	4.39	4.57
中间车道 TI 值	4.18	4.16	4.23	4.11	4.03	4.10
右侧车道 TI 值	4.75	4.70	4.75	4.61	4.39	4.57

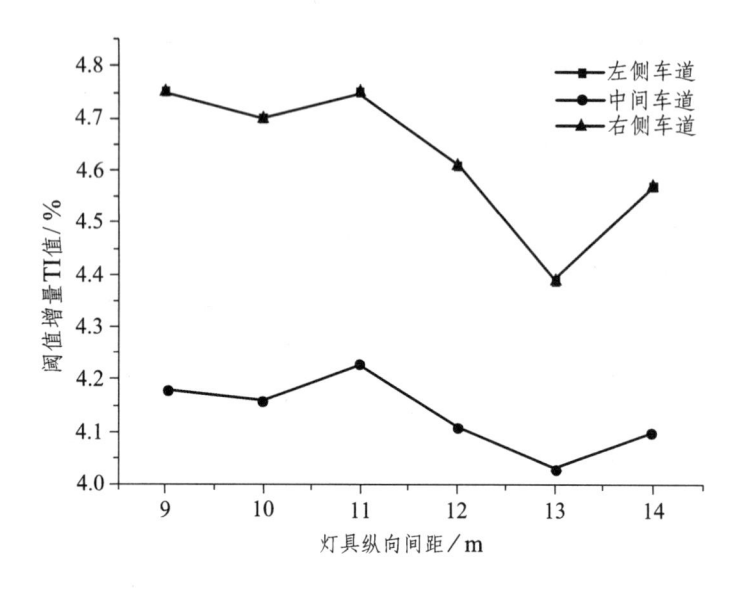

图 2-41　配光曲线 2 灯具纵向间距不同时的阈值增量 TI 值（%）

从表 2-26 和图 2-41 可以看出：采用配光曲线 2 灯具纵向间距为 9～14 m 时，阈值增量 TI 值均在 15% 以下，均能满足规范的要求。灯具纵向间距为 9 m、11 m 时，左侧车道 TI 值最高，为 4.75%；灯具纵向间距 13 m 时，左侧车道 TI 值最低，为 4.39%，与最大值相比 TI 值降低了 7.58%。灯具纵向间距为 11.0 m 时，中间车道 TI 值最高，为 4.23%；灯具纵向间距为 13 m 时，中间车道 TI 值最低，为 4.03%，与最大值相比 TI 值降低了 4.73%。灯具纵向间距为 9 m、11 m 时，右侧车道 TI 值最高，为 4.75%；灯具纵向间距为 13 m 时，右侧车道 TI 值最低，为 4.39%，与最大值相比 TI 值降低了 7.58%。综合来看，灯具纵向间距为 9.0 m 时，阈值增量 TI 值最大。

表 2-27　配光曲线 3 灯具纵向间距不同时的阈值增量 TI 值（%）

灯具纵向间距/m	9	10	11	12	13	14
左侧车道 TI 值	8.18	8.00	7.82	7.72	7.54	7.48
中间车道 TI 值	9.03	8.69	8.67	8.51	8.43	8.21
右侧车道 TI 值	8.18	8.00	7.82	7.72	7.54	7.48

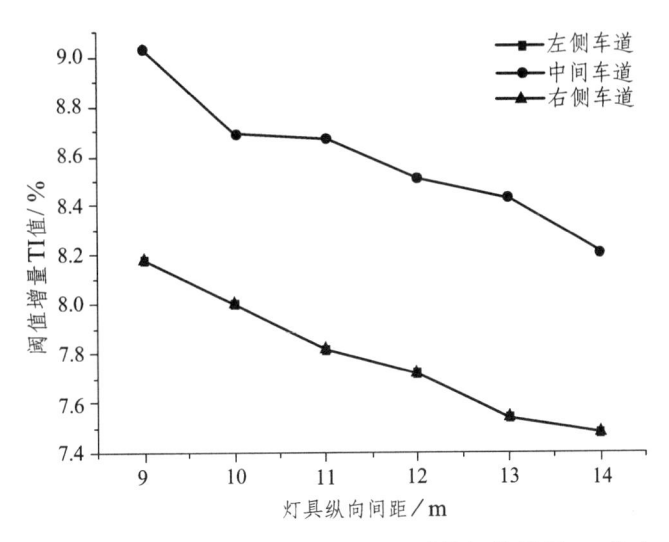

图 2-42　配光曲线 3 灯具纵向间距不同时的阈值增量 TI 值（%）

从表 2-27 和图 2-42 可以看出：采用配光曲线 3 灯具纵向间距为 9～14 m 时，阈值增量 TI 值均在 15% 以下，均能满足规范的要求。灯具纵向间距为 9 m 时，左侧车道 TI 值最高，为 8.18%；灯具纵向间距为 14 m 时，左侧车道 TI 值最低，为 7.48%，与最大值相比 TI 值降低了 8.56%。灯具纵向间距为 9.0 m 时，中间车道 TI 值最高，为 9.03%；灯具纵向间距 14 m 时，中间车道 TI 值最低，为 8.21%；与最大值相比 TI 值降低了 9.08%。灯具纵向间距为 9 m 时，右侧车道 TI 值最高，为 8.18%；灯具纵向间距为 14 m 时，右侧车道 TI 值最低，为 7.48%，与最大值相比 TI 值降低了 8.56%。综合来看，灯具纵向间距为 9.0 m 时，阈值增量 TI 值最大。

2. 灯具纵向间距不同时的阈值增量 TI 值对比

表 2-28　灯具纵向间距不同时的阈值增量 TI 值对比

配光形式	灯具纵向间距/m	9	10	11	12	13	14
配光曲线 1	左侧车道 TI 值	5.77	5.80	5.57	5.59	5.57	5.36
	中间车道 TI 值	5.67	5.61	5.54	5.43	5.38	5.21
	右侧车道 TI 值	5.77	5.80	5.57	5.59	5.57	5.36

续表

配光形式	灯具纵向间距/m	9	10	11	12	13	14
配光曲线 2	左侧车道 TI 值	4.75	4.70	4.75	4.61	4.39	4.57
	中间车道 TI 值	4.18	4.16	4.23	4.11	4.03	4.10
	右侧车道 TI 值	4.75	4.70	4.75	4.61	4.39	4.57
配光曲线 3	左侧车道 TI 值	8.18	8.00	7.82	7.72	7.54	7.48
	中间车道 TI 值	9.03	8.69	8.67	8.51	8.43	8.21
	右侧车道 TI 值	8.18	8.00	7.82	7.72	7.54	7.48

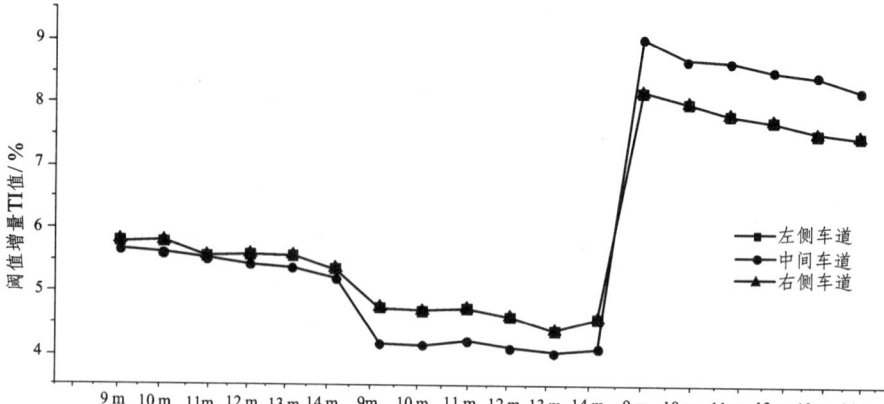

图 2-43 灯具纵向间距不同时的阈值增量 TI 值对比

从表 2-28 和图 2-43 可以看出：采用配光曲线 1、配光曲线 2、配光曲线 3 灯具纵向间距为 9～14 m 时，阈值增量 TI 值均在 15% 以下，均能满足规范的要求。采用配光曲线 3 灯具纵向间距为 9 m 时，左侧车道 TI 值最高，为 8.18%；采用配光曲线 2 灯具纵向间距为 13 m 时，左侧车道 TI 值最低，为 4.39%，与最大值相比 TI 值降低了 46.33%。采用配光曲线 3 灯具纵向间距为 9.0 m 时，中间车道 TI 值最高，为 9.03%；采用配光曲线 2 灯具纵向间距为 13 m 时，中间车道 TI 值最低，为 4.03%，与最大值相比 TI 值降低了 55.37%。采用配光曲线 3 灯具纵向间距为 9 m 时，右侧车道 TI 值最高，为 8.18%；采用配光曲线 2 灯具纵向间距为 13 m 时，右侧车道 TI 值最低，为 4.39%，与最大值相比 TI 值降低了 46.33%。

综合来看，采用配光曲线 1、配光曲线 2、配光曲线 3 灯具纵向间距为 9.0 m 时，阈值增量 TI 值最大。

2.3.2.4 小目标物可见度

1. 灯具纵向间距不同时的小目标物可见度 STV

表 2-29　配光曲线 1 灯具纵向间距不同时的小目标物可见度 STV

灯具纵向间距/m	路面亮度/(cd/m²)	背景亮度/(cd/m²)	光幕亮度/(cd/m²)	小目标亮度/(cd/m²)	STV 值
9	4.58	4.58	0.10	5.26	1.5
10	4.12	4.12	0.08	4.74	1.5
11	3.74	3.75	0.07	4.31	1.6
12	3.43	3.44	0.09	3.95	1.7
13	3.18	3.18	0.14	3.65	1.8
14	2.94	2.95	0.14	3.39	1.7

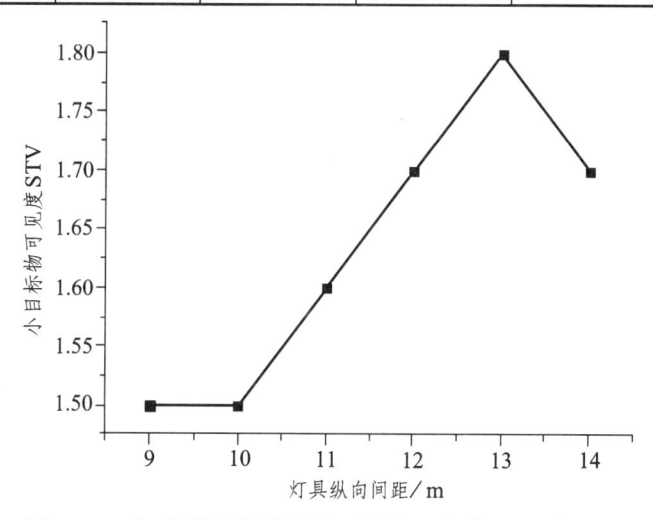

图 2-44　灯具纵向间距不同时的小目标物可见度 STV

从表 2-29 和图 2-44 可以看出：采用配光曲线 1 灯具纵向间距为 13.0 m 时，小目标物可见度 STV 值最大，为 1.8；灯具纵向间距为 9.0 m、10.0 m 时，小目标物可见度 STV 值最小，为 1.5，与最大值相比小目标物可见度 STV 值降低了 16.67%。

表 2-30　配光曲线 2 灯具纵向间距不同时的小目标物可见度 STV

灯具纵向间距/m	路面亮度/(cd/m²)	背景亮度/(cd/m²)	光幕亮度/(cd/m²)	小目标亮度/(cd/m²)	STV 值
9	3.66	3.66	0.07	4.26	1.5
10	3.30	3.30	0.06	3.83	1.5
11	3.00	3.01	0.06	3.48	1.5
12	2.75	2.75	0.06	3.20	1.5
13	2.54	2.54	0.10	2.95	1.5
14	2.35	2.36	0.10	2.74	1.8

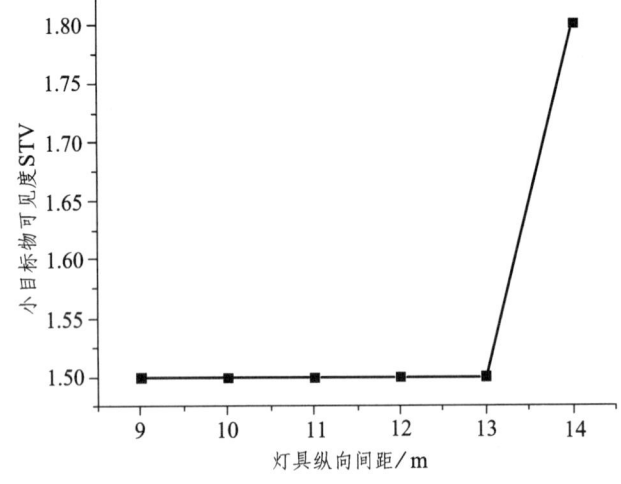

图 2-45　配光曲线 2 灯具纵向间距不同时的小目标物可见度 STV

从表 2-30 和图 2-45 可以看出：采用配光曲线 2 灯纵向间距为 14.0 m 时，小目标物可见度 STV 值最大，为 1.8；灯具纵向间距为 9.0～13.0 m 时，小目标物可见度 STV 值最小，为 1.5，与最大值相比小目标物可见度 STV 值降低了 16.67%。

表 2-31　配光曲线 3 灯具纵向间距不同时的小目标物可见度 STV

灯具纵向间距/m	路面亮度/(cd/m²)	背景亮度/(cd/m²)	光幕亮度/(cd/m²)	小目标亮度/(cd/m²)	STV 值
9	4.22	4.21	0.14	4.95	1.4
10	3.80	3.79	0.18	4.46	1.5
11	3.46	3.45	0.26	4.06	1.5

续表

灯具纵向间距/m	路面亮度/(cd/m²)	背景亮度/(cd/m²)	光幕亮度/(cd/m²)	小目标亮度/(cd/m²)	STV 值
12	3.17	3.16	0.26	3.73	1.5
13	2.93	2.92	0.26	3.44	1.6
14	2.72	2.71	0.26	3.19	1.6

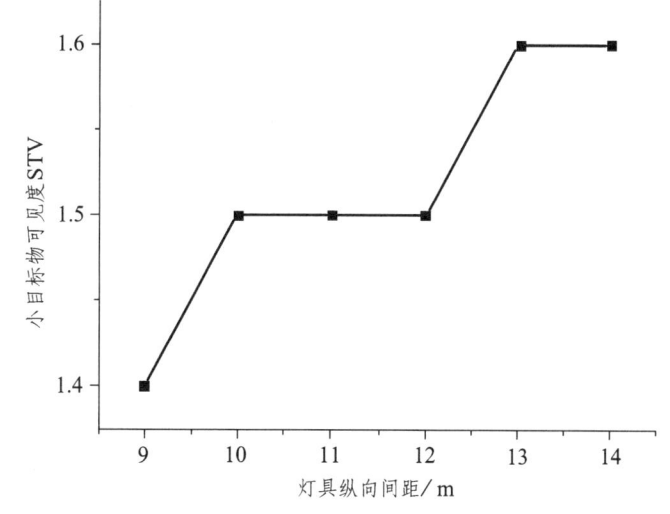

图 2-46　配光曲线 3 灯具纵向间距不同时的小目标物可见度 STV

从表 2-31 和图 2-46 可以看出：采用配光曲线 3 灯具纵向间距为 13.0 m、14.0 m 时，小目标物可见度 STV 值最大，为 1.6；灯具纵向间距为 9.0 m 时，小目标物可见度 STV 值最小，为 1.4，与最大值相比小目标物可见度 STV 值降低了 12.5%。

2. 灯具纵向间距不同时的小目标物可见度 STV 对比

表 2-32　灯具纵向间距不同时的小目标物可见度 STV 对比

配光形式	灯具纵向间距/m	路面亮度/(cd/m²)	背景亮度/(cd/m²)	光幕亮度/(cd/m²)	小目标亮度/(cd/m²)	STV 值
配光曲线 1	9	4.58	4.58	0.10	5.26	1.5
	10	4.12	4.12	0.08	4.74	1.5
	11	3.74	3.75	0.07	4.31	1.6
	12	3.43	3.44	0.09	3.95	1.7

续表

配光形式	灯具纵向间距/m	路面亮度/(cd/m²)	背景亮度/(cd/m²)	光幕亮度/(cd/m²)	小目标亮度/(cd/m²)	STV 值
配光曲线1	13	3.18	3.18	0.14	3.65	1.8
	14	2.94	2.95	0.14	3.39	1.7
配光曲线2	9	3.66	3.66	0.07	4.26	1.5
	10	3.30	3.30	0.06	3.83	1.5
	11	3.00	3.01	0.06	3.48	1.5
	12	2.75	2.75	0.06	3.20	1.5
	13	2.54	2.54	0.10	2.95	1.5
	14	2.35	2.36	0.10	2.74	1.8
配光曲线3	9	4.22	4.21	0.14	4.95	1.4
	10	3.80	3.79	0.18	4.46	1.5
	11	3.46	3.45	0.26	4.06	1.5
	12	3.17	3.16	0.26	3.73	1.5
	13	2.93	2.92	0.26	3.44	1.6
	14	2.72	2.71	0.26	3.19	1.6

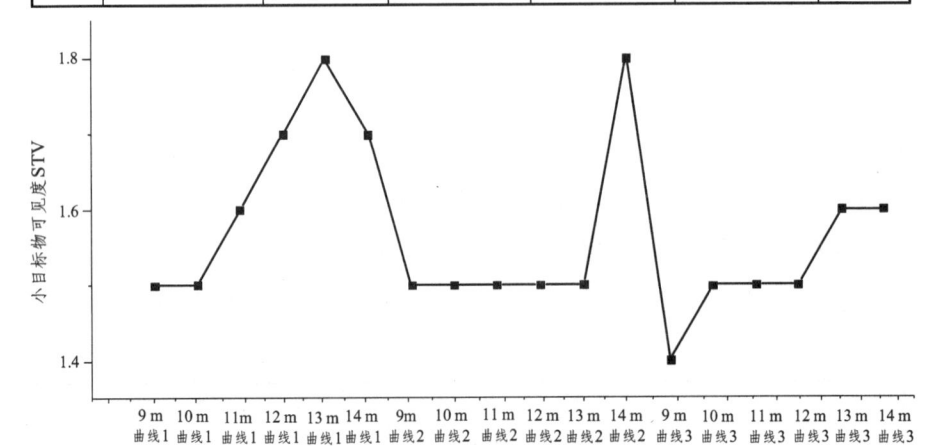

图 2-47 灯具纵向间距不同时的小目标物可见度 STV 对比

从表 2-32 和图 2-47 可以看出：采用配光曲线 1 灯具纵向间距为 13.0 m、采用配光曲线 2 灯具纵向间距为 15.0 m 时，小目标物可见度 STV 值最大，为 1.8；采用配光曲线 3 灯具纵向间距为 9.0 m 时，小目标物可见度

STV 值最小，为 1.4，与最大值相比小目标物可见度 STV 值降低了 22.22%。

2.3.2.5　小　结

（1）采用配光曲线 1 灯具纵向间距为 9.0 m 时，所有车道平均亮度最大，为 4.27 cd/m²；采用配光曲线 2 灯具纵向间距为 14.0 m 时，所有车道平均亮度最小，为 2.2 cd/m²。综合各方面的情况，采用配光曲线 1、配光曲线 2、配光曲线 3 灯具纵向间距为 9.0 m 时，平均亮度最高。

（2）采用配光曲线 2 灯具纵向间距为 9.0 m 时，所有车道亮度总均匀度最高，为 0.57；采用配光曲线 3 灯具纵向间距为 13.0 m 时，所有车道亮度总均匀度最低，为 0.48。综合各方面的情况，采用配光曲线 1、配光曲线 2、配光曲线 3 灯具纵向间距为 9.0 m 时，亮度总均匀度最高。

（3）采用配光曲线 1 灯具纵向间距为 9.0 m、10.0 m、12.0 m，采用配光曲线 3 灯具纵向间距为 9.0～14.0 m 时，所有车道中线亮度纵向均匀度最高，为 0.97；采用配光曲线 2 灯具纵向间距为 14.0 m 时，所有车道中线亮度纵向均匀度最低，为 0.89。综合各方面的情况，采用配光曲线 1 灯具纵向间距为 9.0～11.0 m、采用配光曲线 2 灯具纵向间距为 9.0～10.0 m、采用配光曲线 3 灯具纵向间距为 9.0～11.0 m 时，中线亮度纵向均匀度最好。

（4）采用配光曲线 1 灯具纵向间距为 9.0 m 时，所有车道平均照度最大，为 75 lx；采用配光曲线 2 灯具纵向间距为 14.0 m 时，所有车道平均照度最小，为 44 lx。综合各方面的情况，采用配光曲线 1、配光曲线 2、配光曲线 3 灯具纵向间距为 9.0 m 时，路面平均照度最高。

（5）采用配光曲线 2 灯具纵向间距为 11.0 m 时，所有车道照度总均匀度最高，为 0.651；采用配光曲线 3 灯具纵向间距为 14 m 时，所有车道照度总均匀度最低，为 0.478。综合各方面的情况，采用配光曲线 1、配光曲线 2、配光曲线 3 灯具纵向间距为 9.0 m 时，亮度总均匀度最高。

（6）采用配光曲线 1、配光曲线 2、配光曲线 3 灯具纵向间距为 9～14 m 时，阈值增量 TI 值均在 15% 以下，均能满足规范的要求。综合来看，采用配光曲线 1、配光曲线 2、配光曲线 3 灯具纵向间距为 9.0 m 时，阈值增量 TI 值最大。

（7）采用配光曲线 1 灯具纵向间距为 13.0 m、采用配光曲线 2 灯具纵向间距为 14.0 m 时，小目标物可见度 STV 值最大，为 1.8；采用配光曲线3灯具纵向间距为9.0 m时，小目标物可见度STV值最小，为1.4。

从亮度、照度、亮度总均匀度、车道中线亮度纵向均匀度、照度总均匀度、眩光值、小目标物可见度综合考虑，采用配光曲线1、配光曲线2、配光曲线3灯具纵向间距为9.0~10.0 m时，整体照明效果最好。

2.3.3 灯具安装高度

灯具安装高度配置优化研究中，如图2-48所示，分析工况有高度6.0 m、6.2 m、6.4 m、6.6 m、6.8 m等5种工况，采用两侧交错布灯方式，灯具横向间距2.5 m，灯具纵向间距9.0 m，灯具安装角度0°，隧道墙面反射率0.3。

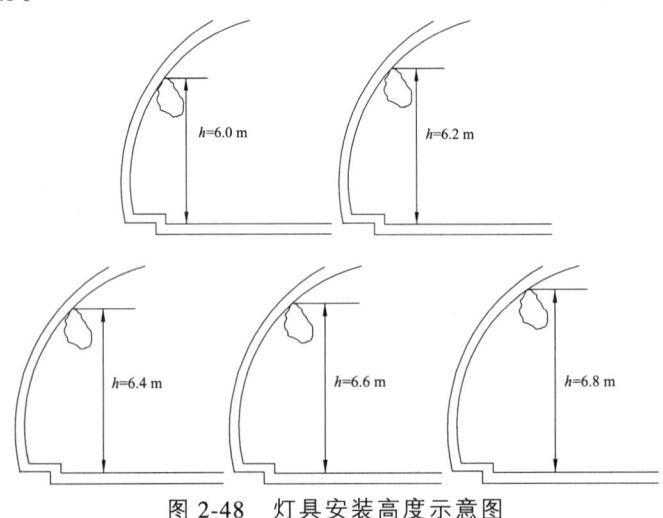

图2-48 灯具安装高度示意图

2.3.3.1 灯具安装高度对亮度的影响

1. 灯具安装高度不同时的路面平均亮度值

表2-33 配光曲线1灯具安装高度不同时的路面平均亮度值　　单位：cd/m²

灯具安装高度/m	6	6.2	6.4	6.6	6.8
左侧车道亮度	4.19	4.11	4.04	3.98	3.92
中间车道亮度	4.65	4.69	4.72	4.74	4.75
右侧车道亮度	4.19	4.11	4.04	3.98	3.92
所有车道亮度	4.27	4.23	4.19	4.16	4.12

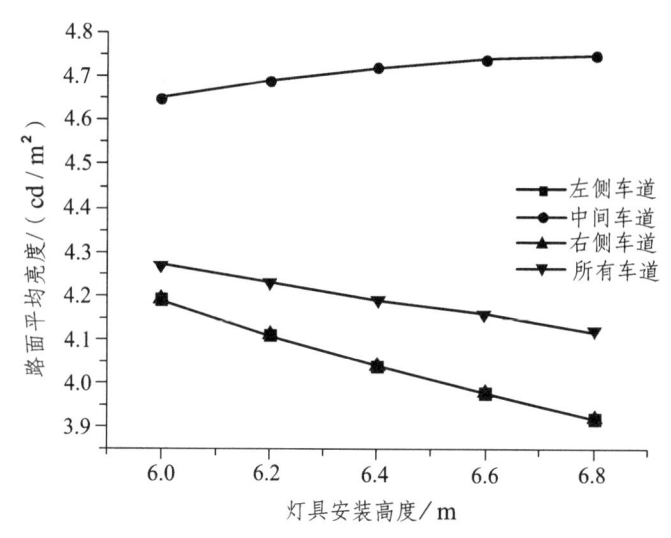

图 2-49 配光曲线 1 灯具安装高度不同时的路面平均亮度

从表 2-33 和图 2-49 可以看出：采用配光曲线 1 灯具安装高度在 6.0 m 时，左侧车道平均亮度最大，为 4.19 cd/m²；灯具安装高度在 6.8 m 时，左侧车道平均亮度最小，为 3.92 cd/m²，与最大值相比平均亮度下降 6.44%。灯具安装高度在 6.8 m 时，中间车道平均亮度最大，为 4.75 cd/m²；灯具安装高度在 6.0 m 时，中间车道平均亮度最小，为 4.65 cd/m²，与最大值相比平均亮度下降 2.11%。灯具安装高度在 6.0 m 时，右侧车道平均亮度最大，为 4.19 cd/m²；灯具安装高度在 6.8 m 时，右侧车道平均亮度最小，为 3.92 cd/m²，与最大值相比平均亮度下降 6.44%。灯具安装高度在 6.0 m 时，所有车道平均亮度最大，为 4.27 cd/m²；灯具安装高度在 6.8 m 时，所有车道平均亮度最小，为 4.12 cd/m²，与最大值相比平均亮度下降 3.51%。综合来看，采用配光曲线 1 灯具安装高度在 6.0 m 时，平均亮度最高。

表 2-34 配光曲线 2 灯具安装高度不同时的路面平均亮度值   单位：cd/m²

灯具安装高度/m	6	6.2	6.4	6.6	6.8
左侧车道亮度	3.48	3.42	3.37	3.32	3.28
中间车道亮度	3.44	3.45	3.46	3.46	3.46
右侧车道亮度	3.49	3.43	3.38	3.33	3.29
所有车道亮度	3.42	3.39	3.36	3.32	3.29

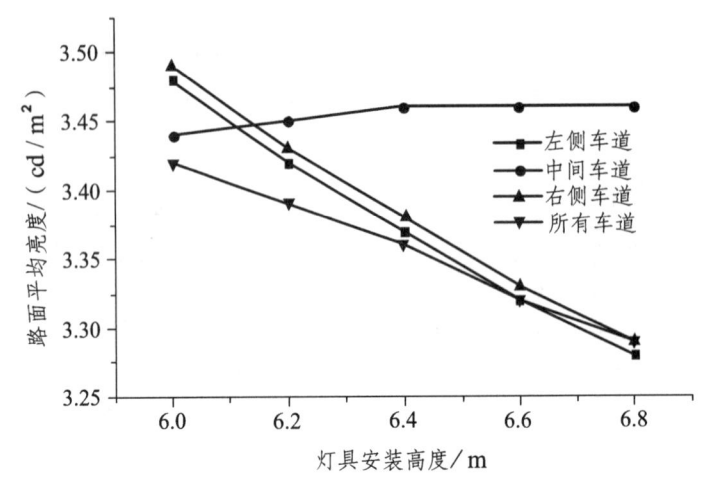

图 2-50　配光曲线 2 灯具安装高度不同时的路面平均亮度

从表 2-34 和图 2-50 可以看出：采用配光曲线 2 灯具安装高度在 6.0 m 时，左侧车道平均亮度最大，为 3.48 cd/m²；灯具安装高度在 6.8 m 时，左侧车道平均亮度最小，为 3.28 cd/m²，与最大值相比平均亮度下降 5.75%。灯具安装高度在 6.4 m、6.6 m、6.8 m 时，中间车道平均亮度最大，为 3.46 cd/m²；灯具安装高度在 6.0 m 时，中间车道平均亮度最小，为 3.44 cd/m²，与最大值相比平均亮度下降 0.58%。灯具安装高度在 6.0 m 时，右侧车道平均亮度最大，为 3.49 cd/m²；灯具安装高度在 6.8 m 时，右侧车道平均亮度最小，为 3.29 cd/m²，与最大值相比平均亮度下降 5.73%。灯具安装高度在 6.0 m 时，所有车道平均亮度最大，为 3.42 cd/m²；灯具安装高度在 6.8 m 时，所有车道平均亮度最小，为 3.29 cd/m²，与最大值相比平均亮度下降 3.8%。综合各方面的情况，采用配光曲线 1 灯具安装高度在 6.0 m 时，平均亮度最高。

表 2-35　配光曲线 3 灯具安装高度不同时的路面平均亮度值　　　单位：cd/m²

灯具安装高度/m	6	6.2	6.4	6.6	6.8
左侧车道亮度	3.76	3.72	3.68	3.64	3.61
中间车道亮度	4.46	4.43	4.35	4.34	4.30
右侧车道亮度	3.90	3.86	3.81	3.77	3.73
所有车道亮度	3.96	3.92	3.88	3.83	3.79

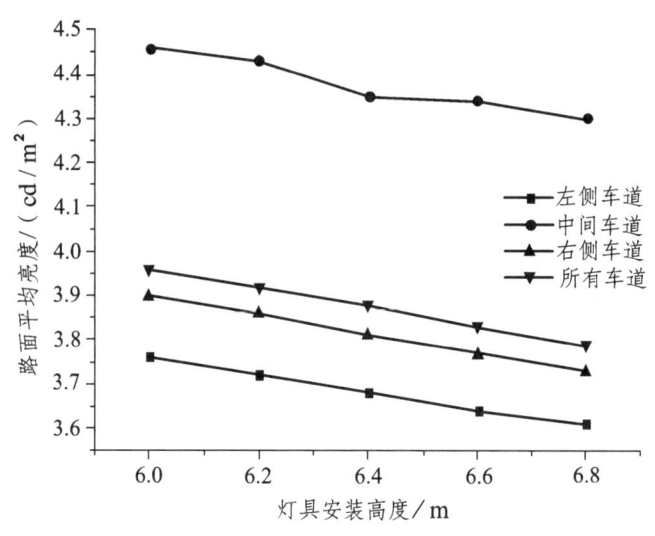

图 2-51　配光曲线 3 灯具安装高度不同时的路面平均亮度

从表 2-35 和图 2-51 可以看出：采用配光曲线 3 灯具安装高度在 6.0 m 时，左侧车道平均亮度最大，为 3.76 cd/m²；灯具安装高度在 6.8 m 时，左侧车道平均亮度最小，为 3.61 cd/m²，与最大值相比平均亮度下降 3.99%。灯具安装高度在 6.0 m 时，中间车道平均亮度最大，为 4.46 cd/m²；灯具安装高度在 6.8 m 时，中间车道平均亮度最小，为 4.3 cd/m²，与最大值相比平均亮度下降 3.59%。灯具安装高度在 6.0 m 时，右侧车道平均亮度最大，为 3.9 cd/m²；灯具安装高度在 6.8 m 时，右侧车道平均亮度最小，为 3.73 cd/m²，与最大值相比平均亮度下降 4.36%。灯具安装高度在 6.0 m 时，所有车道平均亮度最大，为 3.96 cd/m²；灯具安装高度在 6.8 m 时，所有车道平均亮度最小，为 3.79 cd/m²，与最大值相比平均亮度下降 4.29%。综合各方面的情况，采用配光曲线 1 灯具安装高度在 6.0 m 时，平均亮度最高。

2. 灯具安装高度与路面亮度的关系

表 2-36　灯具安装高度不同时的路面平均亮度值　　　单位：cd/m²

配光形式	灯具安装高度/m	左侧车道亮度	中间车道亮度	右侧车道亮度	所有车道亮度
配光曲线 1	6	4.19	4.65	4.19	4.27
	6.2	4.11	4.69	4.11	4.23

续表

配光形式	灯具安装高度/m	左侧车道亮度	中间车道亮度	右侧车道亮度	所有车道亮度
配光曲线 1	6.4	4.04	4.72	4.04	4.19
	6.6	3.98	4.74	3.98	4.16
	6.8	3.92	4.75	3.92	4.12
配光曲线 2	6	3.48	3.44	3.49	3.42
	6.2	3.42	3.45	3.43	3.39
	6.4	3.37	3.46	3.38	3.36
	6.6	3.32	3.46	3.33	3.32
	6.8	3.28	3.46	3.29	3.29
配光曲线 3	6	3.76	4.46	3.90	3.96
	6.2	3.72	4.43	3.86	3.92
	6.4	3.68	4.35	3.81	3.88
	6.6	3.64	4.34	3.77	3.83
	6.8	3.61	4.30	3.73	3.79

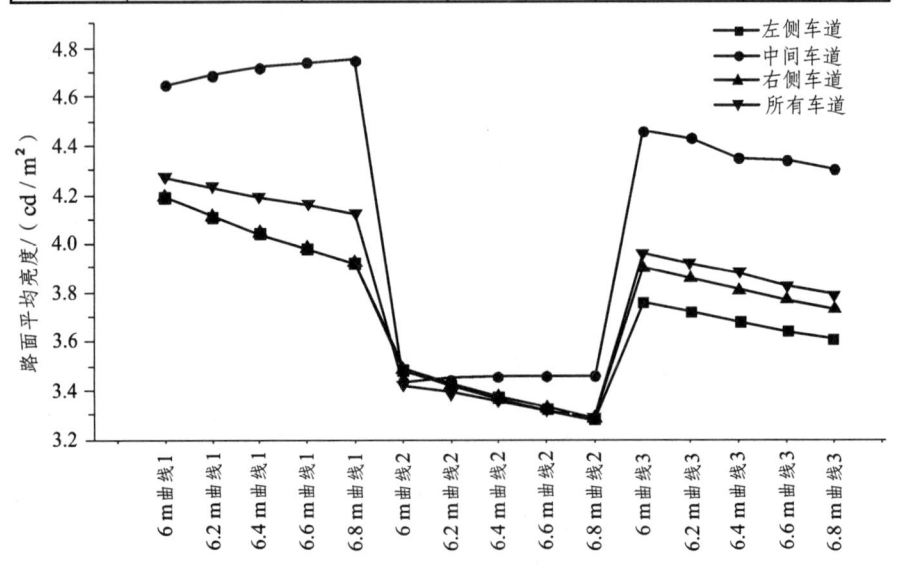

图 2-52 灯具安装高度不同时的路面平均亮度对比

从表 2-36 和图 2-52 可以看出：采用配光曲线 1 灯具安装高度在 6.0 m 时，左侧车道平均亮度最大，为 4.19 cd/m²；采用配光曲线 2 灯具安装高度在 6.8 m 时，左侧车道平均亮度最小，为 3.28 cd/m²，与最大值相比平均亮度下降 21.72%。采用配光曲线 1 灯具安装高度在 6.8 m 时，中间车道平均亮度最大，为 4.75 cd/m²；采用配光曲线 2 灯具安装高度在 6.0 m 时，中间车道平均亮度最小，为 3.44 cd/m²，与最大值相比平均亮度下降 27.58%。采用配光曲线 1 灯具安装高度在 6.0 m 时，右侧车道平均亮度最大，为 4.19 cd/m²；采用配光曲线 2 灯具安装高度在 6.8 m 时，右侧车道平均亮度最小，为 3.29 cd/m²，与最大值相比平均亮度下降 21.48%。采用配光曲线 1 灯具安装高度在 6.0 m 时，所有车道平均亮度最大，为 4.27 cd/m²；采用配光曲线 2 灯具安装高度在 6.8 m 时，所有车道平均亮度最小，为 3.29 cd/m²，与最大值相比平均亮度下降 22.95%。综合各方面的情况，采用配光曲线 1、配光曲线 2、配光曲线 3 灯具安装高度在 6.0 m 时，平均亮度最高。

3. 灯具安装高度不同时的等亮度图

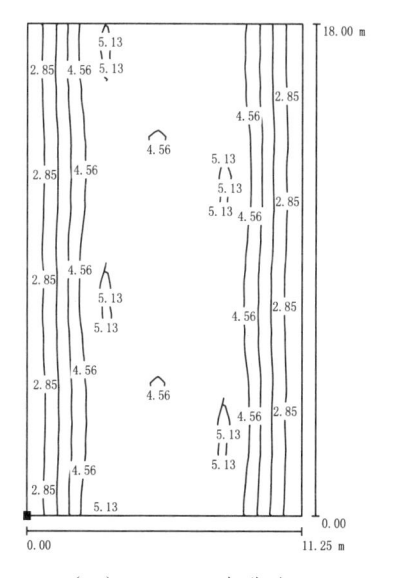

（a）6.0 m 配光曲线 1　　　　（b）6.2 m 配光曲线 1

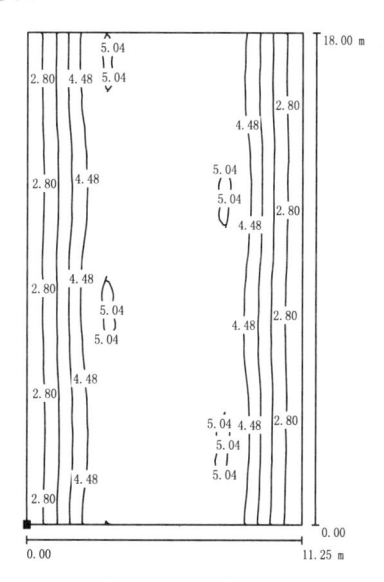

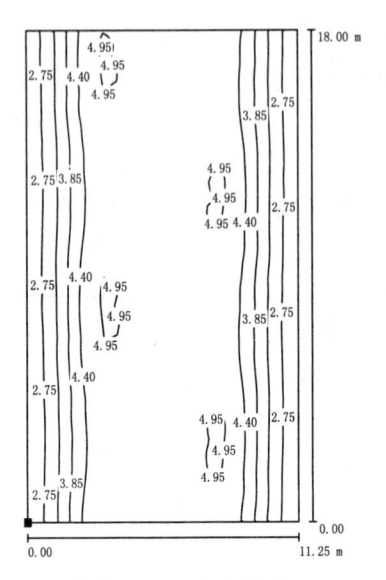

(c) 6.4 m 配光曲线 1

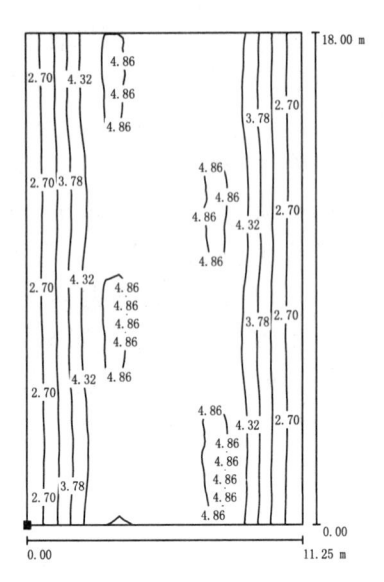

(d) 6.6 m 配光曲线 1

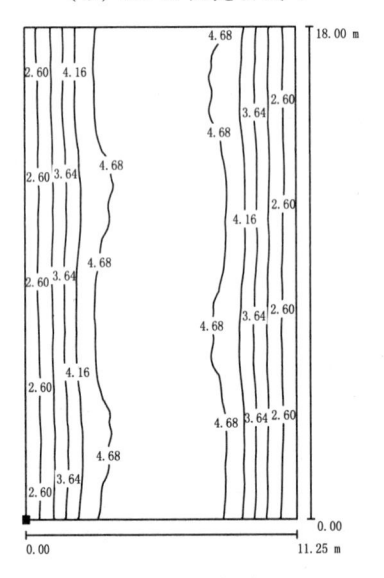

(e) 6.8 m 配光曲线 1

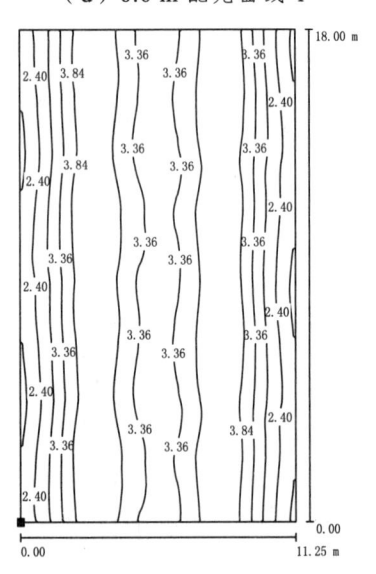

(f) 6.0 m 配光曲线 2

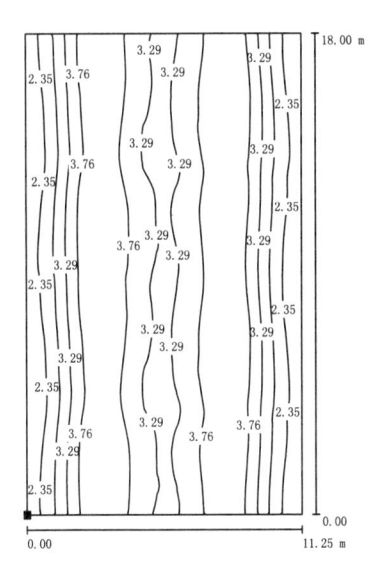

(g) 6.2 m 配光曲线 2 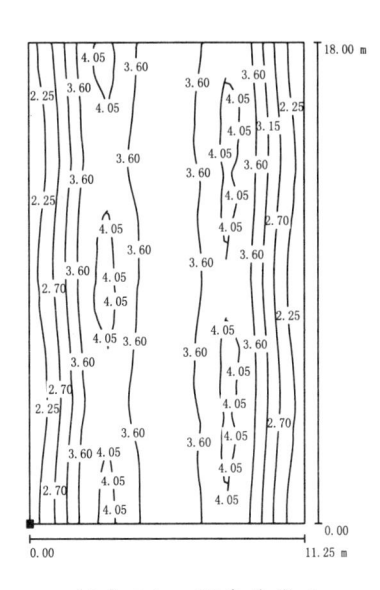　　　　　　　　(h) 6.4 m 配光曲线 2

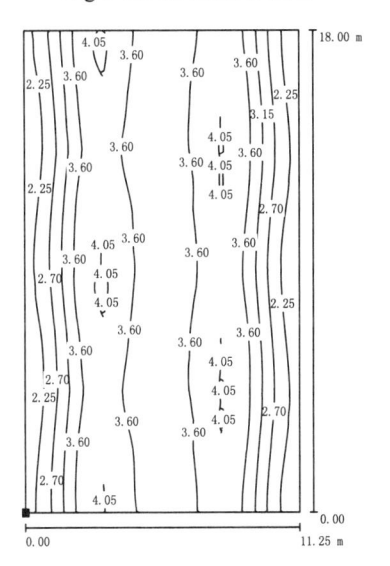

(i) 6.6 m 配光曲线 2 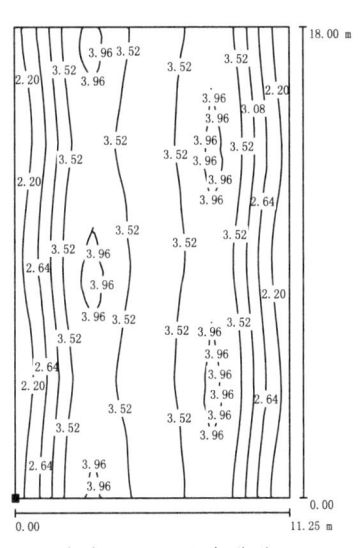　　　　　　　　(j) 6.8 m 配光曲线 2

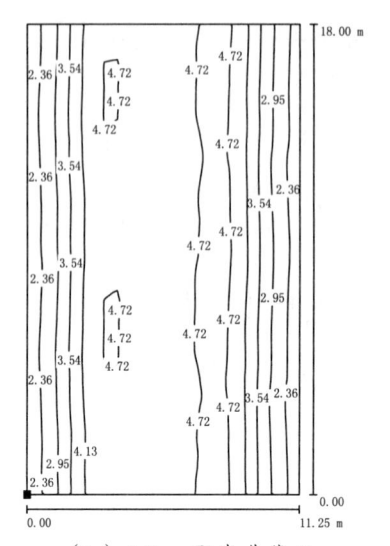

（k）6.0 m 配光曲线 3 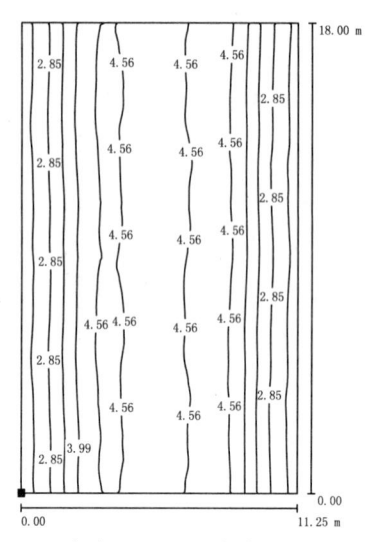　　　　　　　（l）6.2 m 配光曲线 3

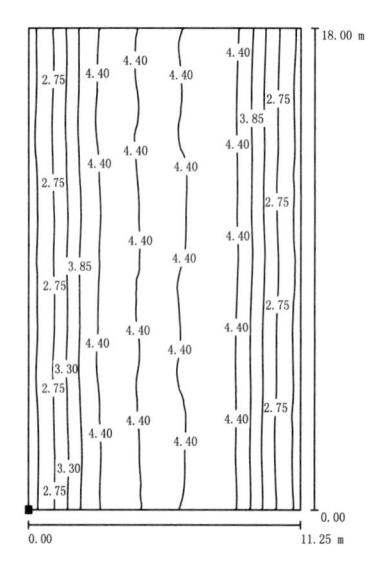

（m）6.4 m 配光曲线 3 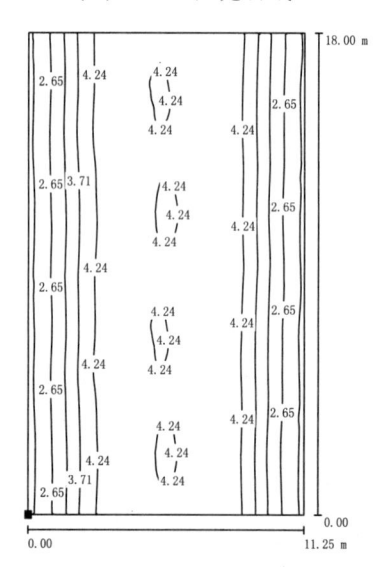　　　　　　　（n）6.6 m 配光曲线 3

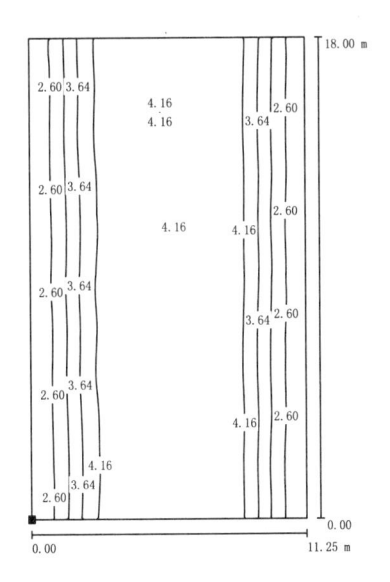

（o）6.8 m 配光曲线 3

图 2-53　灯具安装高度不同时的等亮度图

从图 2-53 中可以看出，采用不同的配光曲线、灯具安装高度时，路面平均亮度在左车道和右车道基本对称分布。

2.3.3.2　灯具安装高度对照度的影响

1. 灯具安装高度不同时的路面平均照度值

表 2-37　配光曲线 1 灯具安装高度不同时的路面平均照度值　　单位：lx

灯具安装高度/m	6	6.2	6.4	6.6	6.8
左侧车道照度	66	65	64	63	62
中间车道照度	93	93	93	93	93
右侧车道照度	66	65	63	63	62
所有车道照度	75	74	73	73	72

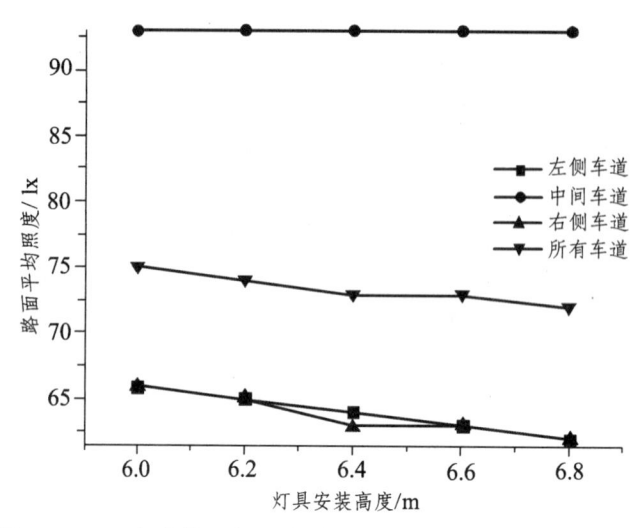

图 2-54 配光曲线 1 灯具安装高度不同时的路面平均照度

从表 2-37 和图 2-54 可以看出：采用配光曲线 1 灯具安装高度在 6.0 m 时，左侧车道照度最高，为 66 lx；灯具安装高度在 6.8 m 时，左侧车道照度最低，为 62 lx，与最大值相比照度下降 6.06%。灯具安装高度在 6.0~6.8 m 时，中间车道照度均为 93 lx。灯具安装高度在 6.0 m 时，右侧车道照度最高，为 66 lx；灯具安装高度在 6.8 m 时，右侧车道照度最低，为 62 lx，与最大值相比照度下降 6.06%。灯具安装高度在 6.0 m 时，所有车道照度最高，为 75 lx；灯具安装高度在 6.8 m 时，所有车道照度最低，为 72 lx，与最大值相比照度下降 4%。综合各方面的情况，采用配光曲线 1 灯具安装高度在 6.0 m 时，照度最高。

表 2-38 配光曲线 2 灯具安装高度不同时的路面平均照度值 单位：lx

灯具安装高度/m	6	6.2	6.4	6.6	6.8
左侧车道照度	65	64	63	62	61
中间车道照度	77	77	76	76	76
右侧车道照度	65	64	63	62	61
所有车道照度	69	68	67	67	66

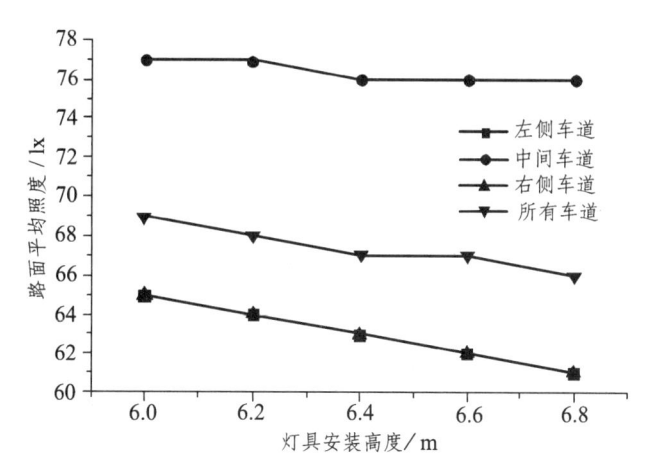

图 2-55 配光曲线 2 灯具安装高度不同时的路面平均照度

从表 2-38 和图 2-55 可以看出：采用配光曲线 2 灯具安装高度在 6.0 m 时，左侧车道照度最高，为 65 lx；灯具安装高度在 6.8 m 时，左侧车道照度最低，为 61 lx，与最大值相比照度下降 6.15%。灯具安装高度在 6.0 m、6.2 m 时，中间车道照度最高，为 77 lx；灯具安装高度在 6.4 m、6.6 m、6.8 m 时，中间车道照度最低，为 76 lx，与最大值相比照度下降 1.29%。灯具安装高度在 6.0 m 时，右侧车道照度最高，为 65 lx；灯具安装高度在 6.8 m 时，右侧车道照度最低，为 61 lx，与最大值相比照度下降 6.15%。灯具安装高度在 6.0 m 时，所有车道照度最高，为 69 lx；灯具安装高度在 6.8 m 时，所有车道照度最低，为 66 lx，与最大值相比照度下降 4.35%。综合各方面的情况，采用配光曲线 2 灯具安装高度在 6.0 m 时照度最高。

表 2-39 配光曲线 3 灯具安装高度不同时的路面平均照度值　　　　单位：lx

灯具安装高度/m	6	6.2	6.4	6.6	6.8
左侧车道照度	63	62	62	61	61
中间车道照度	86	85	84	82	81
右侧车道照度	63	62	62	61	61
所有车道照度	71	70	69	68	68

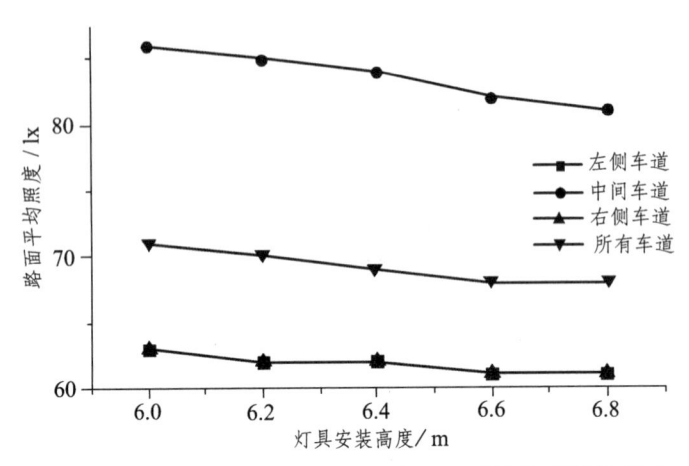

图 2-56 配光曲线 3 灯具安装高度不同时的路面平均照度

从表 2-39 和图 2-56 可以看出：采用配光曲线 3 灯具安装高度在 6.0 m 时，左侧车道照度最高，为 63 lx；灯具安装高度在 6.8 m 时，左侧车道照度最低，为 61 lx，与最大值相比照度下降 3.17%。灯具安装高度在 6.0 m 时，中间车道照度最高，为 86 lx；灯具安装高度在 6.8 m 时，中间车道照度最低，为 81 lx，与最大值相比照度下降 5.81%。灯具安装高度在 6.0 m 时，右侧车道照度最高，为 63 lx；灯具安装高度在 6.8 m 时，右侧车道照度最低，为 61 lx，与最大值相比照度下降 3.17%。灯具安装高度在 6.0 m 时，所有车道照度最高，为 71 lx；灯具安装高度在 6.6 m、6.8 m 时，所有车道照度最低，为 68 lx，与最大值相比照度下降 4.23%。综合各方面的情况，采用配光曲线 3 灯具安装高度在 6.0 m 时，照度最高。

2. 灯具安装高度与路面照度的关系

表 2-40　灯具安装高度不同时的路面平均照度值　　单位：lx

配光形式	灯具安装高度/m	左侧车道照度	中间车道照度	右侧车道照度	所有车道照度
配光曲线 1	6	66	93	66	75
	6.2	65	93	65	74
	6.4	64	93	63	73
	6.6	63	93	63	73
	6.8	62	93	62	72

续表

配光形式	灯具安装高度/m	左侧车道照度	中间车道照度	右侧车道照度	所有车道照度
配光曲线 2	6	65	77	65	69
	6.2	64	77	64	68
	6.4	63	76	63	67
	6.6	62	76	62	67
	6.8	61	76	61	66
配光曲线 3	6	63	86	63	71
	6.2	62	85	62	70
	6.4	62	84	62	69
	6.6	61	82	61	68
	6.8	61	81	61	68

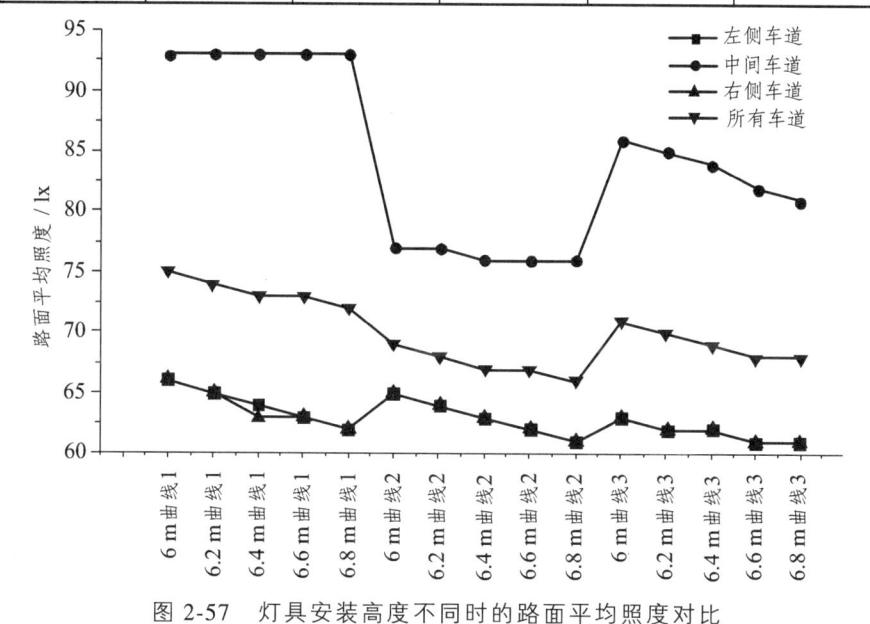

图 2-57 灯具安装高度不同时的路面平均照度对比

从表 2-40 和图 2-57 可以看出:采用配光曲线 1 灯具安装高度在 6.0 m 时,左侧车道照度最高,为 66 lx;采用配光曲线 2 灯具安装高度在 6.8 m,采用配光曲线 3 灯具安装高度在 6.6 m、6.8 m 时,左侧车道照度最低,为 61 lx,与最大值相比照度下降 7.58%。采用配光曲线 1 灯具安装高度在 6.0~6.8 m 时，中间车道照度最高，为 93 lx；采用配光曲线 2 灯具安装高度在 6.4~6.8 m 时，中间车道照度最低，为 76 lx，与最大值相比照度下降 18.28%。采用配光曲线 1 灯具安装高度在 6.0 m 时，右侧车道照度最高，为 66 lx；采用配光曲线 2 灯具安装高度在 6.8 m，采用配光曲线 3 灯具安装高度在 6.6 m、6.8 m 时，右侧车道照度最低，为 61 lx，与最大值相比照度下降 7.58%。采用配光曲线 1 灯具安装高度在 6.0 m 时，所有车道照度最高，为 75 lx；采用配光曲线 2 灯具安装高度在 6.4 m、6.6 m 时，所有车道照度最低，为 67 lx，与最大值相比照度下降 10.67%。综合各方面的情况，采用配光曲线 1 灯具安装高度在 6.0 m、采用配光曲线 2 灯具安装高度在 6.0 m、采用配光曲线 3 灯具安装高度在 6.0 m 时，照度最高。

2.3.3.3 阈值增量 TI 值

1. 灯具安装高度不同时的阈值增量 TI 值

表 2-41　配光曲线 1 灯具安装高度不同时的阈值增量 TI 值（%）

灯具安装高度/m	6	6.2	6.4	6.6	6.8
左侧车道 TI 值	5.77	5.66	5.54	5.46	5.23
中间车道 TI 值	5.67	5.79	5.98	6.33	6.56
右侧车道 TI 值	5.77	5.66	5.54	5.46	5.23

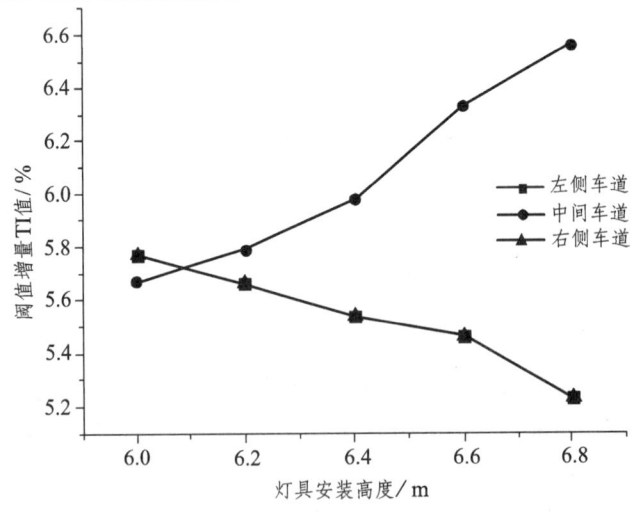

图 2-58　配光曲线 1 灯具安装高度不同时的阈值增量 TI 值

从表 2-41 和图 2-58 可以看出：采用配光曲线 1 灯具安装高度在 6.0～6.8 m 时，阈值增量 TI 值均在 15% 以下，均能满足规范的要求。灯具安装高度 6.0 m 时，左侧车道 TI 值最高，为 5.77%；灯具安装高度 6.8 m 时，左侧车道 TI 值最低，为 5.23%，与最大值相比 TI 值降低了 9.36%。灯具安装高度 6.8 m 时，中间车道 TI 值最高，为 6.56%；灯具安装高度 6.0 m 时，中间车道 TI 值最低，为 5.67%，与最大值相比 TI 值降低了 13.57%。灯具安装高度 6.0 m 时，右侧车道 TI 值最高，为 5.77%；灯具安装高度 6.8 m 时，右侧车道 TI 值最低，为 5.23%，与最大值相比 TI 值降低了 9.36%。综合来看，采用配光曲线 1 灯具安装高度 6.0～6.2 m 时，阈值增量 TI 值较好。

表 2-42　配光曲线 2 灯具安装高度不同时的阈值增量 TI 值（%）

灯具安装高度/m	6	6.2	6.4	6.6	6.8
左侧车道 TI 值	4.75	4.57	4.75	4.64	4.33
中间车道 TI 值	4.18	4.34	4.44	4.52	4.54
右侧车道 TI 值	4.75	4.57	4.75	4.64	4.33

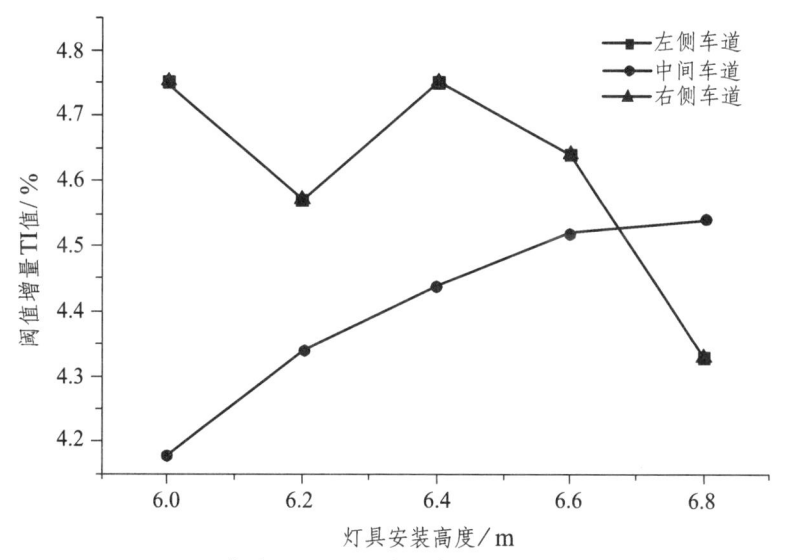

图 2-59　配光曲线 2 灯具安装高度不同时的阈值增量 TI 值

从表 2-42 和图 2-59 可以看出：采用配光曲线 2 灯具安装高度在 6.0～6.8 m 时，阈值增量 TI 值均在 15% 以下，均能满足规范的要求。灯具安装高度 6.0 m、6.4 m 时，左侧车道 TI 值最高，为 4.75%；灯具安装高度 6.8 m 时，左侧车道 TI 值最低，为 4.33%，与最大值相比 TI 值降低了 8.84%。灯具安装高度 6.8 m 时，中间车道 TI 值最高，为 4.54%；灯具安装高度 6.0 m 时，中间车道 TI 值最低，为 4.18%，与最大值相比 TI 值降低了 7.93%。灯具安装高度 6.0 m、6.4 m 时，右侧车道 TI 值最高，为 4.75%；灯具安装高度 6.8 m 时，右侧车道 TI 值最低，为 4.33%，与最大值相比 TI 值降低了 8.84%。综合来看，采用配光曲线 2 灯具安装高度 6.6～6.8 m 时，阈值增量 TI 值较好。

表 2-43　配光曲线 3 灯具安装高度不同时的阈值增量 TI 值（%）

灯具安装高度/m	6	6.2	6.4	6.6	6.8
左侧车道 TI 值	8.18	8	7.84	7.66	7.57
中间车道 TI 值	9.03	9	8.85	8.77	8.75
右侧车道 TI 值	8.18	8	7.84	7.66	7.57

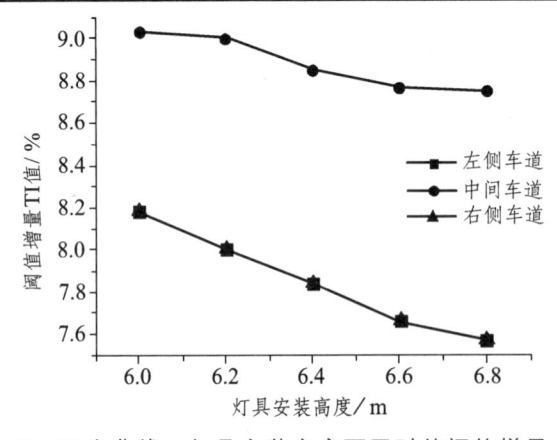

图 2-60　配光曲线 3 灯具安装高度不同时的阈值增量 TI 值

从表 2-43 和图 2-60 可以看出：采用配光曲线 3 灯具安装高度在 6.0～6.8 m 时，阈值增量 TI 值均在 15% 以下，均能满足规范的要求。灯具安装高度 6.0 m 时，左侧车道 TI 值最高，为 8.18%；灯具安装高度 6.8 m 时，左侧车道 TI 值最低，为 7.57%，与最大值相比 TI 值降低了 7.46%。灯具安装高度 6.0 m 时，中间车道 TI 值最高，为 9.03%；灯具安装高度 6.8 m 时，中间车道 TI 值最低，为 8.75%，与最大值相比 TI 值降低了 3.0%。

灯具安装高度 6.0 m 时，右侧车道 TI 值最高，为 8.18%；灯具安装高度 6.8 m 时，右侧车道 TI 值最低，为 7.57%，与最大值相比 TI 值降低了 7.46%。综合来看，采用配光曲线 3 灯具安装高度 6.0 m 时，阈值增量 TI 值最大。

2. 灯具安装高度不同时的阈值增量 TI 值对比

表 2-44　灯具安装高度不同时的阈值增量 TI 值（%）

灯具安装高度/m		6	6.2	6.4	6.6	6.8
配光曲线 1	左侧车道 TI 值	5.77	5.66	5.54	5.46	5.23
	中间车道 TI 值	5.67	5.79	5.98	6.33	6.56
	右侧车道 TI 值	5.77	5.66	5.54	5.46	5.23
配光曲线 2	左侧车道 TI 值	4.75	4.57	4.75	4.64	4.33
	中间车道 TI 值	4.18	4.34	4.44	4.52	4.54
	右侧车道 TI 值	4.75	4.57	4.75	4.64	4.33
配光曲线 3	左侧车道 TI 值	8.18	8.00	7.84	7.66	7.57
	中间车道 TI 值	9.03	9.00	8.85	8.77	8.75
	右侧车道 TI 值	8.18	8.00	7.84	7.66	7.57

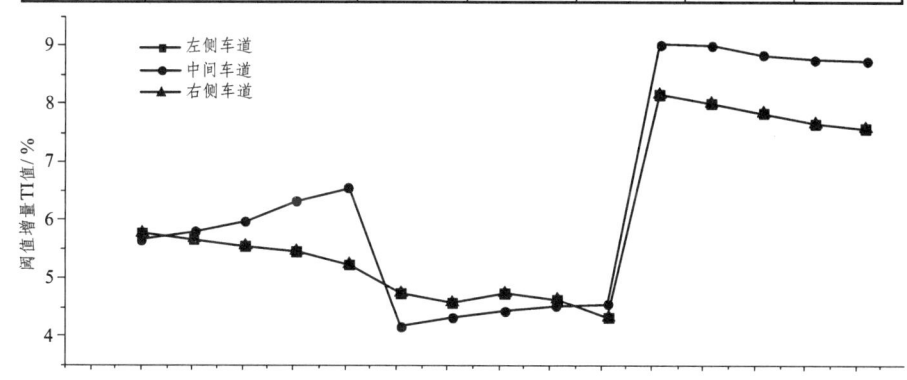

图 2-61　灯具安装高度不同时的阈值增量 TI 值

从表 2-44 和图 2-61 可以看出：采用配光曲线 1、配光曲线 2、配光曲线 3、灯具安装高度在 6.0~6.8 m 时，阈值增量 TI 值均在 15% 以下，均能满足规范的要求。采用配光曲线 3 灯具安装高度 6.0 m 时，左侧车道 TI 值最高，为 8.18%；采用配光曲线 2 灯具安装高度 6.8 m 时，左侧车道 TI 值最低，为 4.33%，与最大值相比 TI 值降低了 47.07%。采用配光曲线 3 灯具安装高度 6.0 m 时，中间车道 TI 值最高，为 9.03%；采用配光曲线 2 灯具安装高度 6.0 m 时，中间车道 TI 值最低，为 4.18%，与最大值相比 TI 值降低了 53.71%。采用配光曲线 3 灯具安装高度 6.0 m 时，右侧车道 TI 值最高，为 8.18%；采用配光曲线 2 灯具安装高度 6.8 m 时，右侧车道 TI 值最低，为 4.33%，与最大值相比 TI 值降低了 47.07%。综合来看，采用配光曲线 1 灯具安装高度 6.0～6.2 m、采用配光曲线 2 灯具安装高度 6.6～6.8 m、采用配光曲线 3 灯具安装高度 6.0 m 时，阈值增量 TI 值最大。

2.3.3.4 小目标物可见度 STV 值

1. 灯具安装高度不同时的小目标物可见度 STV 值

表 2-45　配光曲线 1 灯具安装高度不同时的小目标物可见度 STV 值

灯具安装高度/m	路面亮度/(cd/m²)	背景亮度/(cd/m²)	光幕亮度/(cd/m²)	小目标亮度/(cd/m²)	STV 值
6	4.58	4.58	0.10	5.26	1.5
6.2	4.55	4.54	0.10	5.21	1.4
6.4	4.51	4.51	0.10	5.15	1.3
6.6	4.48	4.47	0.10	5.11	1.2
6.8	4.45	4.44	0.10	5.06	1.1

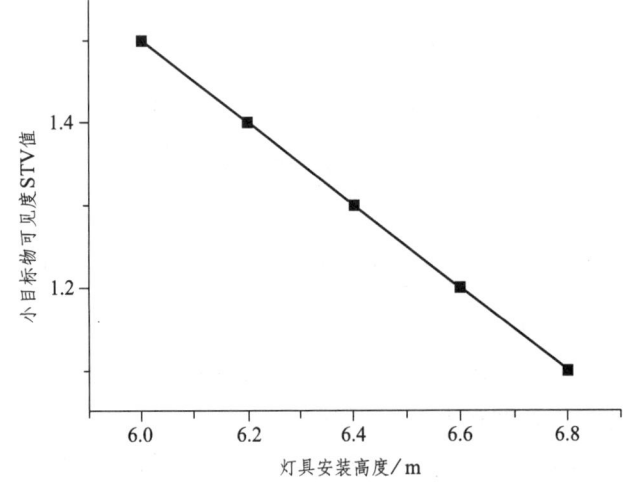

图 2-62　配光曲线 1 灯具安装高度不同时的小目标物可见度 STV 值

从表 2-45 和图 2-62 可以看出:采用配光曲线 1 灯具安装高度在 6.0 m 时,小目标物可见度 STV 值最大,为 1.5;灯具安装高度在 6.8 m 时,小目标物可见度 STV 值最小,为 1.1,与最大值相比小目标物可见度 STV 值降低了 26.67%。

表 2-46 配光曲线 2 灯具安装高度不同时的小目标物可见度 STV 值

灯具安装高度/m	路面亮度/(cd/m^2)	背景亮度/(cd/m^2)	光幕亮度/(cd/m^2)	小目标亮度/(cd/m^2)	STV 值
6	3.66	3.66	0.07	4.26	1.5
6.2	3.62	3.62	0.07	4.20	1.4
6.4	3.59	3.58	0.08	4.15	1.3
6.6	3.55	3.55	0.08	4.10	1.3
6.8	3.53	3.52	0.07	4.05	1.2

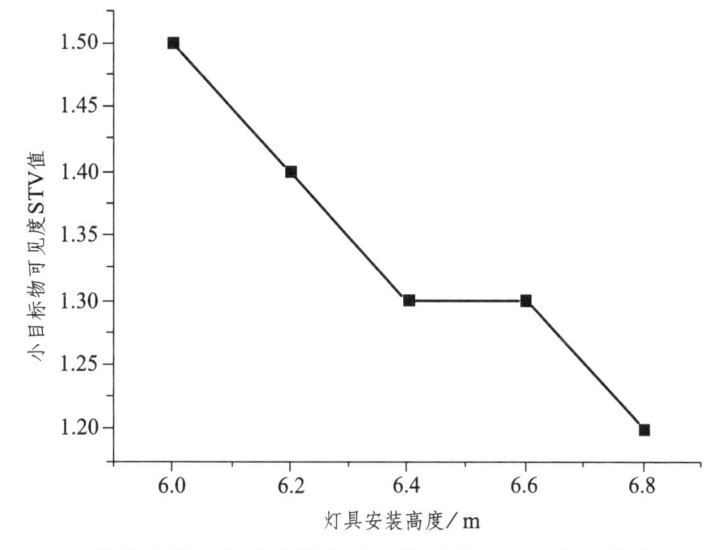

图 2-63 配光曲线 2 灯具安装高度不同时的小目标物可见度 STV 值

从表 2-46 和图 2-63 可以看出:采用配光曲线 2 灯具安装高度在 6.0 m 时,小目标物可见度 STV 值最大,为 1.5;灯具安装高度在 6.8 m 时,小目标物可见度 STV 值最小,为 1.2,与最大值相比小目标物可见度 STV 值降低了 20%。

表 2-47 配光曲线 3 灯具安装高度不同时的小目标物可见度 STV 值

灯具安装高度/m	路面亮度/(cd/m²)	背景亮度/(cd/m²)	光幕亮度/(cd/m²)	小目标亮度/(cd/m²)	STV 值
6	4.22	4.21	0.14	4.95	1.4
6.2	4.18	4.16	0.14	4.87	1.4
6.4	4.12	4.11	0.14	4.79	1.3
6.6	4.08	4.06	0.14	4.71	1.2
6.8	4.03	4.02	0.14	4.63	1.2

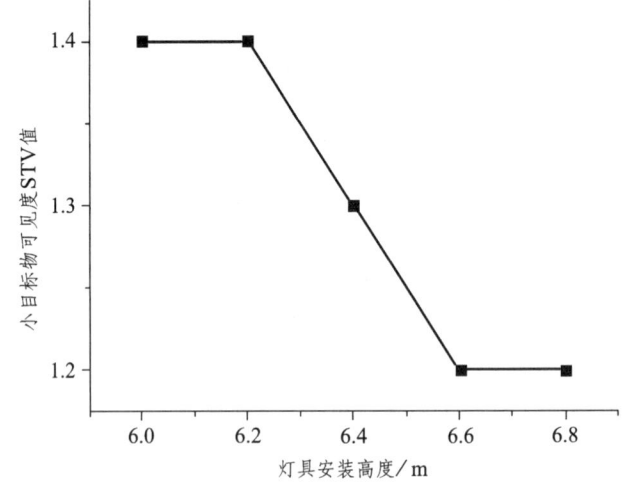

图 2-64 配光曲线 3 灯具安装高度不同时的小目标物可见度 STV 值

从表 2-47 和图 2-64 可以看出：采用配光曲线 3 灯具安装高度在 6.0 m、6.2 m 时，小目标物可见度 STV 值最大，为 1.4；灯具安装高度在 6.6 m、6.8 m 时，小目标物可见度 STV 值最小，为 1.2，与最大值相比小目标物可见度 STV 值降低了 14.29%。

2. 灯具安装高度不同时的小目标物可见度 STV 值对比

表 2-48 灯具安装高度不同时的小目标物可见度 STV 值

配光形式	灯具安装高度/m	路面亮度/(cd/m²)	背景亮度/(cd/m²)	光幕亮度/(cd/m²)	小目标亮度/(cd/m²)	STV 值
配光曲线 1	6	4.58	4.58	0.10	5.26	1.5
	6.2	4.55	4.54	0.10	5.21	1.4
	6.4	4.51	4.51	0.10	5.15	1.3

续表

配光形式	灯具安装高度/m	路面亮度/(cd/m²)	背景亮度/(cd/m²)	光幕亮度/(cd/m²)	小目标亮度/(cd/m²)	STV 值
配光曲线 1	6.6	4.48	4.47	0.10	5.11	1.2
	6.8	4.45	4.44	0.10	5.06	1.1
配光曲线 2	6	3.66	3.66	0.07	4.26	1.5
	6.2	3.62	3.62	0.07	4.20	1.4
	6.4	3.59	3.58	0.08	4.15	1.3
	6.6	3.55	3.55	0.08	4.10	1.3
	6.8	3.53	3.52	0.07	4.05	1.2
配光曲线 3	6	4.22	4.21	0.14	4.95	1.4
	6.2	4.18	4.16	0.14	4.87	1.4
	6.4	4.12	4.11	0.14	4.79	1.3
	6.6	4.08	4.06	0.14	4.71	1.2
	6.8	4.03	4.02	0.14	4.63	1.2

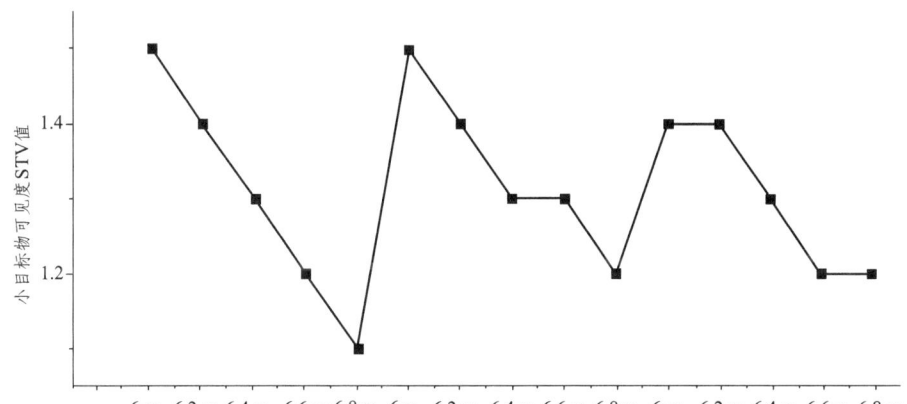

图 2-65 灯具安装高度不同时的小目标物可见度 STV 值

从表 2-48 和图 2-65 可以看出：采用配光曲线 1、配光曲线 3 灯具安装高度在 6.0 m 时，小目标物可见度 STV 值最大，为 1.5；采用配光曲线 1 灯具安装高度在 6.8 m 时，小目标物可见度 STV 值最小，为 1.1，与最大值相比小目标物可见度 STV 值降低了 26.67%。

2.3.3.5 小　结

（1）采用配光曲线 1 灯具安装高度在 6.0 m 时，所有车道平均亮度最大，为 4.27 cd/m²；采用配光曲线 2 灯具安装高度在 6.8 m 时，所有车道平均亮度最小，为 3.29 cd/m²。综合各方面的情况，采用配光曲线 1、配光曲线 2、配光曲线 3 灯具安装高度在 6.0 m 时，平均亮度最高。

（2）采用配光曲线 2 灯具安装高度在 6.0 m、6.2 m、6.4 m、6.6 m、6.8 m 时，所有车道亮度总均匀度最高，为 0.57；采用配光曲线 3 灯具安装高度在 6.0 m 时，所有车道亮度总均匀度最低，为 0.53。综合各方面的情况，采用配光曲线 1 灯具安装高度在 6.8 m、采用配光曲线 2 灯具安装高度在 6.8 m、采用配光曲线 1 灯具安装高度在 6.8 m 时，亮度总均匀度最高，但是不同配光曲线、安装高度下，最高值与最低值的差距均在 10%以内。

（3）采用配光曲线 1 灯具安装高度在 6.4 m 时，所有车道中线亮度纵向均匀度最高，为 0.99；采用配光曲线 2 灯具安装高度在 6.0 m、采用配光曲线 3 灯具安装高度在 6.8 m 时，所有车道中线亮度纵向均匀度最低，为 0.95。综合各方面的情况，采用配光曲线 1 灯具安装高度在 6.4 m、采用配光曲线 2 灯具安装高度在 6.0 m、采用配光曲线 3 灯具安装高度在 6.0 m 时，车道中线亮度纵向均匀度最好。

（4）采用配光曲线 1 灯具安装高度在 6.0 m 时，所有车道照度最高，为 75 lx；采用配光曲线 2 灯具安装高度在 6.4 m、6.6 m 时，所有车道照度最低，为 67 lx。综合各方面的情况，采用配光曲线 1 灯具安装高度在 6.0 m、采用配光曲线 2 灯具安装高度在 6.0 m、采用配光曲线 3 灯具安装高度在 6.0 m 时，照度最高。

（5）采用配光曲线 1 灯具安装高度在 6.0 m 时，所有车道照度总均匀度最高，为 0.65；采用配光曲线 3 灯具安装高度在 6.0 m 时，所有车道照度总均匀度最低，为 0.606。综合各方面的情况，采用配光曲线 1 灯具安装高度在 6.0 m、6.8 m，采用配光曲线 2 灯具安装高度在 6.0 m，采用配光曲线 3 灯具安装高度在 6.8 m 时，亮度总均匀度最高。灯具安装高度在 6.0～6.8 m 时，亮度总均匀度均满足规范要求。

（6）综合来看，采用配光曲线 1 灯具安装高度在 6.0～6.2 m，采用配光曲线 2 灯具安装高度在 6.6～6.8 m，采用配光曲线 3 灯具安装高度在 6.0 m 时，阈值增量 TI 值最好。

（7）采用配光曲线 1、配光曲线 3 灯具安装高度在 6.0 m 时，小目标物可见度 STV 值最大，为 1.5；采用配光曲线 1 灯具安装高度在 6.8 m 时，小目标物可见度 STV 值最小，为 1.1。

从亮度、照度、亮度总均匀度、车道中线亮度纵向均匀度、照度总均匀度、眩光值、小目标物可见度综合考虑，采用配光曲线 1、配光曲线 2、配光曲线 3 灯具安装高度在 6.0~6.4 m 时，整体照明效果最好。

2.3.4 灯具安装角度

照明灯具在隧道内的横向角度对灯具的光线利用、路面的横向均匀度有着重要的影响，尤其对于横向宽度较大的三车道影响更大，配置适当的横向角度可以最大限度地利用灯具的光通量，同时使路面的均匀度达到最佳。课题组针对华岩隧道的断面特性，分析了灯具横向角度分别为 0°、5°、10°、15°、20°时的光环境，如图 2-66 所示，并根据照明指标进行了配置优化。

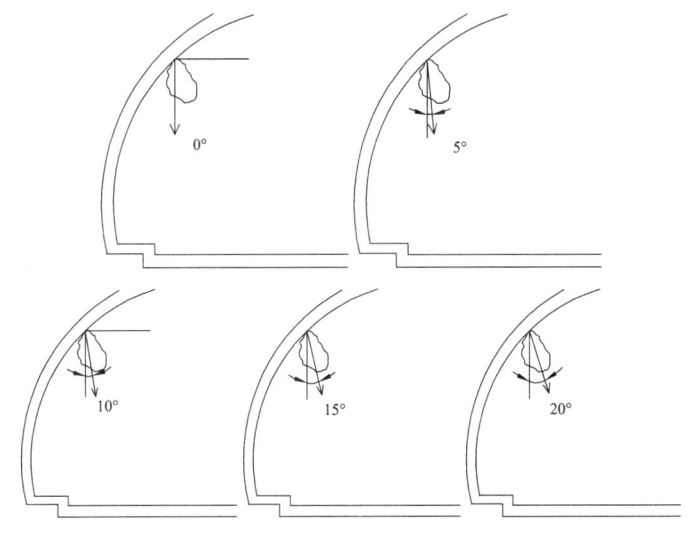

图 2-66 灯具安装角度示意图

灯具安装角度配置优化研究中，采用两侧交错布灯方式，灯具横向间距 2.5 m，灯具纵向间距 9.0 m，灯具安装高度 6.0 m，隧道墙面反射率 0.3。

2.3.4.1 灯具安装角度对亮度的影响

1. 灯具安装角度不同时的路面平均亮度

表 2-49　配光曲线 1 灯具安装角度不同时的路面平均亮度值　　单位：cd/m²

灯具安装角度/(°)	0	5	10	15	20
左侧车道亮度	4.31	4.41	4.53	4.56	4.46
中间车道亮度	4.40	4.87	5.10	5.18	5.16
右侧车道亮度	4.31	4.41	4.51	4.56	4.46
所有车道亮度	4.31	4.53	4.68	4.74	4.67

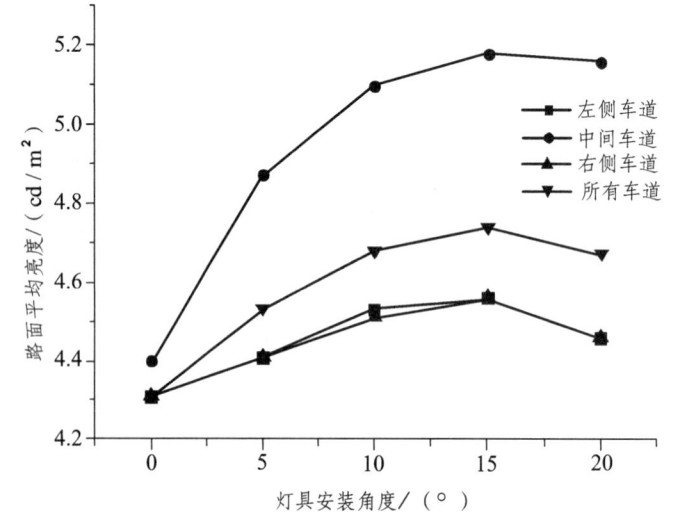

图 2-67　配光曲线 1 灯具安装角度不同时的路面平均亮度

从表 2-49 和图 2-67 可以看出：采用配光曲线 1 灯具安装角度在 15°时，左侧车道平均亮度最大，为 4.56 cd/m²；灯具安装角度在 0°时，左侧车道平均亮度最小，为 4.31 cd/m²，与最大值相比平均亮度下降 5.48%。灯具安装角度在 15°时，中间车道平均亮度最大，为 5.18 cd/m²；灯具安装角度在 0°时，中间车道平均亮度最小，为 4.4 cd/m²，与最大值相比平均亮度下降 15.06%。灯具安装角度在 15°时，右侧车道平均亮度最大，为 4.56 cd/m²；灯具安装角度在 0°时，右侧车道平均亮度最小，为 4.31 cd/m²，与最大值相比平均亮度下降 5.48%。灯具安装角度在 15°时，所有车道平均亮度最大，为 4.74 cd/m²；灯具安装角度在 0°时，所有车道平均亮度最小，为 4.31 cd/m²，与最大值相比平均亮度下降 9.07%。综合各方面的情况，采用配光曲线 1 灯具安装角度在 15°时，平均亮度最高。

表 2-50　配光曲线 2 灯具安装角度不同时的路面平均亮度值　　单位：cd/m²

灯具安装角度/（°）	0	5	10	15	20
左侧车道亮度	3.58	3.63	3.61	3.53	3.41
中间车道亮度	3.25	3.65	3.98	4.21	4.32
右侧车道亮度	3.58	3.62	3.59	3.49	3.37
所有车道亮度	3.45	3.62	3.71	3.73	3.69

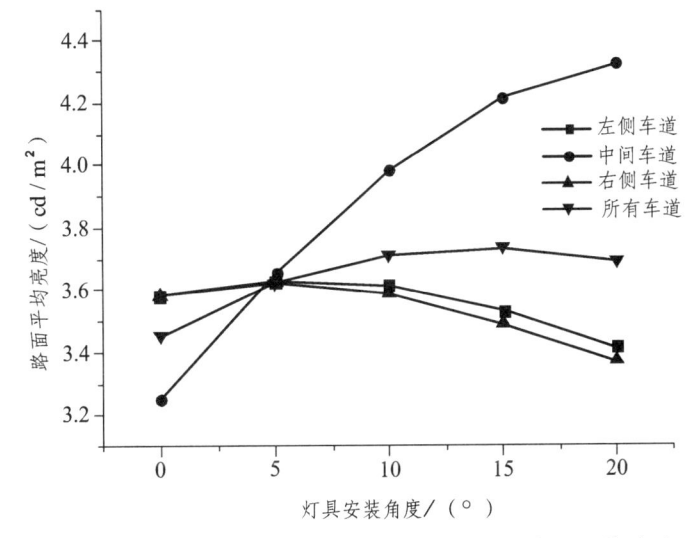

图 2-68　配光曲线 2 灯具安装角度不同时的路面平均亮度

从表 2-50 和图 2-68 可以看出：采用配光曲线 2 灯具安装角度在 5°时，左侧车道平均亮度最大，为 3.63 cd/m²；灯具安装角度在 20°时，左侧车道平均亮度最小，为 3.41 cd/m²，与最大值相比平均亮度下降 6.06%。灯具安装角度在 20°时，中间车道平均亮度最大，为 4.32 cd/m²；灯具安装角度在 0°时，中间车道平均亮度最小，为 3.25 cd/m²，与最大值相比平均亮度下降 24.77%。灯具安装角度在 5°时，右侧车道平均亮度最大，为 3.62 cd/m²；灯具安装角度在 20°时，右侧车道平均亮度最小，为 3.37 cd/m²，与最大值相比平均亮度下降 6.91%。灯具安装角度在 15°时，所有车道平均亮度最大，为 3.73 cd/m²；灯具安装角度在 0°时，所有车道平均亮度最小，为 3.45 cd/m²，与最大值相比平均亮度下降 7.51%。综合各方面的情况，采用配光曲线 2 灯具安装角度在 5°时，平均亮度最好。

表 2-51　配光曲线 3 灯具安装角度不同时的路面平均亮度值　　单位：cd/m²

灯具安装角度/(°)	0	5	10	15	20
左侧车道亮度	3.88	3.97	3.98	3.89	3.73
中间车道亮度	4.05	4.13	4.16	4.15	4.12
右侧车道亮度	4.03	4.13	4.13	4.05	3.89
所有车道亮度	3.94	4.04	4.05	3.99	3.88

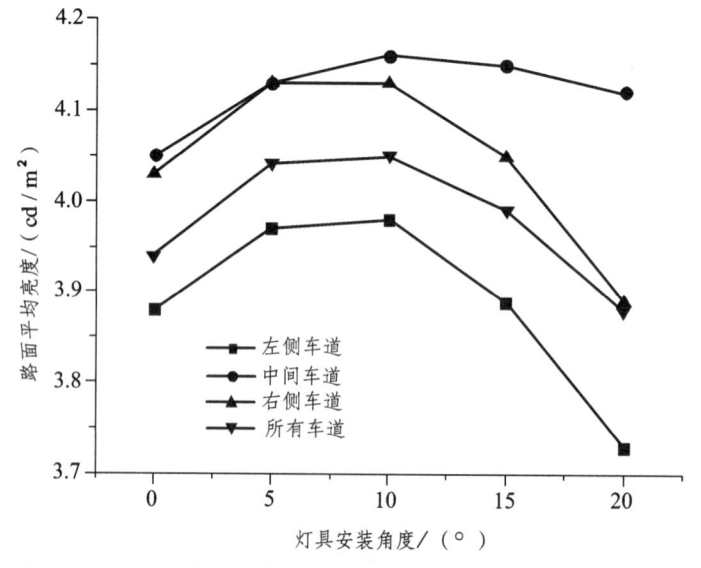

图 2-69　配光曲线 3 灯具安装角度不同时的路面平均亮度

从表 2-51 和图 2-69 可以看出：采用配光曲线 3 灯具安装角度在 10°时，左侧车道平均亮度最大，为 3.98 cd/m²；灯具安装角度在 20°时，左侧车道平均亮度最小，为 3.73 cd/m²，与最大值相比平均亮度下降 6.28%。灯具安装角度在 10°时，中间车道平均亮度最大，为 4.16 cd/m²；灯具安装角度在 0°时，中间车道平均亮度最小，为 4.05 cd/m²，与最大值相比平均亮度下降 2.64%。灯具安装角度在 5°、10°时，右侧车道平均亮度最大，为 4.13 cd/m²；灯具安装角度在 20°时，右侧车道平均亮度最小，为

3.89 cd/m², 与最大值相比平均亮度下降 5.81%。灯具安装角度在 10°时, 所有车道平均亮度最大, 为 4.05 cd/m²; 灯具安装角度在 20°时, 所有车道平均亮度最小, 为 3.88 cd/m², 与最大值相比平均亮度下降 4.19%。综合各方面的情况, 采用配光曲线 3 灯具安装角度在 5°、10°时, 平均亮度最高。

2. 灯具安装角度与路面亮度的关系

表 2-52 灯具安装角度不同时的路面平均亮度值　　　单位：cd/m²

配光形式	灯具安装角度/(°)	左侧车道亮度	中间车道亮度	右侧车道亮度	所有车道亮度
配光曲线 1	0	4.31	4.40	4.31	4.31
	5	4.41	4.87	4.41	4.53
	10	4.53	5.10	4.51	4.68
	15	4.56	5.18	4.56	4.74
	20	4.46	5.16	4.46	4.67
配光曲线 2	0	3.58	3.25	3.58	3.45
	5	3.63	3.65	3.62	3.62
	10	3.61	3.98	3.59	3.71
	15	3.53	4.21	3.49	3.73
	20	3.41	4.32	3.37	3.69
配光曲线 3	0	3.88	4.05	4.03	3.94
	5	3.97	4.13	4.13	4.04
	10	3.98	4.16	4.13	4.05
	15	3.89	4.15	4.05	3.99
	20	3.73	4.12	3.89	3.88

图 2-70 灯具安装角度不同时的路面平均亮度对比

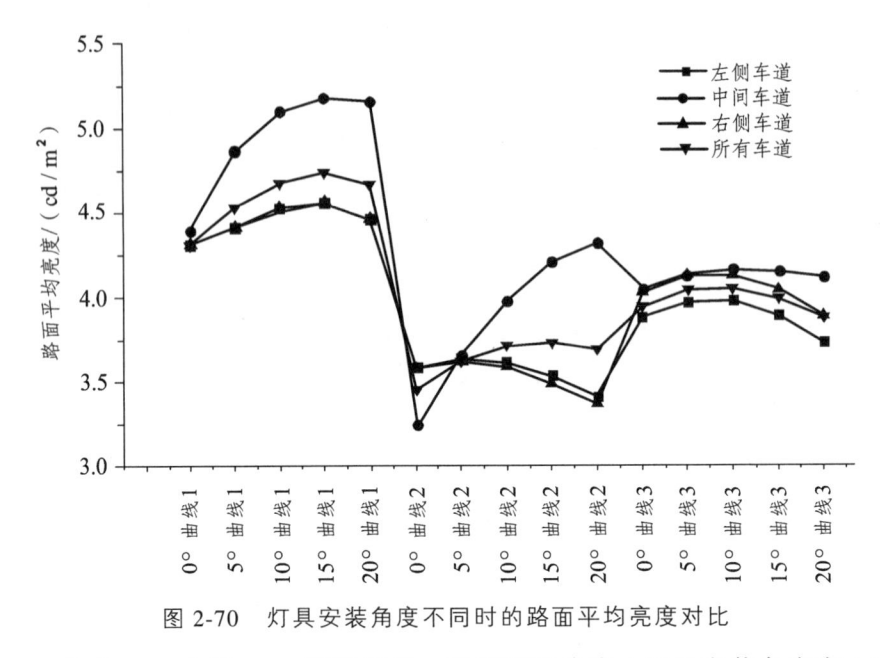

从表 2-52 和图 2-70 可以看出：采用配光曲线 1 灯具安装角度在 15°时，左侧车道平均亮度最大，为 4.56 cd/m²；采用配光曲线 1 灯具安装角度在 20°时，左侧车道平均亮度最小，为 3.41 cd/m²，与最大值相比平均亮度下降 25.22%。采用配光曲线 1 灯具安装角度在 15°时，中间车道平均亮度最大，为 5.18 cd/m²；采用配光曲线 2 灯具安装角度在 0°时，中间车道平均亮度最小，为 3.25 cd/m²，与最大值相比平均亮度下降 37.26%。采用配光曲线 1 灯具安装角度在 15°时，右侧车道平均亮度最大，为 4.56 cd/m²；采用配光曲线 2 灯具安装角度在 20°时，右侧车道平均亮度最小，为 3.37 cd/m²，与最大值相比平均亮度下降 26.09%。采用配光曲线 1 灯具安装角度在 15°时，所有车道平均亮度最大，为 4.74 cd/m²；采用配光曲线 2 灯具安装角度在 0°时，所有车道平均亮度最小，为 3.45 cd/m²，与最大值相比平均亮度下降 27.22%。采用配光曲线 1 灯具安装角度在 15°、采用配光曲线 2 灯具安装角度在 5°、采用配光曲线 3 灯具安装角度在 5°、10°时，平均亮度最高。

3. 空间亮度分布

（a）灯具安装角度 0°

（b）灯具安装角度 5°

（c）灯具安装角度 10°

（d）灯具安装角度 15°

（e）灯具安装角度 20°

图 2-71　配光曲线 1 时空间亮度分布

从图 2-71 可以看出：采用配光曲线 1 灯具安装角度为 0°~20°时，路面亮度分布基本对称；灯具安装角度为 5°~20°时，道路中间区域亮度明显高于周边区域。

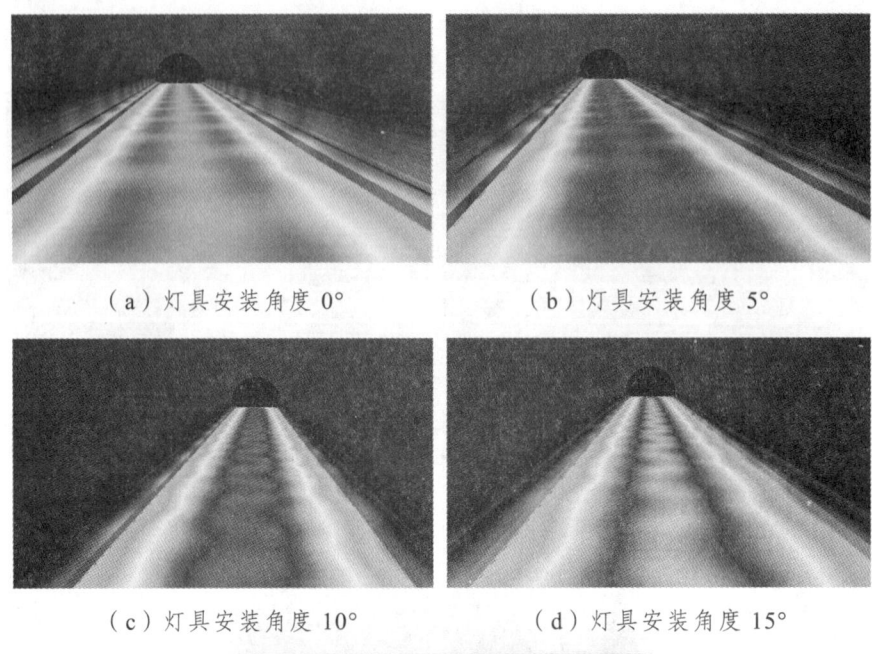

(a）灯具安装角度 0°
(b）灯具安装角度 5°
(c）灯具安装角度 10°
(d）灯具安装角度 15°
(e）灯具安装角度 20° 

图 2-72　配光曲线 2 时空间亮度分布

从图 2-72 可以看出：采用配光曲线 2 灯具安装角度为 0°~20°时，路面亮度分布基本对称；灯具安装角度为 20°时，道路中间区域亮度明显高于周边区域。

(a)灯具安装角度 0° 　　　　　　(b)灯具安装角度 5°

(c)灯具安装角度 10° 　　　　　　(d)灯具安装角度 15°

(e)灯具安装角度 20°

图 2-73　配光曲线 3 时空间亮度分布

从图 2-73 可以看出，采用配光曲线 3 灯具安装角度在 0°~20°时，路面亮度分布基本对称。

2.3.4.2　灯具安装角度对照度的影响

1. 灯具安装角度不同时的路面平均照度值

表 2-53　配光曲线 1 灯具安装角度不同时的路面平均照度值　　　单位：lx

灯具安装角度/(°)	0	5	10	15	20
左侧车道照度	68	70	73	75	73

续表

灯具安装角度/(°)	0	5	10	15	20
中间车道照度	91	100	103	103	102
右侧车道照度	68	70	73	75	73
所有车道照度	76	80	83	84	83

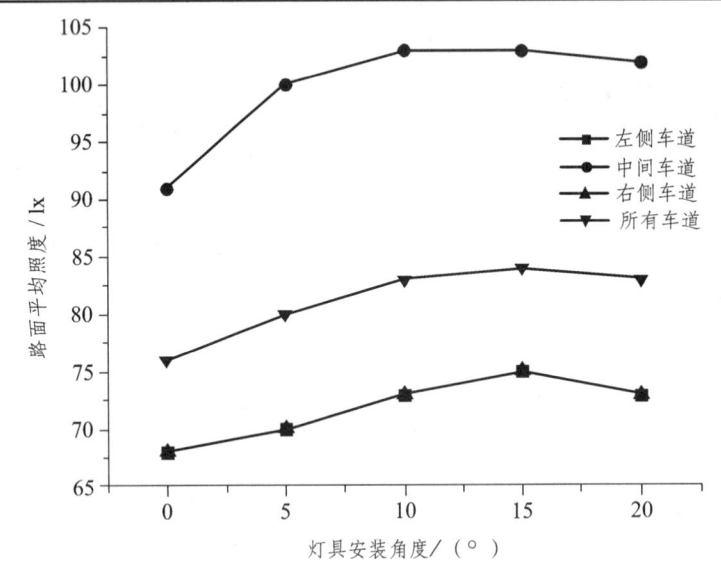

图 2-74 配光曲线 1 灯具安装角度不同时的路面平均照度

从表 2-53 和图 2-74 可以看出：采用配光曲线 1 灯具安装角度在 15°时，左侧车道照度最高，为 75 lx；灯具安装角度在 0°时，左侧车道照度最低，为 68 lx，与最大值相比照度下降 9.33%。灯具安装角度在 10°、15°时，中间车道照度最高，为 103 lx；灯具安装角度在 0°时，中间车道照度最低，为 91 lx，与最大值相比照度下降 11.65%。灯具安装角度在 15°时，右侧车道照度最高，为 75 lx；灯具安装角度在 0°时，右侧车道照度最低，为 68 lx，与最大值相比照度下降 9.33%。灯具安装角度在 15°时，所有车道照度最高，为 84 lx；灯具安装角度在 0°时，所有车道照度最低，为 76 lx，与最大值相比照度下降 9.52%。综合各方面的情况，采用配光曲线 1 灯具安装角度在 10°时，照度最高。

表 2-54　配光曲线 2 灯具安装角度不同时的路面平均照度值　　　　单位：lx

灯具安装角度/(°)	0	5	10	15	20
左侧车道照度	67	68	68	67	66
中间车道照度	75	83	90	94	95
右侧车道照度	67	68	68	67	66
所有车道照度	69	73	75	76	75

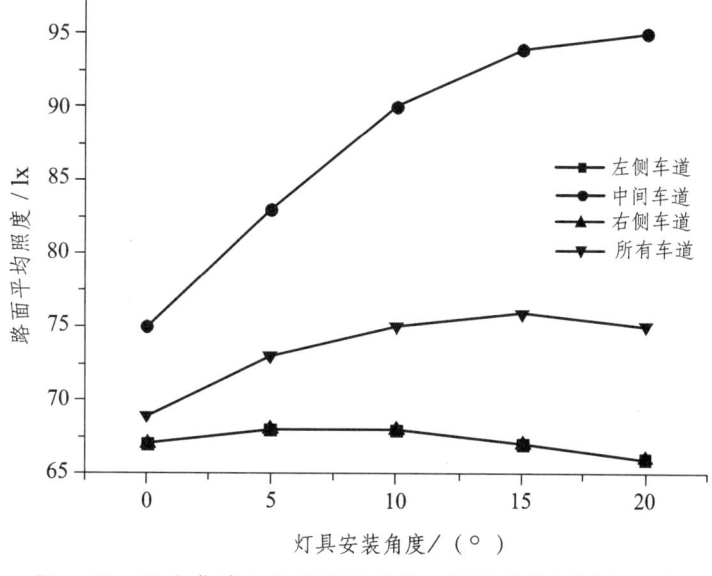

图 2-75　配光曲线 2 灯具安装角度不同时的路面平均照度

从表 2-54 和图 2-75 可以看出：采用配光曲线 2 灯具安装角度在 5°~10°时，左侧车道照度最高，为 68 lx；灯具安装角度在 20°时，左侧车道照度最低，为 66 lx，与最大值相比照度下降 2.94%。灯具安装角度在 20°时，中间车道照度最高，为 95 lx；灯具安装角度在 0°时，中间车道照度最低，为 75 lx，与最大值相比照度下降 21.05%。灯具安装角度在 5°~10°时，右侧车道照度最高，为 68 lx；灯具安装角度在 20°时，右侧车道照度最低，为 66 lx，与最大值相比照度下降 2.94%。灯具安装角度在 15°时，所有车道照度最高，为 76 lx；灯具安装角度在 0°时，所有车道照度最低，为 69 lx，与最大值相比照度下降 9.21%。综合各方面的情况，采用配光曲线 2 灯具安装角度在 20°时，照度最高。

表 2-55　配光曲线 3 灯具安装角度不同时的路面平均照度值　　　　单位：lx

灯具安装角度/(°)	0	5	10	15	20
左侧车道照度	65	68	69	68	65
中间车道照度	82	83	82	82	81
右侧车道照度	65	68	69	68	65
所有车道照度	70	73	73	72	70

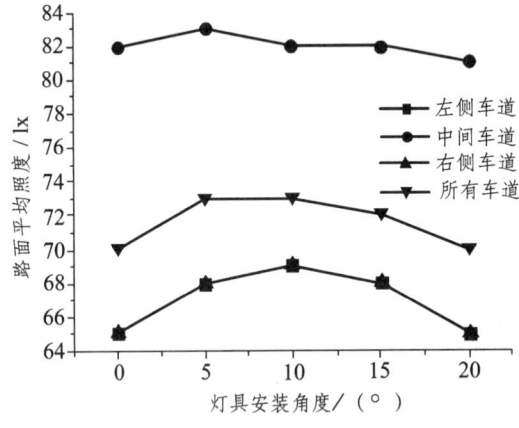

图 2-76　配光曲线 3 灯具安装角度不同时的路面平均照度

从表 2-55 和图 2-76 可以看出：采用配光曲线 3 灯具安装角度在 10°时，左侧车道照度最高，为 69 lx；灯具安装角度在 0°、20°时，左侧车道照度最低，为 65 lx，与最大值相比照度下降 5.79%。灯具安装角度在 5°时，中间车道照度最高，为 83 lx；灯具安装角度在 20°时，中间车道照度最低，为 81 lx，与最大值相比照度下降 2.41%。灯具安装角度在 10°时，右侧车道照度最高，为 69 lx；灯具安装角度在 0°、20°时，右侧车道照度最低，为 65 lx，与最大值相比照度下降 5.79%。灯具安装角度在 5°~10°时，所有车道照度最高，为 73 lx；灯具安装角度在 0°、20°时，所有车道照度最低，为 70 lx，与最大值相比照度下降 4.11%。综合各方面的情况，采用配光曲线 3 灯具安装角度在 5°时，照度最高。

2. 灯具安装角度与路面照度的关系

表 2-56　灯具安装角度不同时的路面平均照度值　　　　单位：lx

配光形式	灯具安装角度/(°)	左侧车道照度	中间车道照度	右侧车道照度	所有车道照度
配光曲线 1	0	68	91	68	76
	5	70	100	70	80
	10	73	103	73	83
	15	75	103	75	84
	20	73	102	73	83
配光曲线 2	0	67	75	67	69
	5	68	83	68	73
	10	68	90	68	75
	15	67	94	67	76
	20	66	95	66	75
配光曲线 3	0	65	82	65	70
	5	68	83	68	73
	10	69	82	69	73
	15	68	82	68	72
	20	65	81	65	70

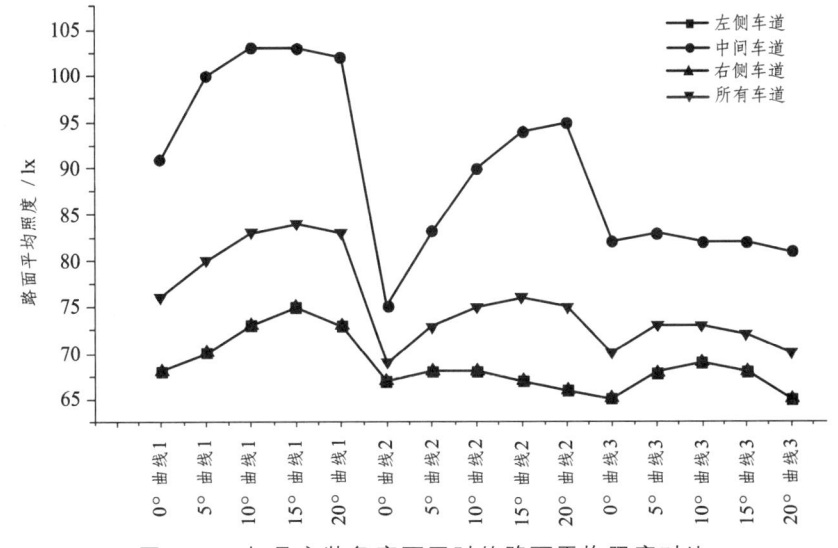

图 2-77　灯具安装角度不同时的路面平均照度对比

从表 2-56 和图 2-77 可以看出：采用配光曲线 1 灯具安装角度在 15°时，左侧车道照度最高，为 75 lx；采用配光曲线 3 灯具安装角度在 0°、20°时，左侧车道照度最低，为 65 lx，与最大值相比照度下降 13.33%。采用配光曲线 1 灯具安装角度在 10°、15°时，中间车道照度最高，为 103 lx；采用配光曲线 2 灯具安装角度在 0°时，中间车道照度最低，为 75 lx，与最大值相比照度下降 27.18%。采用配光曲线 1 灯具安装角度在 15°时，右侧车道照度最高，为 75 lx；采用配光曲线 3 灯具安装角度在 0°、20°时，右侧车道照度最低，为 65 lx，与最大值相比照度下降 13.33%。采用配光曲线 1 灯具安装角度在 15°时，所有车道照度最高，为 84 lx；采用配光曲线 2 灯具安装角度在 0°时，所有车道照度最低，为 69 lx，与最大值相比照度下降 17.86%。综合各方面的情况，采用配光曲线 1 灯具安装角度在 10°、采用配光曲线 2 灯具安装角度在 20°、采用配光曲线 3 灯具安装角度在 5°时，照度最高。

3. 灯具安装角度不同时的等照度图

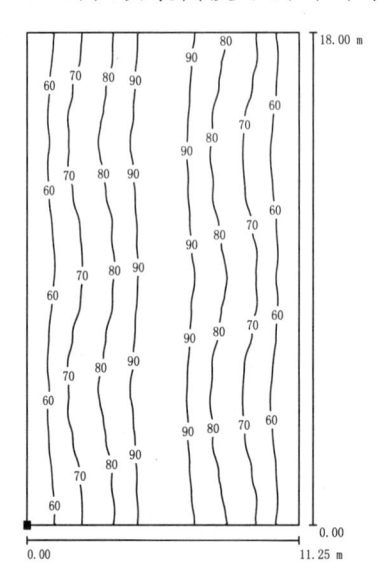

（a）0°配光曲线 1 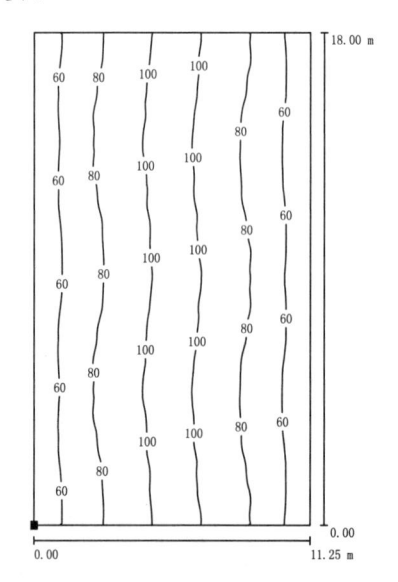　　　　　　　（b）5°配光曲线 1

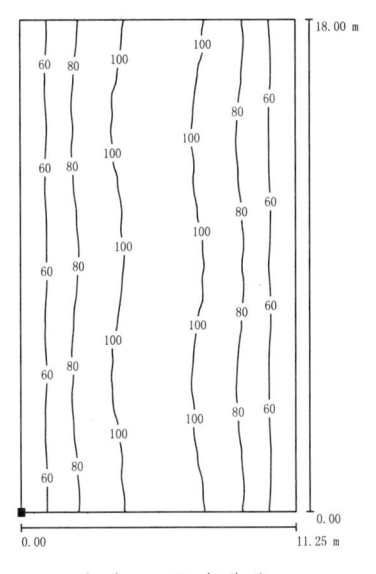

(c) 10°配光曲线 1

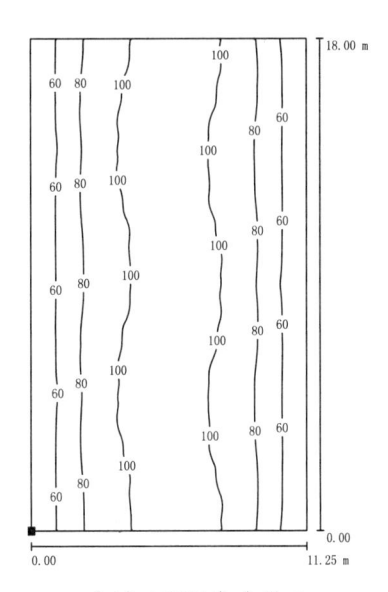

(d) 15°配光曲线 1

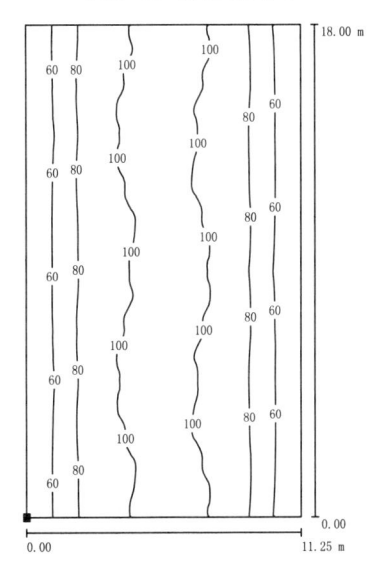

(e) 20°配光曲线 1

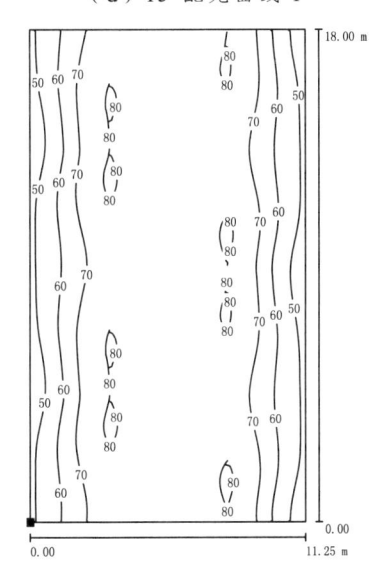

(f) 0°配光曲线 2

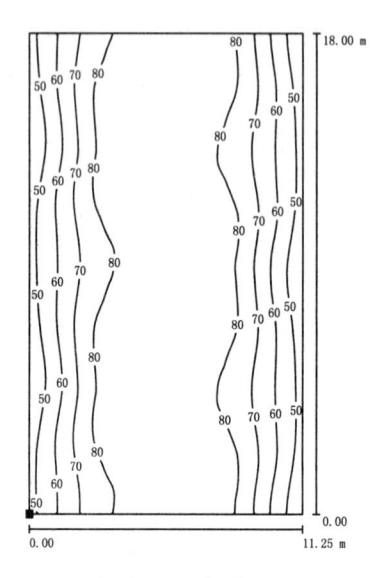

(g) 5°配光曲线2 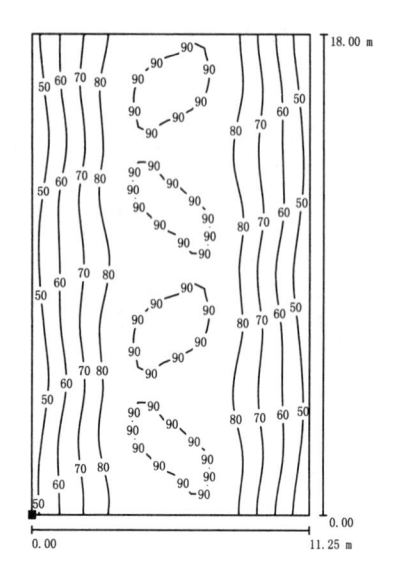　　　　　　　　(h) 10°配光曲线2

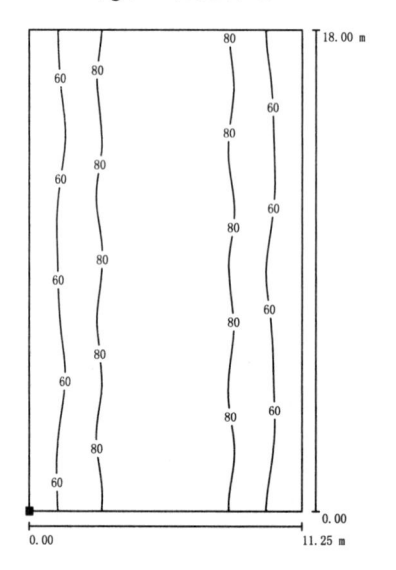

(i) 15°配光曲线2 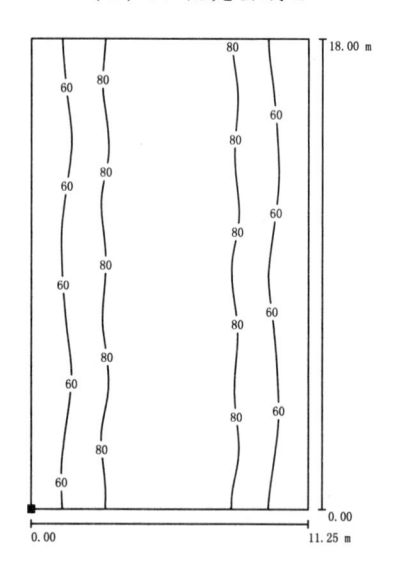　　　　　　　　(j) 20°配光曲线2

（k）0°配光曲线3 （l）5°配光曲线3

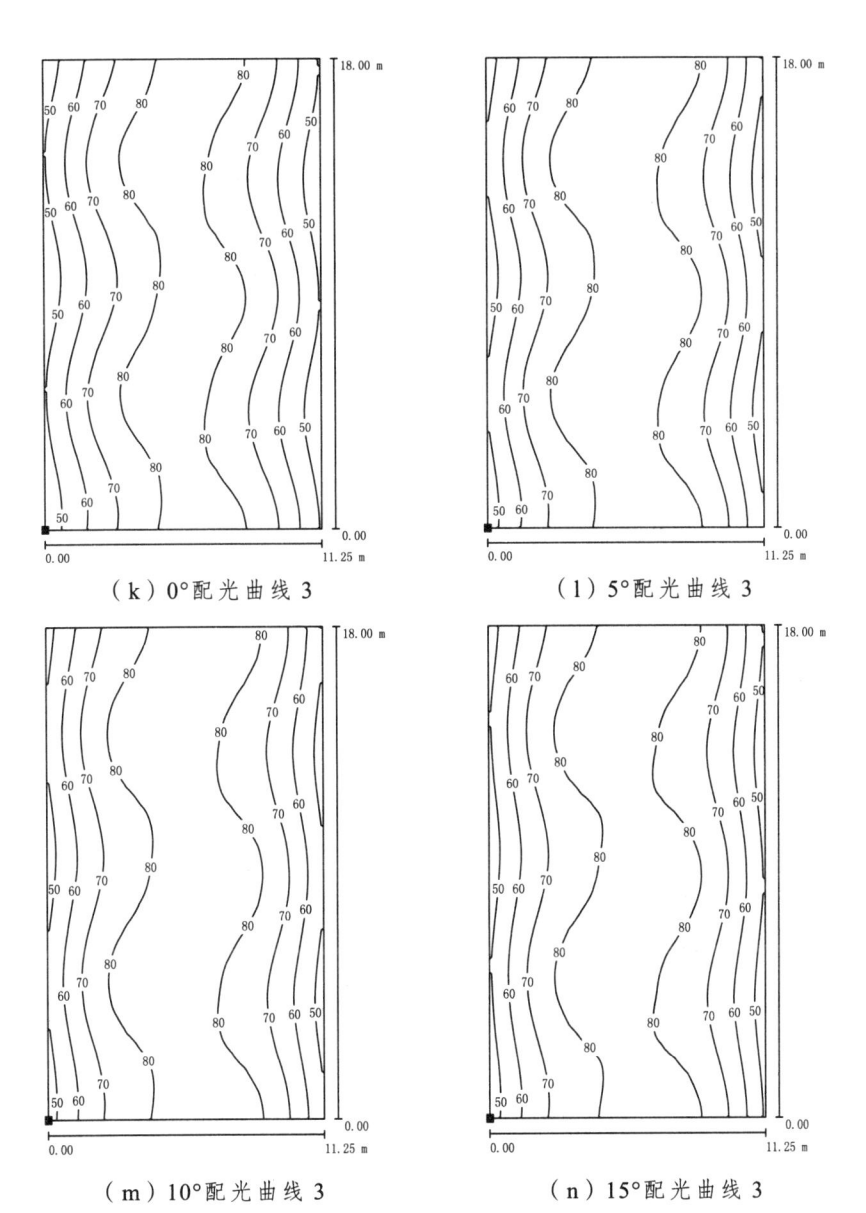

（m）10°配光曲线3 （n）15°配光曲线3

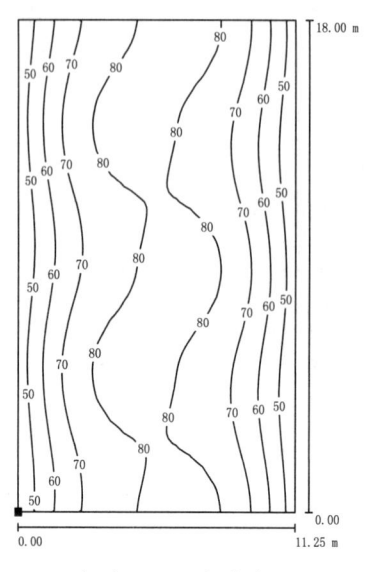

（o）20°配光曲线 3

图 2-78　灯具安装角度不同时的等照度图

从图 2-78 中可以看出，采用不同的配光曲线、灯具安装角度，路面平均照度在左车道和右车道基本对称分布。

2.3.4.3　阈值增量 TI 值

1. 灯具安装角度不同时的阈值增量 TI 值

表 2-57　配光曲线 1 灯具安装角度不同时的阈值增量 TI 值（%）

灯具安装角度/（°）	0	5	10	15	20
左侧车道 TI 值	5.77	5.66	5.43	5.54	5.69
中间车道 TI 值	5.67	6.89	7.67	8.56	9.21
右侧车道 TI 值	5.77	5.66	5.43	5.54	5.69

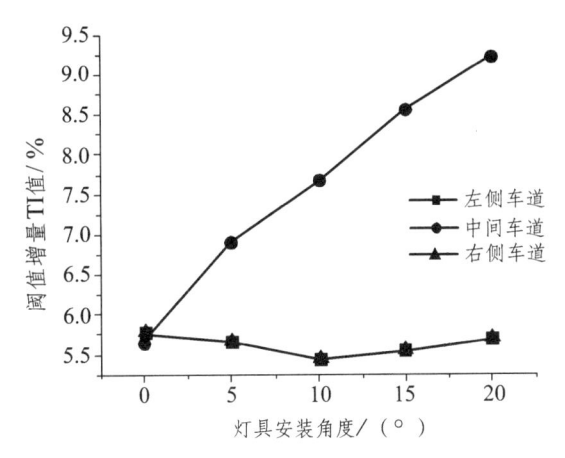

图 2-79　配光曲线 1 灯具安装角度不同时的阈值增量 TI 值

从表 2-57 和图 2-79 可以看出：采用配光曲线 1 灯具安装角度在 0°～20°时，阈值增量 TI 值均在 15%以下，均能满足规范的要求。灯具安装角度在 0°时，左侧车道 TI 值最高，为 5.77%；灯具安装角度在 10°时，左侧车道 TI 值最低，为 5.43%，与最大值相比 TI 值降低了 5.89%。灯具安装角度在 20°时，中间车道 TI 值最高，为 9.21%；灯具安装角度在 0°时，中间车道 TI 值最低，为 5.67%，与最大值相比 TI 值降低了 3.74%。灯具安装角度在 0°时，右侧车道 TI 值最高，为 5.77%；灯具安装角度在 10°时，右侧车道 TI 值最低，为 5.43%，与最大值相比 TI 值降低了 5.89%。综合来看，采用配光曲线 1 灯具安装角度在 0°时，阈值增量 TI 值较好。

表 2-58　配光曲线 2 灯具安装角度不同时的阈值增量 TI 值（%）

灯具安装角度/（°）	0	5	10	15	20
左侧车道 TI 值	4.75	4.39	4.31	4.23	4.15
中间车道 TI 值	4.18	4.74	5.51	6.34	7.08
右侧车道 TI 值	4.75	4.39	4.31	4.23	4.15

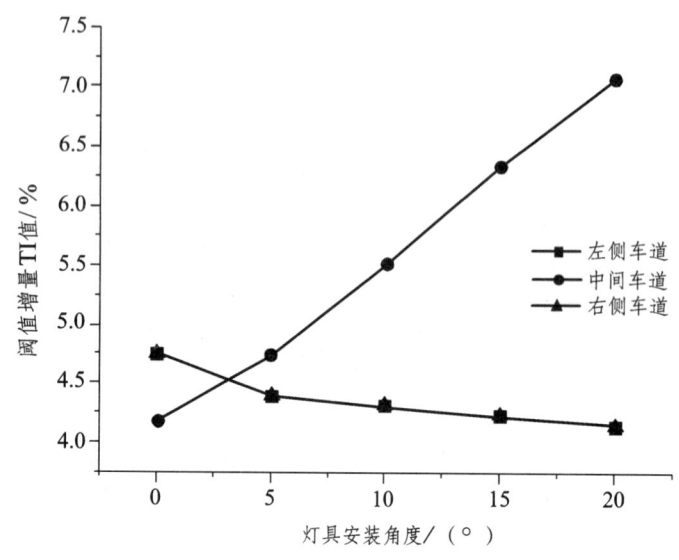

图 2-80　配光曲线 2 灯具安装角度不同时的阈值增量 TI 值

从表 2-58 和图 2-80 可以看出：采用配光曲线 2 灯具安装角度在 0°~20°时，阈值增量 TI 值均在 15%以下，均能满足规范的要求。灯具安装角度在 0°时，左侧车道 TI 值最高，为 4.75%；灯具安装角度在 20°时，左侧车道 TI 值最低，为 4.15%，与最大值相比 TI 值降低了 12.63%。灯具安装角度在 20°时，中间车道 TI 值最高，为 7.08%；灯具安装角度在 0°时，中间车道 TI 值最低，为 4.18%，与最大值相比 TI 值降低了 40.96%。灯具安装角度在 0°时，右侧车道 TI 值最高，为 4.75%；灯具安装角度在 20°时，右侧车道 TI 值最低，为 4.15%，与最大值相比 TI 值降低了 12.63%。综合来看，采用配光曲线 2 灯具安装角度在 0°~5°时，阈值增量 TI 值较好。

表 2-59　配光曲线 3 灯具安装角度不同时的阈值增量 TI 值（%）

灯具安装角度/（°）	0	5	10	15	20
左侧车道 TI 值	8.18	8.25	8.33	8.43	8.51
中间车道 TI 值	9.03	9.70	10.34	10.98	11.67
右侧车道 TI 值	8.18	8.25	8.33	8.43	8.51

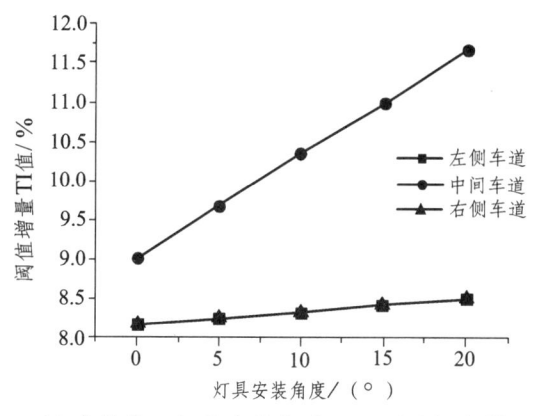

图 2-81　配光曲线 3 灯具安装角度不同时的阈值增量 TI 值

从表 2-59 和图 2-81 可以看出：采用配光曲线 3 灯具安装角度在 0°~20°时，阈值增量 TI 值均在 15%以下，均能满足规范的要求。灯具安装角度在 20°时，左侧车道 TI 值最高，为 8.51%；灯具安装角度在 0°时，左侧车道 TI 值最低，为 8.18%，与最大值相比 TI 值降低了 3.88%。灯具安装角度在 20°时，中间车道 TI 值最高，为 11.67%；灯具安装角度在 0°时，中间车道 TI 值最低，为 9.03%，与最大值相比 TI 值降低了 22.62%。灯具安装角度在 20°时，右侧车道 TI 值最高，为 8.51%；灯具安装角度在 0°时，右侧车道 TI 值最低，为 8.18%，与最大值相比 TI 值降低了 3.88%。综合来看，采用配光曲线 3 灯具安装角度在 0°时，阈值增量 TI 值较好。

2. 灯具安装角度不同时的阈值增量 TI 值对比

表 2-60　灯具安装角度不同时的阈值增量 TI 值（%）

配光形式	灯具安装角度/(°)	0	5	10	15	20
配光曲线 1	左侧车道 TI 值	5.77	5.66	5.43	5.54	5.69
	中间车道 TI 值	5.67	6.89	7.67	8.56	9.21
	右侧车道 TI 值	5.77	5.66	5.43	5.54	5.69
配光曲线 2	左侧车道 TI 值	4.75	4.39	4.31	4.23	4.15
	中间车道 TI 值	4.18	4.74	5.51	6.34	7.08
	右侧车道 TI 值	4.75	4.39	4.31	4.23	4.15
配光曲线 3	左侧车道 TI 值	8.18	8.25	8.33	8.43	8.51
	中间车道 TI 值	9.03	9.70	10.34	10.98	11.67
	右侧车道 TI 值	8.18	8.25	8.33	8.43	8.51

图 2-82 灯具安装角度不同时的阈值增量 TI 值

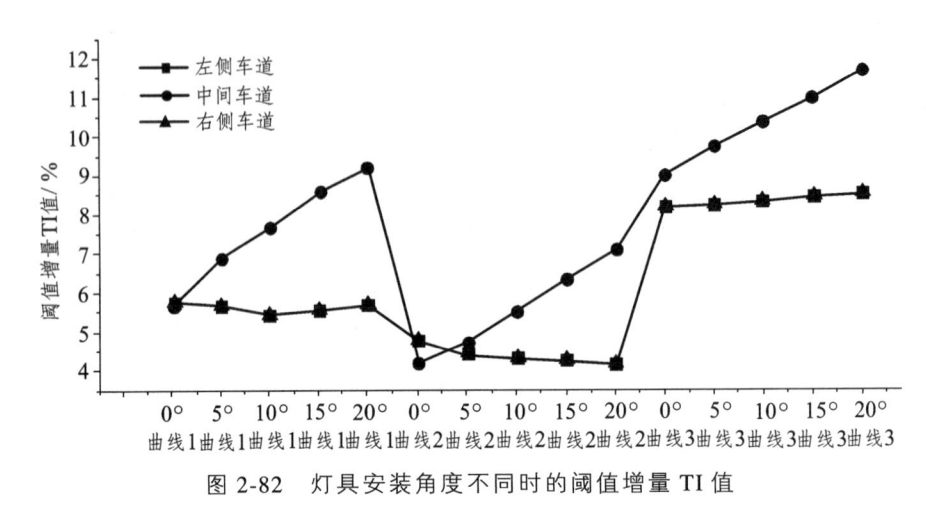

从表 2-60 和图 2-82 可以看出:采用配光曲线 1、配光曲线 2、配光曲线 3、灯具安装角度在 0°~20°时,阈值增量 TI 值均在 15%以下,均能满足规范的要求。采用配光曲线 3 灯具安装角度在 20°时,左侧车道 TI 值最高,为 8.51%;采用配光曲线 2 灯具安装角度在 20°时,左侧车道 TI 值最低,为 4.15%,与最大值相比 TI 值降低了 51.23%。采用配光曲线 3 灯具安装角度在 20°时,中间车道 TI 值最高,为 11.67%;采用配光曲线 2 灯具安装角度在 0°时,中间车道 TI 值最低,为 4.18%,与最大值相比 TI 值降低了 64.18%。采用配光曲线 3 灯具安装角度在 20°时,右侧车道 TI 值最高,为 8.51%;采用配光曲线 2 灯具安装角度在 20°时,右侧车道 TI 值最低,为 4.15%,与最大值相比 TI 值降低了 51.23%。综合来看,采用配光曲线 1 灯具安装角度在 0°、采用配光曲线 2 灯具安装角度在 0°~5°、采用配光曲线 3 灯具安装角度在 0°时,阈值增量 TI 值较好。

2.3.4.4 小目标物可见度 STV

1. 灯具安装角度不同时的小目标物可见度 STV

表 2-61 配光曲线 1 灯具安装角度不同时的小目标物可见度 STV

灯具安装角度/ (°)	路面亮度/ (cd/m²)	背景亮度/ (cd/m²)	光幕亮度/ (cd/m²)	小目标亮度/ (cd/m²)	STV 值
0	4.58	4.58	0.10	5.26	1.5
5	4.75	4.75	0.10	5.64	1.5

续表

灯具安装角度/ (°)	路面亮度/ (cd/m²)	背景亮度/ (cd/m²)	光幕亮度/ (cd/m²)	小目标亮度/ (cd/m²)	STV 值
10	4.84	4.85	0.10	5.94	1.8
15	4.82	4.82	0.11	6.10	2.1
20	4.67	4.67	0.12	6.09	2.4

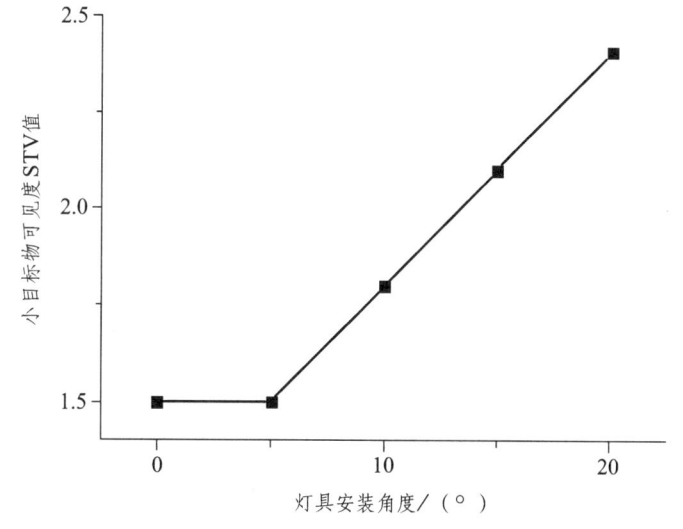

图 2-83 配光曲线 1 灯具安装角度不同时的小目标物可见度 STV

从表 2-61 和图 2-83 可以看出：采用配光曲线 1 灯具安装角度在 20°时，小目标物可见度 STV 值最大，为 2.4；灯具安装角度在 0°、5°时，小目标物可见度 STV 值最小，为 1.5，与最大值相比小目标物可见度 STV 值降低了 37.5%。

表 2-62 配光曲线 2 灯具安装角度不同时的小目标物可见度 STV

灯具安装角度/ (°)	路面亮度/ (cd/m²)	背景亮度/ (cd/m²)	光幕亮度/ (cd/m²)	小目标亮度/ (cd/m²)	STV 值
0	3.66	3.66	0.07	4.26	1.5
5	3.77	3.76	0.08	4.50	1.5
10	3.80	3.80	0.09	4.66	1.7
15	3.79	3.78	0.09	4.73	1.8
20	3.72	3.71	0.09	4.75	2.0

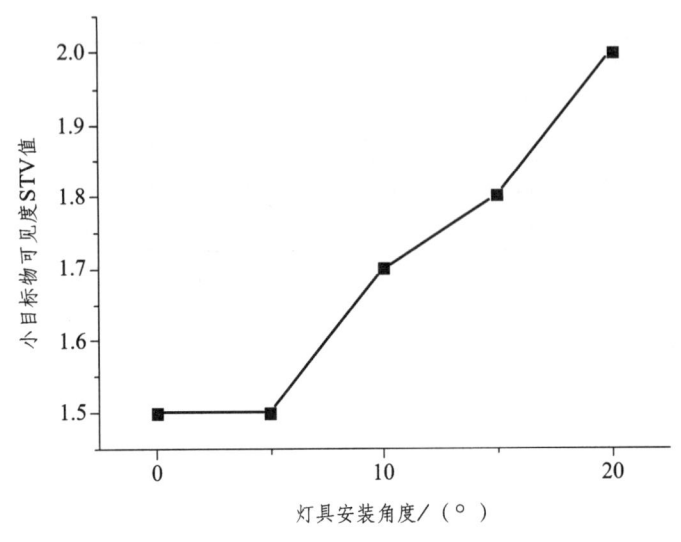

图 2-84 配光曲线 2 灯具安装角度不同时的小目标物可见度 STV

从表 2-62 和图 2-84 可以看出：采用配光曲线 2 灯具安装角度在 20°时，小目标物可见度 STV 值最大，为 2；灯具安装角度在 0°、5°时，小目标物可见度 STV 值最小，为 1.5，与最大值相比小目标物可见度 STV 值降低了 25%。

表 2-63 配光曲线 3 灯具安装角度不同时的小目标物可见度 STV

灯具安装角度/ (°)	路面亮度/ (cd/m²)	背景亮度/ (cd/m²)	光幕亮度/ (cd/m²)	小目标亮度/ (cd/m²)	STV 值
0	4.22	4.21	0.14	4.95	1.4
5	4.27	4.26	0.15	5.10	1.6
10	4.24	4.23	0.16	5.15	1.7
15	4.14	4.14	0.16	5.10	1.8
20	3.98	3.98	0.17	4.96	1.9

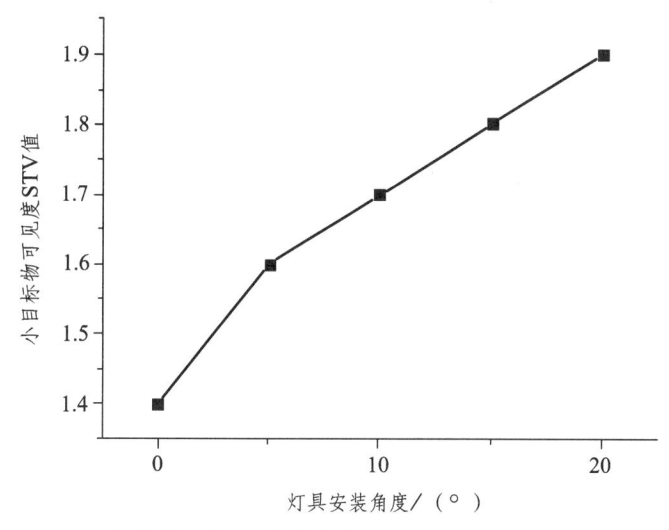

图 2-85 配光曲线 3 灯具安装角度不同时的小目标物可见度 STV

从表 2-63 和图 2-85 可以看出：采用配光曲线 3 灯具安装角度在 20°时，小目标物可见度 STV 值最大，为 1.9；灯具安装角度在 0°时，小目标物可见度 STV 值最小，为 1.4，与最大值相比小目标物可见度 STV 值降低了 26.32%。

2. 灯具安装角度不同时的小目标物可见度 STV 对比

表 2-64　灯具安装角度不同时的小目标物可见度 STV

配光形式	灯具安装角度/(°)	路面亮度/(cd/m²)	背景亮度/(cd/m²)	光幕亮度/(cd/m²)	小目标亮度/(cd/m²)	STV 值
配光曲线 1	0	4.58	4.58	0.10	5.26	1.5
	5	4.75	4.75	0.10	5.64	1.5
	10	4.84	4.85	0.10	5.94	1.8
	15	4.82	4.82	0.11	6.10	2.1
	20	4.67	4.67	0.12	6.09	2.4
配光曲线 2	0	3.66	3.66	0.07	4.26	1.5
	5	3.77	3.76	0.08	4.50	1.5
	10	3.80	3.80	0.09	4.66	1.7
	15	3.79	3.78	0.09	4.73	1.8
	20	3.72	3.71	0.09	4.75	2.0

续表

配光形式	灯具安装角度/(°)	路面亮度/(cd/m²)	背景亮度/(cd/m²)	光幕亮度/(cd/m²)	小目标亮度/(cd/m²)	STV 值
配光曲线 3	0	4.22	4.21	0.14	4.95	1.4
	5	4.27	4.26	0.15	5.10	1.6
	10	4.24	4.23	0.16	5.15	1.7
	15	4.14	4.14	0.16	5.10	1.8
	20	3.98	3.98	0.17	4.96	1.9

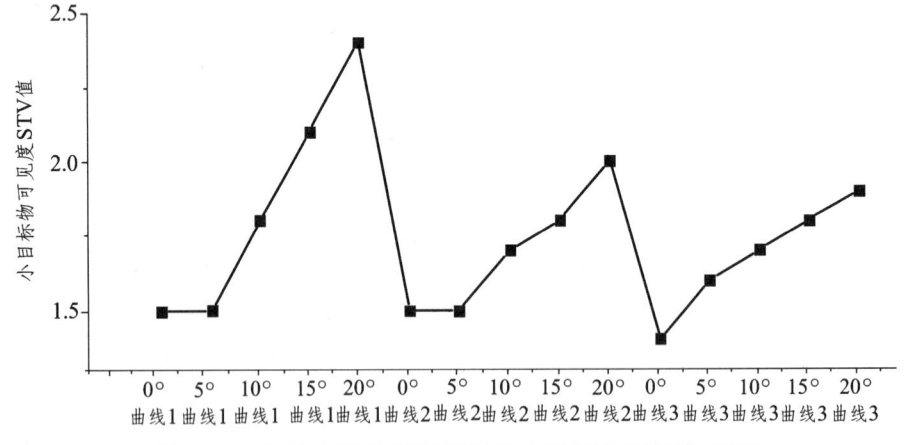

图 2-86 灯具安装角度不同时的小目标物可见度 STV

从表 2-64 和图 2-86 可以看出：采用配光曲线 1 灯具安装角度在 20°时，小目标物可见度 STV 值最大，为 2.4；采用配光曲线 3 灯具安装角度为 0°时，小目标物可见度 STV 值最小，为 1.4，与最大值相比小目标物可见度 STV 值降低了 41.67%。

2.3.4.5 小　结

（1）采用配光曲线 1 灯具安装角度在 15°时，所有车道平均亮度最大，为 4.74 cd/m²；采用配光曲线 2 灯具安装角度在 0°时，所有车道平均亮度最小，为 3.45 cd/m²。采用配光曲线 1 灯具安装角度在 15°，采用配光曲线 2 灯具安装角度在 5°，采用配光曲线 3 灯具安装角度在 5°、10°时，平均亮度最高。

（2）采用配光曲线 2 灯具安装角度在 0°时，所有车道亮度总均匀度最高，为 0.61；采用配光曲线 1 灯具安装角度在 20°时，所有车道亮度总均匀度最低，为 0.47。综合各方面的情况，采用配光曲线 1 灯具安装角度在 0°、采用配光曲线 2 灯具安装角度在 0°、采用配光曲线 3 灯具安装角度在 0°时，亮度总均匀度最高。

（3）采用配光曲线 1 灯具安装角度在 10°～20°时，所有车道中线亮度纵向均匀度最高，为 0.98，采用配光曲线 2 灯具安装角度在 0°～10°时，所有车道中线亮度纵向均匀度最低，为 0.95。综合各方面情况，采用配光曲线 1 灯具安装角度在 0°～20°、采用配光曲线 2 灯具安装角度在 0°、采用配光曲线 3 灯具安装角度在 0°～20°时，车道中线亮度纵向均匀度均最好。

（4）采用配光曲线 1 灯具安装角度在 15°时，所有车道照度最高，为 84 lx；采用配光曲线 2 灯具安装角度在 0°时，所有车道照度最低，为 69 lx。综合各方面的情况，采用配光曲线 1 灯具安装角度在 10°、采用配光曲线 2 灯具安装角度在 20°、采用配光曲线 3 灯具安装角度在 5°时，照度最高。

（5）采用配光曲线 1 灯具安装角度在 0°时，所有车道照度总均匀度最高，为 0.672；采用配光曲线 1 灯具安装角度在 20°时，所有车道照度总均匀度最低，为 0.507。综合各方面的情况，采用配光曲线 1 灯具安装角度在 0°、采用配光曲线 2 灯具安装角度在 0°、采用配光曲线 3 灯具安装角度在 10°时，亮度总均匀度最高。

（6）综合来看，采用配光曲线 1 灯具安装角度在 0°、采用配光曲线 2 灯具安装角度在 0°～5°、采用配光曲线 3 灯具安装角度在 0°时，阈值增量 TI 值较好。

（7）采用配光曲线 1 灯具安装角度为 20°时，小目标物可见度 STV 值最大，为 2.4；采用配光曲线 3 灯具安装角度为 0°时，小目标物可见度 STV 值最小，为 1.4。

从亮度、照度、亮度总均匀度、车道中线亮度纵向均匀度、照度总均匀度、眩光值、小目标物可见度综合考虑，采用配光曲线 1、配光曲线 2、配光曲线 3 灯具安装高度在 0°～5°时，整体照明效果最好。

2.3.5 灯具光强分布

2.3.5.1 配光曲线对亮度的影响

表 2-65　五种配光形式下隧道路面平均亮度值　　　单位：cd/m^2

配光形式	配光曲线 1	配光曲线 2	配光曲线 3	配光曲线 4	配光曲线 5
左侧车道亮度	4.41	3.63	3.97	4.38	4.65
中间车道亮度	4.87	3.65	4.13	3.88	4.91
右侧车道亮度	4.41	3.62	4.13	4.26	4.65
所有车道亮度	4.53	3.62	4.04	4.15	4.60

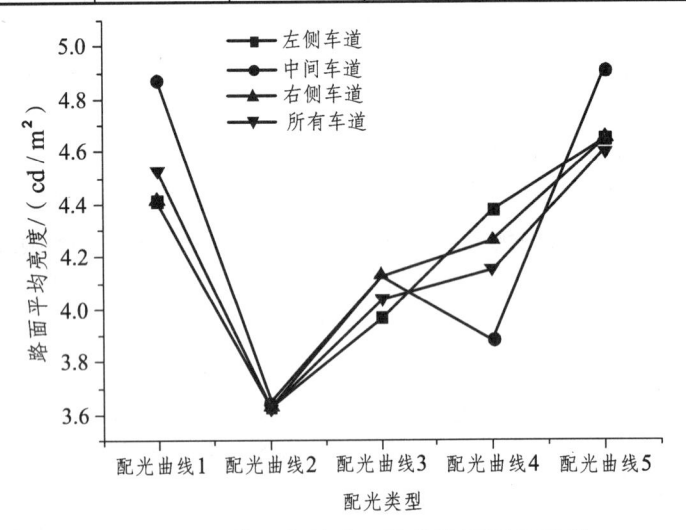

图 2-87　五种配光形式下隧道路面平均亮度

从表 2-65 和图 2-87 可以看出：采用配光曲线 5 时，左侧车道平均亮度最大，为 4.65 cd/m^2；采用配光曲线 2 时，左侧车道平均亮度最小，为 3.63 cd/m^2，与最大值相比平均亮度下降 21.94%。采用配光曲线 5 时，中间车道平均亮度最大，为 4.91 cd/m^2；采用配光曲线 2 时，中间车道亮度最小，为 3.65 d/m^2，与最大值相比平均亮度下降 25.66%。采用配光曲线 5 时，右侧车道平均亮度最大，为 4.65 cd/m^2；采用配光曲线 2 时，右侧车道平均亮度最小，为 3.62 cd/m^2，与最大值相比平均亮度下降 22.15%。采用配光曲线 5，所有车道平均亮度最大，为 4.6 cd/m^2；采用配光曲线 2 时，所有车道平均亮度最小，为 3.62 cd/m²，与最大值相比平均亮度下降 21.3%。综合各方面的情况，采用配光曲线 1、采用配光曲线 5 时，平均亮度最高。

1. 路面亮度分布

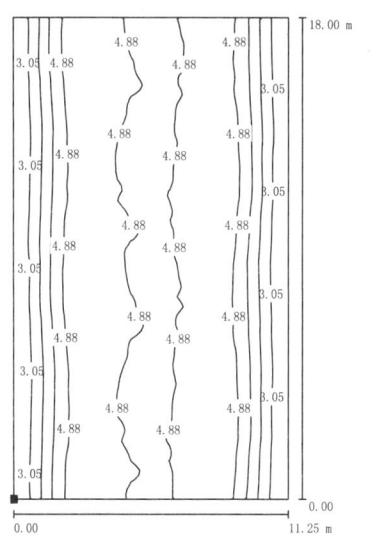

（a）配光曲线 1

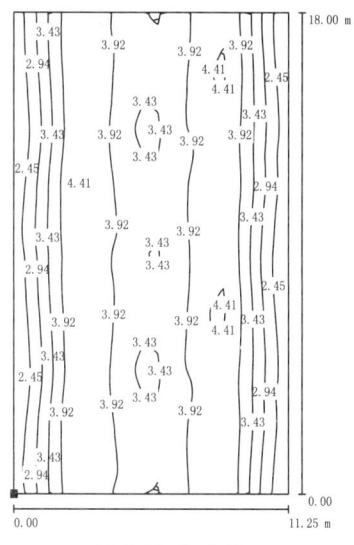

（b）配光曲线 2

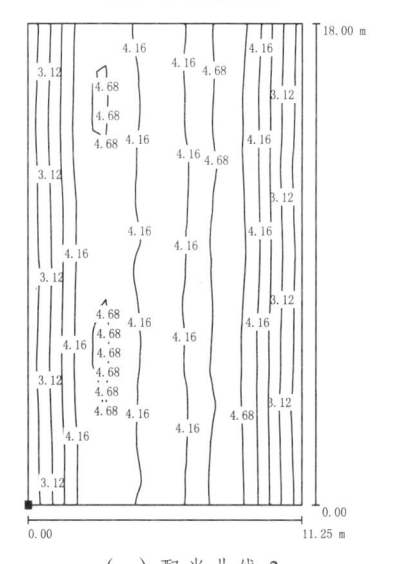

（c）配光曲线 3

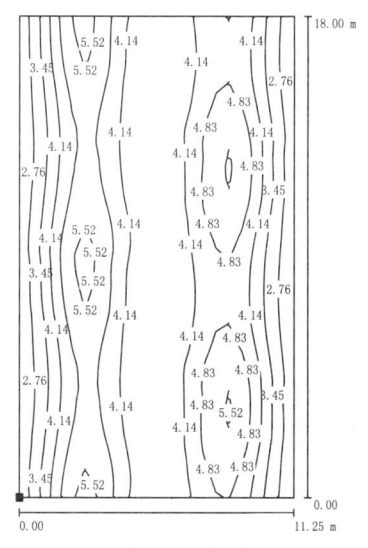

（d）配光曲线 4

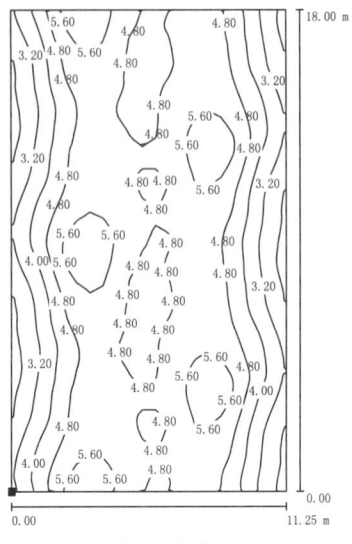

（e）配光曲线 5

图 2-88 五种配光形式下的等亮度图

从图 2-88 中可以看出，采用不同的配光曲线时，路面平均亮度在左车道和右车道基本对称分布。其中，采用配光曲线 5 时，路面亮度较高，在道路中间会出现高亮区域。

2. 空间亮度分布

从图 2-89 中可以看出，采用不同的配光曲线时，路面平均亮度在左车道和右车道基本对称分布。其中，采用配光曲线 4 时，路面亮度分布较均匀。五种配光曲线中，采用配光曲线 4 时，路面亮度分布相对较不均匀。

（a）配光曲线 1 　　　　　　　　（b）配光曲线 2

（c）配光曲线 3　　　　　　　　　（d）配光曲线 4

（e）配光曲线 5

图 2-89　五种配光曲线时空间亮度分布

2.3.5.2　配光曲线对照度的影响

表 2-66　五种配光形式下隧道路面平均照度值　　　　　　　　单位：lx

配光形式	配光曲线 1	配光曲线 2	配光曲线 3	配光曲线 4	配光曲线 5
左侧车道照度	70	68	68	71	65
中间车道照度	100	83	83	76	79
右侧车道照度	70	68	68	71	65
所有车道照度	80	73	73	73	70

从表 2-66 和图 2-90 可以看出：采用配光曲线 4 时，左侧车道照度最高，为 71 lx；采用配光曲线 5 时，左侧车道照度最低，为 65 lx，与最大值相比照度下降 8.45%。采用配光曲线 1 时，中间车道照度最高，为 100 lx；采用配光曲线 4 时，中间车道照度最低，为 76 lx，与最大值相比照度下降 24%。采用配光曲线 4 时，右侧车道照度最高，为 71 lx；采用配光曲线 5 时，右侧车道照度最低，为 65 lx，与最大值相比照度下降 8.45%。采用配光曲线 1 时，所有车道照度最高，为 80 lx；采用配光曲线 5 时，

所有车道照度最低，为 70 lx，与最大值相比照度下降 12.5%。综合各方面的情况，采用配光曲线 1 时，照度最高。

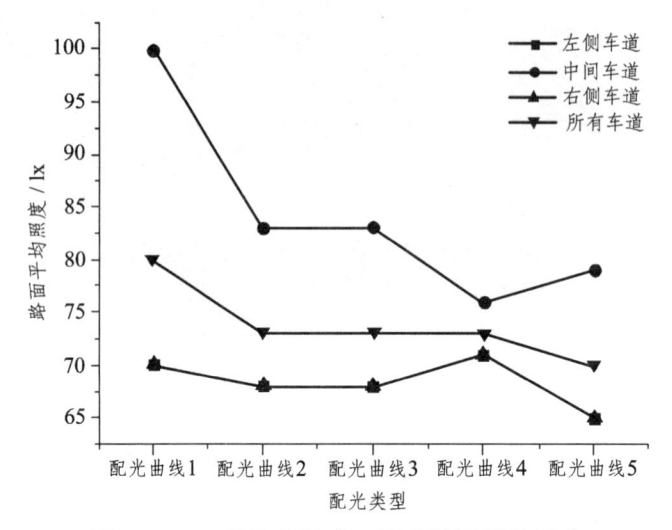

图 2-90 五种配光形式下隧道路面平均照度

1. 五种配光形式下的路面等照度图

从图 2-91 中可以看出，采用不同的配光曲线时，路面平均照度在左车道和右车道基本对称分布，其中采用配光曲线 1 时，路面照度较高。

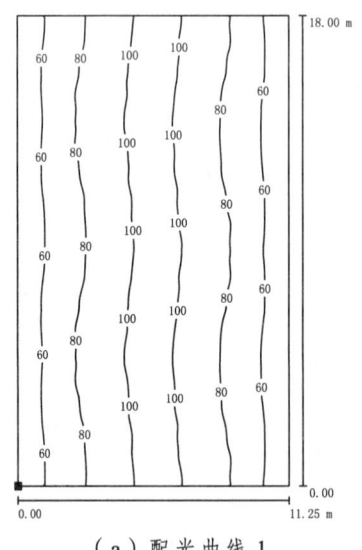

（a）配光曲线 1 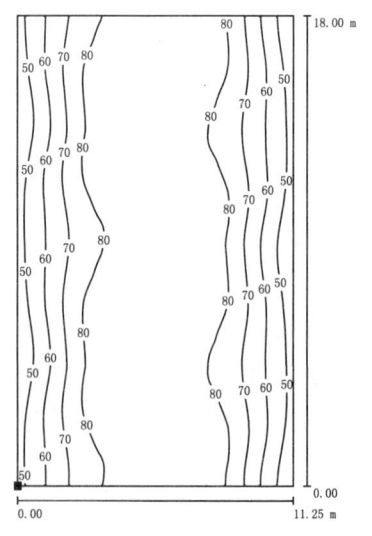　　　　　　（b）配光曲线 2

（c）配光曲线3　　　　　　　　　（d）配光曲线4

（e）配光曲线5

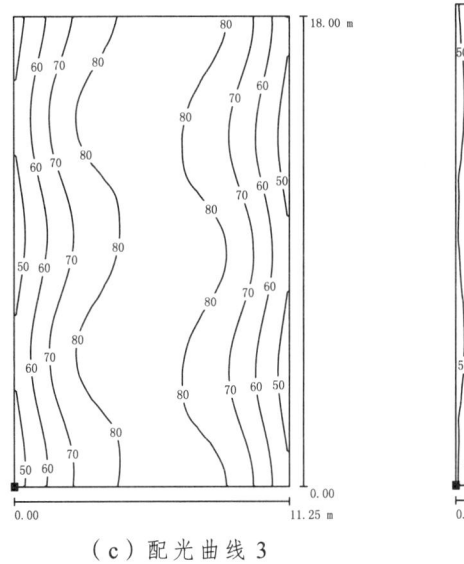

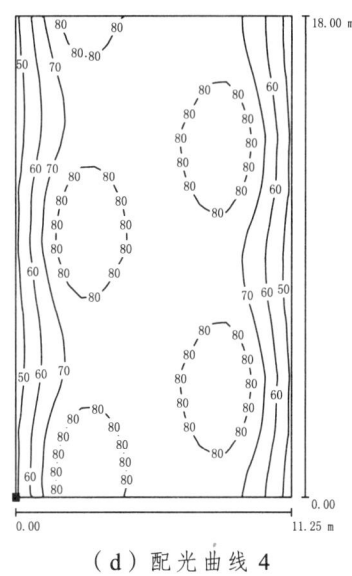

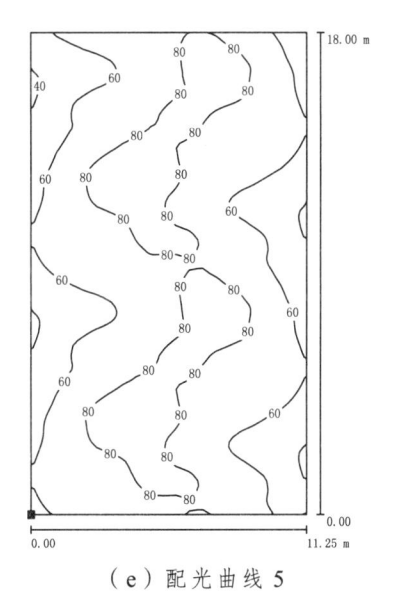

图 2-91　五种配光形式下的路面等照度图

2. 照度总均匀度

表 2-67　五种配光形式下隧道路面照度总均匀度

配光形式	配光曲线 1	配光曲线 2	配光曲线 3	配光曲线 4	配光曲线 5
左侧车道照度总均匀度	0.664	0.649	0.705	0.679	0.601
中间车道照度总均匀度	0.933	0.976	0.956	0.943	0.827
右侧车道照度总均匀度	0.664	0.650	0.705	0.679	0.603
所有车道照度总均匀度	0.581	0.604	0.658	0.665	0.561

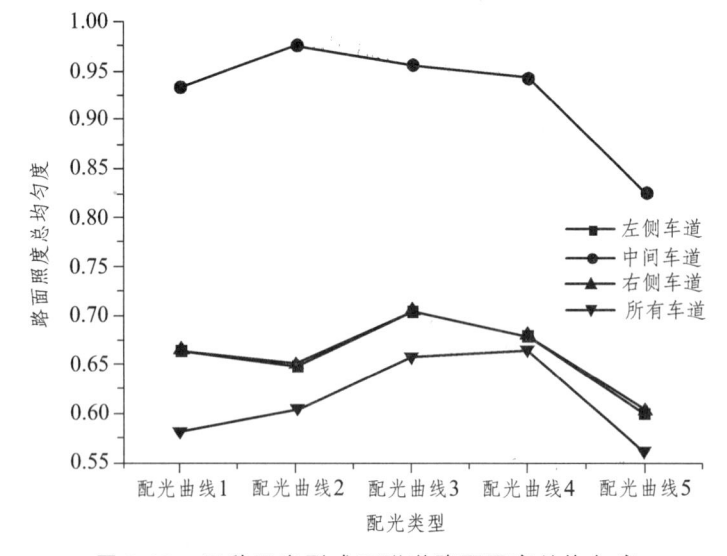

图 2-92　五种配光形式下隧道路面照度总均匀度

从表 2-67 和图 2-92 可以看出：采用配光曲线 3 时，左侧车道照度总均匀度最高，为 0.705；采用配光曲线 5 时，左侧车道照度总均匀度最低，为 0.601，与最大值相比照度总均匀度下降 14.75%。采用配光曲线 2 时，中间车道照度总均匀度最高，为 0.976；采用配光曲线 5 时，中间车道照度总均匀度最低，为 0.827，与最大值相比照度总均匀度下降 15.27%。采用配光曲线 3 时，右侧车道照度总均匀度最高，为 0.705；采用配光曲线 5 时，右侧车道照度总均匀度最低，为 0.603，与最大值相比照度总均匀度下降 14.47%。采用配光曲线 4 时，所有车道照度总均匀度最高，为 0.665；采用配光曲线 5 时，所有车道照度总均匀度最低，为 0.561，与最大值相比照度总均匀度下降 15.64%。综合各方面的情况，采用配光曲线 3、配光曲线 4 时,亮度总均匀度最高。

2.3.5.3 阈值增量 TI 值

表 2-68　五种配光形式下阈值增量 TI 值(%)

路面类型	车道名称	配光曲线 1	配光曲线 2	配光曲线 3	配光曲线 4	配光曲线 5
C1	左侧车道	3.89	2.89	5.51	5.46	7.92
C1	中间车道	3.79	2.69	6.02	4.07	8.51
C1	右侧车道	3.89	2.89	5.51	5.46	7.92
R1	左侧车道	4.20	3.07	5.69	5.82	8.21
R1	中间车道	3.89	2.77	6.43	4.38	8.82
R1	右侧车道	4.20	3.07	5.69	5.82	8.21
R2	左侧车道	5.43	4.31	7.56	7.54	9.95
R2	中间车道	5.33	3.75	8.48	5.67	10.66
R2	右侧车道	5.43	4.31	7.56	7.54	9.95
R3	左侧车道	5.77	4.75	8.18	8.05	10.20
R3	中间车道	5.67	4.18	9.03	6.03	10.77
R3	右侧车道	5.77	4.75	8.18	8.05	10.20

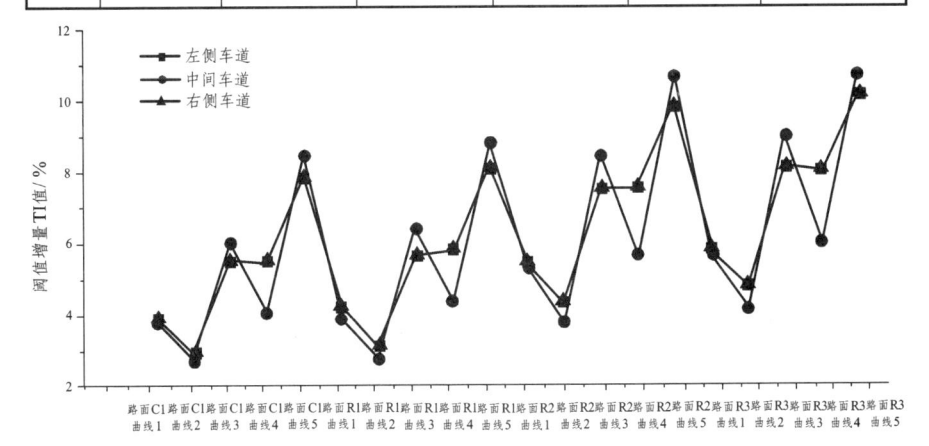

图 2-93　五种配光形式下阈值增量 TI 值

从表 2-68 和图 2-93 可以看出:路面类型 R3 采用配光曲线 5 时,左侧车道 TI 值最高，为 10.2%；路面类型 C1 采用配光曲线 2 时，左侧车道 TI 值最低，为 2.89%，与最大值相比 TI 值降低了 71.67%。路面类型 R3 采用配光曲线 5 时，中间车道 TI 值最高，为 10.77%；路面类型 C1 采用配光曲线 2 时，中间车道 TI 值最低，为 2.69%，与最大值相比 TI 值降低了 75.02%。路面类型 R3 采用配光曲线 5 时，右侧车道 TI 值最高，为 10.2%；路面类型 C1 采用配光曲线 2 时，右侧车道 TI 值最低，为 2.89%，与最大值相比 TI 值降低了 71.67%。综合来看，采用配光曲线 1~4 时，阈值增量 TI 值较低；采用配光曲线 5 时，阈值增量 TI 值较高，但采用 5 种配光曲线时，阈值增量 TI 值均在 15% 以下，均能满足规范的要求。

2.3.5.4 小目标物可见度 STV 值

表 2-69 五种配光形式下小目标物可见度 STV 值

配光形式	路面类型	路面亮度/(cd/m²)	背景亮度/(cd/m²)	光幕亮度/(cd/m²)	小目标亮度/(cd/m²)	STV 值
配光曲线 1	C1	7.46	7.46	0.10	5.26	3.3
	R1	6.93	6.92	0.10	5.26	2.7
	R2	4.96	4.96	0.10	5.26	1.0
	R3	4.58	4.58	0.10	5.26	1.5
配光曲线 2	C1	6.47	6.47	0.07	4.20	3.9
	R1	5.98	5.98	0.07	4.20	3.2
	R2	4.11	4.10	0.07	4.20	0.8
	R3	3.66	3.66	0.07	4.26	1.5
配光曲线 3	C1	6.91	6.90	0.14	4.95	3.1
	R1	6.50	6.49	0.14	4.95	2.6
	R2	4.58	4.58	0.14	4.95	0.9
	R3	4.22	4.21	0.14	4.95	1.4
配光曲线 4	C1	6.70	6.69	0.20	4.74	3.2
	R1	6.19	6.18	0.20	4.74	2.5
	R2	4.47	4.46	0.20	4.74	1.1
	R3	4.15	4.14	0.20	4.74	1.6

续表

配光形式	路面类型	路面亮度/(cd/m²)	背景亮度/(cd/m²)	光幕亮度/(cd/m²)	小目标亮度/(cd/m²)	STV 值
配光曲线 5	C1	6.18	6.16	0.37	0.64	9.8
	R1	5.94	5.91	0.37	0.64	9.7
	R2	4.69	4.66	0.37	0.64	8.9
	R3	4.66	4.62	0.37	0.64	8.8

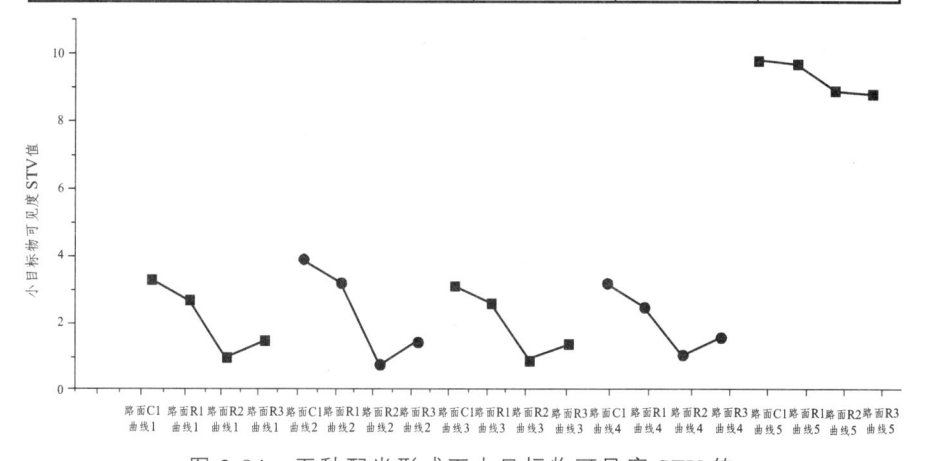

图 2-94 五种配光形式下小目标物可见度 STV 值

从表 2-69 和图 2-94 可以看出：采用配光曲线 5 路面类型 C1 时，小目标物可见度 STV 值最大，为 9.8；采用配光曲线 1 路面类型 R1 时，小目标物可见度 STV 值最小，为 1.0，与最大值相比小目标物可见度 STV 值降低了 89.79%。综合可见，采用配光曲线 5 时，小目标物可见度 STV 值要明显大于采用配光曲线 1~4。

2.3.5.5 小　结

（1）采用配光曲线 5，所有车道平均亮度最大，为 4.6 cd/m²；采用配光曲线 2 时，所有车道平均亮度最小，为 3.62 cd/m²。综合各方面的情况，采用配光曲线 1、采用配光曲线 5 时，平均亮度最高。

（2）采用配光曲线 3 时，所有车道亮度总均匀度最高，为 0.59；采用配光曲线 5 时，所有车道亮度总均匀度最低，为 0.48。综合各方面的情况，采用配光曲线 3 时，亮度总均匀度最高，但 5 种配光曲线下的路面亮度总均匀度均能够满足规范的要求。

（3）采用配光曲线 1、配光曲线 3 时，所有车道亮度总均匀度最高，为 0.97；采用配光曲线 5 时，所有车道亮度总均匀度最低，为 0.93。综合各方面的情况，采用配光曲线 1、配光曲线 3 时，亮度总均匀度最高，但 5 种配光曲线下的路面亮度总均匀度均能够满足规范的要求。

（4）灯具安装角度在 15°时，所有车道照度最高，为 84 lx；灯具安装角度在 0°时，所有车道照度最低，为 76 lx。综合各方面的情况，采用配光曲线 1 灯具安装角度在 10°时，照度最高。

（5）采用配光曲线 4 时，所有车道照度总均匀度最高，为 0.665；采用配光曲线 5 时，所有车道照度总均匀度最低，为 0.561。综合各方面的情况，采用配光曲线 3、配光曲线 4 时，亮度总均匀度最高。

（6）综合来看，采用配光曲线 1~4 时，阈值增量 TI 值较低，采用配光曲线 5 时，阈值增量 TI 值较高，但采用 5 种配光曲线时，阈值增量 TI 值均在 15%以下，均能满足规范的要求。

（7）综合可见，采用配光曲线 5 时，小目标物可见度 STV 值要明显大于采用配光曲线 1~4。

从亮度、照度、亮度总均匀度、车道中线亮度纵向均匀度、照度总均匀度、眩光值、小目标物可见度综合考虑：采用配光曲线 1、配光曲线 5 时，路面平均亮度最高；采用配光曲线 3 时，路面亮度总均匀度的最好；采用配光曲线 1、配光曲线 2 时，车道中线亮度纵向均匀度最好；采用配光曲线 1 时，路面平均照度最高；选用配光曲线 3、配光曲线 4 时，路面照度总均匀度最高；采用配光曲线 2 时，阈值增量 TI 值最低，采用配光曲线 5 时，小目标物可见度 STV 值最高。

2.4 本章小结

（1）隧道中间段照明配置优化研究中建议采用两侧交错布灯或两侧对称形式布灯。

（2）灯具配光形式为配光曲线 1、配光曲线 3、配光曲线 5。

（3）灯具横向位置在 2.5 m，或者在两侧车道的正上方。

(4)灯具纵向间距不大于 12.0 m。
(5)灯具安装高度在满足建筑界限的前提下,高度不大于 6.0 m。
(6)根据灯具的配光形式设置灯具的安装角度。
(7)照明类型宜选择逆光照明或顺光照明。

【 第3章 】>>>>
高速公路隧道夜间照明节能技术研究

在夜间，行驶在高速公路上的车辆在进入隧道前，仅仅有车灯为驾驶者提供光通量，车辆前方路面一定距离内有光线分布，其他区域则无光线分布，整个视野基本上处于暗环境中。当车辆进入隧道后，由于隧道内基本照明或者应急照明回路开启，隧道内的亮度一般在 1 至 3 cd/m^2，其亮度环境是介于暗视觉和明视觉之间的中间视觉。

基于夜间行车及夜间光环境特性，从人眼的生理与神经机理特性出发，通过理论分析、模型试验，首先掌握夜间行车时人的视觉特性与能见度水平变化特性，进而开展高速公路隧道夜间照明节能技术研究，降低隧道内照明系统的电能消耗，同时提高夜间隧道内行车安全性和舒适性。

3.1 人的视觉特征

3.1.1 明视觉和暗视觉

人的眼睛能够感应到非常明亮和非常黑暗的亮度环境，最暗至最亮的亮度等级可以跨越 9 个数量级。人眼对亮度的敏感度可以通过绝对亮度阈值来衡量，绝对亮度阈值就是产生视觉感觉的测试点所需的最小亮度。在一个黑暗的房间中设置测试点，在测试过程中，不断增加测试点的亮度，直到测试者报告测试点的存在，此刻的亮度就是绝对阈值亮度。

当视野内的亮度发生改变时，人眼的视觉敏感度首先会降低，甚至完全看不到任何东西，要经历一段时间之后才能将视觉敏感度恢复到与变化后的亮度等级相对应的级别，这一过程称为亮度适应。视觉适应通过两个机制来完成，一是调节瞳孔的大小，从而控制进入眼球内部的光的数量，二是视网膜感光细胞和视神经的调整。视觉适应的速度和程度取决于亮度变化幅度和模式。视野内亮度变化的幅度越大，需要的适应时间越长，反之亦然。

人眼对光的敏感度在暗处逐渐提高的过程称为暗适应，所需要的时间较长，一般需要几分钟至几十分钟。暗适应分为两个阶段：第一阶段主要与视锥细胞色素的合成量增加相一致；第二阶段杆状细胞进行视紫红质的再合成，致使视紫红质大量增加，通过视紫红质的积累获得光感，逐步提升视觉敏感度。图 3-1 为人眼的暗适应过程。

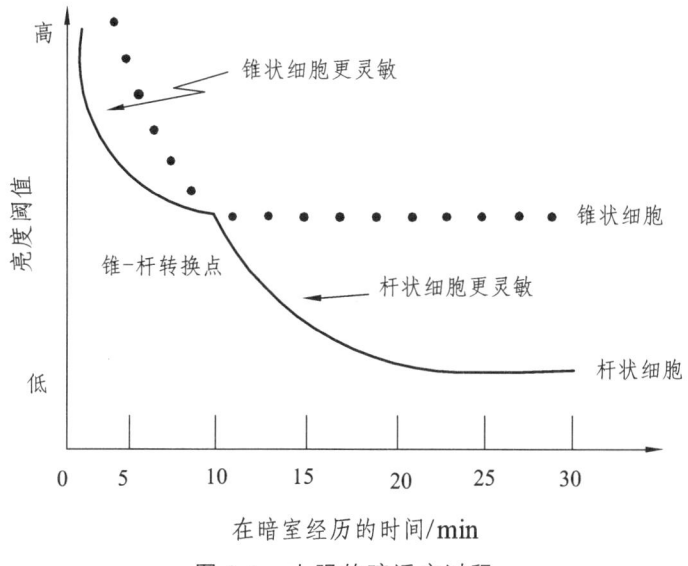

图 3-1　人眼的暗适应过程

视野范围的亮度由暗变亮的过程称为亮适应，所需要的时间较短，一般在几秒至几分钟内完成，首先是杆状细胞在暗处合成了大量的视紫红质，当光线大量进入眼睛后，视紫红质迅速分解成视蛋白和视黄醛，从而产生刺眼的光感，之后对光不太敏感的锥状细胞开始恢复视觉功能，锥状细胞中的感光色素恢复很快，因而亮适应的时间较短。

根据人眼视野亮度的不同，视觉状态分为三种：

（1）明视觉：当适应亮度大于等于 3 cd/m² 时，主要由锥状细胞起作用，眼睛能够觉察到对象的颜色。

（2）暗视觉：当适应亮度小于或者等于 0.001 cd/m² 时，主要是杆状细胞起作用，眼睛只能觉察到对象的亮度，而不能识别对象的颜色。

（3）中间视觉：当适应亮度在 0.001 cd/m² 和 3 cd/m² 时，锥细胞和杆细胞同时起作用，并伴随着两种感光细胞的作用转换，在这种适应状态下，当亮度较低时，主要是杆状细胞起作用，此时人眼对"蓝色"更敏感，当亮度较高时，主要是锥细胞起作用，此时人眼对"红色"更敏感。

如图 3-2 所示，在可见光范围内，人眼对不同波长的光线的敏感度不同，在明视觉状态下，红、绿、蓝三种感光细胞最敏感的波长分别为 564 nm、533 nm、437 nm。可以看出，在明视觉状态下，人眼对波长分布在 564 nm 和 533 nm 附近的光源比较敏感，如高压钠灯，而对于光色偏蓝的光源敏感性较低，如色温较高的金卤灯。在中间视觉状态下，杆状细胞最敏感的波长为 498 nm。

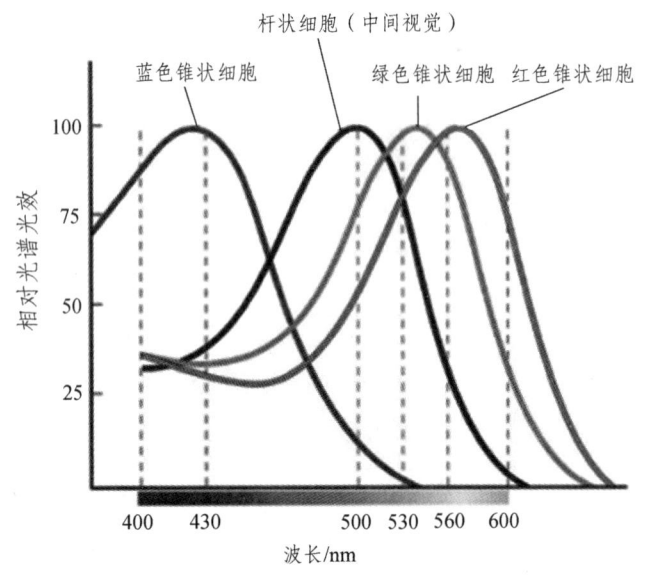

图 3-2 人眼的光谱视敏度

当适应亮度大于 3 cd/m² 时，主要由人眼锥体细胞获得的视觉称明视觉或锥体细胞视觉；当适应亮度在 10⁻³ cd/m² 以下，即在暗适应情况下主要由杆体细胞获得的视觉称暗视觉或杆体细胞视觉。夜间在道路上或者隧道内的行车环境一般低于 3 cd/m²，属于中间视觉状态。

亮度级别对人眼的阈值对比度也有着显著的影响。当背景亮度较大时，需求的人眼阈值对比度就较小；当物体的背景亮度较小时，需求的人眼阈值对比度就较大。如图 3-3 所示，图中曲线均在 2×10^{-3} cd/m² 附近有突变点，表明该点为人眼由明视觉过渡到暗视觉的转折点。

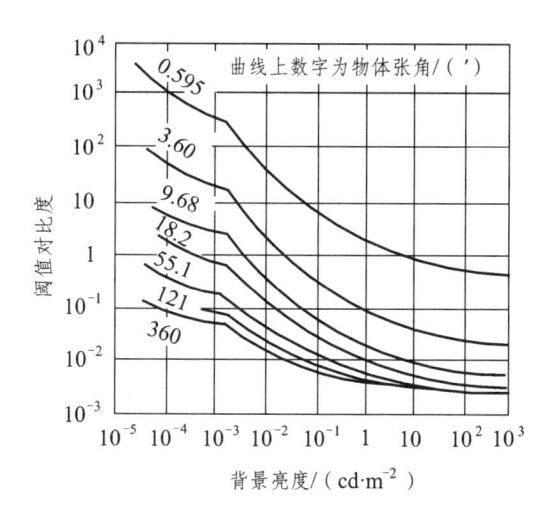

图 3-3 不同的亮度等级下人眼的阈值对比度

3.1.2 人眼视力与物体亮度的关系

视力受被观测物体的亮度大小影响较大。在一般情况下，视力随亮度的增加而提高。图 3-4 为亮度与视力关系曲线，横轴为亮度（cd/m²），纵轴为白底黑圈兰道尔环视力。可以看出，直到 3 000 cd/m²，视力都在随亮度而上升。而且，从 0.1 至 300 cd/m² 的亮度范围内，视力与亮度的对数成正比（直线关系），这符合韦伯-费希纳定律，即物体的亮度增加 10 倍，人眼的视力增加 1 倍，视力与物体亮度的对数值成正比。也就是说，视力的增加落后于亮度的增加，亮度呈几何级数增长，而视力呈算术级数增长。

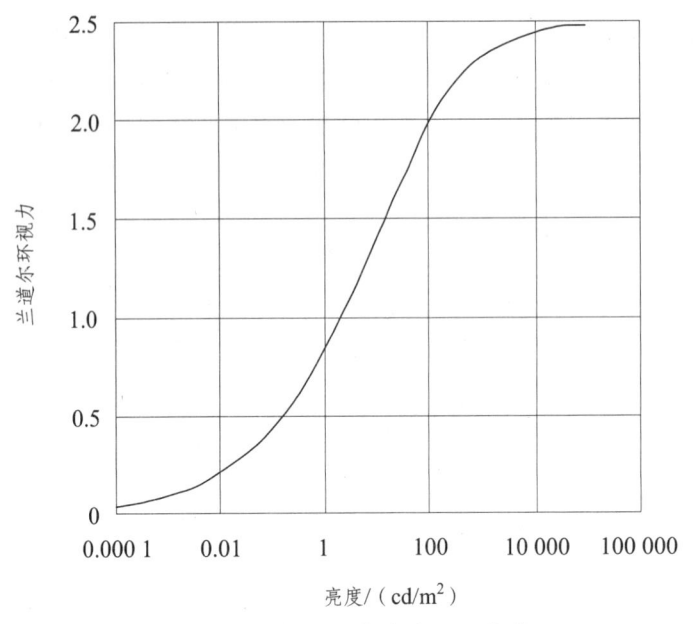

图 3-4　视力与物体亮度关系曲线

3.1.3　人眼的视觉适应性

人从亮处进入较暗处时,最初觉察不出任何信息,随着时间的增长,视觉敏感度才逐渐增强,恢复了在暗处的视力,这称为暗适应。相反,从光线较暗处来到亮光处,最初感到一片耀眼的光亮,不能看清物体,只有稍待片刻才能恢复视觉,这称为明适应。

暗适应是人眼对光的敏感度在暗光处逐渐提高的过程。在进入暗室后的一段时间,连续测定人的视觉阈值,即测定人眼能感知的光刺激强度,可以看到此阈值逐渐变小,亦即视觉的敏感度在暗处逐渐提高的过程。由相关研究可知,一般在进入暗室后的最初约 7 min 内,有一个阈值的明显下降期,以后又出现阈值的量明显下降;一般于进入暗室后的 25~30 min 时,阈值下降到最低点,并稳定于这一状态。暗适应的产生机制为视网膜中感光色素在暗处时的合成增加,因而与视网膜中处于未分解状态的色素的量有关。据分析,暗适应的第一阶段主要与视锥细胞色素的合成量增加相一致;第二阶段即暗适应的主要阶段,与视杆细胞中视紫红质的合成增强有关。

明适应过程较快，约需 1 min 即可完成。耀眼的光感主要是由于在暗处蓄积起来的合成状态的视紫红质在进入亮处时迅速分解，因为它对光的敏感性较视锥细胞中的感光色素更高；只有在较多的视杆细胞色素迅速分解之后，对光较不敏感的视锥细胞色素才能在明亮环境中感光。

3.2 高速公路隧道夜间光环境

3.2.1 高速公路隧道夜间光环境特征

在夜间，行驶在高速公路上的车辆在进入隧道前，仅仅有车灯为驾驶者提供光通量，车辆前方路面一定的距离内有光线分布，其他区域则无光线分布，整个视野基本上处于暗环境中。当车辆进入隧道后，由于隧道内基本照明或者应急照明回路开启，隧道内的亮度一般在 1 至 3 cd/m^2，其亮度环境是介于暗视觉和明视觉之间的中间视觉。

目前，车辆的前大灯基本上采用的氙气灯，在开启时具有一定的亮度，为了掌握车大灯开启时隧道路面的亮度等级，采用成像式亮度计对实际车辆的前大灯进行测试，取车辆所在车道前方 20 ~ 60 m、60 ~ 140 m、车辆所在车道一侧的墙壁 2 m 高范围三个区域的亮度值。测试路面为混凝土路面，如图 3-5 ~ 图 3-12 所示。

图 3-5 长城 SUV 大灯亮度分布

图 3-6 大众高尔夫路面亮度分布

图 3-7 沃尔沃 V40 路面亮度分布

图 3-8 丰田 prado 路面亮度分布

图 3-9　广汽传祺路面亮度分布

图 3-10　丰田汉兰达面亮度分布

图 3-11　丰田凯美瑞路面亮度分布

图 3-12　起亚 SUV 路面亮度分布

从表 3-1 可以看出，在车辆前方 20~60 m 的范围内，路面的亮度一般在 1 cd/m² 以上，8 辆汽车的路面亮度平均值为 2.08 cd/m²。在车辆前方 60~140 m 的范围内，路面的亮度一般在 0.6 cd/m² 以上，8 辆汽车的亮度平均值为 0.59 cd/m²。对于隧道侧壁，其亮度一般在 0.8 cd/m² 以上，8 辆汽车的平均亮度为 1.07 cd/m²。

表 3-1　车前大灯下的路面亮度　　　　　　　　单位：cd/m²

车辆类型	20~60 m	60~140 m	路面上方 2 m 高范围
长城 SUV	2.261	0.647	1.472
大众高尔夫 6	0.953	0.281	1.451
沃尔沃 V40	1.702	0.521	0.872
丰田 Prado	3.887	0.991	1.773
广汽传祺	2.966	0.832	1.126
丰田汉兰达	2.004	0.599	0.797
丰田凯美瑞	1.606	0.466	0.757
起亚 SUV	1.331	0.386	0.391

如果路面为沥青路面，其反射率低于混凝土路面，根据两种路面的反射率关系推算在沥青路面情况下车灯的照明亮度，前方 20~60 m 路面亮度一般在 1.4 cd/m²，车辆前方 60~140 m 的范围内，路面的亮度一般在 0.4 cd/m² 以上。

3.2.2 公路隧道夜间照明相关规范

《公路隧道照明设计细则》(JTG/T D70/2-01—2014)中对夜间调光提出了如下要求:

(1)夜间应关闭隧道入口段、过渡段和出口段的加强照明灯具。

(2)长度 $L \leqslant 500$ m 且设置有连续自发光诱导设施和定向反光轮廓标的高速公路与一级公路隧道,夜间可关闭全部灯具。

(3)长度 $L \leqslant 1\ 000$ m 且设置有连续的定向反光轮廓标的二级及以下等级公路隧道,夜间可关闭全部灯具。

(4)当隧道位于有照明路段时,隧道夜间照明的亮度应与该路段的亮度水平一致;当隧道位于无照明路段时,高速公路和一级公路隧道夜间照明路面亮度可取 1.0 cd/m^2,二级及以下等级公路隧道夜间照明路面亮度可取 0.5 cd/m^2。

(5)当单向交通隧道夜间交通量不大于 350 veh/(h·ln)、双向交通隧道夜间交通量不大于 180 veh/(h·ln)时,可只开启应急照明灯具。

《公路隧道和地下通道照明指南》(CIE 88—2004)对隧道照明要求如下:

(1)当隧道位于设置照明的路段时,隧道夜间照明的亮度应同该路段的亮度水平、均匀性、眩光指数以及隧道外道路的参数值设置保持一致。隧道夜间照明的均匀性应不低于白天隧道照明的均匀性。

(2)如果隧道外道路没有照明,隧道内的路面平均亮度应不低于 1 cd/m^2,路面亮度总均匀度应不低于 0.4,纵向均匀度应不低于 0.6。

《美国隧道照明技术指南》(ANSI/IESNA RP-22-05)对夜间的隧道照明进行了规定。在夜间,驾驶员的眼睛已经适应了洞外较暗的亮度水平,因此,建议隧道内的平均亮度应不低于 2.5 cd/m^2(该亮度值是专家达成共识而得到的)。在隧道入口前和出洞口外一个停车视距内,路面的亮度应不低于隧道洞内亮度的 1/3。在白天当车速为 80km/h 时,隧道内的亮度要求分别是 4 cd/m^2,6 cd/m^2,8 cd/m^2。

《丹麦公路隧道照明指南》(Report No.4:1995)对夜间照明要求如下:当隧道存在照明时,隧道平均亮度为 2 cd/m^2,亮度总均匀度不小于 0.4,纵向均匀度不小于 0.6。当隧道外道路存在照明时,隧道内的平均亮度要求为 1.0 cd/m^2,亮度总均匀度不小于 0.4,纵向总均匀度不小于 0.6。

从中国、国际照明协会、美国关于隧道夜间照明指南（细则）可以看出，隧道夜间照明要求要比白天照明要求低，国际照明学会不仅对平均亮度等级提出了最低要求，而且对亮度总均匀度、纵向均匀度也提出了相应要求。

国际照明协会、丹麦等在要求亮度水平的同时，特别强调隧道内路面均匀性。

现有的隧道照明设计指导细则（指南）主要将关注点放在了白天照明上，而针对夜间照明的内容较少，忽略了驾驶员的夜间视觉特性。在亮度要求上只是简单地取一个定值，也没有考虑车灯对隧道路面的影响，缺乏相应的基础研究。

3.3 试验流程

1. 试验仪器与障碍物

夜间采用的小目标物为黑色目标物，放置在地面上，体积为 0.008 m³，其大小是按照美国道路照明标准（RP-8-00）建议的小目标特征指标同比例计算的尺寸，如图 3-13 所示。

20 cm×20 cm×20 cm（反射率 20%）

图 3-13　试验小目标物

试验中采用的仪器为眼镜式眼动仪，为可以实现双眼采集高度集成化的眼镜式样，该仪器设计外观自然，佩戴舒适。仪器不受环境限制，被试者可随身携带并可以自由活动，对使用的环境和使用者的活动范围没有限制，如图 3-14 所示。

图 3-14　SMI 眼镜式眼动仪

该仪器具有以下优势：

真实采集双眼数据方面，系统可以同时采集双眼眼动数据，无须手动调节可自动实现双眼视差精度的自动补偿；高清场景视频数据方面，高清实景摄像头解析度达到 1 280×960 p，支持大范围的横向视野视频记录，Subnotebook 工作站可以持续记录 2 h；自动视差补偿技术方面，无须校准标记即可实现自动化分析；即时记录实时监控方面，系统可以实现即时记录实景和眼动数据，开放 API 接口允许其他移动设备或传感器实时获取数据。

2. 试验人员

测试者共 18 人，14 名男性，4 名女性，平均年龄 23 岁。

3. 试验场地

为了排除外界自然光线的干扰，所有试验安排在夜间进行，试验地点为招商局重庆交通科研设计院有限公司的实体隧道，隧道总长度 200 m，两条行车道，路面为水泥混凝土路面，如图 3-15 所示。隧道内灯具布置方式为拱顶偏侧布灯，全部采用 LED 灯具，间距可以根据需要调整为 3 m、6 m、9 m 等。LED 灯具的色温为 3 984 K，显色性指数为 72.86，峰值波长为 450 nm，主波长为 580 nm，相对功率谱如图 3-16 所示。

图 3-15 200 m 试验隧道

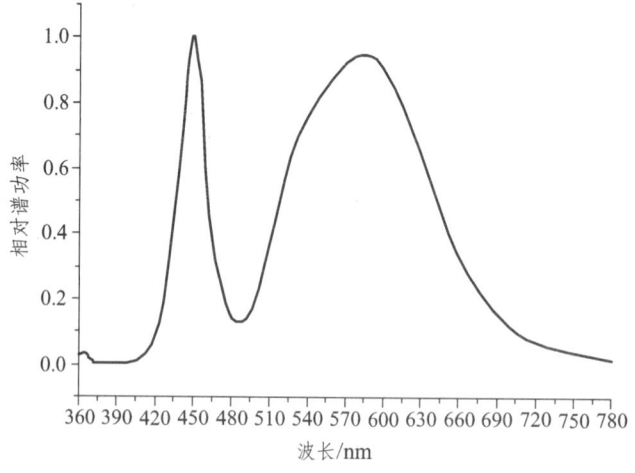

图 3-16 灯具相对功率谱

4. 试验设计

试验设计：在双车道路面等间距设置 5 个障碍小目标物，距小目标物 100 m 停滞一普通小汽车，不同试验人员在不同亮度下分批次带上眼动仪进行试验。试验设计两种路面亮度：平均亮度 1.0 cd/m^2 和 0.5 cd/m^2。试验设计如图 3-17 所示。

测试者共 18 人，14 名男性，4 名女性，平均年龄为 23 岁，测试现场情况如图 3-18 所示。采用的车型为大众高尔夫。测试者戴上眼动仪，通过笔记本电脑记录测试者的眼动数据，同时记录测试者的主观感受。试验流程如图 3-19 所示。

图 3-17　障碍物方位图

（a）试验 1　　　　　　　　（b）试验 2

图 3-18　不同试验人员眼动仪测试

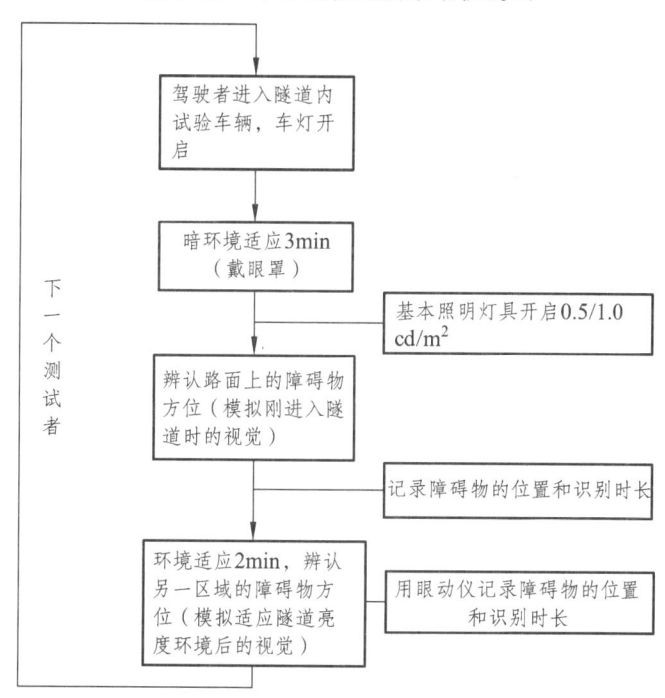

图 3-19　试验流程图

3.4 试验数据分析

表 3-2 路面平均亮度 1.0 cd/m² 试验结果分析

观察者编号	关闭远光灯 扫视时间/ms	关闭远光灯 注视时间/ms	备注	开启远光灯 扫视时间/ms	开启远光灯 注视时间/ms	备注
1	331	67		366	99	
2			十分迅速,眼睛没有明显的寻找过程			十分迅速,眼睛没有明显的寻找过程
3	—	—	觉察不到	931	66	
4	288	66		134	99	感觉有点模糊
5	166	99		432	99	感觉很模糊
6	233	66		95	99	
7	275	53		498	66	
8	331	67		66	66	
9	66	66	没有明显的眼动过程	66	99	
10	99	180				看不到
11			看不到			看不到
12			反应迅速,没有明显的眼动过程	67	65	
13	133	69		132	70	
14			反应迅速			反应迅速
15			看不到	164	66	
16	68	99		138	94	
17	100	199		62	66	
18	99	68		213	89	

实验结果如表 3-2、表 3-3 所示。当路面的平均亮度为 1.0 cd/m² 时,关闭远光灯,有 4 名测试者反应十分迅速,刚刚将视线转向观察区域就觉察到了目标物的位置;而当开启车辆的远光灯时,只有 2 名测试者十分迅速地觉察到了目标物。远光灯开启时的注视时间明显大于远光灯关

闭时的注视时间，说明远光灯的存在对目标物的觉察是不利的。

当路面的平均亮度为 1.0 cd/m² 时，开启远光灯，有 2 名测试者无法觉察到目标物的存在，占比为 11.11%；而当关闭远光灯时，有 3 名测试者无法觉察到目标物的存在，占比为 16.67%。测试者对远光灯关闭时的视觉感受明显优于远光灯开启时。

表 3-3 路面平均亮度 0.5 cd/m² 试验结果分析

观察者编号	关闭远光灯 扫视时间/ms	关闭远光灯 注视时间/ms	备注	开启远光灯 扫视时间/ms	开启远光灯 注视时间/ms	备注
1	99	71	转过头就看到	231	66	能看到,但是模糊,不确定
2	199	66	能看到,不清晰	—	—	看不到
3	397	64	反应很迅速	—	—	看不到
4	—	—	看不到	135	72	看得到,但是不确定
5	68	98	看得到,不是很明显	—	—	看不到
6	174	91	反应很迅速	66	100	反应很迅速
7	67	65	没有明显的眼睛动作	67	65	反应迅速
8	232	66		135	230	
9	133	66	反应迅速	136	0	反应迅速,没有注视过程
10	65	66		166	365	
11			没有明显的眼睛动作,比远光灯还模糊	66	199	有点模糊
12	133	266		66	332	
13			看不到			看不到
14	99	68				看不到
15	133	66		66	66	
16	99	99	反应迅速			反应迅速,没有明显的眼动过程
17	100	99		65	132	
18			反应迅速,没有眼动明显过程	66	99	

远光灯对测试者的视觉清晰度有重要影响,远光灯开启时,有 2 名测试者虽然觉察到了障碍物的存在,但是感觉很模糊,不是那么确定,而当远光灯关闭时,测试者并没有感觉到目标物很模糊。

当远光灯开启时,测试者平均扫视时间大于远光灯关闭时,说明远光灯对人眼对目标物的视觉搜索过程有着重要的影响。

当路面的平均亮度为 0.5 cd/m² 时,开启远光灯,有 4 名测试者无法觉察到目标物的存在,占比为 22.22%;而当关闭远光灯时,有 3 名测试者无法觉察到目标物的存在,占比为 16.67%。测试者对远光灯关闭时的视觉感受明显优于远光灯开启时。

当路面的平均亮度为 0.5 cd/m² 时,关闭远光灯时对目标物的注视时间明显短于开启远光灯时的注视时间。

3.5 本章小结

(1)驾驶者对小目标物的觉察主要依赖于目标物与路面的对比度,当远光灯开启时,提高了小目标物垂直面的亮度,而对路面的亮度提升幅度较小,因而降低了目标物与背景之间的对比度。实验结果也验证了对比度理论的可靠性。

(2)当路面的平均亮度为 1.0 cd/m² 时,测试者觉察到小目标物的能力略优于路面平均亮度为 0.5 cd/m² 时的觉察能力,从实验的结果来看,这两个亮度等级下的小目标物觉察能力没有显著的差别。

(3)从测试者对两种不同亮度等级的主观评价,路面平均亮度为 1.0 cd/m² 时,驾驶者对前方的情况比较有信心,而路面的亮度为 0.5 cd/m² 时,驾驶者对前方的情况仍然有信心,虽没有路面亮度为 1.0 cd/m² 时的视觉清晰,但在可以接受的范围内。

(4)夜间驾驶者从洞外较暗的环境进入隧道内较亮的环境,需要一个视觉适应过程,因此隧道内的亮度应从入洞口开始逐渐升高。当驾驶者从洞内驶出洞外时,同样需要一个视觉适应过程,因此出洞口前的隧道亮度应逐渐降低为 0,以便于与洞外无人工照明的亮度环境平顺对接。当照明系统无法实行无级调光时,建议将入口和出口一定距离的隧道亮度设置为 0.5 cd/m²。

【第4章】>>>>
基于日光利用的隧道加强照明"零碳化"节能技术研究

本章节以浙南地区五贤门公路隧道为例，以解决公路隧道自然光利用中存在的问题为研究目标，根据人的视觉适应特性合理配置减光结构物，在充分发挥减光结构减光作用的同时，提升棚下路面的亮度均匀度，降低工程造价，增加减光结构物的社会和经济效益。

4.1 洞外亮度的影响因素及计算模型

4.1.1 洞外亮度影响因素

隧道洞外亮度并非一个固定值，而是随时间和空间变化的。在一年当中，由于受地球绕太阳公转和自转等因素影响，太阳出现在天空中的位置也不断变化，如图 4-1 所示，因而导致隧道的洞外环境亮度随季节而变化，其中夏秋两季洞外环境亮度较高，冬春两季洞外环境亮度较低。同样，在一天当中，隧道洞外亮度也随时间而呈规律性变化。因此，有必要基于隧道洞口的经纬度、洞口朝向、洞口植被情况等信息开展隧道洞外环境亮度随时间、空间分布规律研究，为洞外减光结构方案提供基础信息。

4.1.2 计算模型

在洞外亮度计算中，采用 CIE 定义的标准天空类型进行计算，如表 4-1 所示。太阳的位置根据隧道洞口所在的经纬度及时间而确定。根据隧

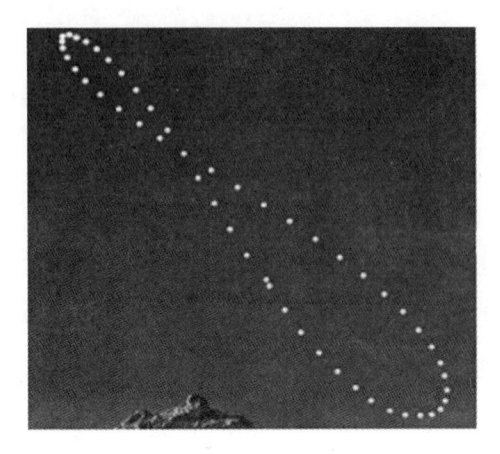

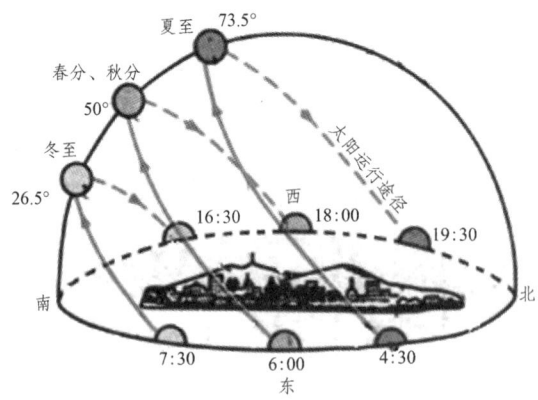

图 4-1 一年中太阳在天空中的轨迹

道照明规范对于洞外亮度的计算方法建立三维计算模型，如图 4-2 所示。在洞外亮度计算统计中，分别统计人眼 20°视锥内包含的路面、山体、洞门的照度，然后根据各个对象的表面反射特性换算成亮度，再进行加权计算得出洞外亮度 $L_{20}(s)$。

数值模拟采用的计算程序为 Dialux，该程序基于光能传递原理而编制，程序分为前处理、计算、后处理模块，是进行照明数值模拟使用率较高的计算程序之一。Dialux 支持室内照明、室外日光照明及道路照明的计算，能够通过表格、等值线、灰阶图、伪彩表现图多种方式对计算结果进行展示。Dialux 支持报表配置和输出，能够自动形成计算报告，具有较强的兼容性。其本身也具有强大的建模功能，同时能够导入其他程序建立的模型，如 DWG、DXF、3DS 等。Dialux 建立了在线灯具库，可以根据需要进行选择，灯具厂商可以将产品的数据发布到 Dialux 的灯具库内。

表 4-1　根据 CIE 110—1994 定义的天空类型

类　别	阳光直接照射可能性	可能出现的最大亮度数量	说　明
晴天	有	8	无云的天空
阴天	无	3	乌云密布的天空
混合天气	无	1	介于阴天与晴天

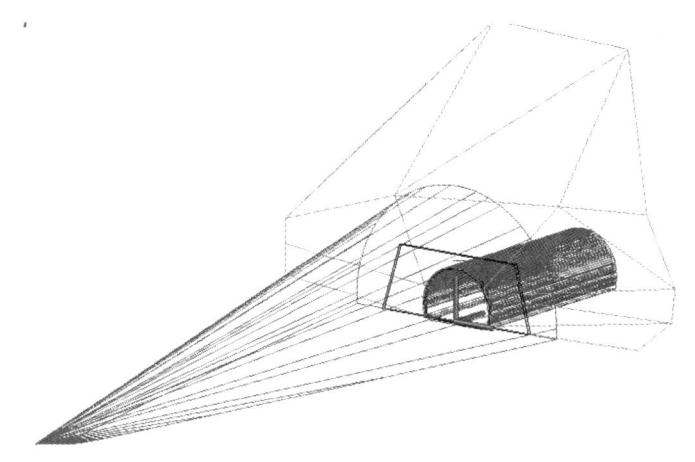

图 4-2　洞外亮度计算三维模型

首先，在 AUTOCAD 软件中根据隧道的几何信息建立隧道三维模型，然后导入到照明计算程序 Dialux 中赋予各个对象相应的材质。

在计算过程中，为了反映一天中各个时段的洞外亮度变化特性，从早上 8:00 开始，每隔 1 个小时计算一个工况，计算至下午 18:00 为止。日出至早上 8:00 以及 18:00 至日落的时段内，由于洞外亮度较低，对行车的安全性影响较小，故没有纳入计算范围。

4.2　依托工程洞外亮度计算

在洞外亮度计算中，首先计算了隧道外路面和隧道洞口处的照度，由此得出洞外亮度，隧道洞外亮度计算模块与洞口朝向一致，水平倾角为 60°，与隧道的山体倾角基本一致。在北半球，一年当中日照最强的一天为夏至日（6月21号），日照最弱的一天为冬至日（12月21日）。本研究主要计算夏至日和冬至日的洞外亮度情况。夏至日和冬至日的洞外亮度情况见表4-2和表4-3。

表4-2 夏至日洞外路面和洞口照度及洞外亮度

天空类型	晴天			阴天			混合天		
位置	路面	洞口	洞外亮度	路面	洞口	洞外亮度	路面	洞口	洞外亮度
8:00	50 212	57 143	2 404	11 998	6 099	456	21 964	18 730	953
9:00	71 769	60 932	3 111	15 489	7 873	588	29 360	23 361	1 248
10:00	88 198	54 667	3 505	18 204	9 253	692	29 178	19 768	1 186
11:00	98 417	41 401	3 603	19 958	10 145	758	24 895	12 815	948
12:00	101 828	23 785	3 429	20 631	10 487	784	33 400	12 188	1 194
13:00	94 486	16 862	3 100	20 178	10 257	767	23 925	8 014	844
14:00	84 421	14 339	2 758	18 630	9 470	708	27 005	9 144	954
15:00	65 982	11 525	2 161	16 092	8 180	611	27 966	9 653	991
16:00	47 160	9 509	1 564	12 737	6 475	484	22 170	8 011	791
17:00	24 166	6 731	831	8 794	4 470	334	12 408	4 829	448
18:00	7 339	3 620	277	4 531	2 303	172	4 086	1 728	150

夏至日三种不同天气洞外亮度的变化见图4-3、图4-4、图4-5。晴天太阳光辐射最强，洞外亮度最大，阴天太阳光辐射较低，洞外亮度较小，混合天介于两者之间。晴天和阴天洞外亮度趋势基本一致，呈抛物线型，但达到峰值的时间点不一样。晴天洞外亮度在11:00达到最大，为3 603 cd/m²；阴天洞外亮度在12:00达到最大，为784 cd/m²。混合天洞外亮度在上午9:00达到一天中的最大值，为1 248 cd/m²，然后逐渐减小，在11:00后开始增大，在中午12:00时出现第二次极大值，再逐渐减小，下午13:00又开始增大，下午15:00时出现第三次极大值。

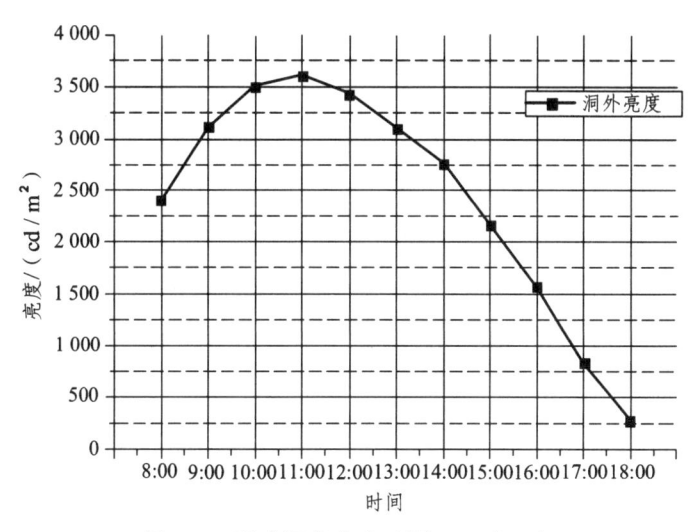

第 4 章 基于日光利用的隧道加强照明 "零碳化" 节能技术研究 》》》 155

图 4-3 隧道洞外亮度（夏至日晴天）

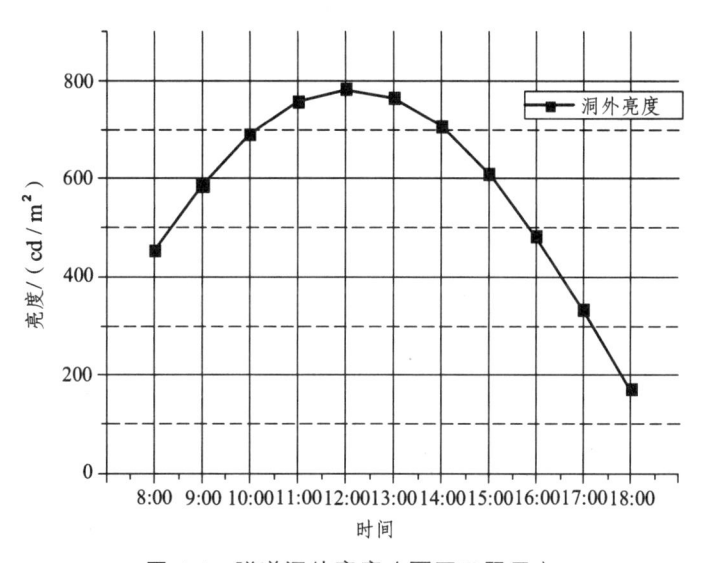

图 4-4 隧道洞外亮度（夏至日阴天）

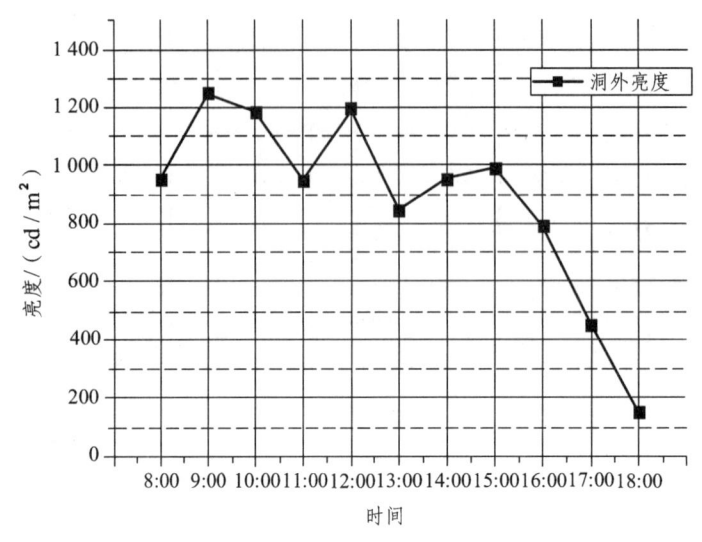

图 4-5 隧道洞外亮度（夏至日混合天）

表 4-3 冬至日洞外路面和洞口照度及洞外亮度

天空类型	晴天			阴天			混合天		
位置	路面	洞口	洞外亮度	路面	洞口	洞外亮度	路面	洞口	洞外亮度
8:00	10 053	26 089	712	4 596	2 336	175	4 455	3 997	196
9:00	26 958	52 414	1 632	8 049	4 091	306	11 514	10 781	515
10:00	42 516	60 260	2 222	10 713	5 446	407	18 527	16 798	820
11:00	52 641	54 934	2 442	12 408	6 308	471	22 995	19 059	989
12:00	56 017	41 815	2 338	13 018	6 618	495	24 340	17 808	1 010
13:00	52 368	25 226	1 967	12 501	6 355	475	22 818	14 650	915
14:00	40 990	11 421	1 409	10 893	5 537	414	18 390	10 612	718
15:00	25 543	7 657	887	8 302	4 220	315	11 628	6 284	448
16:00	9 943	4 151	364	4 906	2 494	186	4 751	2 489	182
17:00	1 399	956	57	936	476	36	551	283	21

冬至日三种不同天气洞外亮度的变化见图 4-6、图 4-7 和图 4-8。晴

天太阳光辐射最强,洞外亮度最大,阴天太阳光辐射较低,洞外亮度较小,混合天介于两者之间。晴天、阴天、混合天洞外亮度趋势基本一致,呈抛物线型,但达到峰值的时间点不一样。晴天洞外亮度在 11:00 达到最大,为 2 442 cd/m²;阴天洞外亮度在 12:00 达到最大,为 495 cd/m²;混合天洞外亮度也是在 12:00 达到最大,最大值为 1 010 cd/m²。

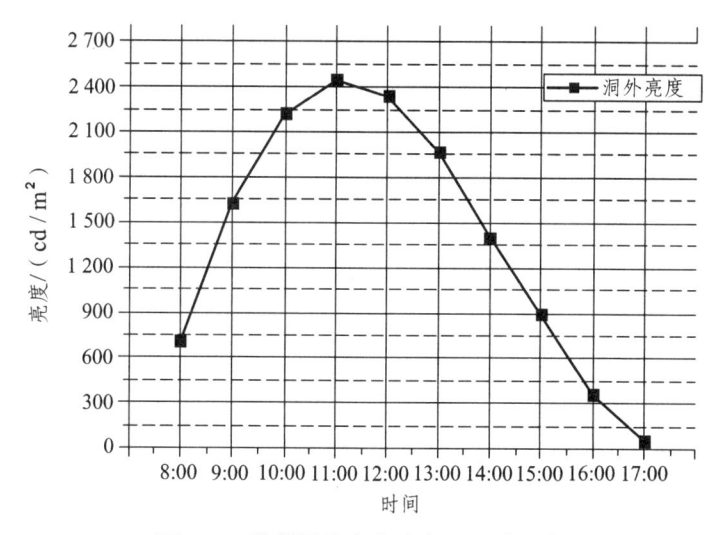

图 4-6 隧道洞外亮度(冬至日晴天)

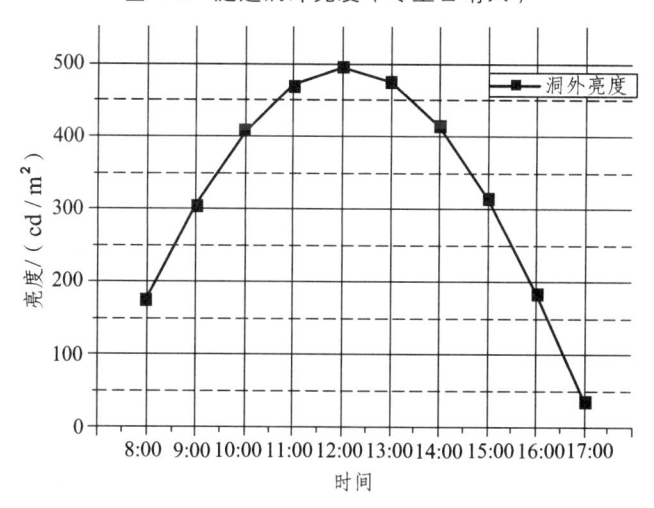

图 4-7 隧道洞外亮度(冬至日阴天)

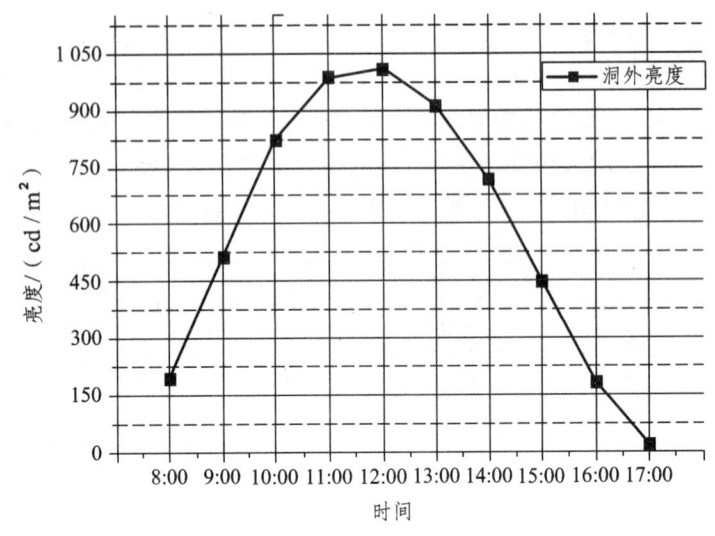

图 4-8　隧道洞外亮度（冬至日混合天）

4.3　生态减光棚

1. 生态减光棚基本原理

采用种植藤蔓的减光形式，在隧道入口外纵向一定长度范围内建立钢结构网架，网架两侧和顶部铺设不锈钢丝网。网架两侧种植四季常青的攀爬植物，如常春藤、油麻藤、爬山虎等。光线从藤蔓植物的枝叶间投射到减光棚内部，为棚下路面提供照明。

在对光线的控制上，为了避免在路面上产生光斑和条带，光线主要从减光棚洞两侧进入内部。光线从两侧进入棚洞内部，可能会造成路面中间的亮度均匀度较差，因此通过调节顶部藤蔓的密度，允许少量光线从棚洞顶部进入内部，以提升路面的总体均匀度，如图 4-9 所示。

2. 生态减光棚的减光效果

以顶部 3%~4%透光率、两侧 30%透光率来为例，展示生态减光棚的减光效果。通过计算机模拟，藤下前半部分通过藤蔓有 4%的太阳光透到路面上，藤下后半部分通过藤蔓有 3%的太阳光透到路面上，得到藤下路面亮度情况和均匀度情况，如表 4-4 所示。其棚下路面亮度与洞外亮度的对比曲线如图 4-10 所示。在夏至日，在顶部透光率为 4%时，棚下路面的亮度与洞外亮度的对比在 0.09 至 0.26 之间，棚下后半部分路面亮度基本上是前半部分路面亮度的 70%左右，较好地满足了人眼的视觉适应性。

图 4-9 生态减光棚示意图

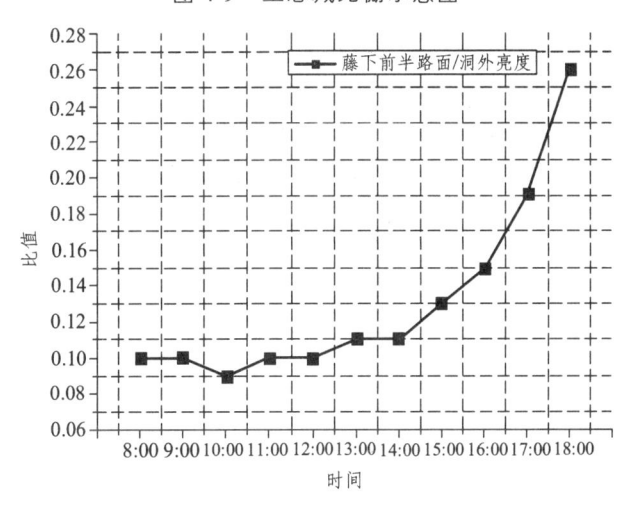

图 4-10 减光棚入口段 1 亮度与洞外亮度比值

表 4-4 亮度随时间变化情况

时间	洞外亮度	藤下路面		藤下前半段/洞外亮度	藤下后半段/藤下前半段
		前半部分	后半部分		
8:00	2 404	241	184	0.10	0.76
9:00	3 111	302	226	0.10	0.75
10:00	3 505	330	245	0.09	0.74
11:00	3 603	348	255	0.10	0.73

续表

时间	洞外亮度	藤下路面 前半部分	藤下路面 后半部分	藤下前半段/洞外亮度	藤下后半段/藤下前半段
12:00	3 429	353	256	0.10	0.73
13:00	3 100	342	243	0.11	0.71
14:00	2 758	316	220	0.11	0.70
15:00	2 161	280	185	0.13	0.66
16:00	1 564	228	142	0.15	0.62
17:00	831	156	95	0.19	0.61
18:00	277	73	52	0.26	0.71

在亮度均匀度方面，因生态减光棚的光线是从两侧投射到内部，仅有少量的光线从顶部投射到路面，路面亮度均匀度较好，没有出现光斑和纵横向光带。如图4-11所示，在昼间的所有时段内，除减光棚入口外，在减光棚的覆盖范围内，横向和纵向均没有出现明显的光带和光斑。

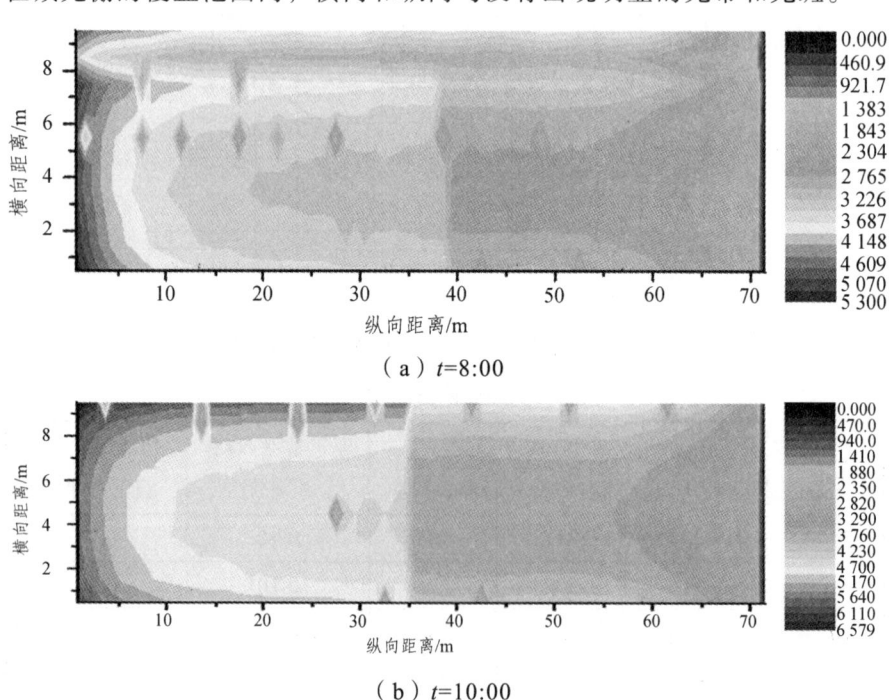

（a）t=8:00

（b）t=10:00

（c）$t=12:00$

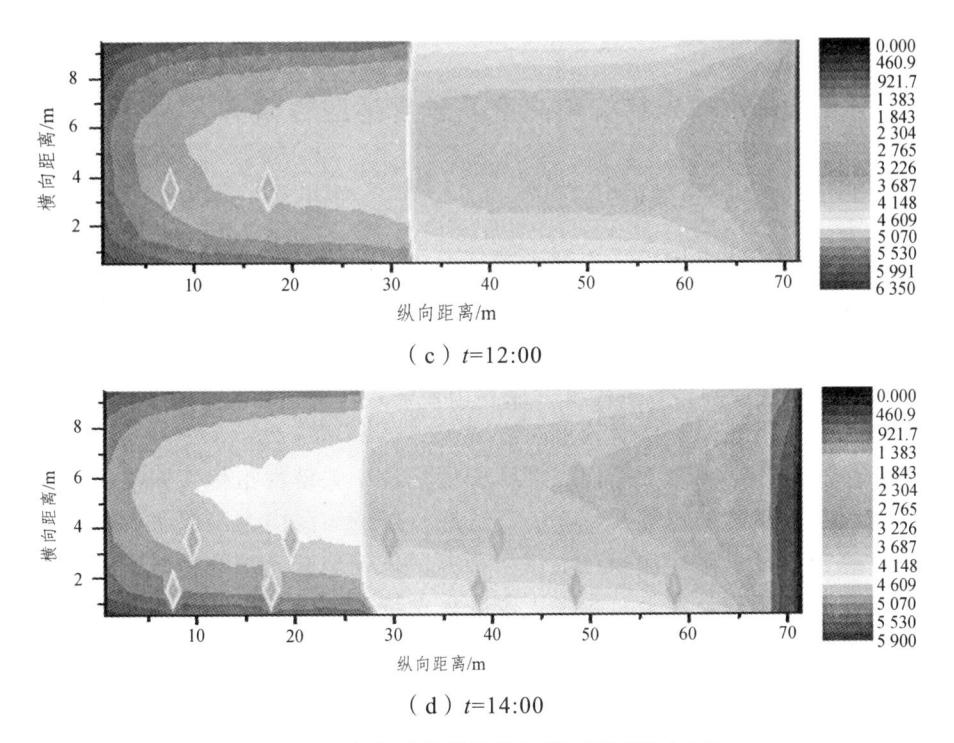

（d）$t=14:00$

图 4-11　生态减光棚结构下路面亮度均匀度

如表 4-5 所示，对三种不同结构形式的减光结构物进行技术参数和经济性比较，可知生态减光棚结构形式具有技术参数好、造价低的优势。

表 4-5　减光棚结构形式综合比较

减光结构物类型	亮度等级和减光效果	亮度均匀度	眩光、频闪	造价
混凝土格栅	亮度难以控制，格栅下的路面亮度远高于人眼的需求，减光效果不佳	有明显的横向间隔条纹，纵向均匀度也难以控制	格栅造成的频闪较为严重，干扰行车	高
钢结构减光棚（耐力板）	透明部分须纵向布置在两侧，减光效果能够满足人的视觉适应需求	行车道两侧路面亮度较高，中间较低，横向均匀度不佳	两侧透明板存在较轻微的眩光	高
生态减光棚	亮度等级易控制，主要通过调整藤蔓两侧的透光率来实现调光	纵向和横向均匀度均较好	两侧透光部分的存在较轻微的眩光	低

4.4 洞外减光结构物亮度及长度适应性研究

4.4.1 棚下亮度确定方法

设置生态减光棚后，当驾驶者接近隧道洞口时，其视野内的对象发生了较大的变化，首先是洞门被生态减光棚所遮挡，人的视野中建筑物的比例基本上为零，如果视野中没有天空出现，人的视野主要组成部分只有三部分，即路面、生态减光棚和山体，如仅仅采用 L_{20} 方法确定棚下亮度可能会出现棚下亮度较小的情况。

生态减光结构物下路面亮度和长度是两个关键性指标，两项指标涉及路面上障碍物的识别及行车的舒适性，以及与洞内人工照明的联动。本章综合觉察对比度法和 L_{20} 法两种方法来确定减光结构物下的路面亮度。在减光棚的长度上，参考人眼的视觉特性及停车视距计算方法来确定减光棚的长度。

4.4.2 觉察对比法

1. 基本原理

当车辆以某一速度接近隧道洞门时，驾驶员的任务是在距洞口一个停车视距处从洞外较亮的环境中发现较暗的隧道入口段处的其他车辆、行人和障碍物。

基于目标可见度的觉察对比法能更好地反映汽车驾驶员视野内的空间亮度对视觉的影响，该方法吸收了最新的研究成果、实践经验与技术。

等效光幕亮度 L_{seq} 的计算过程中不仅考虑了洞外的景物亮度，还考虑了汽车挡风玻璃和空气的透射比对驾驶员看到的洞外景物亮度的影响，以及景物所在位置（相对于驾驶员的眼睛）的不同对驾驶员产生的影响，比以往的计算方法更科学。

受大气散射及挡风玻璃的影响，由驾驶员察觉到的对比度与近距离测量得到的实际对比度是不同的。驾驶员察觉到的对比度与实际对比度的差异主要表现在 3 个方面：

（1）视线方向的大气散射形成的光幕。

（2）汽车挡风玻璃的散射形成的光幕（包括仪表盘的反射光）。

（3）眼睛的散射光产生的光幕（视线之外的中央凹散射光）。

这些影响因素会使驾驶员察觉到的对比度降低。

该方法的基本原理是：将隧道洞口外 2° 锥角处的景物表面均作为眩光源，这些眩光源在人眼中形成等效光幕 L_{seq}，等效光幕降低了物体与路面背景之间的对比度，干扰人眼对目标物的识别，为了消除光幕的负面影响，必须将隧道内的人工照明亮度提升到一定的水平，在对比度一定的情况下，通过光幕亮度计算入口段的亮度需求。

隧道洞内目标物的亮度为：

$$L_{o,p} = \tau_{ws} \cdot \tau_{atm} \cdot L_{o,intrinsic} + \tau_{ws} \cdot \tau_{atm} + L_{ws} + L_{seq} \quad (4\text{-}1)$$

相应路面的亮度为：

$$L_{r,p} = \tau_{ws} \cdot \tau_{atm} \cdot L_{r,intrinsic} + \tau_{ws} \cdot \tau_{atm} + L_{ws} + L_{seq} \quad (4\text{-}2)$$

式中　τ_{ws}——挡风玻璃透光系数；

　　　τ_{atm}——大气折减系数；

　　　$L_{o,intrinsic}$——目标物的亮度；

　　　$L_{r,intrinsic}$——洞内路面的亮度；

　　　L_{ws}——挡风玻璃的亮度；

　　　L_{seq}——等效光幕亮度。

驾驶者在接近隧道洞口的过程中，能够识别到目标物或者其他车辆的对比度为：

$$C_{perceived} = \frac{(L_{o,p} - L_{r,p})}{L_{r,p}} \quad (4\text{-}3)$$

发现目标物及其他车辆要求的最小对比度通过试验而获得，根据国际照明协会的相关建议书，推荐值为 -0.28。最小对比度确定后，即可通过式（4-3）来计算路面的亮度，觉察对比度法的亮度关系如图 4-12 所示。

2. L_{seq} 的获取

等效光幕亮度 L_{seq} 可通过配有"眩光镜头"的专用亮度计在隧道洞外测量或者用眩光计在车内直接测量获得。

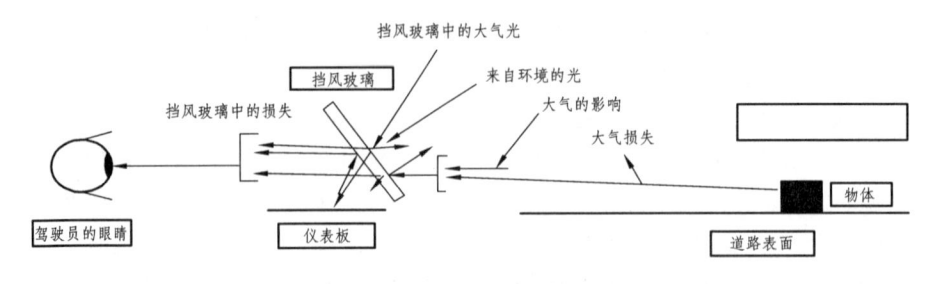

图 4-12 隧道洞口场景亮度

L_{seq} 可以通过数码相机获取洞口处的图像,叠加极坐标图,根据隧道洞口的景物亮度而取得。无论是传统相机还是数码相机,只要符合下面的标准就可以使用。但是,由于快速评价等效光幕亮度 L_{seq} 需要的照片要以电子格式输出,因此使用电子数码相机更为方便一些。电子数码相机可以不通过扫描仪就及时地将图片输入到计算机中,同时还可以采用动态的摄相机,这样可以更加方便捕捉静态图片并传入计算机中。原则上,可以采用任一焦距的物镜镜头,只要能覆盖水平 57°和垂直 40°的视场角就行,这是为了符合计算等效光幕亮度的极坐标图的范围。应该尽可能限制所需要观察的视野范围,这样可以减少变形。例如,35 mm 的镜头可以用于 135 胶片格式(大小为 54°×38°),60 mm 的镜头可以用于 120 或 220 胶片格式(大小 53°×53°),这个尺寸虽然小了一点,但还是可以接受的。一般都使用更低的焦距,这样可以使得变形缩小。某些电子数码相机的变焦镜头相当于 135 胶片格式(36 mm×24 mm),可以很方便地调整焦距。

相机应当放置在离隧道洞口一个安全停车距离的位置,并且放置在车道中间,距离路面 1.25 m。但是,有时候不能在车道中间测量,这种情况下可以将相机安放在车道的一边,其架设高度为正常高度(1.5~1.8 m),这样就不会产生很大的误差。安全停车距离通常允许存在 10%的误差。

首先在隧道洞门前一个停车视距处通过数码相机获取隧道洞门的图像,然后根据表 4-6 所示的角度绘制极坐标叠加到洞口图像上,使隧道洞口中心与极坐标图的中心重合,将图像分割成 108 个弧形扇区,每一个扇区均被视为眩光源 E_{Gli}/θ_i^2 成正比的单独眩目光源 i 的区段。将视场的

所有区段相加，即可得到等效光幕亮度，即

$$L_{seq} = 5.1 \times 10^{-4} \sum L_{ije} \tag{4-4}$$

$$L_{ije} = (\tau_{ws} \times L_{ij}) + L_{ws} \tag{4-5}$$

式中　L_{seq}——等效光幕亮度；

L_{ije}——眼睛前方各分区的亮度（在车内）；

L_{ij}——各分区的亮度（在车外、挡风玻璃前面测得）。

表 4-6　极坐标的角度关系

环	中心	1	2	3	4	5	6	7	8	9
锥角	2.0°	3.0°	4.0°	5.8°	8.0°	11.6°	16.6°	24°	36°	56.8°

矩阵单元的角度值如表 4-6 所示。20°环作为从边缘起的第四环出现，当用被觉察对比度方法进行设计时不予考虑。在 L_{seq} 计算中，两个最高和最低的区不予考虑，因为它们处于视野之外。并且，隧道口亮度等于零，因为当与其他表面的亮度比较时，它可以忽略不计。

当行车速度为 80 km/h 时，停车视距为 100 m，与表中极坐标相对应的圆环半径分别为 1.7 m，2.6 m，3.5 m，5.1 m，7.0 m，10.2 m，14.6 m，21.3 m，32.5 m，54.1 m。以隧道洞口中心为圆心，将每个圆环叠加到隧道洞口图像上，并将每个圆环分割成 12 个区间，形成 12 个扇区，如图 4-13 所示。

等效光幕亮度确定后，即可以根据公式（4-6）计算入口段路面的亮度：

$$L_{th} = \frac{L_m}{\dfrac{1}{C_m}\left(\dfrac{\rho}{\pi q c} - 1\right) - 1} \tag{4-6}$$

其中：

$$L_m = \frac{(\tau_{ws} \times L_{atm} + L_{ws} + L_{seq})}{\tau_{ws} \times \tau_{atm}} \tag{4-7}$$

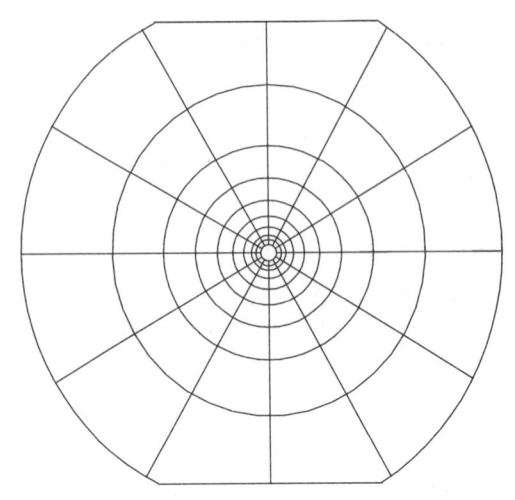

图 4-13 洞口极坐标等效光幕亮度 L_{seq} 评估图

4.4.3 依托工程计算参数选取

天空、建筑物、路面、草地、树木、岩石等物体的亮度在参考国际照明协会取值的基础上，结合五贤门隧道的地理位置、洞口朝向、周围植被情况而确定，如表 4-7 所示。

表 4-7 隧道洞口亮度取值　　　　　　　　　　　　单位：cd/m²

天空	建筑物	路面	草地、树木	岩石
16 000	4 500	3 000	1 500	2 000

根据行车速度计算停车视距，在五贤门洞口外一个停车视距（约 100 m）处采集隧道洞口的数码图像，图像的中心位于隧道洞口的中心位置，通过 CAD 软件将极坐标叠加到隧道洞口图像上，如图 4-14 所示。然后按扇区计算每隔区块内景物所占的比例。通过矩阵计算 L_{ij} 和 L_{ije} 的数值，进而计算 L_{seq} 及 L_{th}。

表 4-8 计算 L_{ije} 的相关参数取值

挡风玻璃透射率	挡风玻璃光幕亮度	大气光幕亮度	对比显示系数	最低要求反射率	物体表面自身材质反射系数
τ_{ws}	L_{ws}	L_{atm}	q_c	C_m	ρ
0.8	100	200	0.6	−0.28	0.2

结合表 4-8 并根据经验，挡风玻璃的系数取 0.8，挡风玻璃的亮度取 100 cd/m²，大气的亮度取 200 cd/m²。采用逆光照明时，对比显示系数取 0.6；采用对称照明时，对比显示系数取 0.2。因减光棚的光照特点，在计算时，对比显示系数取 0.2。识别目标物的对比度取 0.28。目标物表面自身材质发射系数取 0.2。

图 4-14 五贤门隧道洞口极坐标 L_{seq} 评估图

之后，计算用于计算 L_{seq} 的 L_{ij} 矩阵，如表 4-9 ~ 表 4-22 所示。

采用逆光照明时，对比显示系数为 q_c=0.6，通过式（4-4）计算等效光幕亮度 L_{seq} 的值为 134.71 cd/m²，入口段的亮度为 225.04 cd/m²；当采用对称照明时，对比显示系数 q_c=0.2，通过式（4-4）计算等效光幕亮度 L_{seq} 的值为 134.71 cd/m²，而入口段的亮度为 343.92 cd/m²。减光棚的光线从两侧及顶部投射到路面上，属于对称照明类型，因此，对比显示系数 q_c 应为 0.2，棚下亮度应不小于 343.92 cd/m²。

表 4-9 扇区 1 数据

SEC1	1	2	3	4	5	6	7	8	9
	0	0	2 250	1 350	3 000	1 500	1 500	1 500	0
Sky	0%	0%	0%	0%	0%	0%	0%	0%	0%
Road	0%	0%	0%	0%	0%	0%	0%	0%	0%
Rocks	0%	0%	0%	0%	0%	0%	0%	0%	0%
Building	0%	0%	50%	30%	50%	0%	0%	0%	0%
Snow	0%	0%	0%	0%	0%	0%	0%	0%	0%
Meadows	0%	0%	0%	0%	50%	100%	100%	100%	100%
Tunnel	100%	100%	50%	0%	0%	0%	0%	0%	0%

表 4-10 扇区 2 数据

SEC2		1	2	3	4	5	6	7	8	9
		0	0	2 250	4 500			0	2 250	4 500
Sky		0%	0%	0%	0%	Sky	Sky	0%	0%	0%
Road		0%	0%	0%	0%	Road	Road	0%	0%	0%
Rocks		0%	0%	0%	0%	Rocks	Rocks	0%	0%	0%
Building		0%	0%	50%	100%	Building	Building	0%	50%	100%
Snow		0%	0%	0%	0%	Snow	Snow	0%	0%	0%
Meadows		0%	0%	0%	0%	Meadows	Meadows	0%	0%	0%
Tunnel		100%	100%	50%	0%	Tunnel	Tunnel	100%	50%	0%

表 4-11　扇区 3 数据

SEC3	1	2	3	4	5	6	7	8	9
	0	0	900	4 500		0	0	900	4 500
Sky	0%	0%	0%	0%	Sky	0%	0%	0%	0%
Road	0%	0%	0%	0%	Road	0%	0%	0%	0%
Rocks	0%	0%	0%	0%	Rocks	0%	0%	0%	0%
Building	0%	0%	20%	100%	Building	0%	0%	20%	100%
Snow	0%	0%	0%	0%	Snow	0%	0%	0%	0%
Meadows	0%	0%	0%	0%	Meadows	0%	0%	0%	0%
Tunnel	100%	100%	80%	0%	Tunnel	100%	100%	80%	0%

第 4 章 基于日光利用的隧道加强照明"零碳化"节能技术研究　171

表 4-12 扇区 4 数据

SEC4	1		2		3		4		5		6		7		8	
	Sky	0	Sky	0	Sky	300	Sky	2 700	Sky		Sky	0	Sky	0	Sky	300
	Road	0%	Road	0%	Road	0%	Road	0%	Road		Road	0%	Road	0%	Road	0%
	Rocks	0%	Rocks	0%	Rocks	10%	Rocks	0%	Rocks		Rocks	0%	Rocks	0%	Rocks	10%
	Building	0%	Building	0%	Building	0%	Building	60%	Building		Building	0%	Building	0%	Building	0%
	Snow	0%	Snow	0%	Snow	0%	Snow	0%	Snow		Snow	0%	Snow	0%	Snow	0%
	Meadows	0%	Meadows	0%	Meadows	0%	Meadows	0%	Meadows		Meadows	0%	Meadows	0%	Meadows	0%
	Tunnel	100%	Tunnel	100%	Tunnel	100%	Tunnel	40%	Tunnel		Tunnel	100%	Tunnel	100%	Tunnel	100%

表 4-13　厂区 5 数据

SEC5	1	2	3	4	5	6	7	8	9
Sky	0	0	300	5 400		0	0	300	5 400
	0%	0%	0%	0%	Sky	0%	0%	0%	0%
Road	0%	0%	10%	90%	Road	0%	0%	10%	90%
Rocks	0%	0%	0%	0%	Rocks	0%	0%	0%	0%
Building	0%	0%	0%	60%	Building	0%	0%	0%	60%
Snow	0%	0%	0%	0%	Snow	0%	0%	0%	0%
Meadows	0%	0%	0%	0%	Meadows	0%	0%	0%	0%
Tunnel	100%	100%	90%	20%	Tunnel	100%	100%	90%	20%

第 4 章　基于日光利用的隧道加强照明"零碳化"节能技术研究　　173

表 4-14　扇区 6 数据

SEC6	1	2	3	4	5	6	7	8	9
Sky	0	3 000	2 700	3 000		0	3 000	2 700	3 000
Road	0%	0%	0%	0%		0%	0%	0%	0%
Rocks	0%	100%	90%	100%		0%	100%	90%	100%
Building	0%	0%	0%	0%		0%	0%	0%	0%
Snow	0%	0%	0%	0%		0%	0%	0%	0%
Meadows	0%	0%	0%	0%		0%	0%	0%	0%
Tunnel	100%	0%	10%	0%		100%	0%	10%	0%

表 4-15 扇区 7 数据

SEC7	1	2	3	4	5	6	7	8	9
Sky	0	0	300	3 000		0	0	300	3 000
Sky	0%	0%	0%	0%	Sky	0%	0%	0%	0%
Road	0%	0%	10%	100%	Road	0%	0%	10%	100%
Rocks	0%	0%	0%	0%	Rocks	0%	0%	0%	0%
Building	0%	0%	0%	0%	Building	0%	0%	0%	0%
Snow	0%	0%	0%	0%	Snow	0%	0%	0%	0%
Meadows	0%	0%	0%	0%	Meadows	0%	0%	0%	0%
Tunnel	100%	100%	90%	0%	Tunnel	100%	100%	90%	0%

第 4 章　基于日光利用的隧道加强照明"零碳化"节能技术研究　175

表 4-16　扇区 8 数据

SEC8	1	2	3	4	5	6	7	8	9
	0	0	2 700	2 400		0	0	2 700	2 400
Sky	0%	0%	0%	0%	Sky	0%	0%	0%	0%
Road	0%	0%	90%	80%	Road	0%	0%	90%	80%
Rocks	0%	0%	0%	0%	Rocks	0%	0%	0%	0%
Building	0%	0%	0%	0%	Building	0%	0%	0%	0%
Snow	0%	0%	0%	0%	Snow	0%	0%	0%	0%
Meadows	0%	0%	0%	0%	Meadows	0%	0%	0%	0%
Tunnel	100%	100%	90%	20%	Tunnel	100%	100%	90%	20%

表 4-17　扇区 9 数据

SEC9	1	2	3	4	5	6	7	8	9
Sky	0	0	0	3 150		0	0	0	3 150
Road	0%	0%	0%	0%	Sky	0%	0%	0%	0%
Rocks	0%	0%	0%	0%	Road	0%	0%	0%	0%
Building	0%	0%	0%	0%	Rocks	0%	0%	0%	0%
Snow	0%	0%	0%	70%	Building	0%	0%	0%	70%
Meadows	0%	0%	0%	0%	Snow	0%	0%	0%	0%
Tunnel	0%	0%	0%	0%	Meadows	0%	0%	0%	0%
	100%	100%	100%	30%	Tunnel	100%	100%	100%	30%

第 4 章　基于日光利用的隧道加强照明"零碳化"节能技术研究　　177

表 4-18　厂区 10 数据

SEC10	1	2	3	4	5	6	7	8	9
	0	0	2 250	4 500		0	0	2 250	4 500
Sky	0%	0%	0%	0%	Sky	0%	0%	0%	0%
Road	0%	0%	0%	0%	Road	0%	0%	0%	0%
Rocks	0%	0%	0%	0%	Rocks	0%	0%	0%	0%
Building	0%	0%	50%	100%	Building	0%	0%	50%	100%
Snow	0%	0%	0%	0%	Snow	0%	0%	0%	0%
Meadows	0%	0%	0%	0%	Meadows	0%	0%	0%	0%
Tunnel	100%	100%	50%	0%	Tunnel	100%	100%	50%	0%

表 4-19 扇区 11 数据

SEC11	1	2	3	4	5	6	7	8	9
	0	0	2 700	4 500		0	0	2 700	4 500
Sky	0%	Sky	Sky	Sky	Sky	Sky	Sky	Sky	Sky
	0%	0%	0%	0%		0%	0%	0%	0%
Road	0%	Road	Road	Road	Road	Road	Road	Road	Road
	0%	0%	0%	0%		0%	0%	0%	0%
Rocks	0%	Rocks	Rocks	Rocks	Rocks	Rocks	Rocks	Rocks	Rocks
Building	0%	Building	Building	Building	Building	Building	Building	Building	Building
	0%	0%	60%	100%	100%	0%	0%	60%	100%
Snow	0%	Snow	Snow	Snow	Snow	Snow	Snow	Snow	Snow
	0%	0%	0%	0%		0%	0%	0%	0%
Meadows	0%	Meadows	Meadows	Meadows	Meadows	Meadows	Meadows	Meadows	Meadows
	0%	0%	0%	0%		0%	0%	0%	0%
Tunnel	100%	Tunnel	Tunnel	Tunnel	Tunnel	Tunnel	Tunnel	Tunnel	Tunnel
	100%	100%	40%	0%		100%	100%	40%	0%

表 4-20 扇区 12 数据

SEC12	1		2		3		4		5		6		7		8		9	
		0		0		3 600		4 650				0		0		3 600		4 650
Sky	0%		0%		0%		0%		Sky		0%		0%		0%		0%
Road	0%		0%		0%		0%		Road		0%		0%		0%		0%
Rocks	0%		0%		0%		0%		Rocks		0%		0%		0%		0%
Building	0%		0%		80%		100%		Building		0%		0%		80%		100%
Snow	0%		0%		0%		0%		Snow		0%		0%		0%		0%
Meadows	0%		0%		0%		10%		Meadows		0%		0%		0%		10%
Tunnel	100%		100%		20%		0%		Tunnel		100%		100%		20%		0%

表 4-21 1～12 厢区的平均亮度

SECTION	Ring number									sum
	1	2	3	4	5	6	7	8	9	
1	0	0	2 250	1 350	3 000	1 500	1 500	1 500	0	11 100
2	0	0	2 250	4 500	4 500	3 000	1 500	1 500	1 500	18 750
3	0	0	900	4 500	4 500	2 700	3 250	1 550	1 500	18 900
4	0	0	300	2 700	3 300	2 250	2 250	2 700	2 100	15 600
5	0	0	300	5 400	3 000	3 000	3 000	3 000	3 000	20 700
6	0	3 000	2 700	3 000	3 000	3 000	3 000	3 000	0	20 700
7	0	0	300	3 000	3 000	3 000	3 000	3 000	0	15 300
8	0	0	2 700	2 400	2 925	2 700	3 000	3 000	3 000	20 025
9	0	0	0	3 150	4 175	3 600	2 250	2 400	2 550	17 225
10	0	0	2 250	4 500	4 500	3 600	1 800	1 500	1 500	19 650
11	0	0	2 700	4 500	4 200	3 600	1 500	1 500	3 600	21 600
12	0	0	3 600	4 650	2 700	1 500	1 500	1 500	0	15 450
L_{ij}										215 000

表 4-22 用于 L_{seq} 评估的 L_{ije} 矩阵

| SECTION | \multicolumn{10}{c}{Ring number} |
	1	2	3	4	5	6	7	8	9	sum
1	100	100	1 900	1 180	2 500	1 300	1 300	1 300	100	9 780
2	100	100	1 900	3 700	3 700	2 500	1 300	1 300	1 300	15 900
3	100	100	820	3 700	3 700	2 260	2 700	1 340	1 300	16 020
4	100	100	340	2 260	2 740	1 900	1 900	2 260	1 780	13 380
5	100	100	340	4 420	2 500	2 500	2 500	2 500	2 500	17 460
6	100	2 500	2 260	2 500	2 500	2 500	2 500	2 500	100	17 460
7	100	100	340	2 500	2 500	2 500	2 500	2 500	100	13 140
8	100	100	2 260	2 020	2 440	2 260	1 900	2 020	2 500	16 920
9	100	100	100	2 620	3 440	2 980	1 540	1 300	2 140	14 680
10	100	100	1 900	3 700	3 700	2 980	1 300	1 300	1 300	16 620
11	100	100	2 260	3 700	3 460	2 980	1 300	1 300	2 980	18 180
12	100	100	2 980	3 820	2 260	1 300	1 300	1 300	100	13 260
									L_{ije}	182 800

4.4.4 L_{20} 计算棚下亮度

洞外亮度 $L_{20}(S)$ 是指在接近段起点 S 处，距离地面 1.50 m 正对洞口方向 20°视场实测得到的平均亮度，如图 4-15 所示。

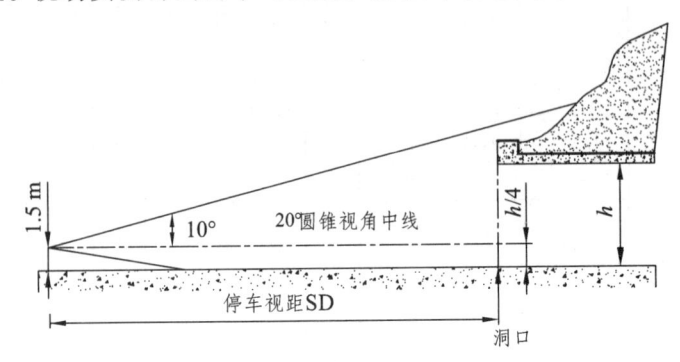

图 4-15 洞外亮度 $L_{20}(S)$ 测试示意图

$L_{20}(S)$ 值可通过测量隧道入口环境获得或由式（4-8）求出：

$$L_{20}(S) = \gamma \cdot L_C + \rho L_R + \varepsilon \cdot L_E + \tau \cdot L_{th} \quad (4\text{-}8)$$

式中　L_C——天空亮度（cd/m²）；

L_R——路面亮度（cd/m²）；

L_E——环境亮度（cd/m²）；

L_{th}——入口段亮度（cd/m²）；

γ——天空所占百分比（%）；

ρ——道路所占百分比（%）；

ε——环境所占百分比（%）；

τ——隧道入口所占百分比（%）。

其中，$\gamma + \rho + \varepsilon + \tau = 1$。

如图 4-16 所示，五贤门隧道洞口的 20°圆锥角视场中，路面的面积占比为 31.7%，洞口的面积占比为 6.65%，草皮、山林的面积占比为 68.3%。由于洞口的亮度较低且面积占比较小，在计算 L_{20} 时将洞口部分的亮度忽略不计，在 20°锥角视场内，天空的面积占比为零。根据式（4-8）计算洞外亮度。

图 4-16　五贤门隧道洞口的 20°圆锥角视场环境图

$$L_{20}=31.7\%\times 3\,000+68.3\%\times 1\,500=1\,950.87\,(\mathrm{cd/m^2})$$

通过 L_{20} 的值来确定棚下亮度是基于下列 3 个基本条件，即：

（1）7 英寸大小的目标物。

（2）对比度为 0.2 情况下 75%的识别率。

（3）目标物每一次展现的时间为 0.1 s。

实验结果表明，目标物与路面背景的对比度不同要求的路面亮度也不同：目标物与路面的亮度对比度越高，路面的亮度需求越低；目标物与路面的亮度对比度越小，路面的亮度需求越高。如图 4-17 所示，当目标物与路面的对比度为 96.8%，外界亮度为 2 000 cd/m² 时，路面的亮度达到 25 cd/m² 即可满足要求。而当目标物与路面的对比度为 15%，外界亮度同样为 2 000 cd/m² 时，路面的亮度必须达到 500 cd/m² 才能满足识别障碍物的要求。

当目标物与路面背景的对比度为 26.8%时，洞外亮度在 500 cd/m² 至 5 000 cd/m² 区间内时，洞内或者棚下的路面亮度与洞外亮度基本上为线性关系，洞内路面亮度约是洞外亮度的 1/20。由于减光棚采用自然光提供照明环境，不存在节能减排和电能费用的经济压力。为了提高行车的安全性和舒适性，将棚下亮度与洞外亮度的比例系数 k 适当提高。同时，为了避免由棚下进入隧道后产生二次黑洞效应，k 值取 0.1。综上，通过 L_{20} 求解的棚下亮度应不小于 200 cd/m²。

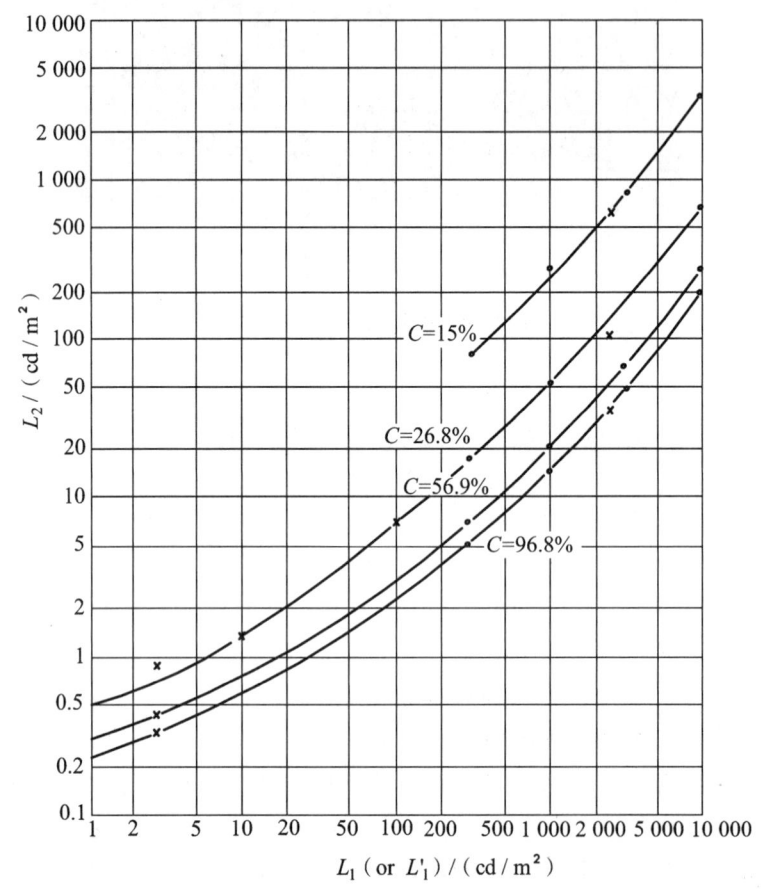

图 4-17　隧道入口亮度 L_2 和隧道洞外亮度 L_1 的关系

国际照明学会在《隧道与地下通道照明设计指南》（CIE 88—2004）中，也对减光棚下路面的亮度给出了具体建议。《隧道与地下通道照明设计指南》建议将减光结构视为隧道的组成部分。对于非封闭式减光结构，入口段的亮度与等效光幕亮度的比值 L_{th}/L_{seq} 应不小于 2，且该比值不大于 6。因为减光结构的透光量依赖于天气状况，在晴天的时候，L_{th}/L_{seq} 值为 6 是比较合适的，对于阴云密布的天气，L_{th}/L_{seq} 值至少保证不小于 2。

依照这个标准，五贤门隧道的洞外等效光幕亮度为 134.71 cd/m²，减光棚下的亮度应在 268~804 cd/m²。从实践上看，减光棚下路面的亮度为等效光幕亮度的 6 倍时，即达到 804 cd/m²，显然会在车辆进入洞内时产生明显的二次"黑洞效应"，因此采用等效光幕法计算的棚下亮度取值应在 268 cd/m² 左右。

综上，结合等效光幕法、L_{20} 计算方法以及国际照明学会《隧道及地下通道照明指南》关于减光棚下路面亮度的建议，减光棚下的路面亮度应不小于等效光幕亮度的 2 倍，同时减光棚下的路面亮度应大于等于洞外亮度 L_{20} 的 0.1 倍。综合以上条件，减光棚下路面的亮度取值应不小于 200 cd/m²。

4.5 减光结构物长度的确定

根据照明设计规范，隧道入口的光过渡一般由 3 个阶段组成：接近段、入口段和过渡段，如图 4-18 所示。接近段处在洞外自然光亮度向洞口亮度变化的过渡段，若采用照明灯具来减光，不经济且效果不佳，而采用特殊建筑造型的自然光过渡，可以将室外光线合理地过渡到洞口处。洞内入口段和过渡段的减光则主要通过加强照明来完成。其中，自然光过渡起到让人眼瞳孔的收放适应从外界光照到洞内光照变化过程的作用。如果直接跳过接近段不采用自然光过渡，隧道洞口处的黑洞效应将会剧增，常常导致驾驶员瞳孔收放速度跟不上洞口内外的光环境变化速度，甚至出现瞬间失明的现象，并且使得洞内加强照明的耗能剧增。故从隧道行车安全性和运营经济性考虑，隧道设置自然光过渡应是较为合理的。

既然自然光过渡主要的功能是使人眼适应外界光至洞内光的变化过程，其长度 S 与隧道入口段长度一致。入口段长度可按下式进行计算：

$$D_{\text{th}1} = D_{\text{th}2} = \frac{1}{2}\left(1.154 D_{\text{s}} - \frac{h-1.5}{\tan 10°}\right) \quad (4\text{-}9)$$

式中　$D_{\text{th}1}$——入口段 TH_1 长度（m）；

$D_{\text{th}2}$——入口段 TH_2 长度（m）；

D_{s}——照明停车视距（m），可按表 4-23 取值；

h——洞口内净空高度（m）。

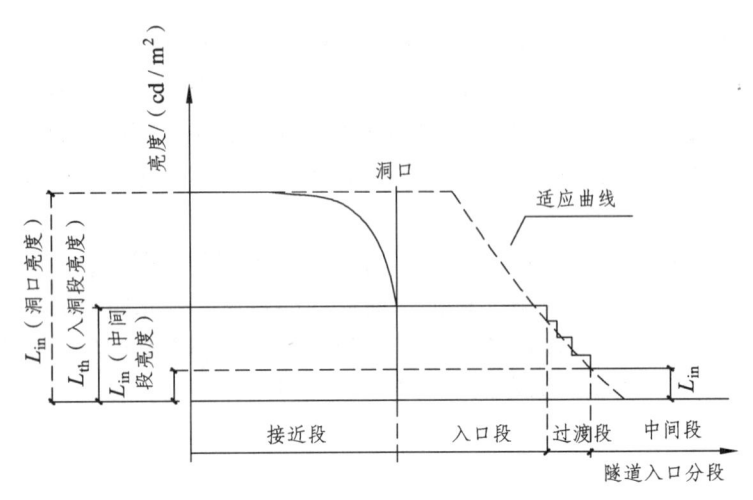

图 4-18 隧道入口亮度递减趋势示意图

表 4-23 照明停车视距 D_s 表 单位：m

设计速度 v_t/(km/h)	纵坡（%）								
	-4	-3	-2	-1	0	1	2	3	4
120	260	245	232	221	210	202	193	186	179
100	179	173	168	163	158	154	149	145	142
80	112	110	106	103	100	98	95	93	90
60	62	60	58	57	56	55	54	53	52
40	29	28	27	27	26	26	25	25	25

可得减光结构物长度：

$$S = D_{th1} + D_{th2} \tag{4-10}$$

在实际情况下，减光结构物段的亮度比洞内过渡段亮度高很多，驾驶人员更容易发现障碍物，也更加适应从洞外到洞内的亮度变化，因此减光结构物的长度可以比计算的 S 稍小一些。

此处应该注意的是，随着科技的进步，汽车的刹车性能逐渐提升，目前小汽车的刹车距离一般小于 40 m，如表 4-24 所示，大大小于规范计算的数值，因此在设置减光棚时，其长度建议根据目前汽车的刹车性能进行缩小。

表 4-24 汽车停车视距测试表

序号	汽车型号	测试日期	停车视距/m
1	奥迪 奥迪 A1 2012 款 1.4 TFSI Ego plus	2011 年 9 月 21 日	36.82
2	雪佛兰 爱唯欧 2011 款 两厢 1.6L MT SX	2011 年 7 月 11 日	38.50
3	宝马 宝马 i3 2014 款 增程型	2014 年 6 月 13 日	38.62
4	福特 嘉年华（进口） 2013 款 1.6T ST	2013 年 8 月 15 日	38.72
5	丰田 威驰 2014 款 1.5L 自动智尊版	2014 年 1 月 16 日	38.81
6	福特 嘉年华 2014 款 两厢 1.0 GTDi 自动劲动型	2014 年 2 月 18 日	39.42
7	本田 飞度 2014 款 1.5L EXLI CVT 领先型	2014 年 4 月 18 日	39.46
8	长城 长城 M2 2010 款 1.5L 手动豪华型	2010 年 3 月 2 日	39.60
9	奇瑞 风云 2 2010 款 两厢 1.5L 豪华型	2010 年 4 月 23 日	39.80
10	长城 炫丽 2009 款 1.5VVT CVT 精英型	2009 年 9 月 11 日	40.10
11	MG MG3 2011 款 1.5L 手动精英版	2011 年 11 月 14 日	40.35
12	雪佛兰 乐风 RV 2016 款 1.5L 自动趣行版	2016 年 3 月 4 日	40.48
13	雪佛兰 乐风 2006 款 1.6 SX AT	2006 年 10 月 15 日	40.60
14	大众 POLO 2011 款 1.6L 自动致酷版	2011 年 2 月 22 日	40.60
15	马自达 马自达 2 2007 款 1.3L 自动时尚型	2008 年 1 月 3 日	40.70
16	本田 飞度 2008 款 1.5L 自动炫酷运动版	2009 年 3 月 28 日	40.81
17	福特 嘉年华 2013 款 两厢 1.5L 自动运动型	2013 年 4 月 18 日	41.03
18	长城 炫丽 2008 款 1.5VVT 豪华型	2009 年 3 月 5 日	41.10
19	本田 飞度 2014 款 1.5L LX 手动舒适型	2014 年 12 月 24 日	41.13
20	长城 酷熊 2009 款 1.5L 手动精英型	2009 年 3 月 11 日	41.20
21	启辰 启辰 R30 2014 款 1.2L 手动尊享版	2014 年 7 月 17 日	41.32
22	本田 锋范经典 2008 款 1.8L 自动舒适版	2009 年 3 月 30 日	41.40
23	斯柯达 晶锐 2008 款 1.4L 自动晶享版	2009 年 1 月 23 日	41.64
24	大众 POLO 2012 款 1.4TSI GTI	2014 年 12 月 11 日	41.69
25	长城 炫丽 2008 款 1.3L 精英型	2008 年 12 月 5 日	41.70

续表

序号	汽车型号	测试日期	停车视距/m
26	丰田 YARiS L 致炫 2014 款 1.5GS 自动锐动版	2013 年 12 月 4 日	41.77
27	北京 北京汽车 E 系列 2012 款 两厢 1.5L 手动乐尚版	2012 年 7 月 7 日	42.10
28	奇瑞 奇瑞 A1 2011 款 1.0L 手动传奇版	2011 年 8 月 15 日	42.10
29	日产 玛驰 2010 款 1.5L 自动易炫版	2011 年 3 月 22 日	42.14
30	丰田 YARiS L 致炫 2016 款 改款 1.5GS CVT 锐动版	2016 年 8 月 29 日	42.20
31	起亚 起亚 K2 2011 款 三厢 1.4L AT TOP	2011 年 9 月 23 日	42.24
32	标致 标致 206 2007 款 1.6L 自动睿动版	2008 年 1 月 17 日	42.30
33	大众 POLO 2006 款 劲情 1.6L 自动风尚版	2006 年 8 月 20 日	42.34
34	丰田 威驰 2017 款 1.5L CVT 尊行版	2016 年 11 月 13 日	42.35
35	标致 标致 207（进口） 2008 款 1.6T CC GT150 精英版	2009 年 6 月 20 日	42.60
36	福特 嘉年华 2006 款 1.6L 手动运动型	2006 年 9 月 4 日	42.65
37	丰田 雅力士 2008 款 1.6RS 自动至尊版	2008 年 8 月 7 日	42.71
38	日产 骊威 2013 款 1.6XL CVT 豪华版	2013 年 5 月 17 日	42.71
39	斯柯达 晶锐 2015 款 1.4L 自动前行版	2015 年 4 月 24 日	42.75
40	起亚 秀尔 2010 款 1.6L MT GLS	2010 年 2 月 3 日	42.80
41	现代 雅绅特 2006 款 1.4 自动豪华型	2006 年 8 月 10 日	42.89
42	现代 瑞纳 2010 款 三厢 1.4L 自动豪华型 GLS	2010 年 12 月 2 日	42.89
43	铃木 雨燕 2007 款 1.5L 手动炫锐版	2008 年 3 月 5 日	42.90
44	吉利汽车 金刚 2006 款 1.6L 手动标准型	2006 年 9 月 29 日	43.10
45	丰田 威驰 2008 款 1.3L GL-i AT	2008 年 3 月 13 日	43.10
46	本田 锋范经典 2008 款 1.5L 自动精英版	2011 年 9 月 14 日	43.13
47	长城 长城 C20R 2011 款 1.5L 手动都市型	2012 年 4 月 21 日	43.31

续表

序号	汽车型号	测试日期	停车视距/m
48	起亚 锐欧 2007 款 1.6L MT GLS	2007 年 2 月 3 日	43.41
49	现代 瑞纳 2010 款 三厢 1.6L 自动尊贵型 GLS	2011 年 10 月 10 日	43.42
50	铃木 雨燕 2005 款 1.3L 手动豪华型	2006 年 11 月 5 日	43.59
51	宝骏 宝骏 310 2016 款 1.2L 手动豪华型	2016 年 10 月 17 日	43.70
52	福特 嘉年华 2009 款 三厢 1.5L 手动运动型	2009 年 5 月 3 日	43.81
53	一汽 夏利 N5 2014 款 1.3L 手动豪华型	2014 年 8 月 16 日	43.82
54	一汽 威志 V2 2010 款 1.3L AMT 旗舰型	2010 年 12 月 9 日	43.88
55	江淮 同悦 2008 款 1.3L 手动标准型	2008 年 10 月 13 日	43.90
56	铃木 利亚纳 2005 款 三厢 1.6L 手动标准	2006 年 12 月 3 日	43.95
57	MG MG 3SW 2008 款 1.8L CVT 豪华型	2008 年 7 月 31 日	44.20
58	中华 中华 H230 2012 款 1.5L 手动精英型	2012 年 8 月 23 日	44.28
59	丰田 威驰 2005 款 1.5L GL-i MT	2006 年 7 月 6 日	44.34
60	江淮 同悦 2010 款 1.3L 手动豪华型	2010 年 4 月 14 日	44.40
61	雪佛兰 乐骋 2005 款 1.4 SE MT	2005 年 11 月 4 日	44.48
62	标致 标致 206 2005 款 1.6L 手动智尚版	2006 年 4 月 1 日	44.59
63	马自达 马自达 2 劲翔 2008 款 1.5L 手动时尚型	2008 年 4 月 12 日	44.60
64	雪佛兰 赛欧 2015 款 赛欧 3 1.3L 手动理想天窗版	2015 年 1 月 20 日	44.70
65	铃木 派喜 2012 款 1.4L 尊贵型	2012 年 8 月 5 日	44.78
66	雪佛兰 赛欧 2010 款 三厢 1.4L 手动优逸版	2010 年 1 月 9 日	44.80
67	陆风 风华 2008 款 1.5L 豪华型	2008 年 2 月 27 日	45.00
68	长安 悦翔 2012 款 三厢 1.5L 手动豪华型	2012 年 6 月 21 日	45.01
69	铃木 利亚纳 2008 款 三厢 1.6L 手动豪华型	2008 年 9 月 26 日	45.10
70	江淮 江淮 iEV 2015 款 iEV5	2015 年 7 月 11 日	45.17
71	长安 悦翔 2009 款 三厢 1.5L 手动尊贵型	2009 年 2 月 10 日	45.20

续表

序号	汽车型号	测试日期	停车视距/m
72	理念 理念 S1 2011 款 1.5L 自动豪华版	2012 年 5 月 21 日	45.30
73	雪佛兰 赛欧 2010 款 三厢 1.2L AMT 理想版	2010 年 6 月 1 日	45.44
74	一汽 威志 2007 款 三厢 1.5L 手动豪华型	2007 年 8 月 9 日	45.60
75	奇瑞 奇瑞 A1 2007 款 1.3L 手动豪华型	2007 年 8 月 16 日	45.70
76	江淮 同悦 RS 2009 款 RS 1.3L 手动豪华型	2009 年 8 月 12 日	45.77
77	本田 锋范经典 2008 款 1.5L 手动精英版	2009 年 1 月 5 日	45.90
78	雪佛兰 乐风 2009 款 1.6 SX AT 导航	2009 年 5 月 5 日	46.60
79	吉利汽车 自由舰 2006 款 1.3L 舒适型	2006 年 8 月 26 日	46.84
80	奇瑞 旗云 2006 款 1.3L 舒适型	2006 年 10 月 16 日	47.56

五贤门隧道的运行速度为 80 km/h，根据表 4-24 的标准及参考目前车辆的刹车性能，减光棚的长度以 80 m 为宜。

4.6 生态减光结构参数优化配置

生态减光棚的内部光线主要由自然光通过两侧和顶部的藤蔓枝叶空隙投射至减光棚的路面上。为了保证棚下路面有足够的亮度，同时为了减小眩光，减光棚两侧棚顶以下 3 m 的范围内藤蔓的透光率设置为 30%，距地面 3 m 高度范围内不布置藤蔓枝叶，使两侧的光线散射到生态减光棚内部。为了提高棚下路面的均匀度和生态减光棚内部空间的整体光环境，生态减光棚顶部通过调整枝叶的透光率允许少量的光线散射至内部。

本节通过数值模拟分析顶部透光率对生态减光棚的光环境影响，选定矩形断面从而确定最佳的顶部透光率。基于人的视觉适应特性，生态减光棚沿纵向划分为两个部分，前半部分的透光率略高于后半部分。

4.6.1 夏至日晴天

1. 透光率 1%~2%

通过计算机模拟，藤下前半部分通过藤蔓有 2%的太阳光透到路面上,藤下后半部分通过藤蔓有1%的太阳光透到路面上,得到藤下路面亮度情况和均匀度情况。

1) 藤下路面亮度情况

在夏至日晴天,计算得到藤下路面前半部分和后半部分的亮度,然后算出藤下路面前半部分亮度与洞外亮度的比值,以及藤下路面后半部分亮度与前半部分亮度的比值,如表 4-25 所示。

表 4-25　亮度随时间变化情况　　　　　　　单位:cd/m^2

时间	洞外亮度	藤下路面 前半部分	藤下路面 后半部分	藤下前半段/ 洞外亮度	藤下后半段/ 藤下前半段
8:00	2 404	193	136	0.08	0.70
9:00	3 111	217	143	0.07	0.66
10:00	3 505	223	140	0.06	0.63
11:00	3 603	226	136	0.06	0.60
12:00	3 429	225	132	0.07	0.59
13:00	3 100	218	125	0.07	0.57
14:00	2 758	206	120	0.07	0.58
15:00	2 161	190	112	0.09	0.59
16:00	1 564	164	99	0.10	0.60
17:00	831	122	77	0.15	0.63
18:00	277	65	48	0.23	0.74

藤下路面前半部分亮度最大值出现在上午 11:00,为 226 cd/m^2,后半部分亮度最大值出现在上午 10:00,为 140 cd/m^2。在上午 11:00 时,太阳几乎直射洞外路面,此时太阳的辐射最强,洞外亮度达到最大,为 3 603 cd/m^2,且藤下路面前半部分亮度也达到最大值,说明洞外亮度和藤下路面前半部分亮度的变化趋势大概一致,如图 4-19 和图 4-20 所示。

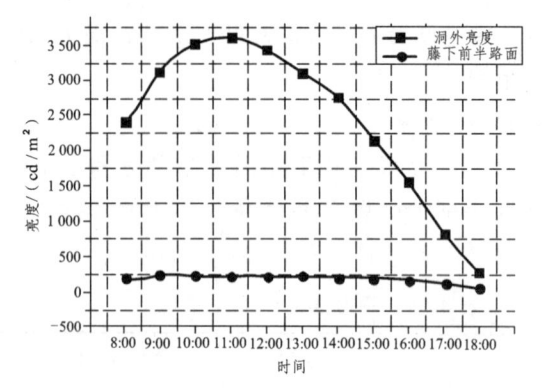

图 4-19　洞外亮度与藤下前半路面对比

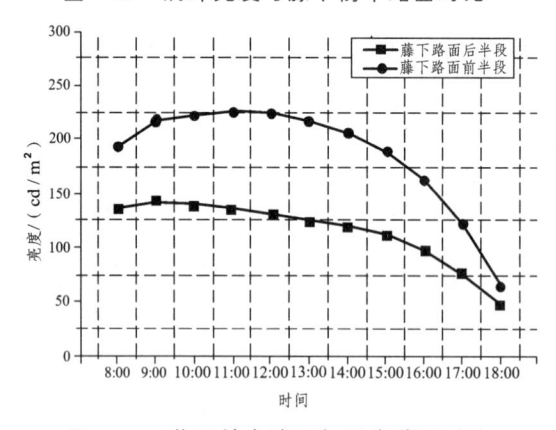

图 4-20　藤下前半路面与后半路面对比

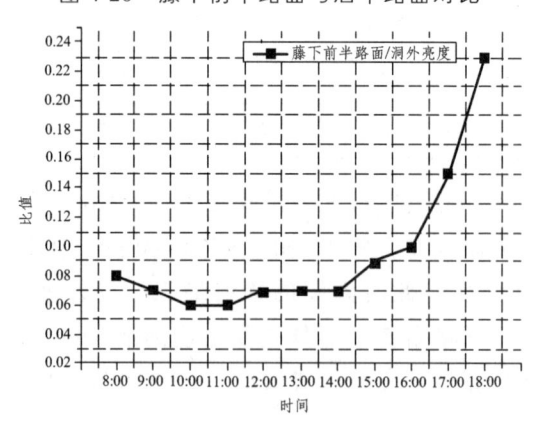

图 4-21　藤下前半路面与洞外亮度对比

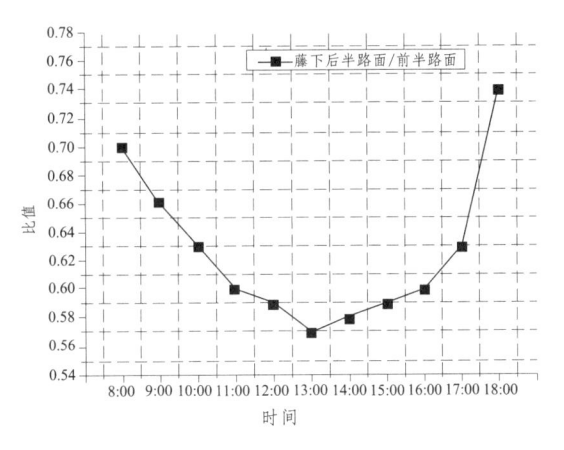

图 4-22 藤下后半路面与前半路面对比

如图 4-21 和图 4-22 所示，藤下路面前半部分亮度与洞外亮度比值达到最小出现在上午 10:00～11:00，比值为 0.06，数值比较小，此透光率不建议采纳，此时两者亮度也都达到最大值，表明亮度最大时洞内外亮度差异最大。下午 13:00，太阳光辐射比较大，此时太阳光对藤下路面前半部分的影响比对后半部分的影响显著，因此藤下路面后半部分与前半部分的比值达到最小，为 0.57。根据《公路隧道照明设计细则》的要求，该系数条件下能够保证驾驶员在规定的停车视距迅速发现障碍物，并采取应对措施。

2）均匀度情况

在夏至日晴天，透光率为 1%～2%的情况下，藤下路面的均匀度如图 4-23 所示。

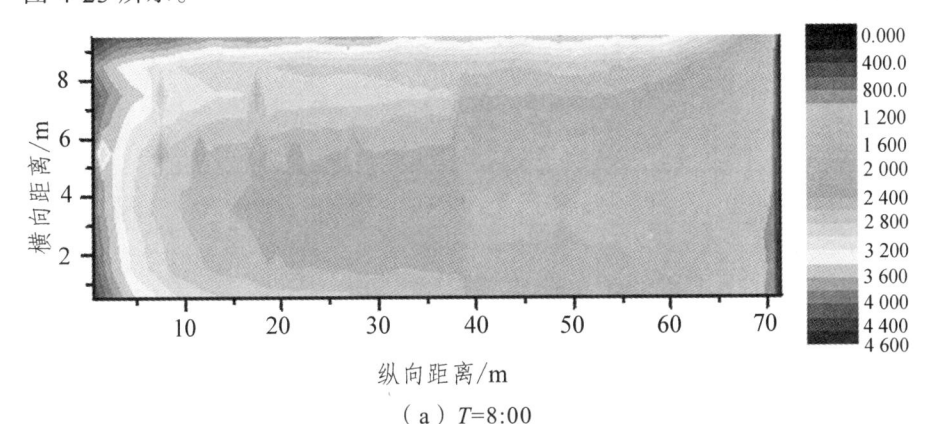

（a）T=8:00

（b）$T=9:00$

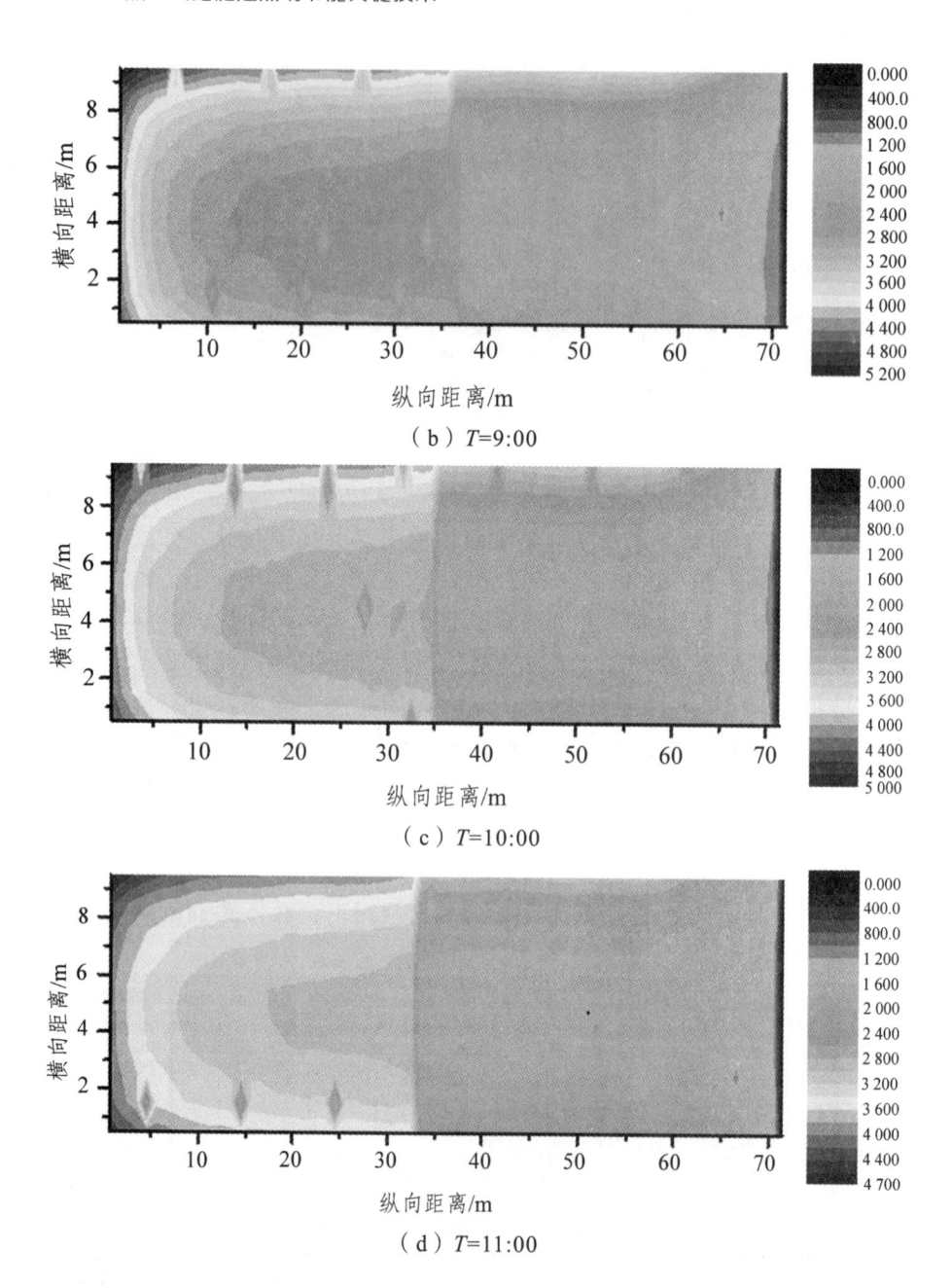

（c）$T=10:00$

（d）$T=11:00$

（e）T=12:00

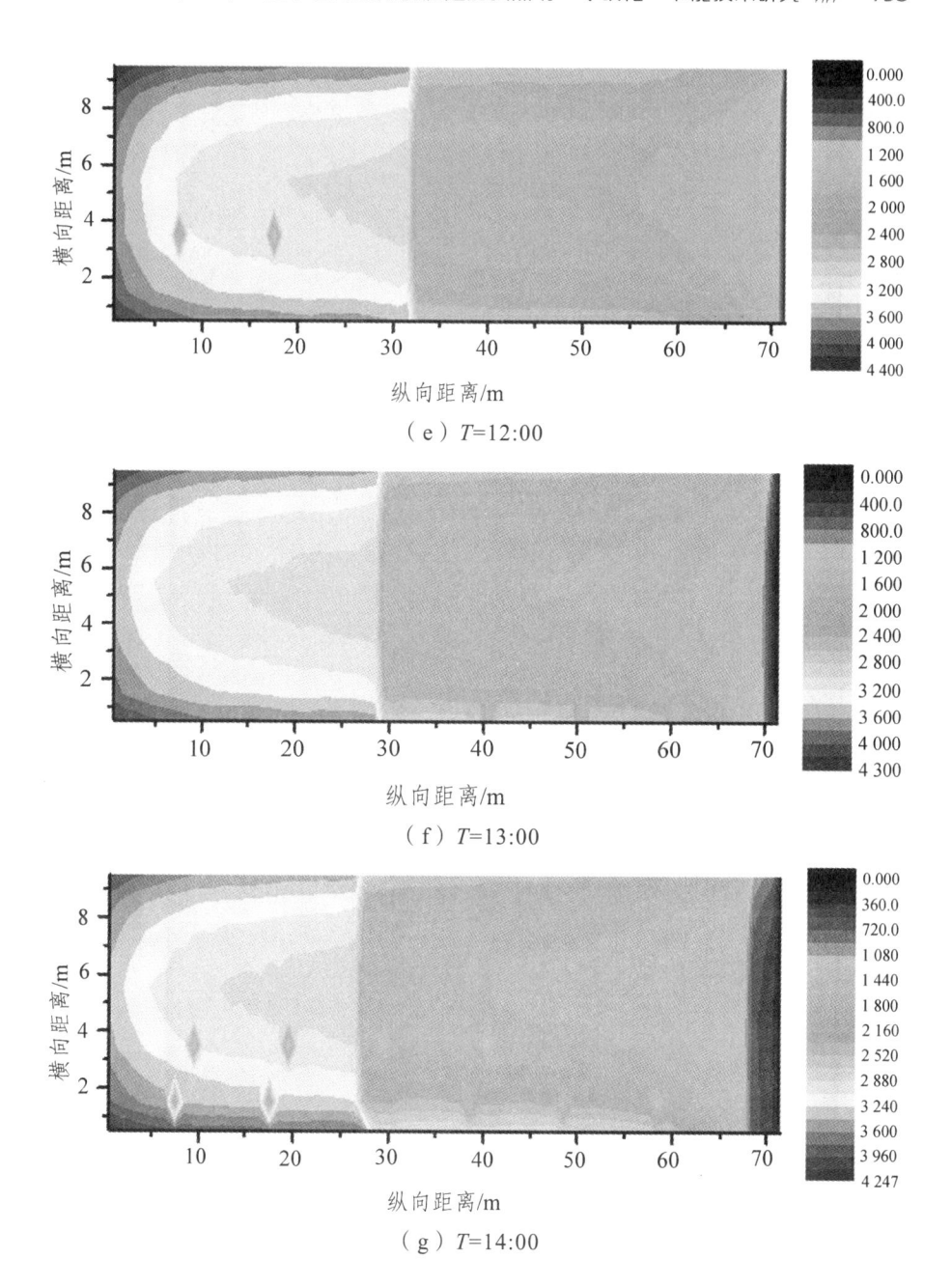

（f）T=13:00

（g）T=14:00

（h）T=15:00

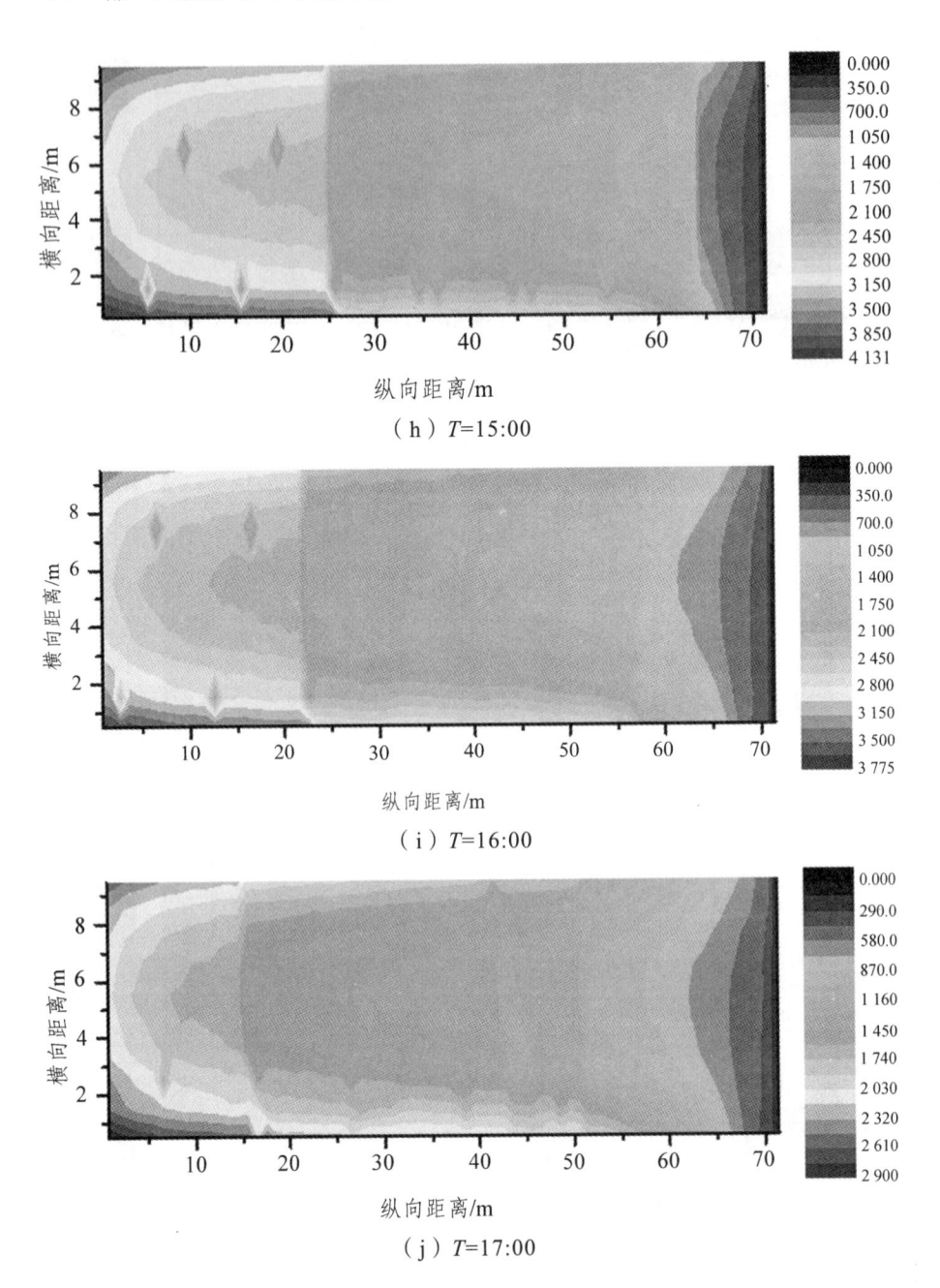

（i）T=16:00

（j）T=17:00

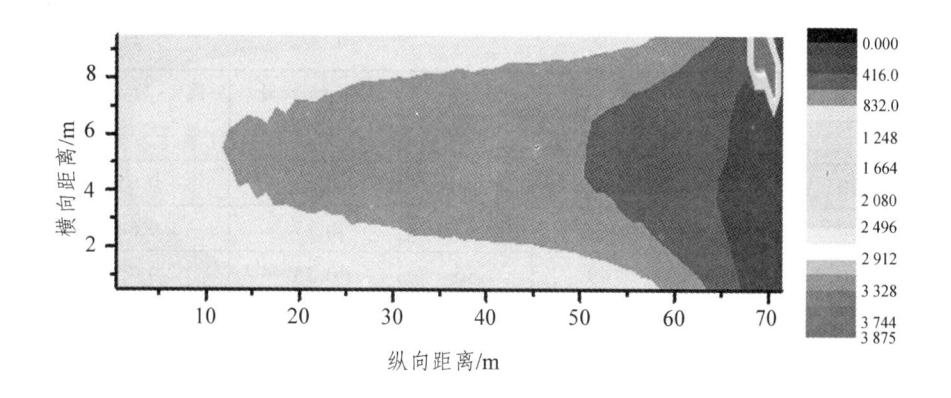

(k) T=18:00

图 4-23 藤下路面照度分布

2. 透光率 2%~3%

通过计算机模拟，藤下前半部分通过藤蔓有 3%的太阳光透到路面上，藤下后半部分通过藤蔓有 2%的太阳光透到路面上，得到藤下路面亮度情况和均匀度情况。

1）藤下路面亮度情况

在夏至日晴天，计算得到藤下路面前半部分和后半部分的亮度，然后算出藤下路面前半部分亮度与洞外亮度的比值，以及藤下路面后半部分亮度与前半部分亮度的比值，如表 4-26 所示。

表 4-26 亮度随时间变化情况　　　　单位：cd/m²

时间	洞外亮度	藤下路面 前半部分	藤下路面 后半部分	藤下前半段/ 洞外亮度	藤下后半段/ 藤下前半段
8:00	2 404	213	163	0.09	0.77
9:00	3 111	253	191	0.08	0.75
10:00	3 505	268	201	0.08	0.75
11:00	3 603	276	206	0.08	0.75
12:00	3 429	277	206	0.08	0.74
13:00	3 100	270	195	0.09	0.72
14:00	2 758	253	180	0.09	0.71
15:00	2 161	230	156	0.11	0.68

续表

时间	洞外亮度	藤下路面 前半部分	藤下路面 后半部分	藤下前半段/洞外亮度	藤下后半段/藤下前半段
16:00	1 564	193	125	0.12	0.65
17:00	831	138	88	0.17	0.64
18:00	277	69	50	0.25	0.72

藤下路面前半部分亮度最大值出现在中午 12:00，为 277 cd/m²，后半部分亮度最大值出现在 11:00~12:00，为 206 cd/m²。在上午 11:00 时，太阳几乎直射洞外路面，此时太阳的辐射最强，洞外亮度达到最大，为 3 603 cd/m²，且藤下路面亮度也基本达到最大值，说明洞外亮度和藤下路面亮度的变化趋势大概一致，如图 4-24 和图 4-25 所示。

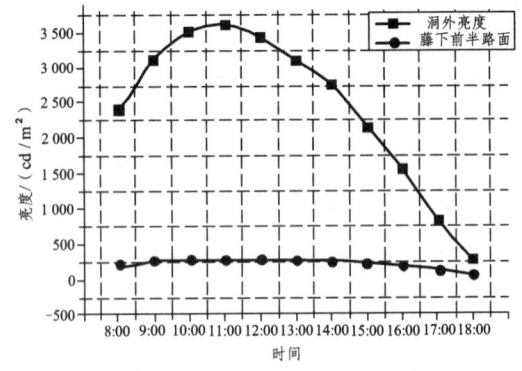

图 4-24　洞外亮度与藤下前半路面对比

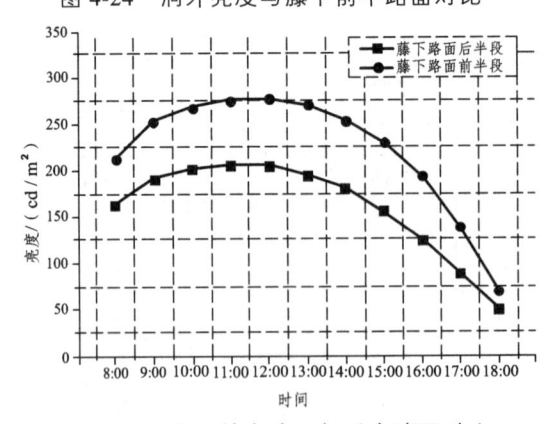

图 4-25　藤下前半路面与后半路面对比

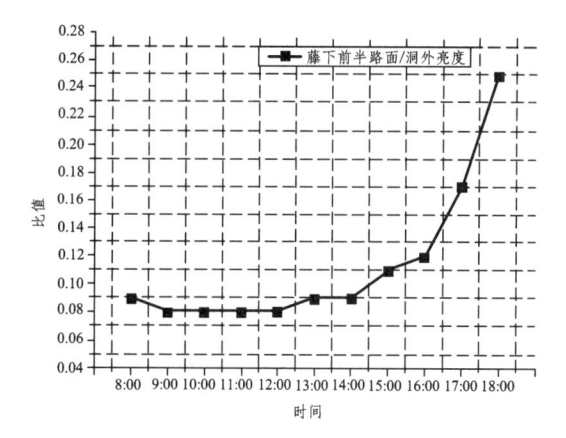

图 4-26 藤下前半路面与洞外亮度比值

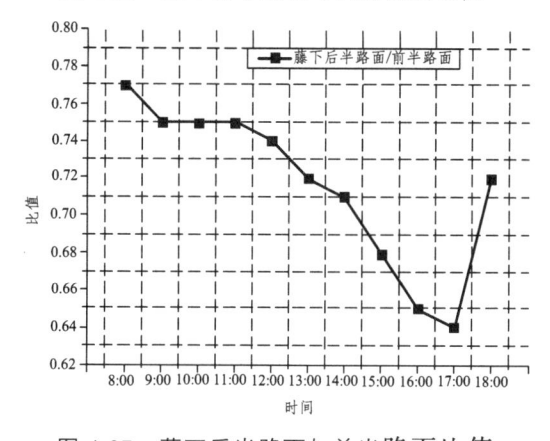

图 4-27 藤下后半路面与前半路面比值

如图 4-26 和图 4-27 所示,藤下路面前半部分亮度与洞外亮度比值达到最小出现在上午 9:00~12:00,比值为 0.08,数值比较小,此透光率不建议采纳。下午 17:00,藤下路面后半部分与前半部分亮度的比值达到最小,为 0.64,根据《公路隧道照明设计细则》的要求,该系数条件下能够保证驾驶员在规定的停车视距迅速发现障碍物,并采取应对措施。

2)均匀度情况

在夏至日晴天,透光率为 2%~3%的情况下,藤下路面的均匀度如图 4-28 所示。

（a）T=8:00

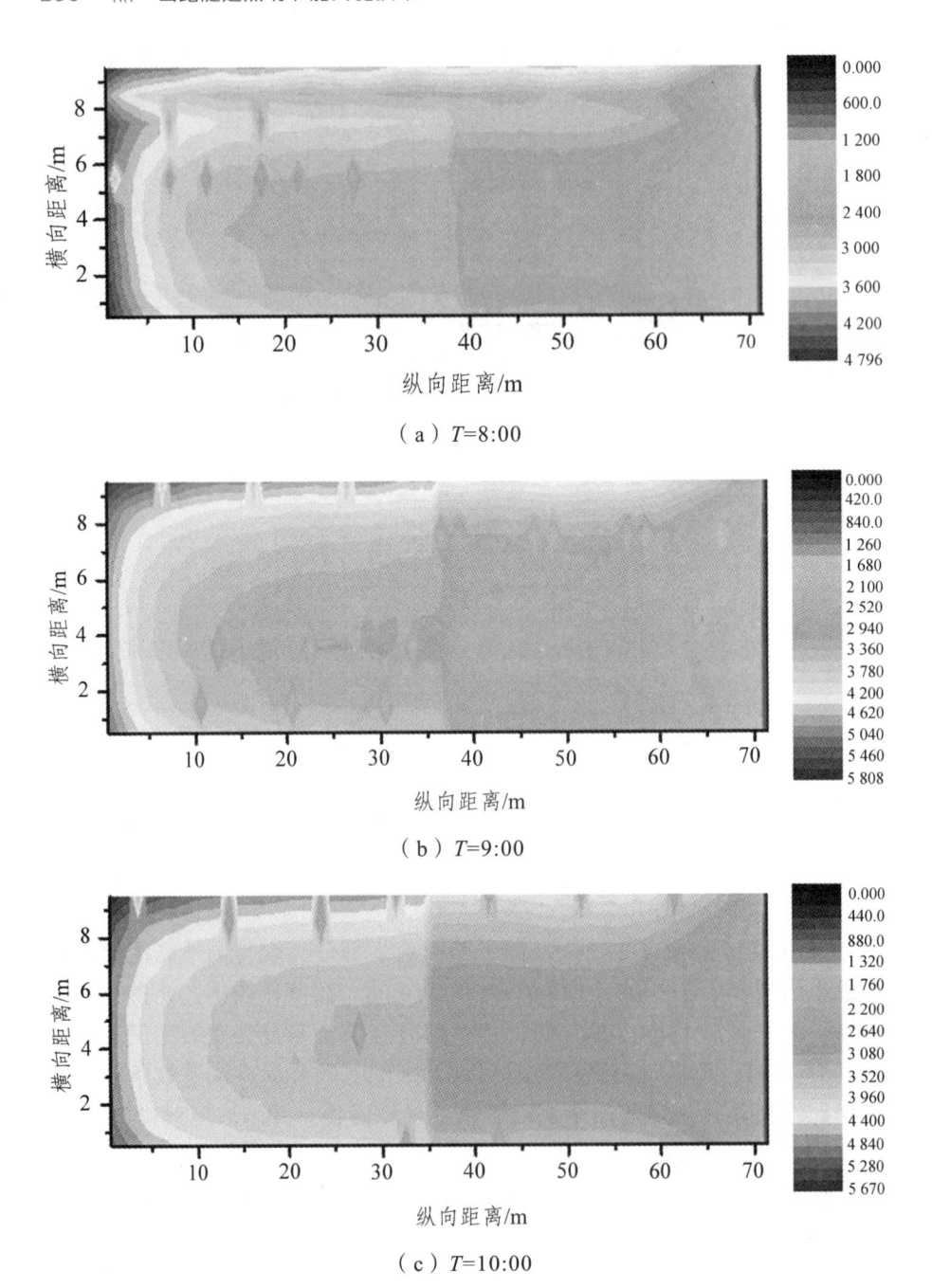

（b）T=9:00

（c）T=10:00

（d）T=11:00

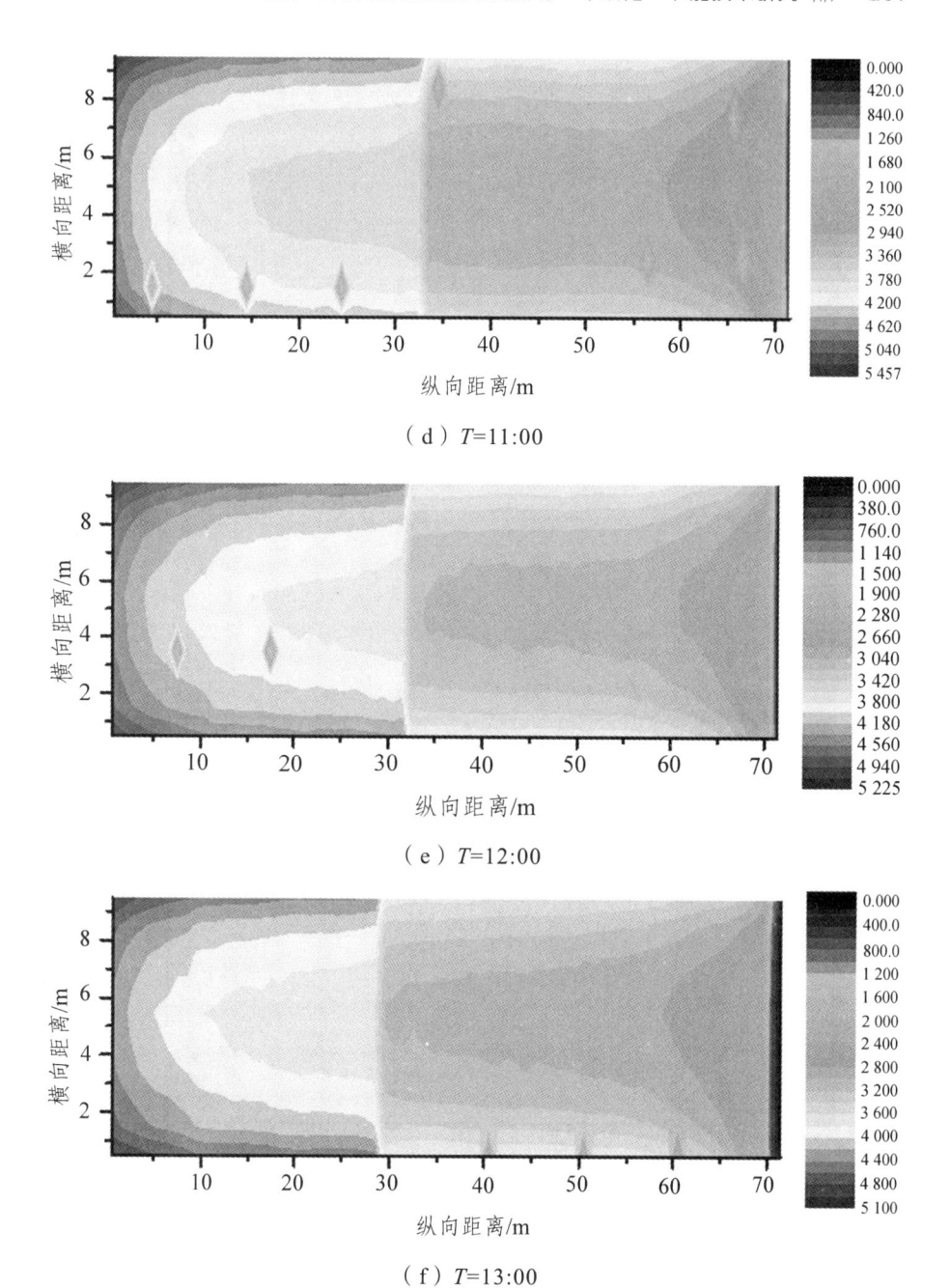

（e）T=12:00

（f）T=13:00

（g）T=14:00

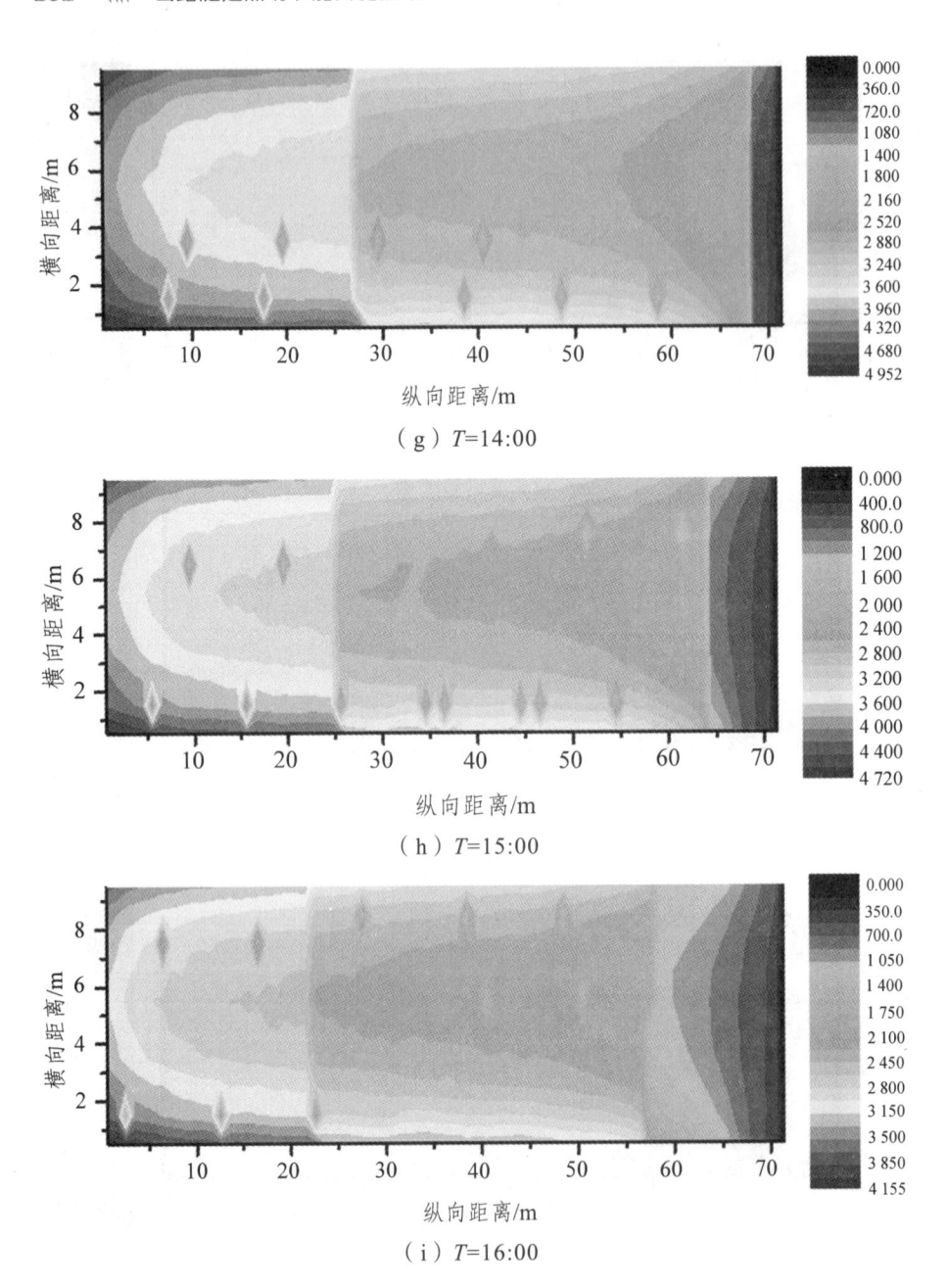

（h）T=15:00

（i）T=16:00

（j）T=17:00

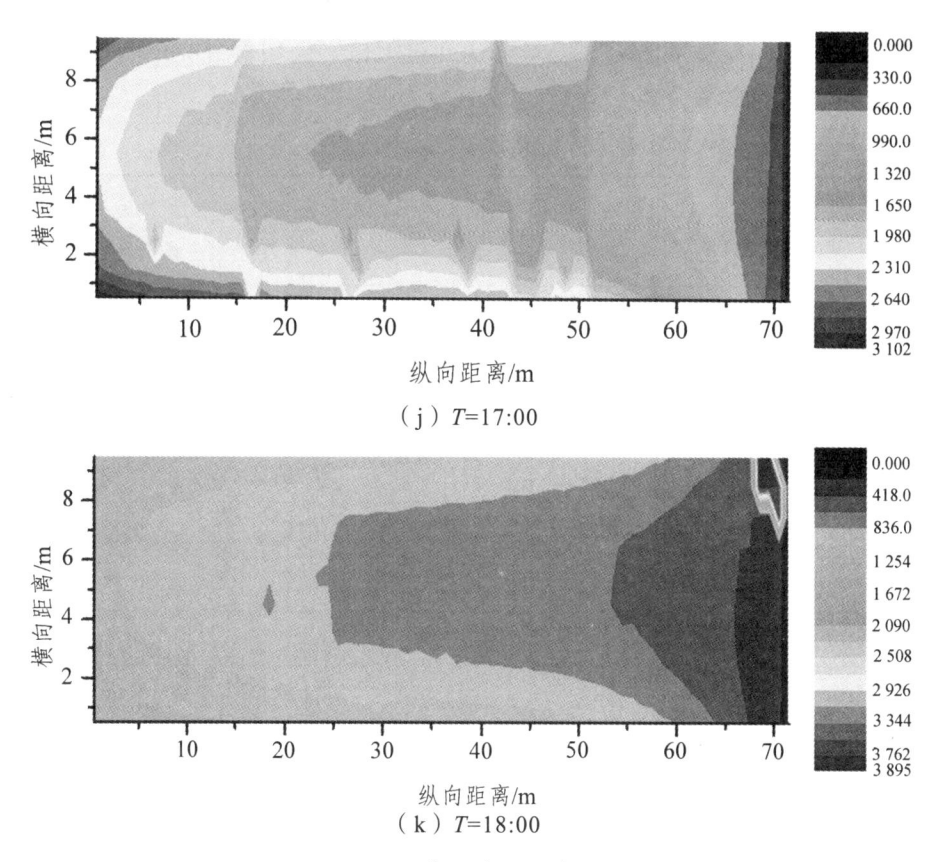

（k）T=18:00

图 4-28　藤下路面照度分布

3. 透光率 3%～4%

通过计算机模拟，藤下前半部分通过藤蔓有 4%的太阳光透到路面上，藤下后半部分通过藤蔓有 3%的太阳光透到路面上，得到藤下路面亮度情况和均匀度情况。

1）藤下路面亮度情况

在夏至日晴天，计算得到藤下路面前半部分和后半部分的亮度，然后算出藤下路面前半部分亮度与洞外亮度的比值，以及藤下路面后半部分亮度与前半部分亮度的比值，如表 4-27 所示。

藤下路面前半部分亮度最大值出现在中午 12:00，为 353 cd/m^2，后半部分亮度最大值也出现在中午 12:00，为 256 cd/m^2。上午 11:00 时，太阳几乎直射洞外路面，此时太阳的辐射最强，洞外亮度达到最大，为

3 603 cd/m², 且藤下路面亮度将要达到最大值, 说明洞外亮度和藤下路面亮度的变化趋势大概一致, 如图 4-29 和图 4-30 所示。

表 4-27　亮度随时间变化情况　　　　　　　　单位: cd/m²

时间	洞外亮度	藤下路面 前半部分	藤下路面 后半部分	藤下前半段/洞外亮度	藤下后半段/藤下前半段
8:00	2 404	241	184	0.10	0.76
9:00	3 111	302	226	0.10	0.75
10:00	3 505	330	245	0.09	0.74
11:00	3 603	348	255	0.10	0.73
12:00	3 429	353	256	0.10	0.73
13:00	3 100	342	243	0.11	0.71
14:00	2 758	316	220	0.11	0.70
15:00	2 161	280	185	0.13	0.66
16:00	1 564	228	142	0.15	0.62
17:00	831	156	95	0.19	0.61
18:00	277	73	52	0.26	0.71

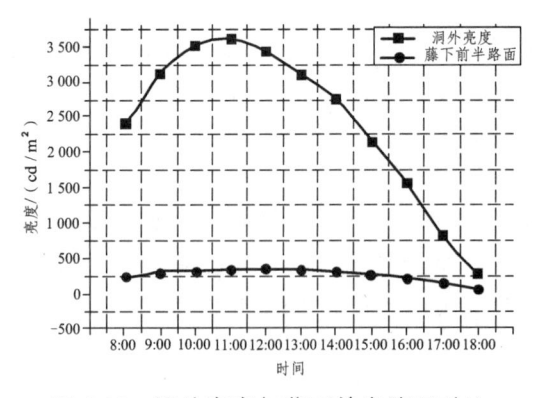

图 4-29　洞外亮度与藤下前半路面对比

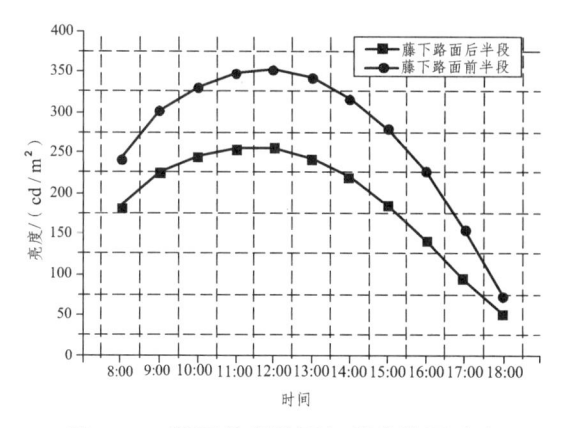

第 4 章 基于日光利用的隧道加强照明"零碳化"节能技术研究　　205

图 4-30　藤下前半路面与后半路面对比

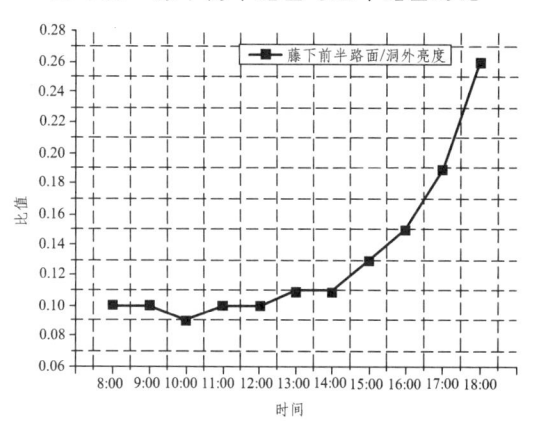

图 4-31　藤下前半路面与洞外亮度比值

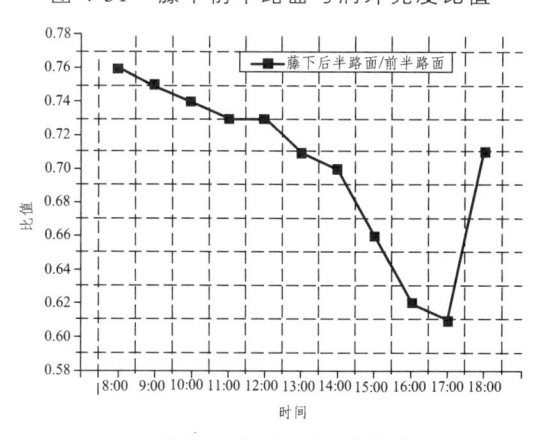

图 4-32　藤下后半路面与前半路面比值

如图 4-31 和图 4-32 所示，藤下路面前半部分亮度与洞外亮度比值达到最小出现在上午 10:00，比值为 0.09，数值比较小，此透光率不建议采纳。下午 17:00，藤下路面后半部分与前半部分的亮度比值达到最小，为 0.61，根据《公路隧道照明设计细则》的要求，该系数条件下能够保证驾驶员在规定的停车视距迅速发现障碍物，并采取应对措施。

2）均匀度情况

在夏至日晴天，透光率为 1%～2%的情况下，藤下路面的均匀度如图 4-33 所示。

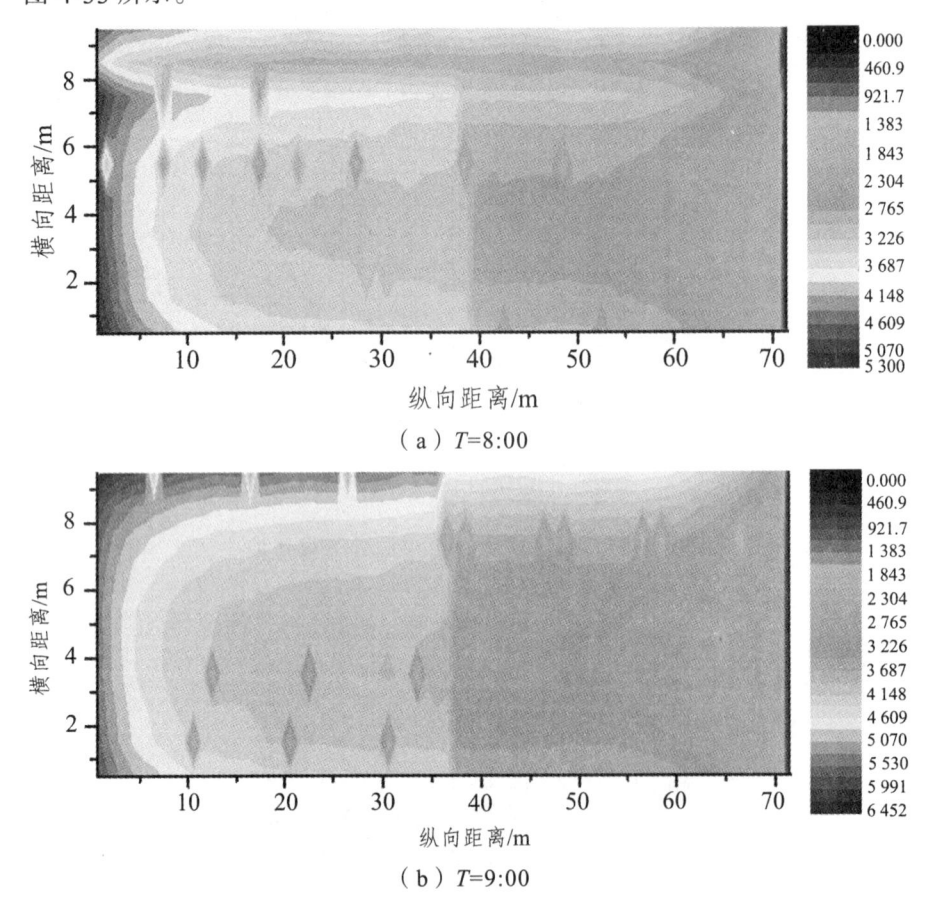

（a）T=8:00

（b）T=9:00

(c) T=10:00

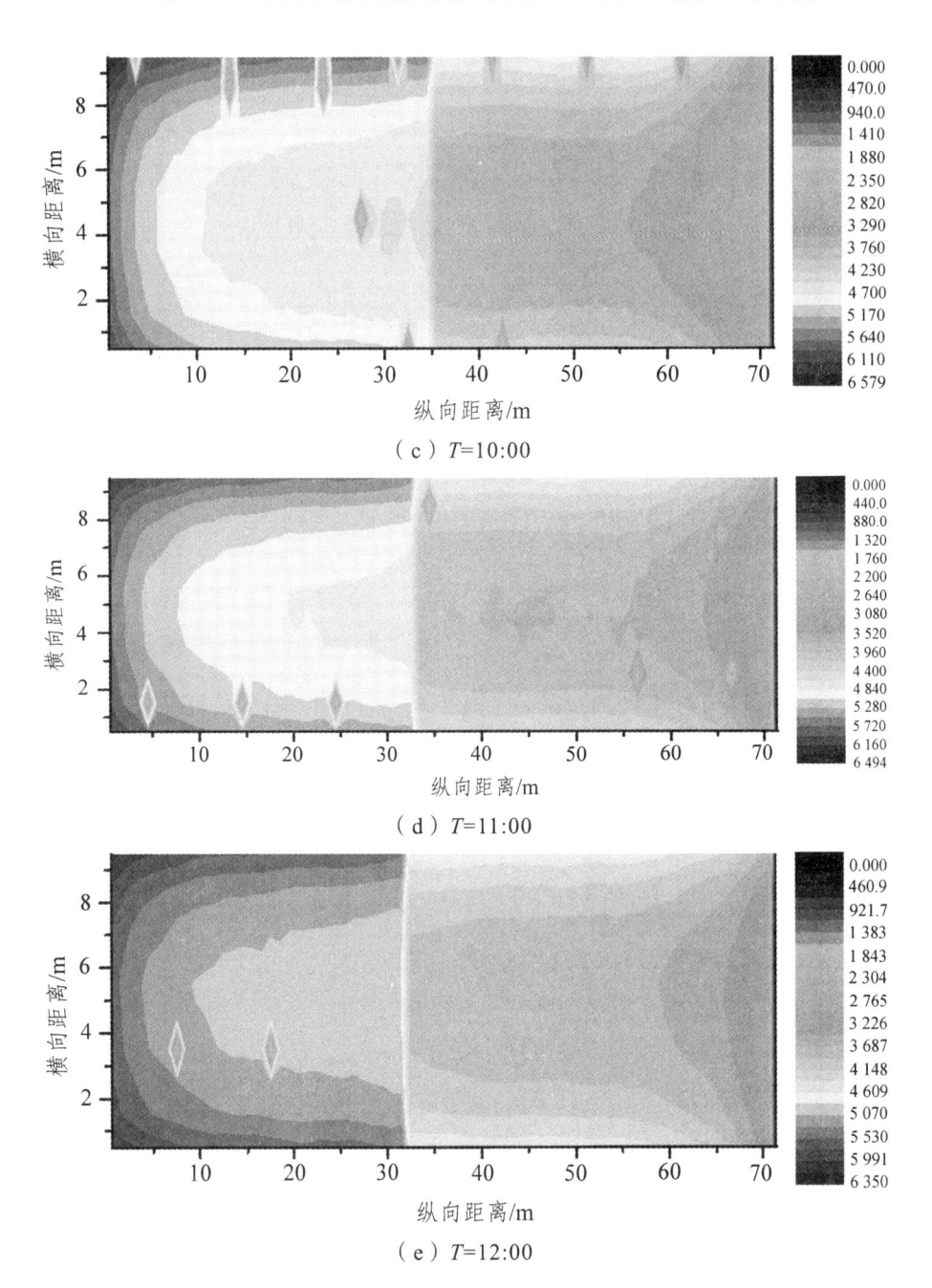

(d) T=11:00

(e) T=12:00

（f）$T=13:00$

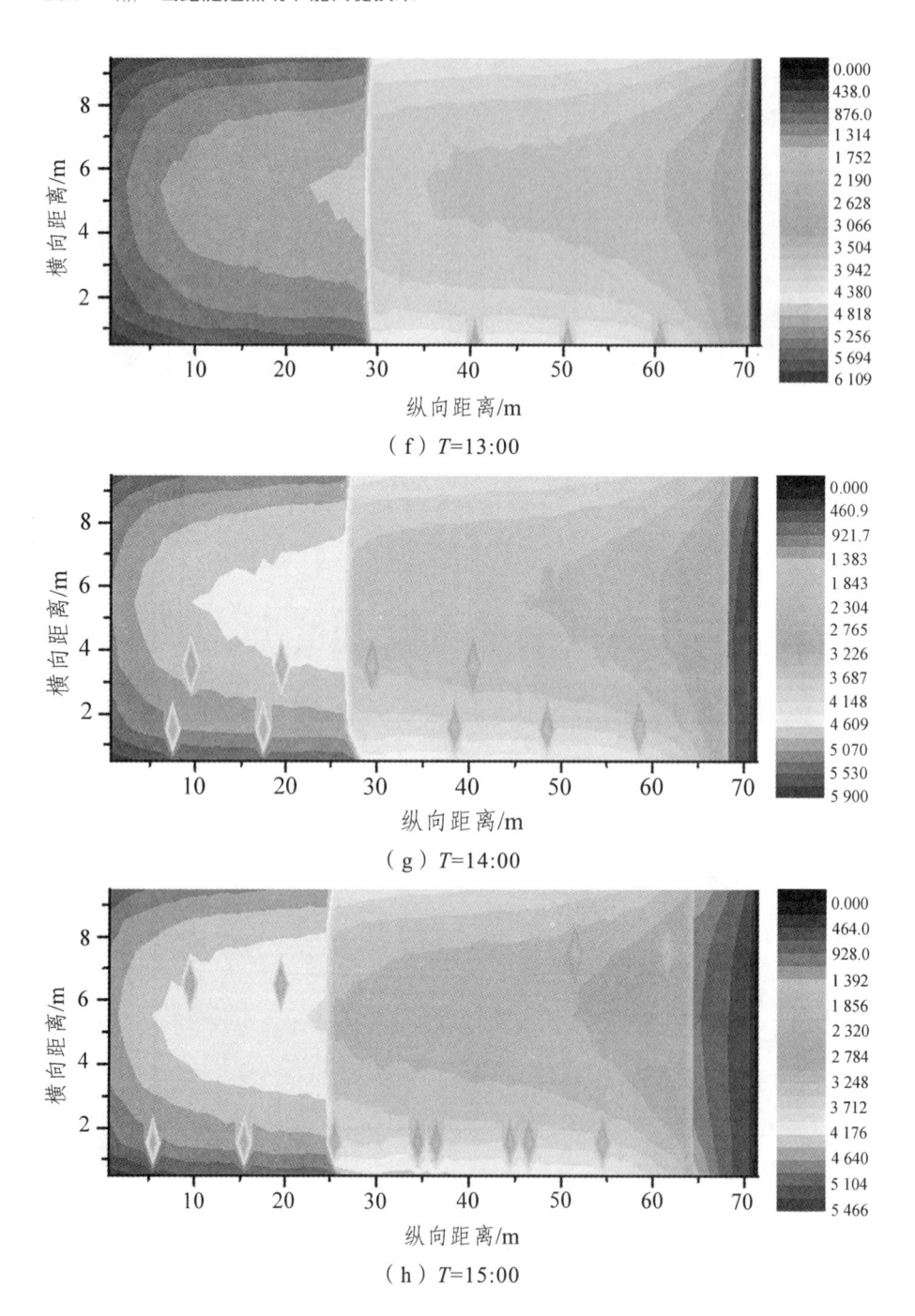

（g）$T=14:00$

（h）$T=15:00$

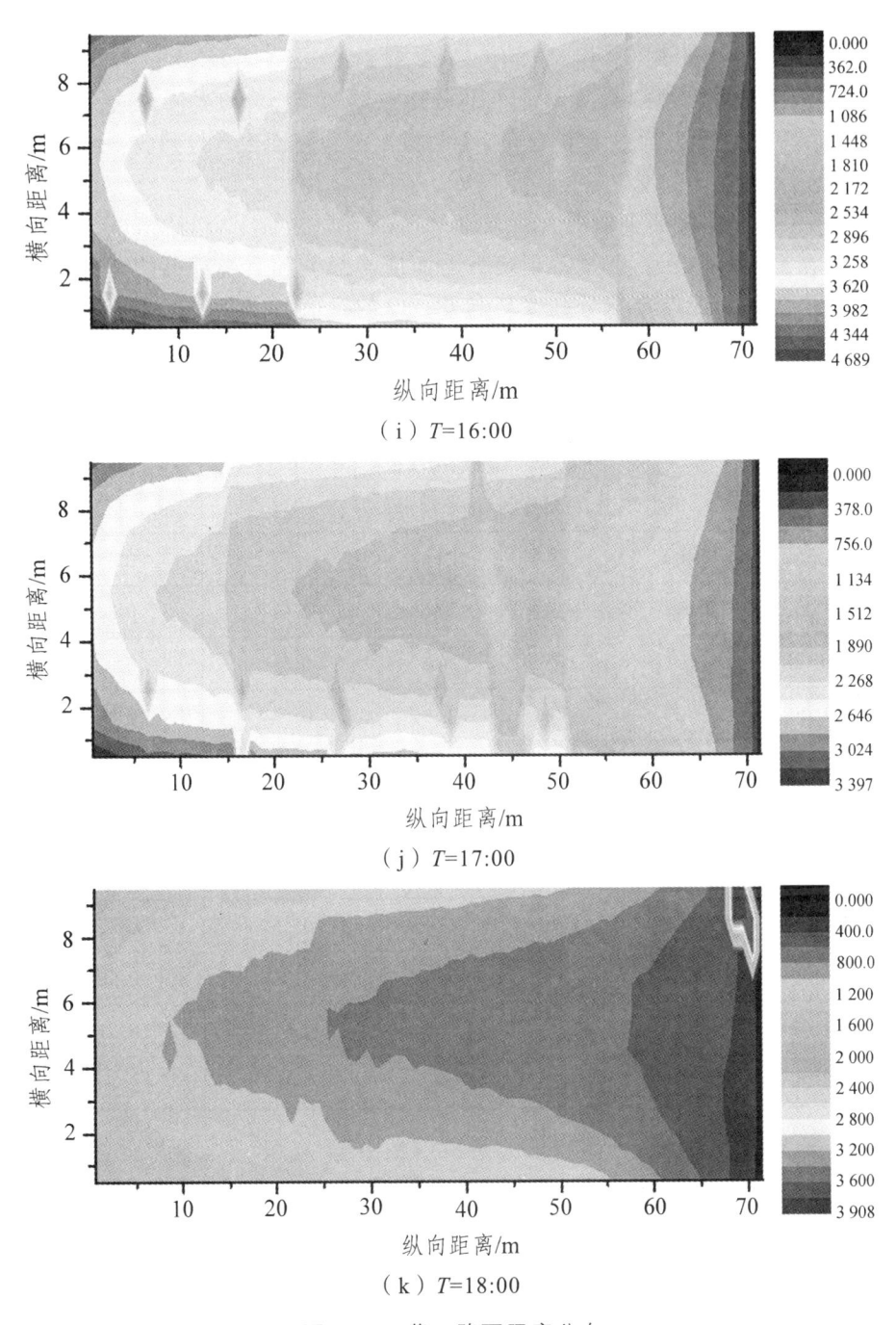

第 4 章　基于日光利用的隧道加强照明"零碳化"节能技术研究　　209

（i）T=16:00

（j）T=17:00

（k）T=18:00

图 4-33　藤下路面照度分布

4. 透光率 4%~5%

通过计算机模拟，藤下前半部分通过藤蔓有 5%的太阳光透到路面上，藤下后半部分通过藤蔓有 4%的太阳光透到路面上，得到藤下路面亮度情况和均匀度情况。

1）藤下路面亮度情况

在夏至日晴天，计算得到藤下路面前半部分和后半部分的亮度，然后算出藤下路面前半部分亮度与洞外亮度的比值，以及藤下路面后半部分亮度与前半部分亮度的比值，如表 4-28 所示。

表 4-28　亮度随时间变化情况　　　　　单位：cd/m^2

时间	洞外亮度	藤下路面 前半部分	藤下路面 后半部分	藤下前半段/洞外亮度	藤下后半段/藤下前半段
8:00	2 404	261	211	0.11	0.81
9:00	3 111	338	274	0.11	0.81
10:00	3 505	375	306	0.11	0.82
11:00	3 603	399	325	0.11	0.81
12:00	3 429	405	330	0.12	0.81
13:00	3 100	395	313	0.13	0.79
14:00	2 758	364	280	0.13	0.77
15:00	2 161	320	229	0.15	0.72
16:00	1 564	257	168	0.16	0.65
17:00	831	173	106	0.21	0.61
18:00	277	77	54	0.28	0.70

藤下路面前半部分亮度最大值出现在中午 12:00，为 405 cd/m^2，后半部分亮度最大值也出现在中午 12:00，为 330 cd/m^2。在上午 11:00 时，太阳几乎直射洞外路面，此时太阳的辐射最强，洞外亮度达到最大，为 3 603 cd/m^2，且藤下路面亮度也将要达到最大值，说明洞外亮度和藤下路面前半部分亮度的变化趋势大概一致，如图 4-34 和图 4-35 所示。

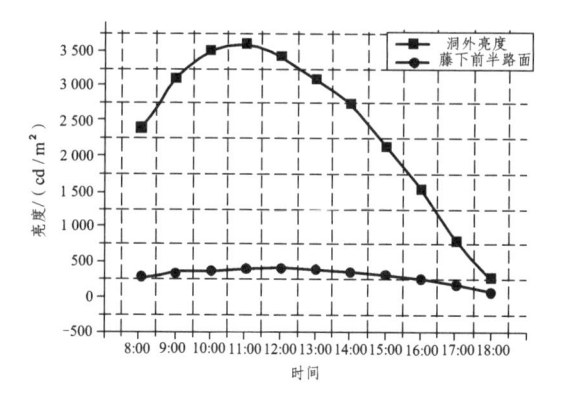

图 4-34 洞外亮度与藤下前半路面对比

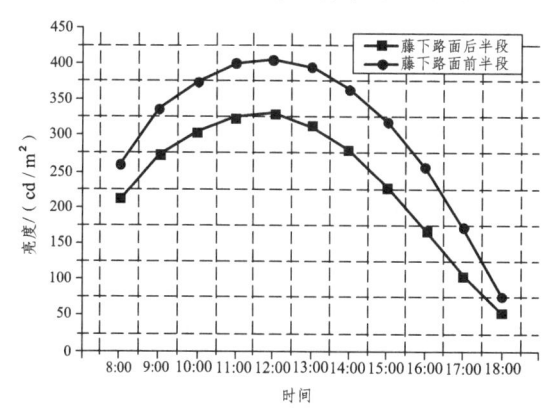

图 4-35 藤下前半路面与后半路面对比

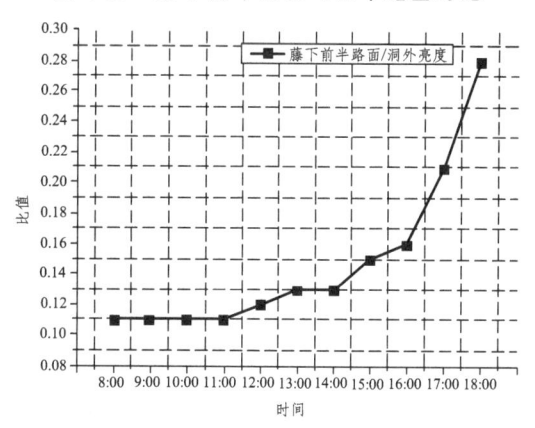

图 4-36 藤下前半路面与洞外亮度比值

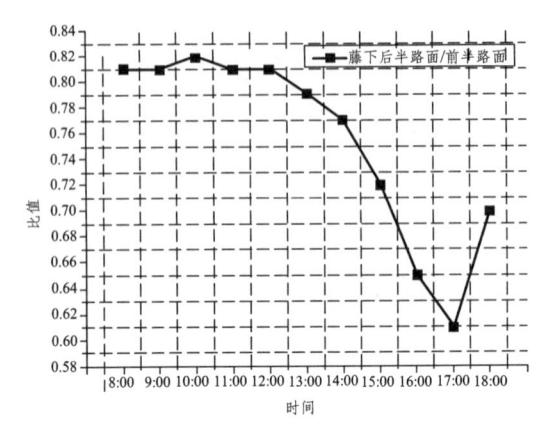

图 4-37　藤下后半路面与前半路面比值

如图 4-36 和图 4-37 所示，藤下路面前半部分亮度与洞外亮度比值达到最小出现在上午 8:00～11:00，比值为 0.11，数值比较好，可以采纳此透光率。下午 17:00，藤下路面后半部分与前半部分亮度的比值达到最小，为 0.61，根据《公路隧道照明设计细则》的要求，该系数条件下能够保证驾驶员在规定的停车视距迅速发现障碍物，并采取应对措施。

2）均匀度情况

在夏至日晴天，透光率为 1%～2%的情况下，藤下路面的均匀度如图 4-38 所示。

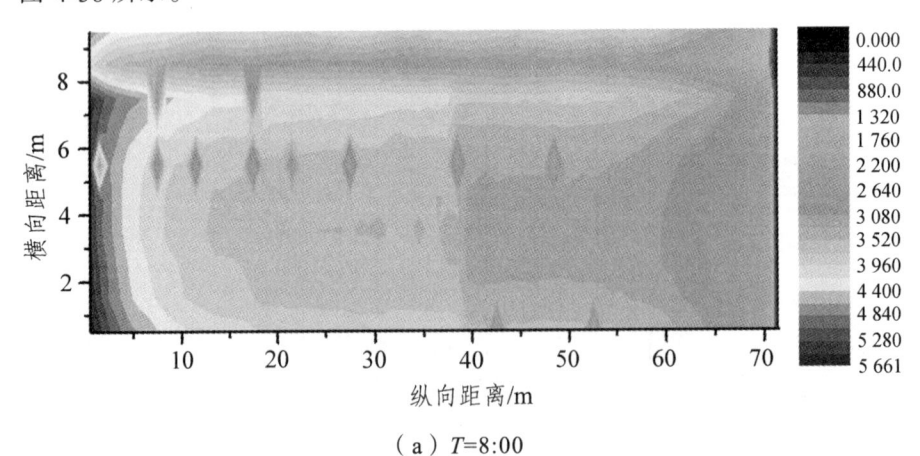

（a）$T=8:00$

(b) $T=9:00$

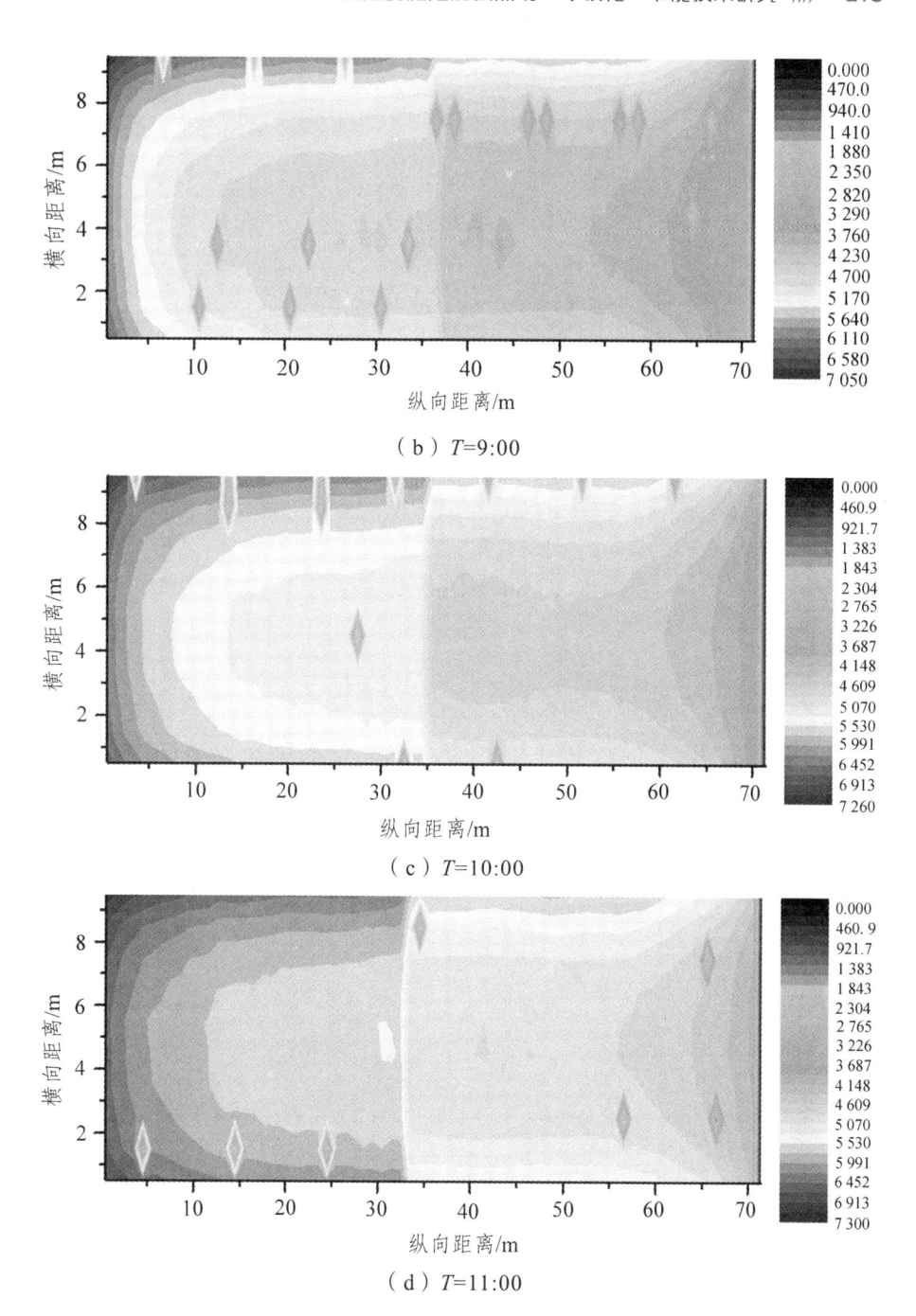

(c) $T=10:00$

(d) $T=11:00$

(e) $T=12:00$

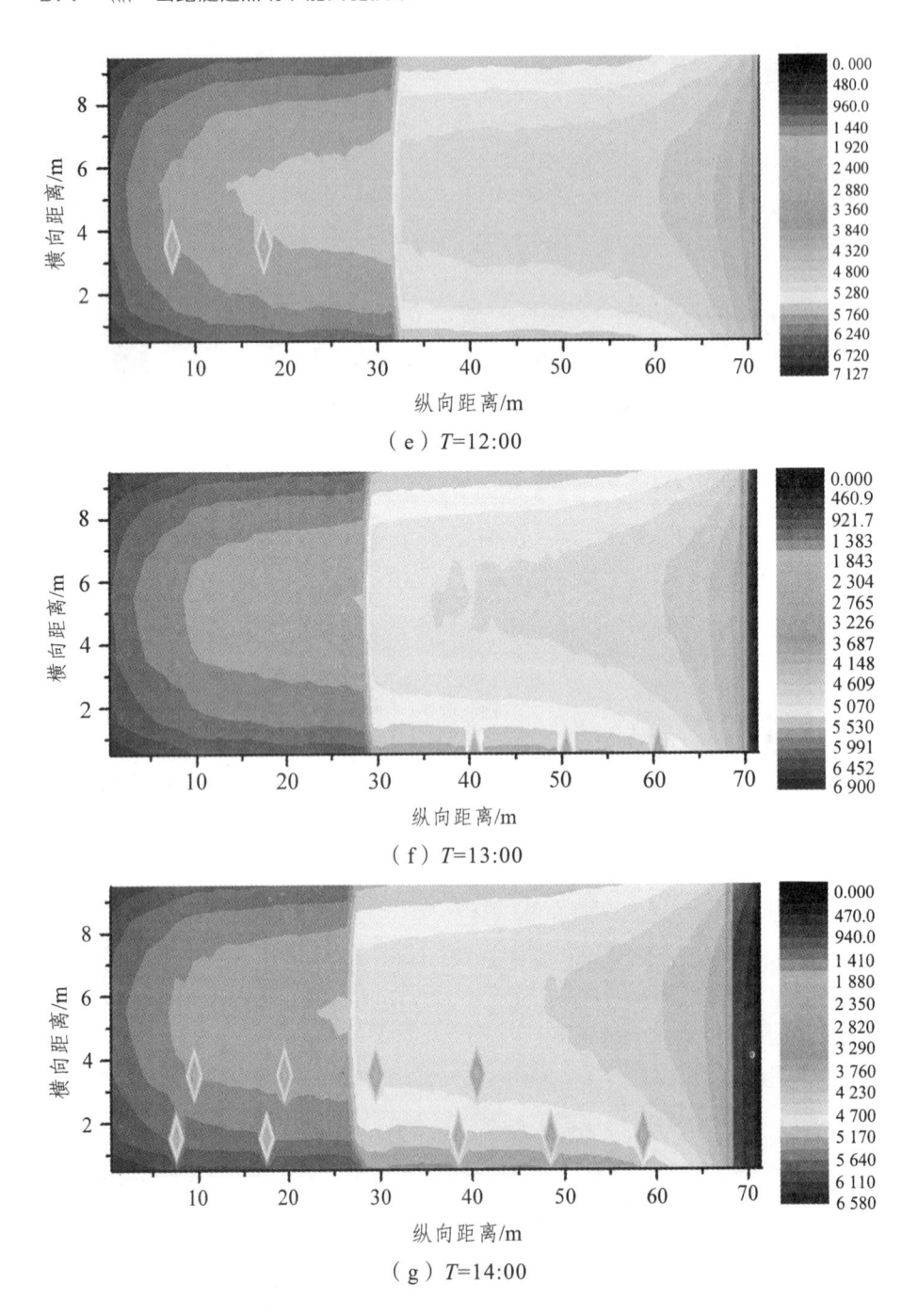

(f) $T=13:00$

(g) $T=14:00$

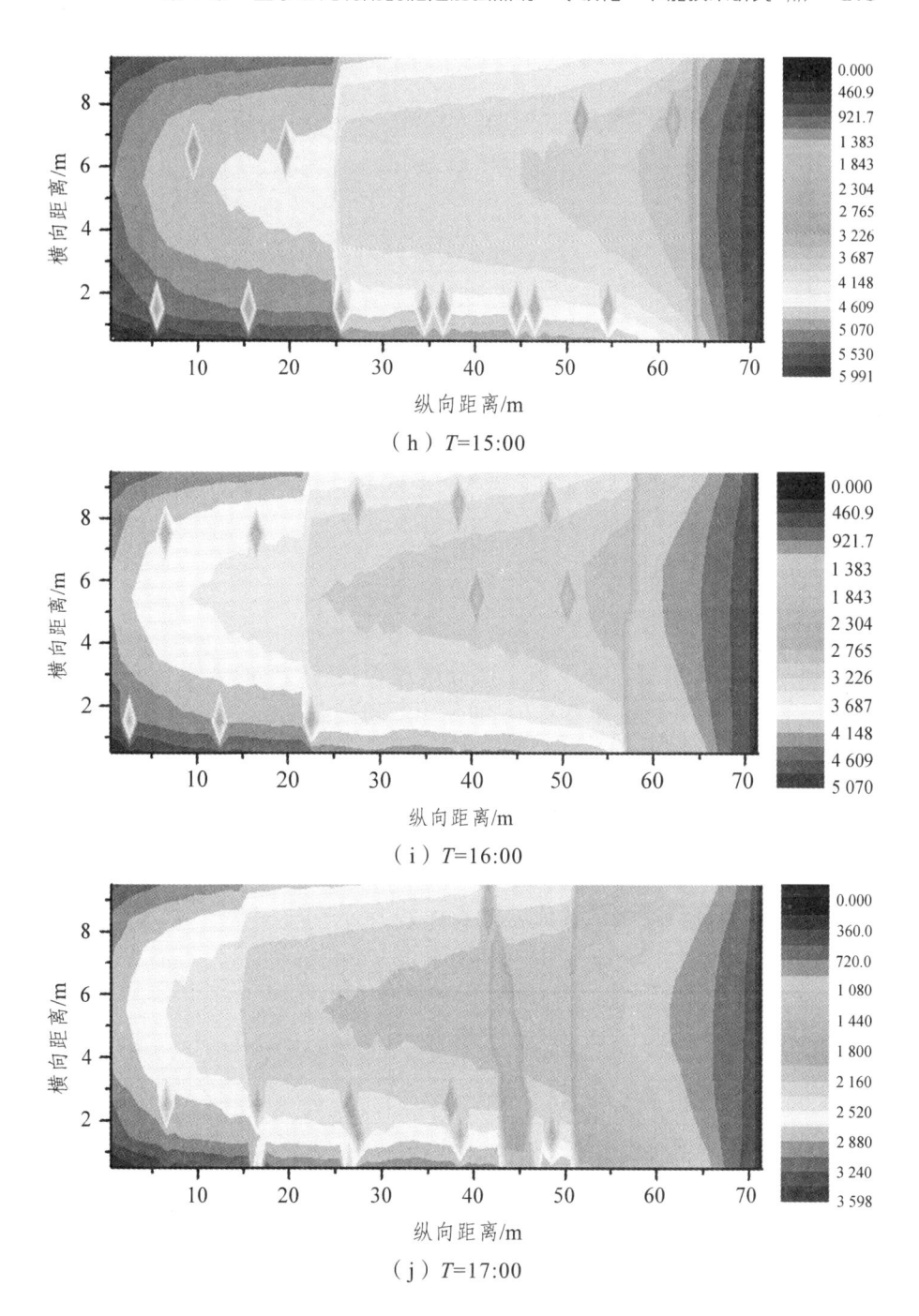

第 4 章 基于日光利用的隧道加强照明"零碳化"节能技术研究 215

(h) T=15:00

(i) T=16:00

(j) T=17:00

（k）$T=18:00$

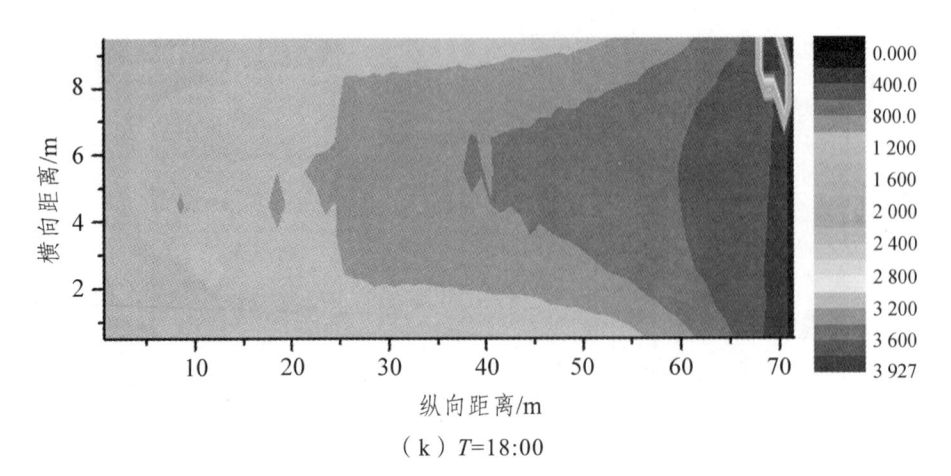

图 4-38 藤下路面照度分布

4.6.2 冬至日阴天

1. 透光率 1%~2%

通过计算机模拟，藤下前半部分通过藤蔓有 2%的太阳光透到路面上，藤下后半部分通过藤蔓有 1%的太阳光透到路面上，得到藤下路面亮度情况和均匀度情况。

1）藤下路面亮度情况

在冬至日阴天，计算得到藤下路面前半部分和后半部分的亮度，然后算出藤下路面前半部分亮度与洞外亮度的比值，以及藤下路面后半部分亮度与前半部分亮度的比值，如表 4-29 所示。

表 4-29 亮度随时间变化情况　　　　单位：cd/m^2

时间	洞外亮度	藤下路面 前半部分	藤下路面 后半部分	藤下前半段/ 洞外亮度	藤下后半段/ 藤下前半段
8:00	175	25	18	0.15	0.69
9:00	306	45	31	0.15	0.69
10:00	407	59	41	0.15	0.69
11:00	471	69	47	0.15	0.69
12:00	495	72	50	0.15	0.69
13:00	475	69	48	0.15	0.69

续表

时间	洞外亮度	藤下路面 前半部分	藤下路面 后半部分	藤下前半段/ 洞外亮度	藤下后半段/ 藤下前半段
14:00	414	60	42	0.15	0.69
15:00	315	46	32	0.15	0.69
16:00	186	27	19	0.15	0.69
17:00	36	5	4	0.14	0.69

藤下路面前半部分亮度最大值出现在中午12:00，为72 cd/m²，后半部分亮度最大值也出现在中午12:00，为50 cd/m²。在中午12:00时，太阳几乎直射洞外路面，此时太阳的辐射最强，洞外亮度达到最大，为495 cd/m²，且藤下路面亮度也达到最大值，说明洞外亮度和藤下路面前半部分亮度的变化趋势大概一致，如图4-39和图4-40所示。

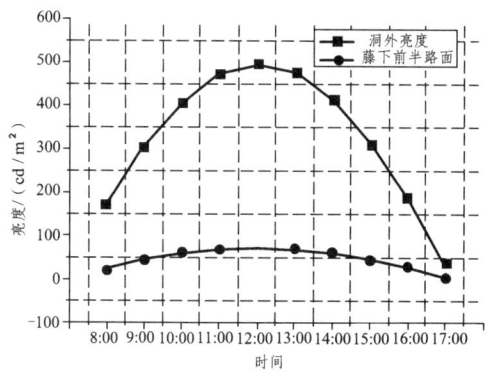

图4-39 洞外亮度与藤下前半路面对比

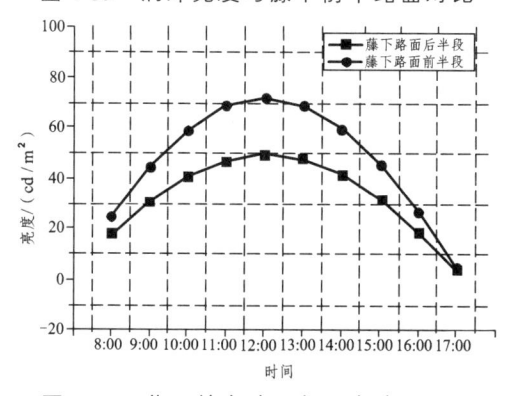

图4-40 藤下前半路面与后半路面对比

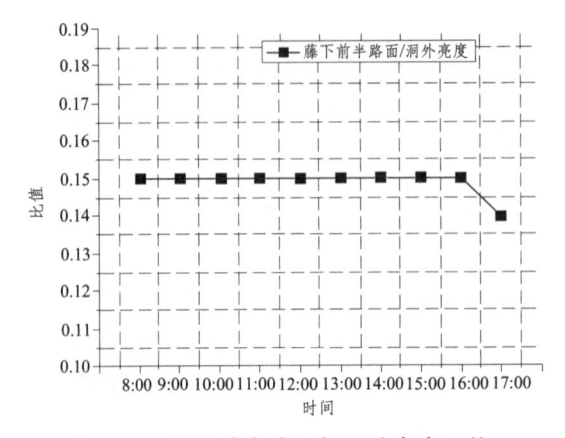

图 4-41　藤下前半路面与洞外亮度比值

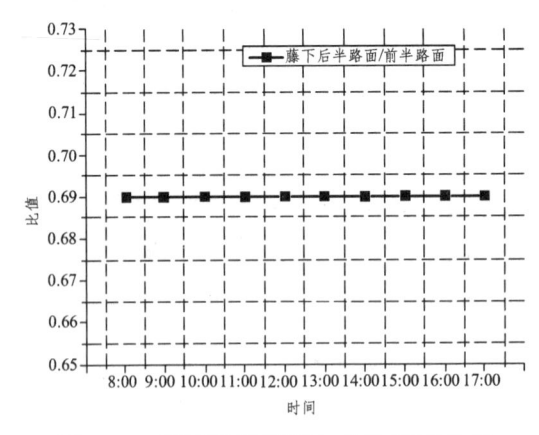

图 4-42　藤下后半路面与前半路面比值

如图 4-41 和图 4-42 所示，藤下路面前半部分亮度与洞外亮度比值基本保持一致，除在 17:00 为 0.14 以外，其他均为 0.15，数值比较好，此透光率可以采纳。藤下路面后半部分与前半部分的亮度比值保持一致，为 0.69，根据《公路隧道照明设计细则》的要求，该系数条件下能够保证驾驶员在规定的停车视距迅速发现障碍物，并采取应对措施。

2）均匀度情况

在冬至日阴天，透光率为 1%～2%的情况下，藤下路面的均匀度如图 4-43 所示。

(a) T=8:00

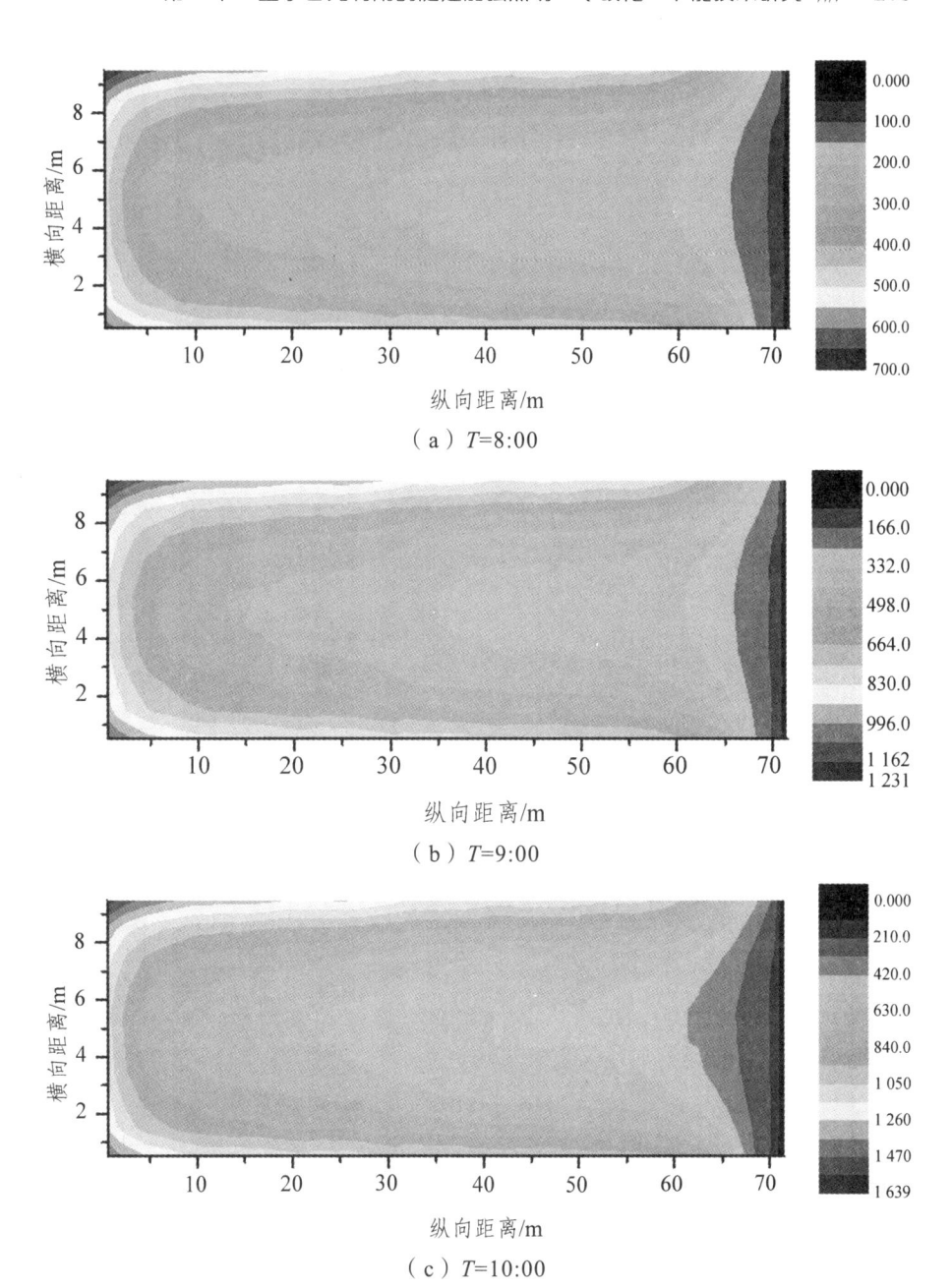

(b) T=9:00

(c) T=10:00

（d）T=11:00

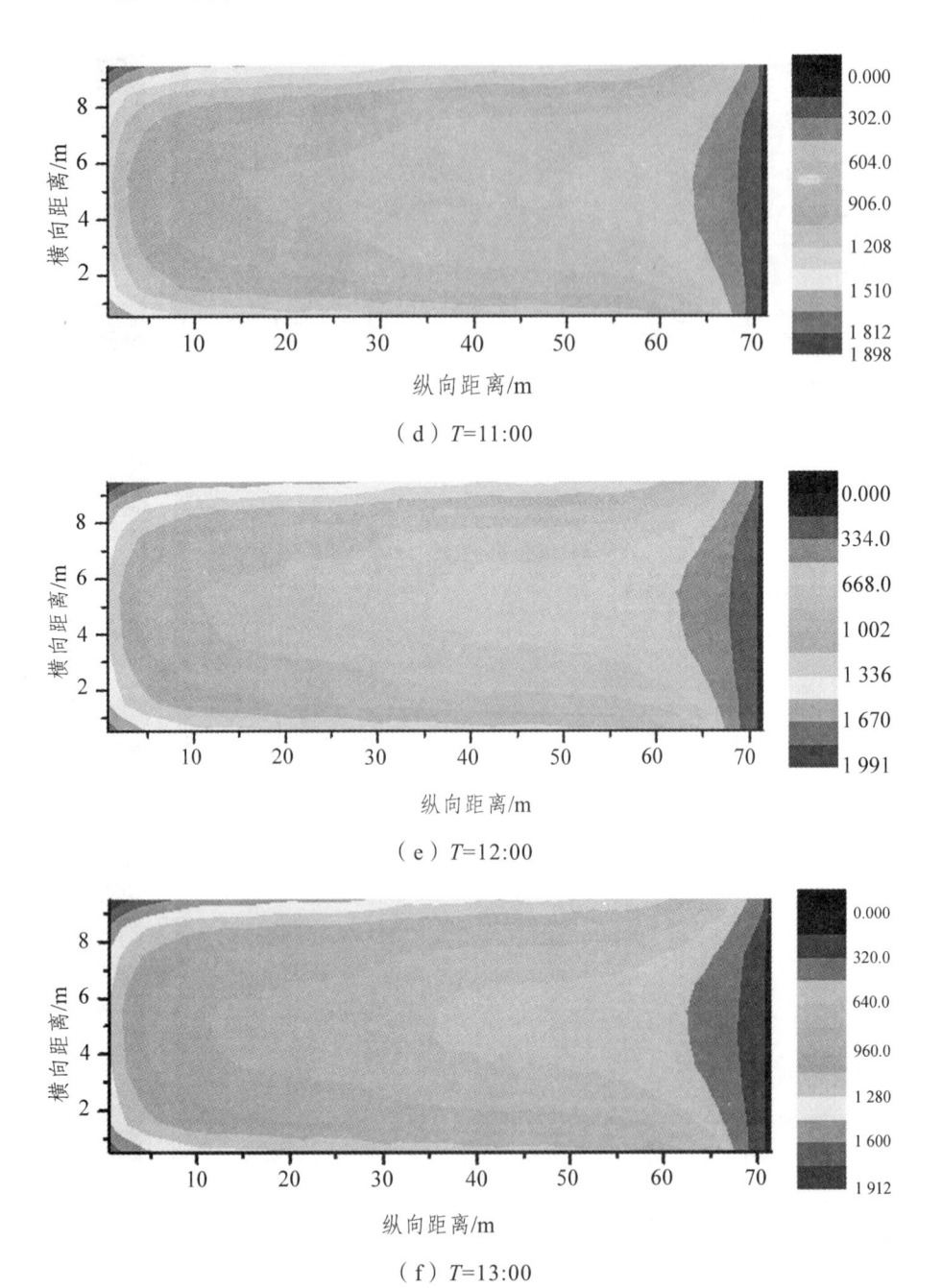

（e）T=12:00

（f）T=13:00

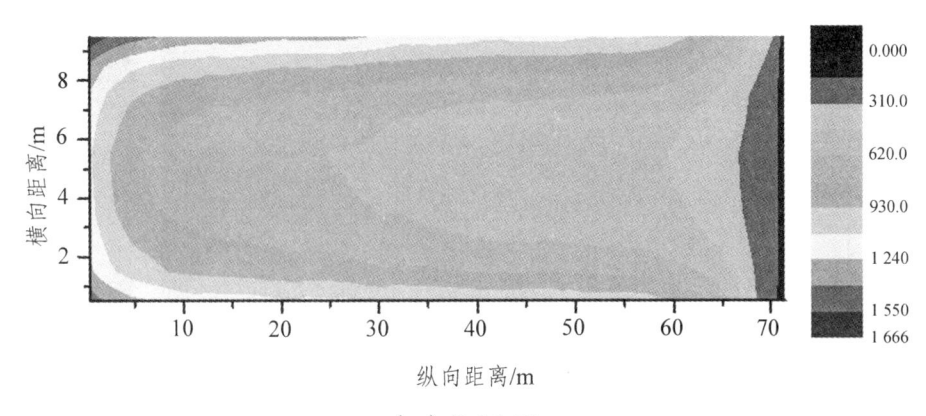

第 4 章 基于日光利用的隧道加强照明"零碳化"节能技术研究 221

(g) T=14:00

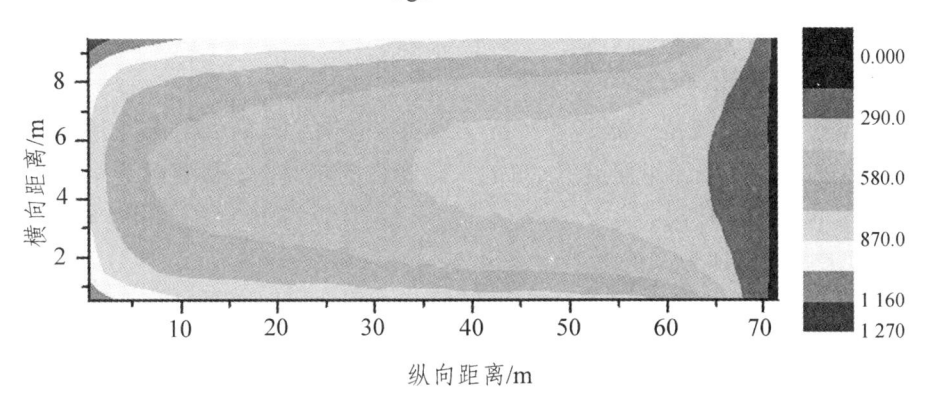

(h) T=15:00

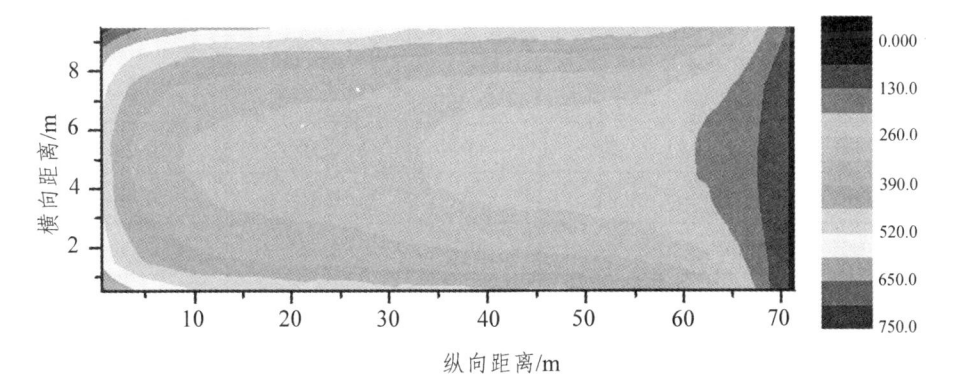

(i) T=16:00

（j）$T=17:00$

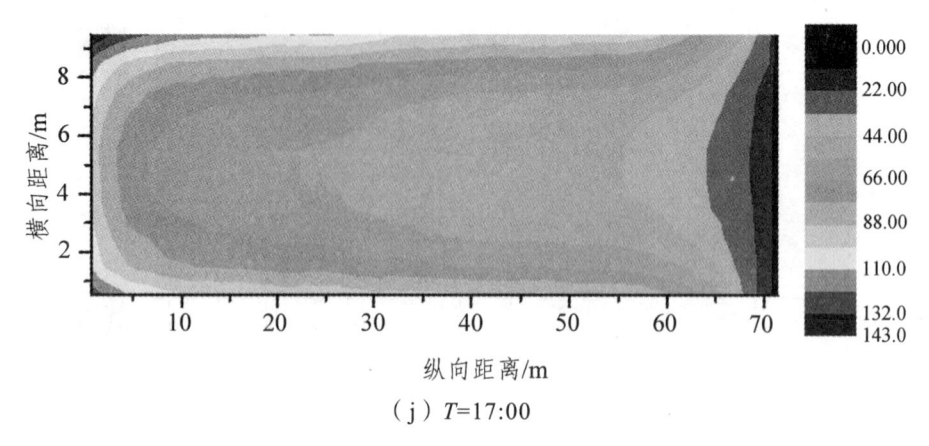

图 4-43　藤下路面照度分布

2. 透光率 2%~3%

通过计算机模拟，藤下前半部分通过藤蔓有 3%的太阳光透到路面上，藤下后半部分通过藤蔓有 2%的太阳光透到路面上，得到藤下路面亮度情况和均匀度情况。

1）藤下路面亮度情况

在冬至日阴天，计算得到藤下路面前半部分和后半部分的亮度，然后算出藤下路面前半部分亮度与洞外亮度的比值，以及藤下路面后半部分亮度与前半部分亮度的比值，如表 4-30 所示。

表 4-30　亮度随时间变化情况　　　　　　单位：cd/m²

时间	洞外亮度	藤下路面 前半部分	藤下路面 后半部分	藤下前半段/洞外亮度	藤下后半段/藤下前半段
8:00	175	28	20	0.16	0.74
9:00	306	48	35	0.16	0.74
10:00	407	64	47	0.16	0.74
11:00	471	74	55	0.16	0.74
12:00	495	78	57	0.16	0.74
13:00	475	75	55	0.16	0.73
14:00	414	65	48	0.16	0.74

续表

时间	洞外亮度	藤下路面 前半部分	藤下路面 后半部分	藤下前半段/洞外亮度	藤下后半段/藤下前半段
15:00	315	50	37	0.16	0.73
16:00	186	29	22	0.16	0.73
17:00	36	6	4	0.16	0.74

藤下路面前半部分亮度最大值出现在中午 12:00，为 78 cd/m²，后半部分亮度最大值也出现在中午 12:00，为 57 cd/m²。在中午 12:00 时，太阳几乎直射洞外路面，此时太阳的辐射最强，洞外亮度达到最大，为 495 cd/m²，且藤下路面亮度也达到最大值，说明洞外亮度和藤下路面前半部分亮度的变化趋势大概一致，如图 4-44 和图 4-45 所示。

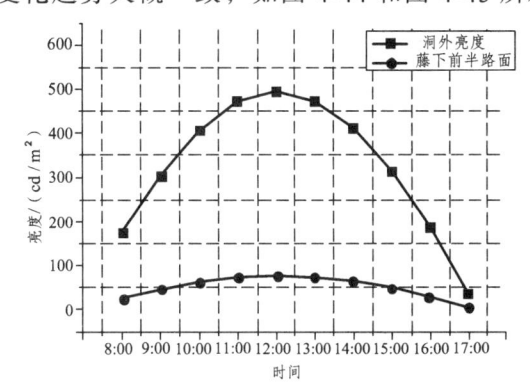

图 4-44 洞外亮度与藤下前半路面对比

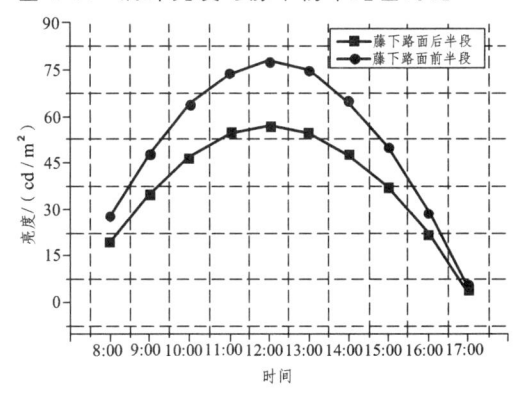

图 4-45 藤下前半路面与后半路面对比

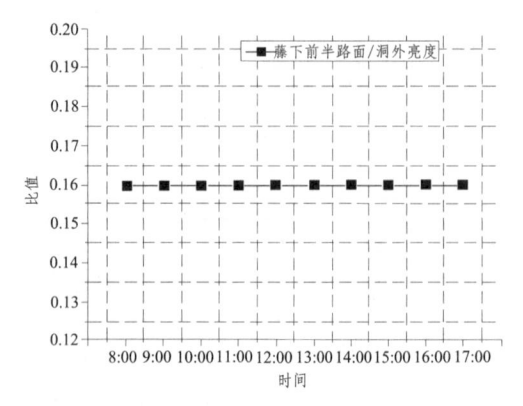

图 4-46 藤下前半路面与洞外亮度比值

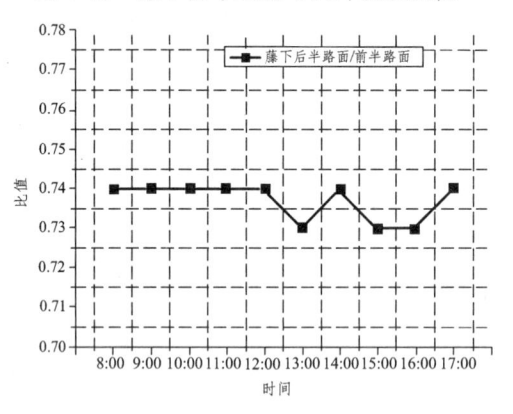

图 4-47 藤下后半路面与前半路面比值

如图 4-46 和图 4-47 所示,藤下路面前半部分亮度与洞外亮度比值保持一致,均为 0.16,数值比较好,此透光率可以采纳。藤下路面后半部分与前半部分的亮度比值基本保持一致,为 0.73~0.74,根据《公路隧道照明设计细则》的要求,该系数条件下能够保证驾驶员在规定的停车视距迅速发现障碍物,并采取应对措施。

2)均匀度情况

在冬至日阴天,透光率为 2%~3%的情况下,藤下路面的均匀度如图 4-48 所示。

(a) T=8:00

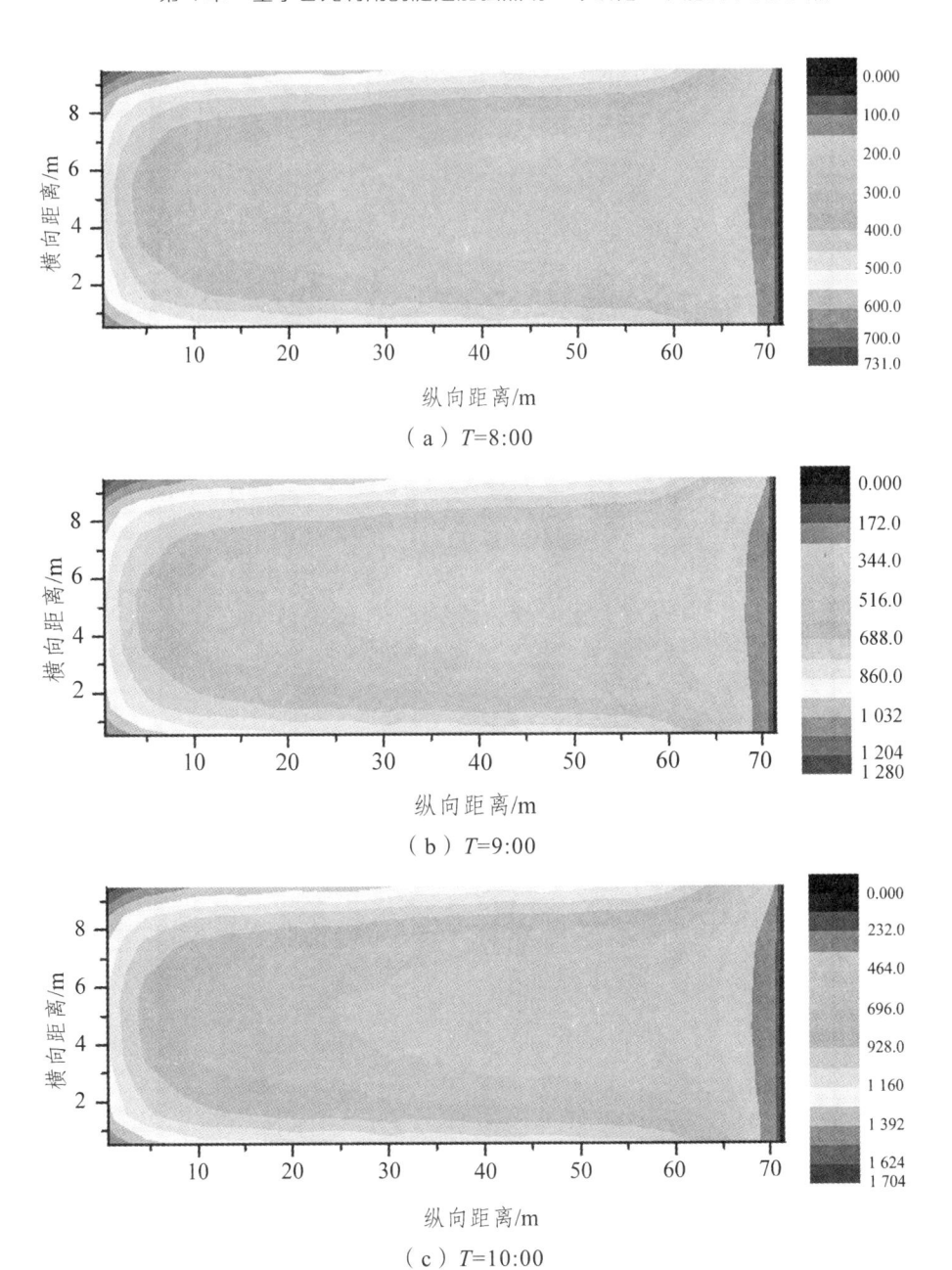

(b) T=9:00

(c) T=10:00

（d）T=11:00

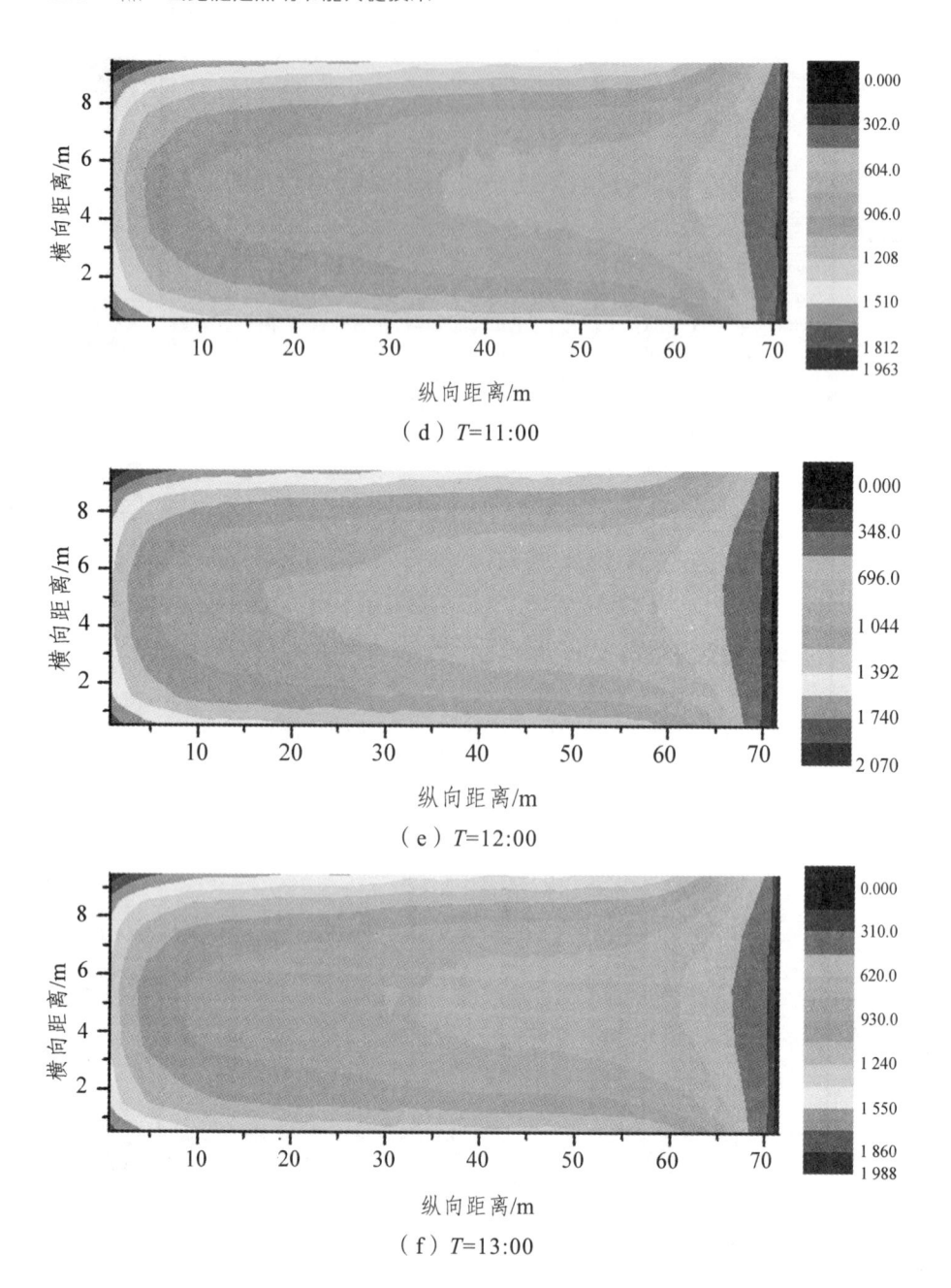

（e）T=12:00

（f）T=13:00

(g) T=14:00

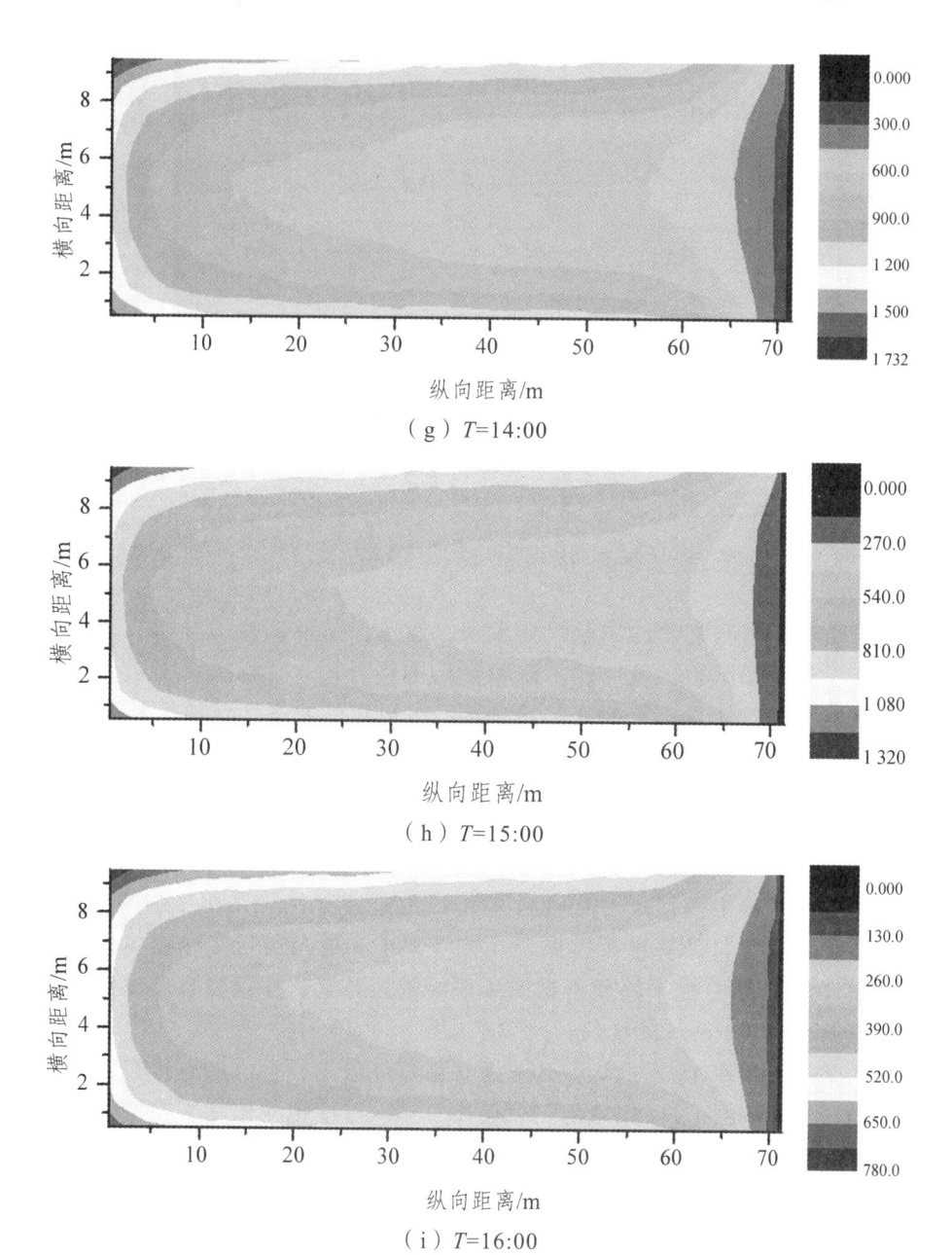

(h) T=15:00

(i) T=16:00

(j) T=17:00

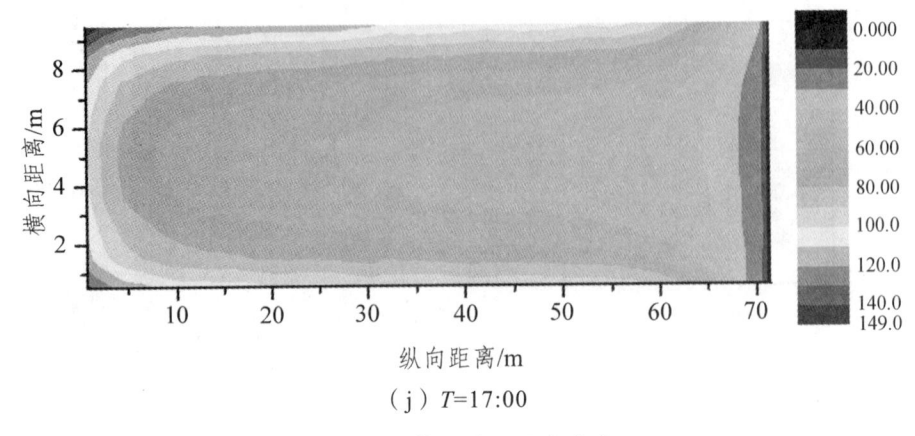

图 4-48　藤下路面照度分布

4.7　生态减光结构物模型试验研究

由于生态减光棚的原形尺寸较大,遂选择模型试验进行相关参数的研究。与原形试验比较,模型试验突出主要因素,简略次要因素,具有经济好、针对性强、数据准确的特点,可以定性或者定量地反映生态减光棚的相关光环境特性。

4.7.1　试验模型

模型试验中模型采用的比例尺为 1∶25,主体结构采用工程塑料。绿色藤蔓采用塑料藤蔓进行模拟,其枝叶大小、透光性与实际藤蔓相似,如图 4-49 所示。棚下路面根据实际尺寸进行布置,并进行材质涂装。缩尺模型总长 3.2 m,宽 0.8 m。

采用大功率 LED 灯具作为光源,每盏灯的光通量可以通过控制器无级调制,两侧的 LED 光源的照射角度可调,以模拟太阳在天空的不同位置。光线分别从模型顶部、左侧、右侧三个方向照射在藤蔓上,以模拟实际的自然光条件。试验平台如图 4-50 所示。

第 4 章 基于日光利用的隧道加强照明"零碳化"节能技术研究　229

图 4-49　试验模型藤蔓模拟

图 4-50　生态减光试验平台

4.7.2 试验仪器

生态减光棚内部及周边的照度采用分光照度计 CL-500A 进行测量。CL-500A 是柯尼卡美能达推出的首款轻便、手持式的分光辐射照度计。凭借先进的光学传感技术和创新设计，可用于评估新一代光源，如 LED、OLED、有机 EL 照明的显色指数、照度、色度、相关色温等参数，如图 4-51 所示。可通过计算机软件 CL-S10w，连接 CL-500A 进行多点测量，方便用户对环境的照度均匀性、光源色温进行跟踪评估。

图 4-51 分光照度计 CL-500A

生态减光棚藤蔓的空隙率采用数字图像技术进行测量，首先采用 Canon 70D 单反相机对所测量区域进行取像，如图 4-52 所示，然后利用图像处理工具选取空隙，计算空隙所占像素的数量，然后和图像的总像素数量相比，即可得出测量区域的空隙率。

图 4-52　藤蔓空隙率测量相机

4.7.3　试验方法

1. 测点布置

对棚下路面的照明测量中，在道路横向布置 3 个测点，分别在道路左侧、右侧和道路中心线，沿纵向布置 9 个测量断面，如图 4-53 所示。同时在生态减光棚外两侧相应位置测试照度值，用来计算洞内照度与洞外照度比。

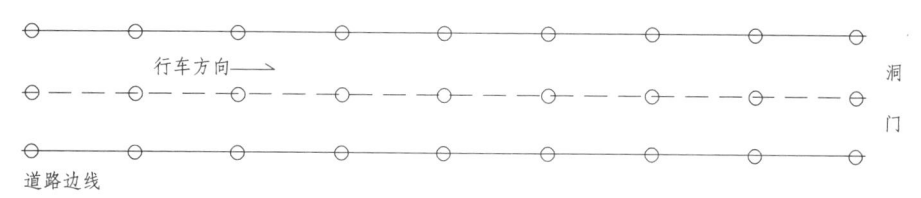

图 4-53　照度测点布设方案

在棚下路面均匀度测量中，纵向在两个立柱中间等间距布置 6 个点，在横向布置 5 个点，分别是左车道路边线、左车道道路中线、道路中线、右车道道路中线、右车道道路边线，如图 4-54 和图 4-55 所示。

2. 透光率确定

藤蔓的透光率与其空隙比有关，空隙比越大透光率也就越大。现将藤蔓之间的空隙比近似等于藤蔓的透光率，藤蔓的空隙比可以通过照片将空隙描绘出来，再利用相关软件进行计算。藤蔓的不同透光率如图 4-56 所示。

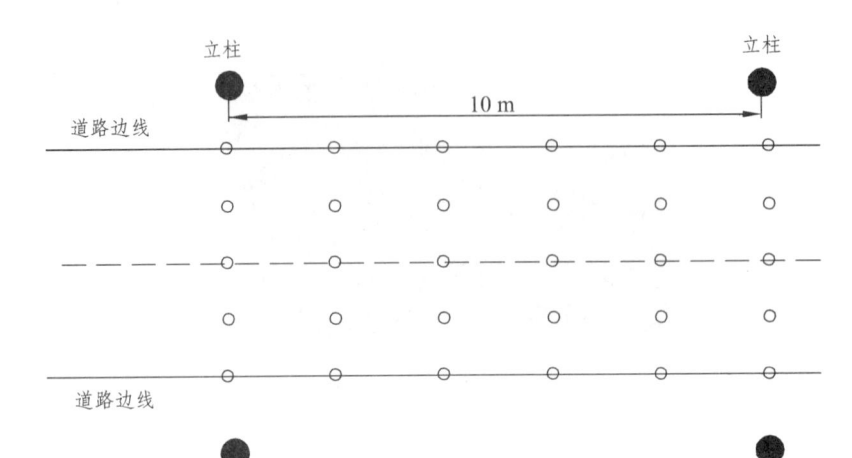

232 《《 公路隧道照明节能关键技术

图 4-54 棚下路面均匀度测点布设

(a) 道路左侧

(b) 道路右侧

(c) 道路中心

(d) 洞外道路

图 4-55 数据采集

第 4 章　基于日光利用的隧道加强照明"零碳化"节能技术研究　233

（a）侧边空隙率 30%

（b）空隙率 1% 　　　　　　　　　（c）空隙率 5%

（d）空隙率 10%

图 4-56　空隙率计算示意图

通过调整藤蔓枝叶来调节顶部藤蔓的空隙比，直到满足空隙比要求，具体空隙比见表 4-31。在试验过程中，选取顶部藤蔓的空隙比分别为 1%，5% 和 10% 进行减光棚光环境的评价。

表 4-31 空隙比试验工况　　　　　　　　　　单位：mm²

透光率	空隙面积	总面积	空隙率
顶部 1%	20 983	2 162 340	0.97%
顶部 5%	360 982	7 192 584	5.02%
顶部 10%	490 412	4 731 048	10.37%
侧边 30%	354 035	1 188 000	29.80%

4.7.4 数据处理及分析

将试验采集的数据进行处理和分析，生态减光棚的试验指标主要为内外的照度比，用来评价减光棚减光和利用自然光的效果，如图 4-57 所示。

图 4-57 数据的处理

顶部藤蔓的空隙比为 1%、5%、10% 时，减光棚内外照度如表 4-32、表 4-33、表 4-34 及图 4-58、图 4-59、图 4-60 所示。当顶部藤蔓的空隙比为 1% 时，纵向各个测试点的棚内外照度比值最大为 0.43，最小值为 0.08，平均值为 0.10。

表 4-32 透光率 1% 时的棚内外照度　　　　　　　　单位：lx

纵向位置	左侧	中线	右侧	内部平均值	左外侧	右外侧	左右外侧平均值	内、外比值
0	418	417	438	424	1 973	1 972	986	0.43
10	323	286	340	316	4 705	1 972	1 669	0.19

续表

纵向位置	左侧	中线	右侧	内部平均值	左外侧	右外侧	左右外侧平均值	内、外比值
20	556	422	435	471	4 145	8 128	3 068	0.15
30	665	305	731	567	14 337	14 891	7 307	0.08
40	572	547	1730	950	15 684	17 399	8 271	0.11
50	338	257	658	418	15 617	17 826	8 361	0.05
60	693	286	788	589	14 731	15 585	7 579	0.08
70	337	322	981	547	12 679	13 947	6 656	0.08
80	918	733	872	841	10 025	10 548	5 143	0.16
总体	536	397	775	569	10 433	11 363	5 449	0.10

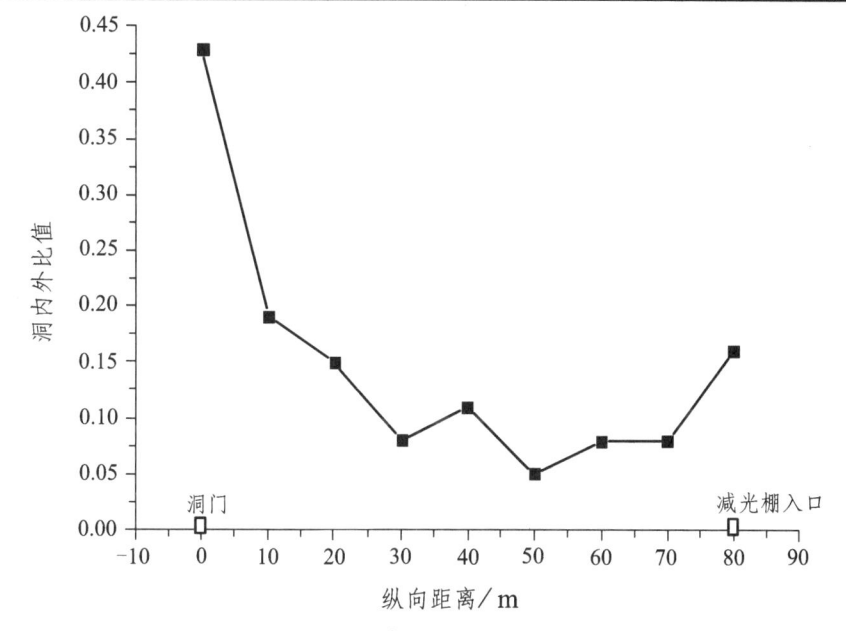

图 4-58 纵向透光率 5%时的棚内外照度比值

当顶部藤蔓的空隙比为 5%时，纵向各个测试点的棚内外照度比值最大为 0.37，最小值为 0.16，平均值为 0.21。

当顶部藤蔓的空隙比为 10%时，纵向各个测试点的棚内外照度比值最大为 0.52，最小值为 0.18，平均值为 0.30。

表 4-33　透光率 5%时的棚内外照度　　　　　　　单位：lx

纵向位置	左侧	中线	右侧	内部平均值	左外侧	右外侧	左右外侧平均值	内、外比值
0	925	770	633	776	3 519	4 837	2 089	0.37
10	1 143	1 002	944	1 030	3 519	4 837	2 089	0.49
20	1 308	952	1 047	1 102	7 766	9 516	4 321	0.26
30	1 588	838	1 908	1 444	14 379	17 247	7 906	0.18
40	1 409	1 182	1 436	1 342	15 620	18 154	8 444	0.16
50	1 538	1 161	2 621	1 774	15 888	17 010	8 224	0.22
60	1 795	1 162	1 642	1 533	14 891	16 271	7 790	0.20
70	1 037	1 081	1 166	1 095	10 961	13 854	6 204	0.18
80	1 274	842	1 446	1 187	10 785	11 655	5 610	0.21
总体	1 335	999	1 427	1 254	10 814	12 598	5 853	0.21

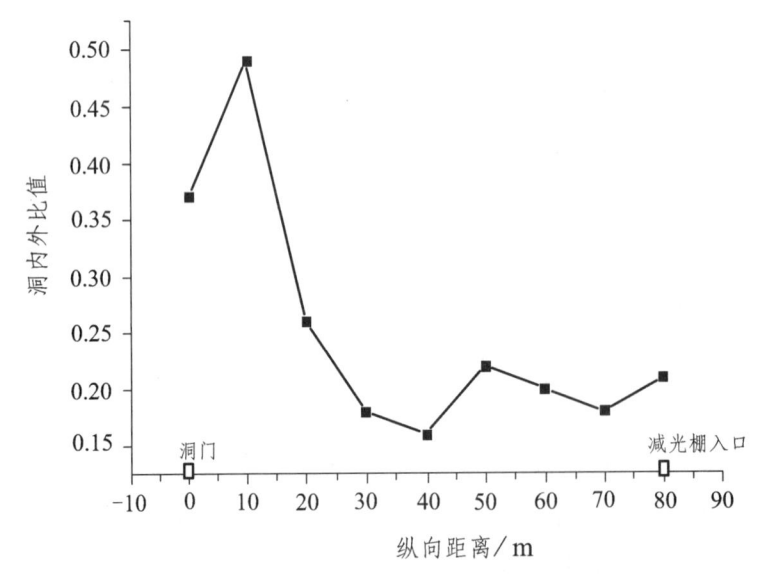

图 4-59　纵向透光率 5%时的棚内外照度比值

表 4-34　透光率 10%时的棚内外照度　　　　　单位：lx

纵向位置	左侧	中线	右侧	内部平均值	左外侧	右外侧	左右外侧平均值	内、外比值
0	814	747	604	722	4 620	4 620	2 310	0.31
10	1 052	1 121	1 292	1 155	4 417	4 383	2 200	0.52
20	1 274	1 195	919	1 129	5 910	7 206	3 279	0.34
30	1 036	896	1 198	1 044	10 619	12 994	5 903	0.18
40	1 966	1 279	1 973	1 739	11 833	14 160	6 498	0.27
50	2 031	1 489	2 410	1 977	11 857	14 208	6 516	0.30
60	2 655	1 310	1 780	1 915	11 038	12 923	5 990	0.32
70	924	1 202	1 007	1 044	9 226	10 511	4 934	0.21
80	1 504	1 466	1 059	1 343	5 700	7 395	3 274	0.41
总体	1 473	1 189	1 360	1 341	8 358	9 822	4 545	0.30

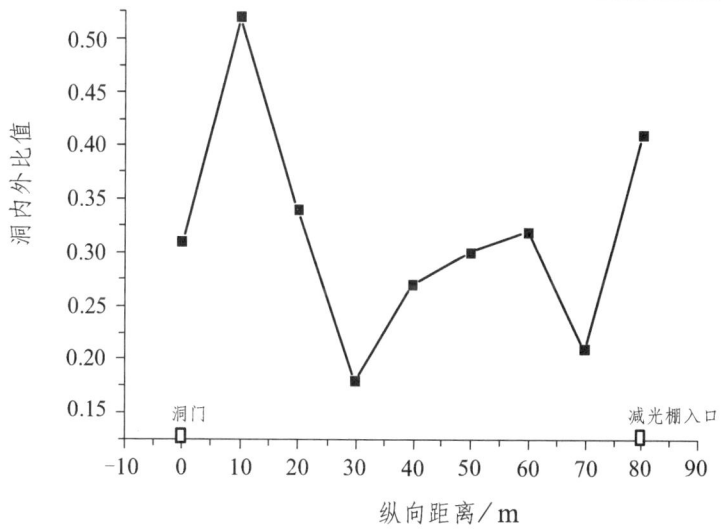

图 4-60　纵向透光率 10%时的棚内外照度比值

由于试验是在白天进行，试验结果受到外部光线的影响，存在一定的误差。当生态减光棚顶部的空隙率为 1%时，棚内外的照度比值为 0.10；当生态减光棚顶部的空隙率为 10%时，棚内外的照度比值为 0.30。实际的生态减光棚枝叶可能有数层，光线从顶部难以到达减光棚内部，因此，在实际工程中，应将减光棚的空隙率配置为 2%~3%为宜。

4.8 依托工程实施

4.8.1 藤蔓布置

常春藤及油麻藤为四季常青的藤蔓，叶子不会在较短的时间内集中落下，不会对交通造成干扰，因此优选使用。爬山虎冬季会落叶或结果，降低减光效果，落叶和果实会对交通造成干扰，选用时应防止其枝叶攀爬到减光棚的顶部。

藤蔓植物应在减光棚两侧种植，常春藤及油麻藤横向间隔 1 m 交错种植，纵向每隔 0.5 m 种植。二者在减光棚顶部的枝叶相互补充，防止出现大面积的孔洞和在路面上形成较大的光斑。

4.8.2 依托工程实施及评价

1. 总 体

本研究以五贤门隧道为依托工程，五贤门隧道长 1 142 m，双向 4 车道，大致呈东北—西南方向，采用端墙式洞门，洞口两侧有混凝土挡墙，两侧植物覆盖较好，如图 4-61 所示。

图 4-61 五贤门隧道走向示意

由于朝向为东北—西南方向，晴天时在 10:00~15:00 时段内，太阳光直射或者斜射至挡风玻璃上，造成等效光幕亮度较大，对洞内人工照明系统的亮度要求较高，因此以五贤门隧道为依托工程，能够充分发挥生态减光棚的效能。

为了与洞口其他景观协调，采用矩形倒角的断面形式，生态减光棚的网架净空高度为 7.0 m，纵向长度 80 m，横向宽度 14.4 m，立柱采用 325 的无缝钢管，两侧立柱采用钢管交叉连接，顶部采用 2.0cm 的钢绞线连接，构成网状支撑体系。在支撑体系的基础上敷设不锈钢网，网的孔径为 5.0cm，整体效果如图 4-62 所示。

图 4-62 生态减光棚整体效果

由于藤蔓种植后需要一定的时间才能攀爬到预定的位置，针对这一情况，采用耐久性强的塑料遮光材料作为过渡，过渡材料主体颜色为绿色，在顶部和侧边各布置 3 层。

2. 效果评价

依托工程实施完成后，课题组对生态减光棚的减光效果进行了现场测量，测量仪器为成像式亮度计，如图 4-63 所示。在减光棚外 100 m、距路面高度 1.5 m 的位置驾架设亮度计，亮度计与计算机相连，在计算机端实时显示亮度计的成像状态，当亮度图像清晰稳定时采集亮度图像，然后保存至计算机。

测试日期为 7 月 31 日，当日天气晴朗，天空仅有少量云朵。测试时段为 11:00 至 12:00，测试时间点分别为 11:00 和 12:00，这两个时间点的

240 <<< 公路隧道照明节能关键技术

洞外自然光线强度基本上为一天中最强。

图 4-63 亮度测量仪器

11:00、11:30、12:00 三个时刻的亮度分布图像如图 4-64 所示,三个时刻棚外路面、棚下路面亮度如表 4-35 所示。可以看出,对于亮度方面,在生态减光棚的作用下,棚下路面的亮度约为棚外亮度的 30%,减光效果明显。由于遮光材料为临时材料,顶部和两侧的透光率较大,待绿色藤蔓攀爬到预定的位置且达到一定厚度后,减光棚的减光效果将进一步呈现。届时,生态减光棚可以替代洞内的加强照明,实现更大程度上的节能。

(a) 时刻 11:00 的亮度分布

(b) 时刻 11:30 的亮度分布

(c) 时刻 12:00 的亮度分布

图 4-64 棚下、棚外亮度分布

表 4-35 减光棚亮度折减率

时　　刻	11:00	11:30	12:00
棚外路面平均亮度/(cd/m²)	2 044.17	2 321.52	2 704.76
棚下路面平均亮度/(cd/m²)	673.84	689.69	797.28
亮度折减率	0.33	0.30	0.29

从图 4-64 可以看出，棚下行车道、超车道、应急停车带路面的亮度

均匀度较好，没有出现干扰驾驶者的明暗条纹以及亮度较大的区域，整体视觉舒适性较好，视觉空间通透。

国际照明委员会《隧道与地下通道照明设计指南》（CIE 88—2004）建议将减光结构视为隧道的组成部分。对于非封闭式减光结构，入口段的亮度与等效光幕亮度的比值 L_{th}/L_{seq} 应不小于 2，且该比值不大于 6。因为减光结构的透光量取决于天气状况，在晴天的时候，L_{th}/L_{seq} 的值为 6 是比较合适的，对于阴云密布的天气，L_{th}/L_{seq} 的值至少保证不小于 2。依照这个取值标准，五贤门隧道的洞外等效光幕亮度为 134.71 cd/m²，减光棚下的亮度应在 268~804 cd/m²。进行亮度测量当天，天气晴朗，棚下亮度的最大值为 797.28 cd/m²。由于生态减光棚的棚下亮度与洞外亮度基本呈线性关系，因此可以得出结论，当晴天棚下路面的最大值满足要求时，阴天时的亮度也会满足要求。综上所述，依托工程五贤门隧道生态减光棚的光学指标符合相关国际准则，达到了预期的目标。

之后对通过五贤门隧道的部分驾驶者进行了现场调查，据调查者反映，实施生态减光棚后，在进入减光棚前能够清晰地观察到棚下路面的情况，驶入减光棚后，可以清晰地观察到隧道内的环境，几乎没有黑洞效应，对进入隧道没有任何的恐惧感，没有下意识地放慢车速。

需要指出的是，由于采用的是临时遮光材料，生态减光棚的减光效果还没有达到最佳状态，待绿色藤蔓攀爬至预定的位置且达到一定厚度后，生态减光棚的减光效果将充分发挥，届时，生态减光棚可以取代洞内的入口加强照明，实现更大程度上的节能。

4.9 经济及社会效益分析

隧道设置减光棚后，加强段照明的照明功能由减光棚替代，就可以将入口段 1 和入口段 2 的加强照明关闭，从而节约电能消耗。在节能的同时，因减光棚提供的照明亮度大于人工照明的亮度，更符合人的视觉适应特征，提升了隧道行车的安全性和舒适性，经济效益和社会效益显著。

4.9.1 经济效益

由于黑洞效应的存在，隧道入口段加强照明的配置功率较大，在运营过程中将消耗大量的电能,是隧道电能消耗的主要单元。以行车速度 80 km/h 的隧道计算,隧道入口段的亮度需求为 75 cd/m²,入口段 1 的加强照明配置如表 4-36 和 4-37 所示。

表 4-36　隧道入口段灯具配置方案（高压钠灯）

区段	长度/m	间距/m	类型	功率/W	数量/盏	总功率/W
入口段 1	44	2.2	400W	400	21	8 400
入口段 2	44	4.4	400W	400	11	4 400
合计	88	—	—	—	32	12 800

隧道加强段的照明根据洞外亮度情况进行开启和关闭,以每天全功率等效开灯时间 8 h 计算。则入口段加强照明每年的电费为 12.8 千瓦×0.89 元×8 小时×360 天=3.28 万元,则 50 年的运营期节省费用为 164.04 万元。

表 4-37　隧道入口段灯具配置方案（LED 灯具）

区段	长度/m	间距/m	类型	功率/W	数量	总功率/W
入口段 1	44	2.2	180W	180	28	5 040
入口段 2	44	4.4	180W	180	15	2 640
合计	88	—	—	—	43	7 740

如表 4-37 所示,入口加强照明的灯具,如采用 LED 灯具,则 50 年运营期节省的电费为 99.20 万元。

在 50 年的运营期内,入口加强段的灯具如果采用高压钠灯,按照每 8 年全部更换 1 次,则需要设备投入 32 盏×800 元×6.25=16.00 万元。

在 50 年的运营期内,入口加强段的灯具如果采用 LED 灯具,按照每 8 年全部更换 1 次,则需要设备投入 43 盏×180 瓦×12 元/瓦×6.25=58.05 万元。

照明灯具每年须定期清洗,以保持灯具的光通量,按每季度清洗 1 次,每次的清洗成本为 10 元/盏,则在 50 年的运营期内灯具的维护成本为 32 盏×4 次×10 元/次×50 年=6.40 万元。

表 4-38 入口加强照明运营期内费用分析

灯具类型	设备投入/万元	节省电费/万元	维护成本/万元	合计/万元
高压钠灯	16.00	164.04	6.40	186.44
LED 灯具	57.60	98.42	6.40	162.42

根据理论分析，洞外减光棚的长度约需 80 m，在自然光代替人工照明的情况下，可以根据隧道现场情况进行适当缩短。为了进行经济性比较，减光棚的长度暂以 80 m 计算，如表 4-38 所示。钢管根据直径不同，其价格分别按照每吨 3 900 元和 3 700 元计算，钢绞线按照每米 12.8 元计算，不锈钢铁丝网按照每平方米 70 元计算，基础按照每立方米 800 元计算，藤蔓造价总额按照 20 000 元计算。综上，减光棚的总造价为 33.61 万元。

减光棚投入运营后，需要定期对网架进行维护和对藤蔓进行修剪，因此存在一定的养护费用，每年按照总造价的 1% 计，则减光棚 50 年运营期的养护费用为 33.61 万元/年×0.01×50 年=16.83 万元，则 50 年运营期内减光棚的总成本为 50.42 万元。

综合减光棚的投入和产出，可以看出，采用高压钠灯作为入口加强照明灯具的隧道，在 50 年运营期内的经济效益约为 136.02 万元。采用 LED 灯具作为入口加强照明灯具的隧道，在 50 年运营期内的经济效益约为 115.41 万元。

4.9.2 社会效益

隧道洞外设置减光结构物后，动态减小了隧道洞内外的亮度差距，减轻了黑洞效应，提升了驾驶人员识别路面障碍物的能力和速度，从而提高了隧道入口段的行车安全性和舒适性，减小了隧道洞口段的事故发生率，具有较好的社会效益。

4.10 本章小结

（1）本章首先分析了影响隧道洞外亮度的因素，建立了洞外亮度数值模拟三维模型，采用照明计算程序 Dialux 对浙南地区依托工程五贤门隧道的洞外亮度特性进行了分析。在夏至日晴天时，隧道洞外亮度最大值出现在早上 11:00，最大值 3 600 cd/m²；阴天和混合天时，洞外亮度的最大值均出现在中午 12:00 左右，阴天时隧道的洞外亮度较低，最大值小于 1 000 cd/m²，混合天时隧道的洞外亮度值为 1 194 cd/m²。在冬至日晴天时，隧道的洞外亮度最大值为 2 442 cd/m²，阴天时的洞外亮度最大值为 495 cd/m²，混合天时的洞外亮度最大值为 1 010 cd/m²。因此，在设置洞外减光结构时，应根据夏至日的洞外亮度变化特性进行配置。

（2）通过数值模拟的方法分析三种减光结构物的减光效果，从亮度等级、减光效果、亮度均匀度、眩光、频闪、造价等多指标进行综合比较来看，生态减光棚的优势最为明显。采用觉察对比度法及 L_{20} 法分别计算了生态减光棚的路面亮度，在结合国际照明学会 CIE 88—2000 相关章节条文的基础上，当行车速度为 80 km/h 时，棚下路面最大亮度宜为 200 cd/m²。因减光棚下的亮度等级高于一般人工照明，人眼适应棚下环境的速度更快，发现障碍物和其他车辆的视觉条件更好，综合考虑驾驶者的视觉任务、减光棚的造价、汽车的刹车技术水平等因素，生态减光棚的长度宜为 80 m。

（3）采用数值模拟的方法研究了夏至和冬至两个典型日期减光棚顶部透光率对减光棚光环境的影响。当减光棚为矩形断面时，在夏至日，当顶部藤蔓的透光率为 2%～3%时，棚下路面亮度与洞外亮度的比值范围为 0.08～0.25，亮度的绝对值最大为 277 cd/m²（12:00），最小为 69 cd/m²（18:00），能够满足人的视觉适应要求。当顶部藤蔓的透光率超过 3%，棚下路面的亮度过高，为了保持亮度的平稳过渡，洞内的人工照明亮度也相应增高，不利于节能减排。在冬至日阴天的条件下，当顶部的透光率为 2%～3%时，洞外亮度和棚下亮度均较低，棚下路面的亮度最大值为 78 cd/m²（12:00），最小值为 6 cd/m²（17:00），昼间两者的比例始终为 0.16，完全满足驾驶者的视觉适应性。

（4）通过模型试验分析了生态减光棚的光环境，当减光棚顶部的藤蔓空隙率分别为 1%、5%、10%时，棚下路面的照度与棚外的照明比值分别为 0.10，0.21 和 0.30。综合模型试验的结果和数值分析结果，在实际工程配置中，生态减光棚的顶部空隙率宜为 2%～3%。

（5）通过对生态减光棚的现场实施可以得出，棚下行车道、超车道、应急停车带路面的亮度均匀度较好，没有出现干扰驾驶者的明暗条纹以及亮度较大的区域，整体视觉舒适性较好，视觉空间通透，光学指标符合相关国际准则，达到了预期的目标。综合减光棚的投入和产出，可以看出采用高压钠灯作为入口加强照明灯具的隧道，在 50 年运营期内的经济效益约为 136.02 万元。采用 LED 灯具作为入口加强照明灯具的隧道，在 50 年运营期内的经济效益约为 115.41 万元。与此同时，隧道洞外设置减光结构物后，动态减小了隧道洞内外的亮度差距，减轻了黑洞效应，提升了驾驶人员识别路面障碍物的能力和速度，从而提高了隧道入口段的行车安全性和舒适性，减小了隧道洞口段的事故发生率，具有较好的社会效益。

【第5章】>>>>
基于洞外光环境特性的毗邻隧道联动节能技术研究

高速公路延伸至山区后，会不可避免地出现毗邻隧道，结合通风、照明、交通安全、防火安全等因素，认为当两隧道间距不大于 250 m 时为毗邻隧道。毗邻隧道群在较短时空内频繁改变行车环境，对驾驶员心理和生理均造成很大的影响，其照明风险大于一般单体隧道。驾驶者经过毗邻隧道时，在较短的时间内经历洞内至洞外，再到洞内亮度环境的急剧变化，严重影响驾驶者的视觉表现。

综合毗邻隧道的行车时距、天气情况、周围植被、隧道出入口形式、道路路面铺装以及人眼对明暗环境的适应特性等因素，深入分析毗邻隧道出入口照明的相互影响机理，研究基于安全和节能的毗邻隧道照明系统智能联动控制技术，降低毗邻隧道照明系统的电能消耗，提升行车安全。

5.1 计算模型

研究通过光学分析软件 DIALUX 4.13，模拟不同光环境，在建立的毗邻隧道减光棚模型基础上进行分析，分析研究了减光棚顶部两侧透光、中部两侧透光、底部两侧透光在夏季与冬季不同天气下对路面照度的增益情况，同时进一步分析了 10%、30%、50%、70%透光率下的最佳路面平均照度，以提供舒适的驾驶环境。本模型涉及的主要参数有照度、照度总均匀度、照度纵向均匀度等。

建立三维计算模型，模型为三车道毗邻减光棚，路面宽度 11.75 m，加上应急车道总路宽为 15 m，减光棚纵向长度为 100 m，减光棚外表面材料反射率为 43%（除透光带），路面类型为沥青混凝土，反射特性为 R3，如图 5-1～图 5-3 所示。

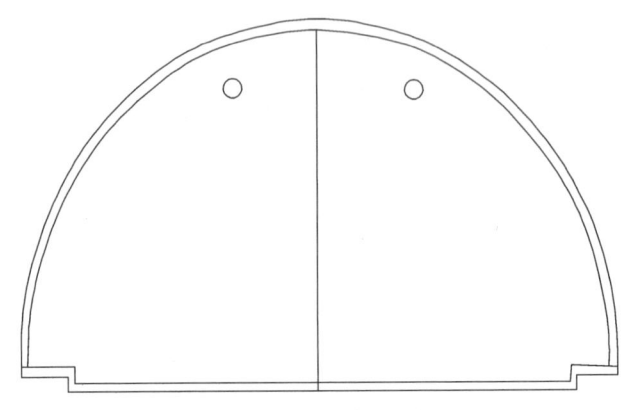

图 5-1 减光棚模型

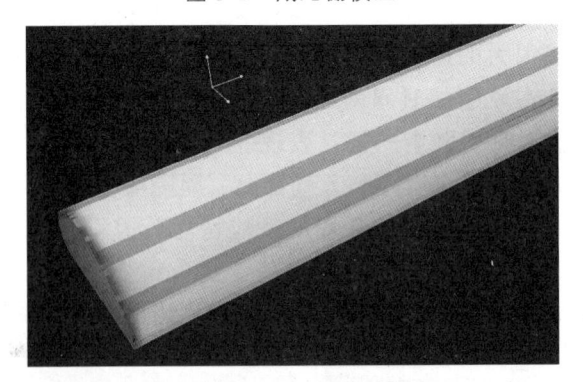

图 5-2 减光棚三维模型

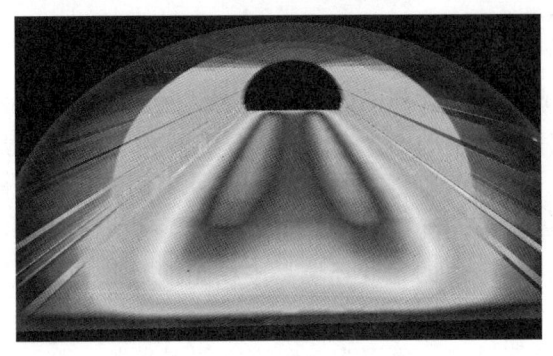

图 5-3 减光棚模型光环境

5.2 最佳减光棚配置分析

减光棚透光位置配置影响路面照度均匀度,合理的透光位置配置有利于在昼天下依靠自然光获得最佳路面照度均匀度,使驾驶光环境更舒适。此次研究分析了减光棚顶部两侧透光、中部两侧透光和底部两侧透光在夏季与冬季不同天气下路面照度总均匀度变化情况。因为透光率的大小对照度总均匀度(最小照度/平均照度)的影响很小,所以本小节模型折中选择 50%的透光率进行透光位置配置优化研究。减光棚三种配置如图 5-4 所示。

(a)顶部透光模型

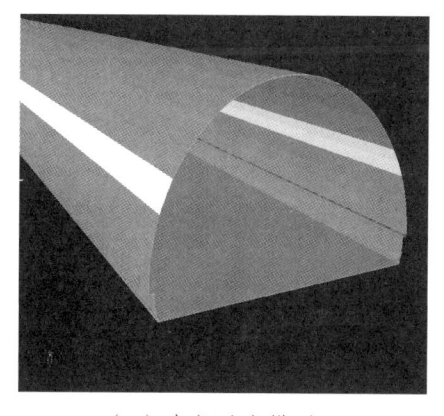

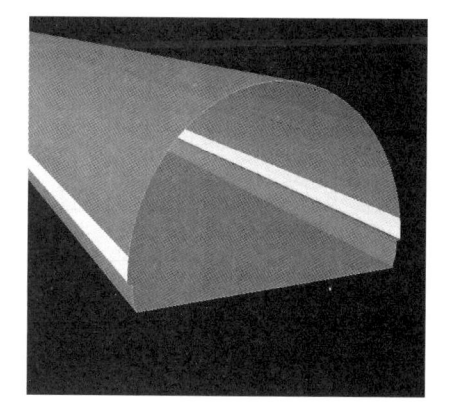

(b)中部透光模型　　　　　　(c)底部透光模型

图 5-4　减光棚透光配置示意图

5.2.1 六月份减光棚透光配置研究

模型分别模拟计算了 6 月份晴天和阴天中 9:30、12:30 和 15:30 三个时段毗邻区的路面平均照度、最大和最小照度、照度总均匀度和照度纵向均匀度，同时分别考虑了各车道和整体路面照度指标。

1. 六月份晴天顶、中、底部两侧透光模拟计算

1）顶部两侧透光研究

见表 5-1、图 5-5、图 5-6。

2）中部两侧透光研究

见表 5-2、图 5-7、图 5-8。

表 5-1 顶部两侧透光计算结果

计算时间	计算车道	顶部两侧透光率 50%			
^	^	平均照度/lx	最小照度/lx	最大照度/lx	最小照度/平均照度	最小照度/最大照度
9:30	整体车道	1 257	710	1 504	0.57	0.47
^	左侧车道	1 332	1 185	1 429	0.89	0.83
^	中间车道	1 455	1 413	1 516	0.97	0.93
^	右侧车道	1 323	1 098	1 489	0.83	0.74
12:30	整体车道	1 584	957	1 913	0.60	0.50
^	左侧车道	1 589	1 144	1 887	0.72	0.61
^	中间车道	1 732	1 649	1 854	0.95	0.89
^	右侧车道	1 817	1 710	1 907	0.94	0.90
15:30	整体车道	1 569	995	1 863	0.63	0.53
^	左侧车道	1 545	1 119	1 864	0.72	0.60
^	中间车道	1 737	1 652	1 837	0.95	0.90
^	右侧车道	1 786	1 688	1 855	0.95	0.91

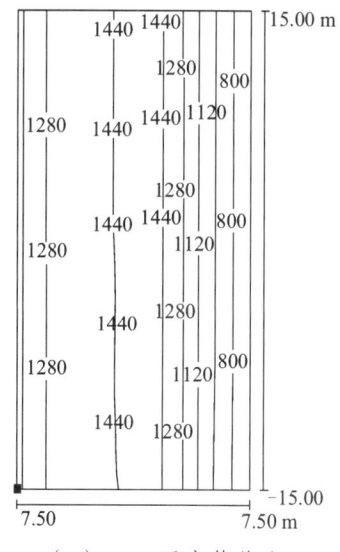

（a）9:30 照度等值线

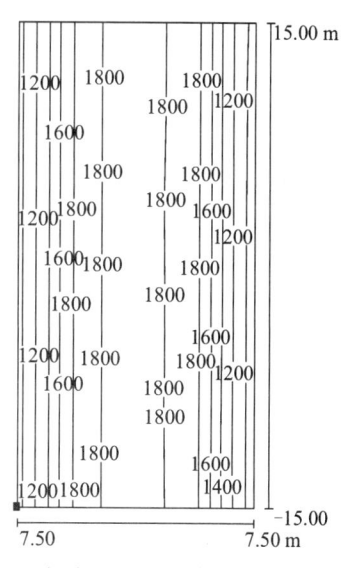

（b）12:30 照度等值线

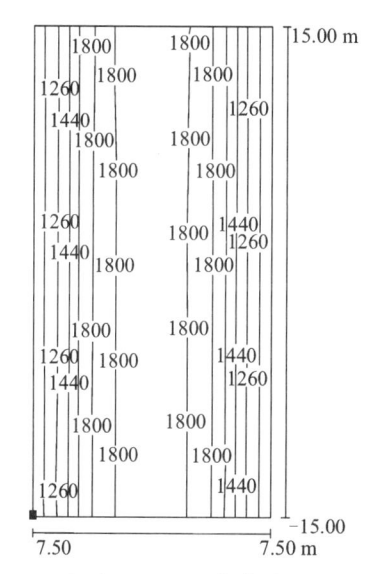

（c）15:30 照度等值线

图 5-5　顶部两侧透光照度等值线

（a）9:30 效果图

（b）12:30 效果图

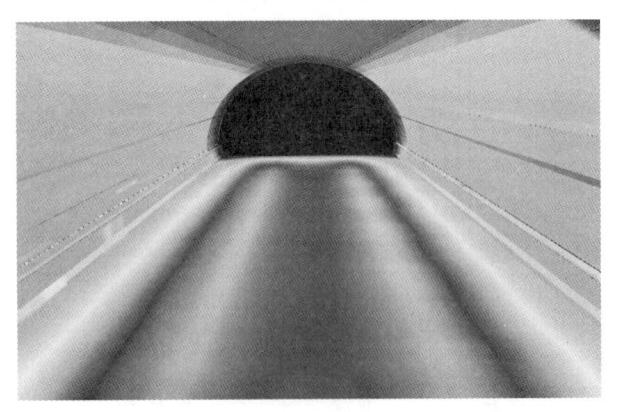

（c）15:30 效果图

图 5-6　顶部两侧透光光效图

表 5-2 中部两侧透光计算结果

中部两侧透光率 50%					
计算时间	计算车道	平均照度/lx	最小照度/lx	最大照度/lx	最小照度/平均照度	最小照度/最大照度
9:30	整体车道	878	688	1 203	0.78	0.57
	左侧车道	843	744	931	0.88	0.80
	中间车道	708	684	752	0.97	0.91
	右侧车道	932	756	1 157	0.81	0.65
12:30	整体车道	972	659	1 413	0.68	0.47
	左侧车道	1 079	808	1 371	0.75	0.59
	中间车道	691	656	763	0.95	0.86
	右侧车道	817	673	1 043	0.82	0.64
15:30	整体车道	981	681	1 376	0.69	0.49
	左侧车道	1 111	842	1 377	0.76	0.61
	中间车道	719	681	799	0.95	0.85
	右侧车道	831	696	1 042	0.84	0.67

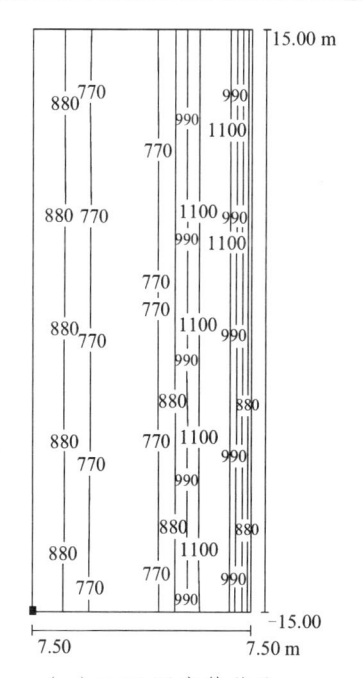

（a）9:30 照度等值线

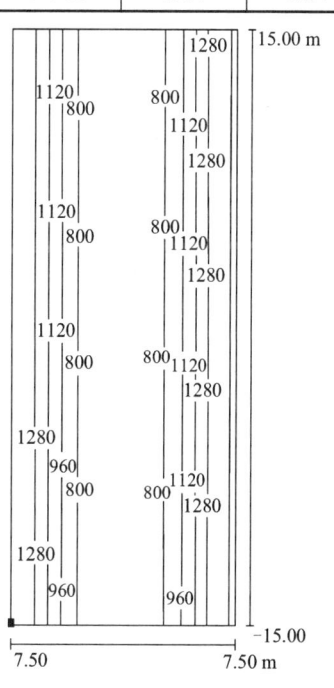

（b）12:30 照度等值线

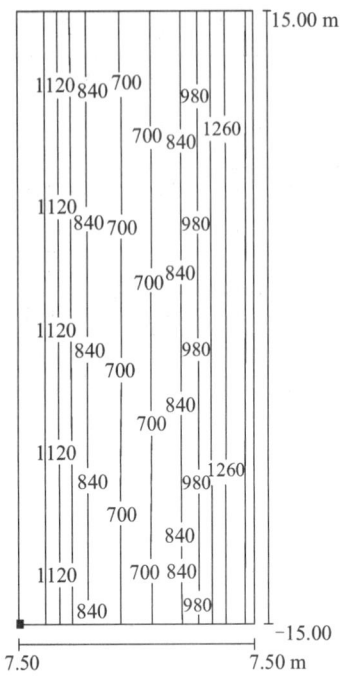

254　《《　公路隧道照明节能关键技术

（c）15:30 照度等值线

图 5-7　中部两侧透光照度等值线

（a）9:30 效果图

（b）12:30 效果图

（c）15:30 效果图

图 5-8 中部两侧透光光效图

3）底部两侧透光研究

见表 5-3、图 5-9、图 5-10。

表 5-3 底部两侧透光计算结果

底部两侧透光率 50%					
计算时间	计算车道	平均照度/lx	最小照度/lx	最大照度/lx	最小照度/平均照度	最小照度/最大照度
9:30	整体车道	451	252	903	0.56	0.28
	左侧车道	470	336	656	0.71	0.51
	中间车道	272	254	307	0.93	0.83
	右侧车道	359	270	503	0.75	0.54

续表

		底部两侧透光率50%				
计算时间	计算车道	平均照度/lx	最小照度/lx	最大照度/lx	最小照度/平均照度	最小照度/最大照度
12:30	整体车道	428	228	855	0.53	0.27
	左侧车道	512	328	799	0.64	0.41
	中间车道	251	226	296	0.90	0.76
	右侧车道	298	233	401	0.78	0.58
15:30	整体车道	445	241	893	0.54	0.27
	左侧车道	540	344	842	0.64	0.41
	中间车道	265	239	313	0.90	0.76
	右侧车道	312	246	415	0.79	0.59

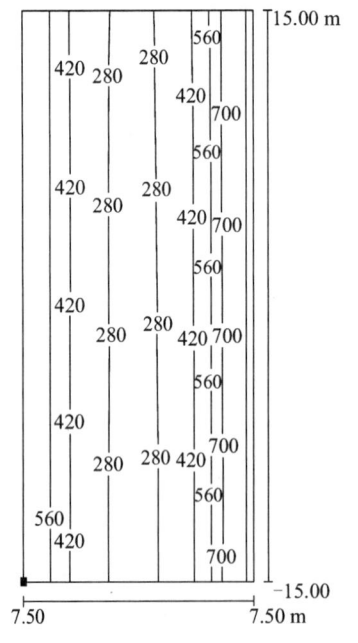

(a) 9:30 照度等值线

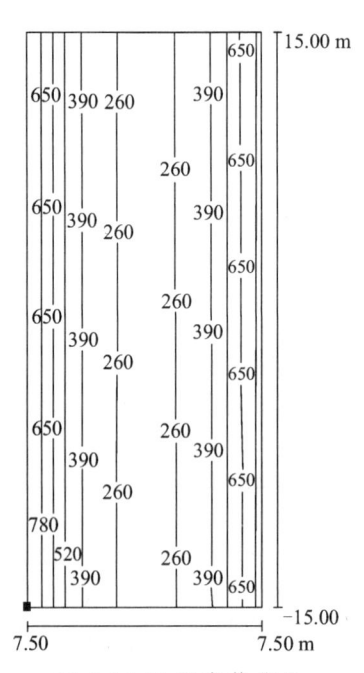

(b) 12:30 照度等值线

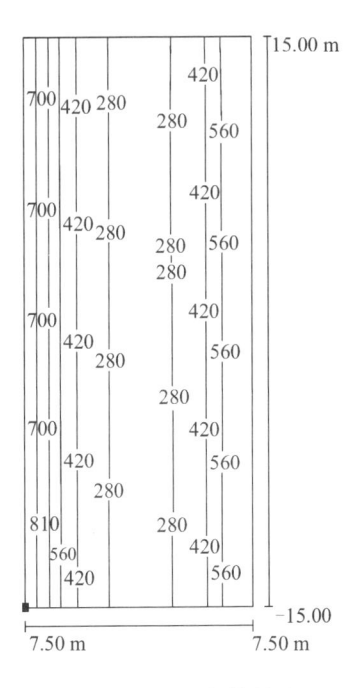

第 5 章　基于洞外光环境特性的毗邻隧道联动节能技术研究　　257

（c）15:30 照度等值线

图 5-9　底部两侧透光照度等值线

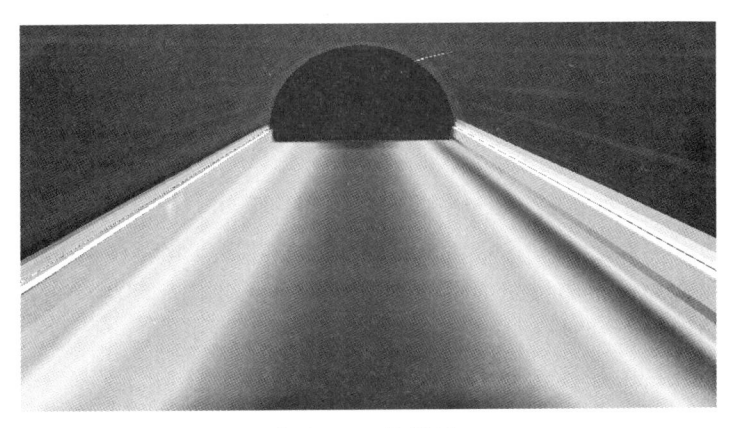

（a）9:30 效果图

(b) 12:30 效果图

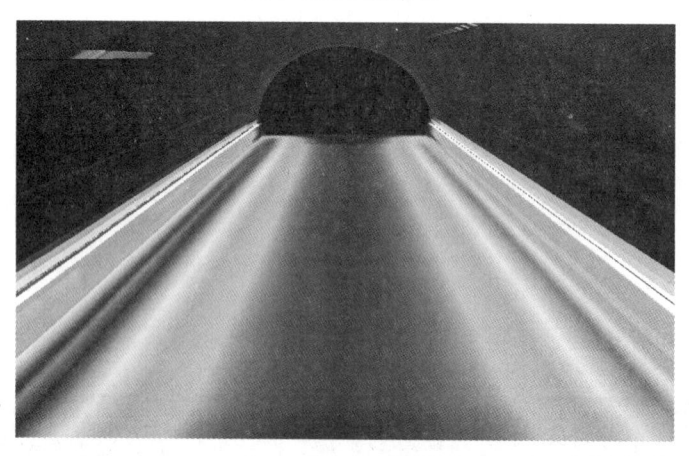

(c) 15:30 效果图

图 5-10 底部两侧透光光效图

由表 5-1~表 5-3、图 5-5~图 5-10 可以看出：在 6 月份晴天的主要时段，顶部两侧透光时，整体路面照度总均匀度变化范围为 0.57~0.63；中部两侧透光时，整体路面照度总均匀度全天变化区间为 0.68~0.78；底部两侧透光时，整体路面照度总均匀度全天变化区间为 0.53~0.56。无论是顶部、中部还是底部，晴天时段路面照度总均匀度都符合最佳规范要求值，大于 0.4。顶部和中部两侧透光时，路面整体照度总均匀度值较高，即该透光配置下路面亮度指标均匀度最好，对驾驶者的视觉影响最小。

2. 六月份阴天顶、中、底部两侧透光模拟计算

1) 顶部两侧透光研究

见表 5-4、图 5-11、图 5-12。

表 5-4 顶部两侧透光计算结果

顶部两侧透光率 50%						
计算时间	计算车道	平均照度/lx	最小照度/lx	最大照度/lx	最小照度/平均照度	最小照度/最大照度
9:30	整体车道	1 176	788	1 395	0.67	0.57
	左侧车道	1 102	863	1 304	0.78	0.66
	中间车道	1 369	1 322	1 401	0.97	0.94
	右侧车道	1 316	1 187	1 392	0.90	0.85
12:30	整体车道	1 946	1 305	2 308	0.67	0.57
	左侧车道	1 823	1 428	2 158	0.78	0.66
	中间车道	2 266	2 187	2 319	0.97	0.94
	右侧车道	2 177	1 965	2 304	0.90	0.85
15:30	整体车道	1 778	1 192	2 108	0.67	0.57
	左侧车道	1 666	1 304	1 972	0.78	0.66
	中间车道	2 069	1 998	2 118	0.97	0.94
	右侧车道	1 989	1 795	2 105	0.90	0.85

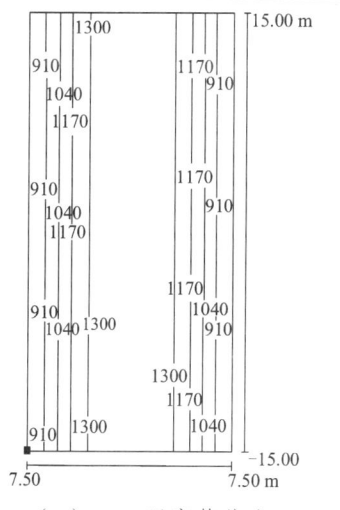

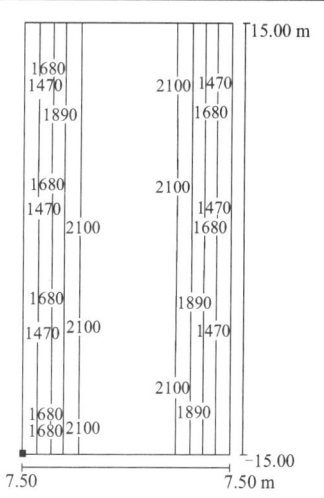

(a) 9:30 照度等值线 (b) 12:30 照度等值线

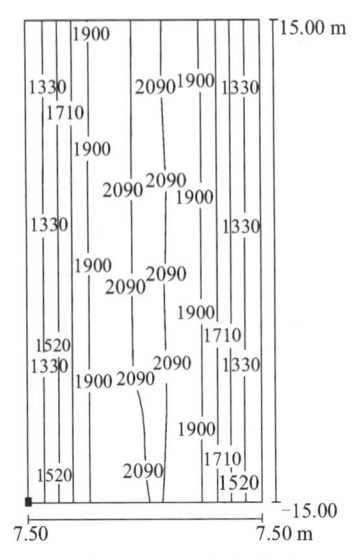

260 ⫴ 公路隧道照明节能关键技术

（c）15:30 照度等值线

图 5-11　顶部两侧透光照度等值线

（a）9:30 效果图

(b) 12:30 效果图

(c) 15:30 效果图

图 5-12　顶部两侧透光光效图

2) 中部两侧透光研究

见表 5-5、图 5-13、图 5-14。

表 5-5　中部两侧透光计算结果

中部两侧透光率 50%					
计算时间	计算车道	平均照度/ lx	最小照度/ lx	最大照度/ lx	最小照度/ 平均照度	最小照度/ 最大照度
9:30	整体车道	723	503	952	0.70	0.53
	左侧车道	847	669	961	0.79	0.70

续表

中部两侧透光率 50%						
计算时间	计算车道	平均照度/lx	最小照度/lx	最大照度/lx	最小照度/平均照度	最小照度/最大照度
9:30	中间车道	539	504	620	0.93	0.81
	右侧车道	646	513	833	0.79	0.62
12:30	整体车道	1 197	833	1 576	0.70	0.53
	左侧车道	1 402	1 107	1 590	0.79	0.70
	中间车道	892	833	1 026	0.93	0.81
	右侧车道	1 069	849	1 378	0.79	0.62
15:30	整体车道	1 094	761	1 439	0.70	0.53
	左侧车道	1 280	1 011	1 453	0.79	0.70
	中间车道	815	761	937	0.93	0.81
	右侧车道	977	775	1 259	0.79	0.62

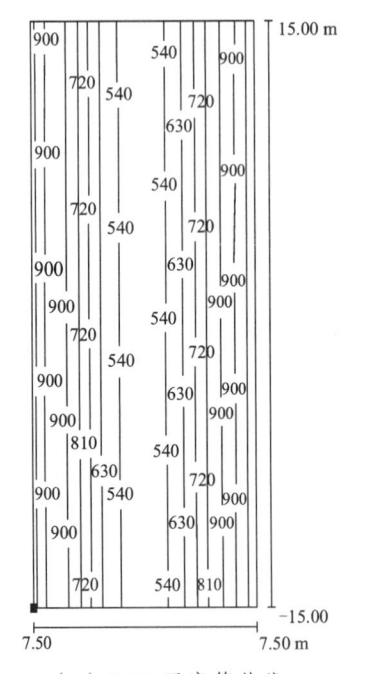

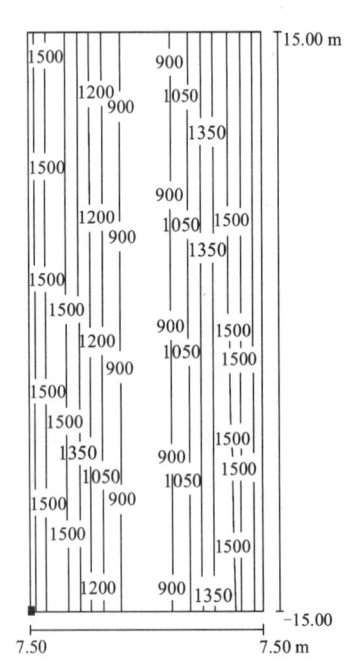

（a）9:30 照度等值线　　（b）12:30 照度等值线

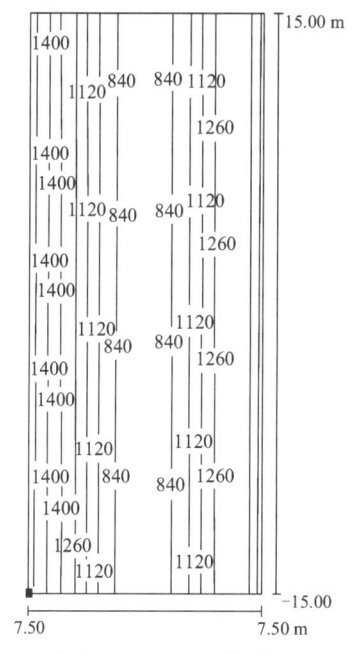

（c）15:30 照度等值线

图 5-13 中部两侧透光照度等值线

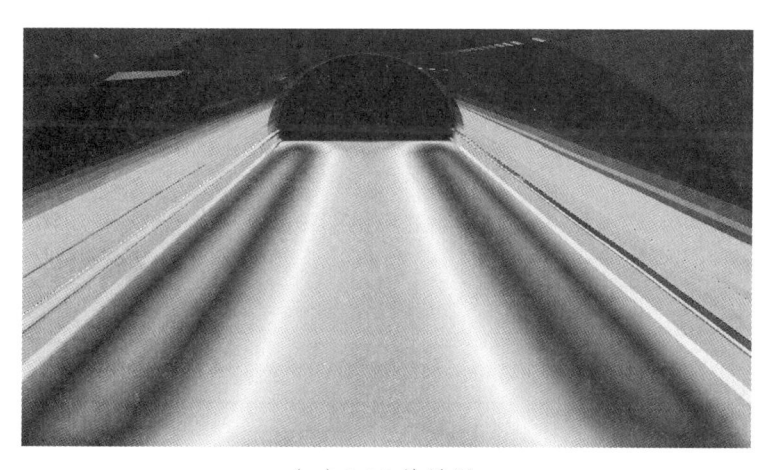

（a）9:30 效果图

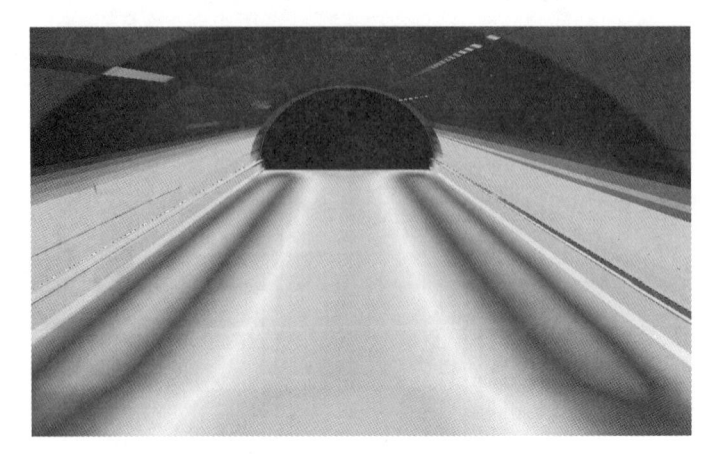

(b) 12:30 效果图

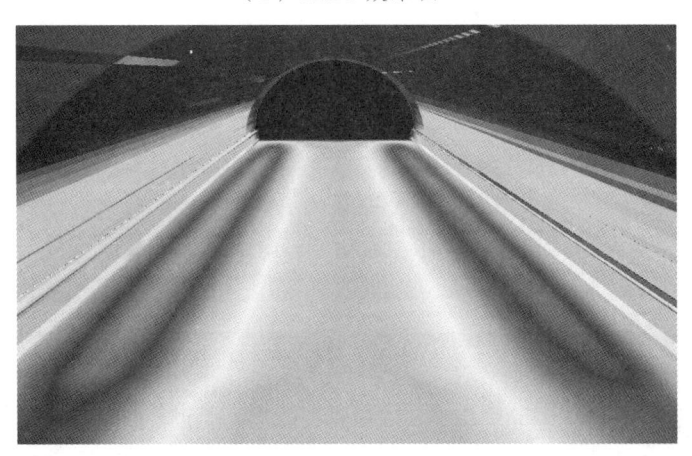

(c) 15:30 效果图

图 5-14　中部两侧透光光效图

3) 底部两侧透光研究

见表 5-6、图 5-15、图 5-16。

表 5-6　底部两侧透光计算结果

底部两侧透光率 50%						
计算时间	计算车道	平均照度/lx	最小照度/lx	最大照度/lx	最小照度/平均照度	最小照度/最大照度
9:30	整体车道	276	101	681	0.37	0.15
	左侧车道	335	168	639	0.50	0.26

续表

底部两侧透光率 50%					
计算时间	计算车道	平均照度/lx	最小照度/lx	最大照度/lx	最小照度/平均照度	最小照度/最大照度
9:30	中间车道	117	99	147	0.85	0.67
	右侧车道	160	111	245	0.69	0.45
12:30	整体车道	457	168	1127	0.37	0.15
	左侧车道	554	279	1057	0.50	0.26
	中间车道	193	164	244	0.85	0.67
	右侧车道	265	184	405	0.69	0.45
15:30	整体车道	418	153	1029	0.37	0.15
	左侧车道	506	255	966	0.50	0.26
	中间车道	176	150	223	0.85	0.67
	右侧车道	242	168	370	0.69	0.45

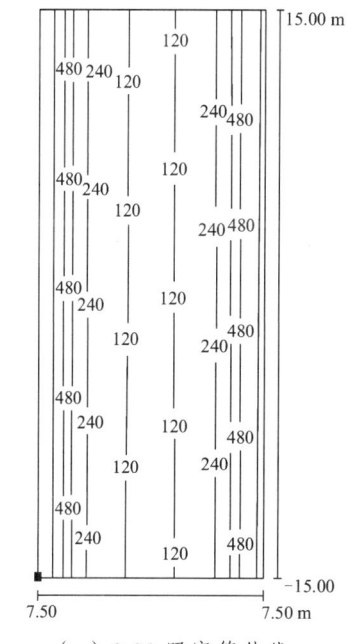

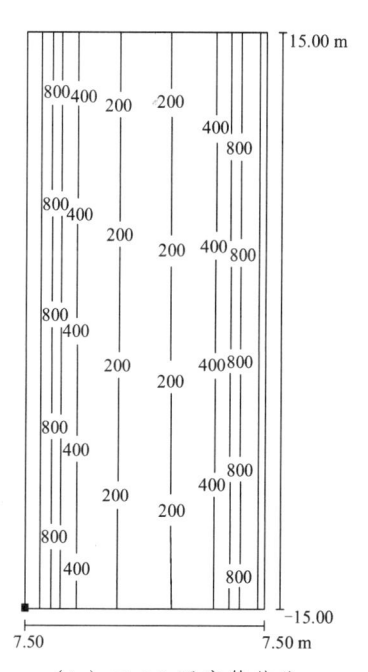

（a）9:30 照度等值线　　　　　（b）12:30 照度等值线

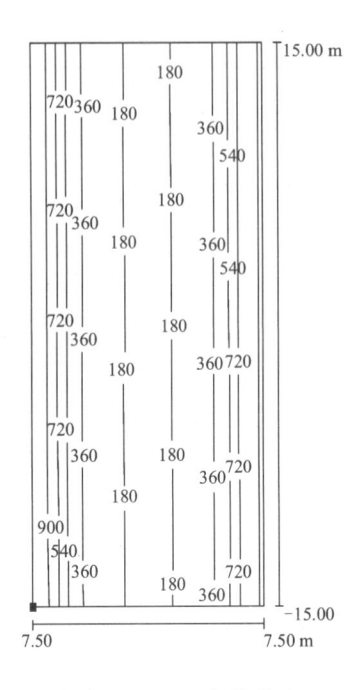

（c）15:30 照度等值线

图 5-15　底部两侧透光照度等值线

（a）9:30 效果图

(b) 12:30 效果图

(c) 15:30 效果图

图 5-16　底部两侧透光光效图

由表 5-4~表 5-6、图 5-11~图 5-16 可以看出：在 6 月份阴天的主要时段，顶部两侧透光时，整体路面照度总均匀度变化波动不明显，稳定在 0.67 左右；中部两侧透光时，整体路面照度总均匀度全天变化较小，稳定在 0.70 左右；底部两侧透光时，整体路面照度总均匀度全天变化也不明显，稳定在 0.37 左右。综上，阴天时段顶部和中部两侧透光时，路面整体照度总均匀度值依然很高，底部两侧透光勉强能满足规范要求；同时在阴天天气条件下，无论哪种透光配置，毗邻区段路面照度总均匀度全天几乎无波动。

5.2.2　十二月份减光棚透光配置研究

模型分别模拟计算了 12 月份晴天和阴天中 9:30、12:30 和 15:30 三个时段毗邻区的路面平均照度、最大和最小照度、照度总均匀度和照度纵向均匀度，同时分别考虑了各车道和整体路面照度指标。

1. 十二月份晴天顶、中、底部两侧透光模拟计算

1）顶部两侧透光研究

见表 5-7、图 5-17、图 5-18。

表 5-7 顶部两侧透光计算结果

顶部两侧透光率 50%						
计算时间	计算车道	平均照度/lx	最小照度/lx	最大照度/lx	最小照度/平均照度	最小照度/最大照度
9:30	整体车道	955	519	1 179	0.54	0.44
	左侧车道	700	559	851	0.80	0.66
	中间车道	994	865	1 096	0.87	0.79
	右侧车道	1 144	1 098	1 171	0.96	0.94
12:30	整体车道	1 277	599	1 676	0.47	0.36
	左侧车道	830	645	1 042	0.78	0.62
	中间车道	1 304	1 076	1 507	0.82	0.71
	右侧车道	1 627	1 506	1 692	0.93	0.89
15:30	整体车道	902	484	1 118	0.54	0.43
	左侧车道	648	519	780	0.80	0.67
	中间车道	918	793	1 023	0.86	0.78
	右侧车道	1 085	1 022	1 122	0.94	0.91

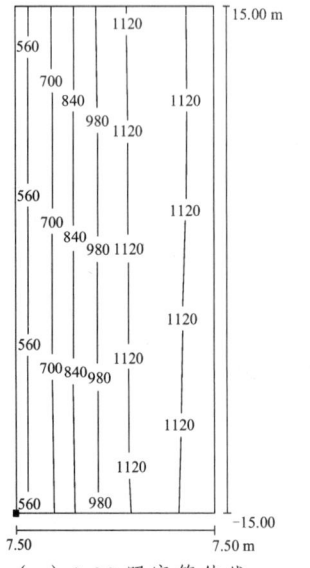

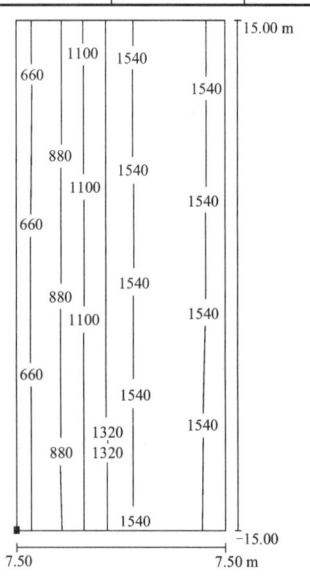

（a）9:30 照度等值线　　（b）12:30 照度等值线

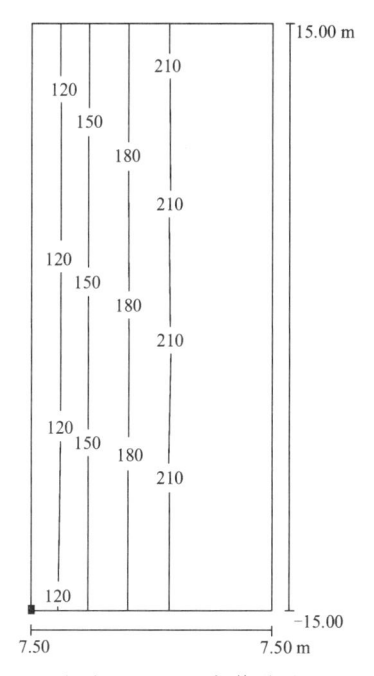

(c) 15:30 照度等值线

图 5-17 顶部两侧透光照度等值线

(a) 9:30 效果图

(b）12:30 效果图

(c）15:30 效果图

图 5-18 顶部两侧透光光效图

2）中部两侧透光研究

见表 5-8、图 5-19、图 5-20。

表 5-8 中部两侧透光计算结果

中部两侧透光率 50%						
计算时间	计算车道	平均照度/lx	最小照度/lx	最大照度/lx	最小照度/平均照度	最小照度/最大照度
9:30	整体车道	800	587	1 020	0.73	0.58
	左侧车道	923	696	1 029	0.75	0.68
	中间车道	867	758	997	0.87	0.76
	右侧车道	712	688	743	0.97	0.93

续表

中部两侧透光率50%					
计算时间	计算车道	平均照度/lx	最小照度/lx	最大照度/lx	最小照度/平均照度	最小照度/最大照度
12:30	整体车道	1 065	723	1 567	0.68	0.46
	左侧车道	1 334	895	1 586	0.67	0.56
	中间车道	1 218	1 000	1 499	0.82	0.67
	右侧车道	858	821	934	0.96	0.88
15:30	整体车道	799	537	993	0.67	0.54
	左侧车道	868	638	995	0.73	0.64
	中间车道	896	809	982	0.90	0.82
	右侧车道	746	718	790	0.96	0.91

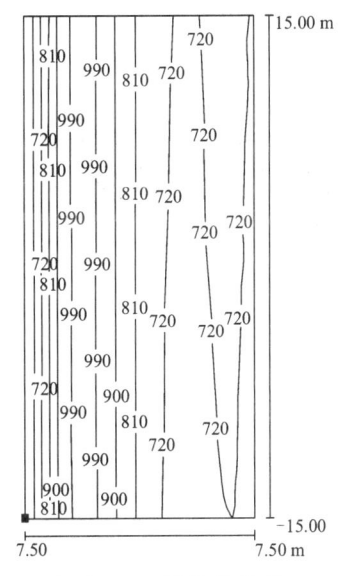

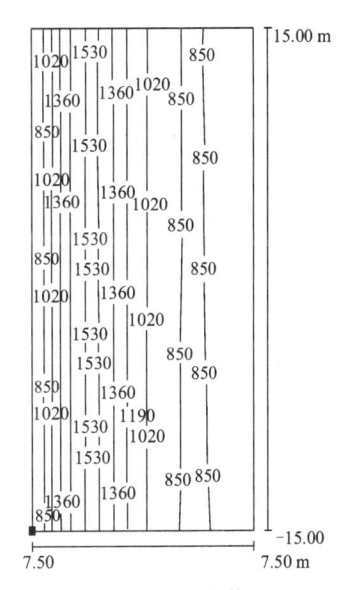

(a) 9:30 照度等值线　　　　(b) 12:30 照度等值线

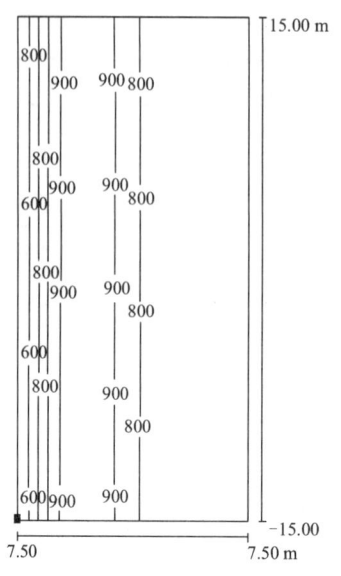

（c）15:30 照度等值线

图 5-19 中部两侧透光照度等值线

（a）9:30 效果图

（b）12:30 效果图

（c）15:30 效果图

图 5-20　中部两侧透光光效图

3）底部两侧透光研究

见表 5-9、图 5-21、图 5-22。

表 5-9　底部两侧透光计算结果

底部两侧透光率 50%					
计算时间	计算车道	平均照度/lx	最小照度/lx	最大照度/lx	最小照度/平均照度	最小照度/最大照度
9:30	整体车道	466	253	1 133	0.54	0.22
	左侧车道	778	457	1 119	0.59	0.41

续表

| 底部两侧透光率 50% ||||||
计算时间	计算车道	平均照度/lx	最小照度/lx	最大照度/lx	最小照度/平均照度	最小照度/最大照度
9:30	中间车道	309	255	414	0.83	0.62
	右侧车道	287	248	346	0.86	0.72
12:30	整体车道	600	296	1 723	0.49	0.17
	左侧车道	1 075	586	1 775	0.54	0.33
	中间车道	379	303	510	0.80	0.59
	右侧车道	332	287	394	0.86	0.73
15:30	整体车道	487	267	1 141	0.55	0.23
	左侧车道	837	504	1 137	0.60	0.44
	中间车道	335	276	445	0.82	0.62
	右侧车道	297	262	347	0.88	0.76

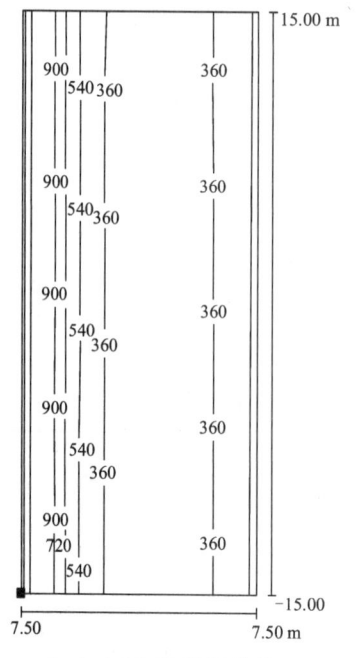

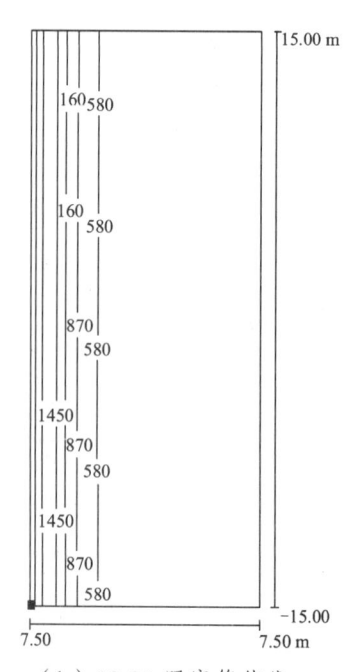

（a）9:30 照度等值线　　　　　（b）12:30 照度等值线

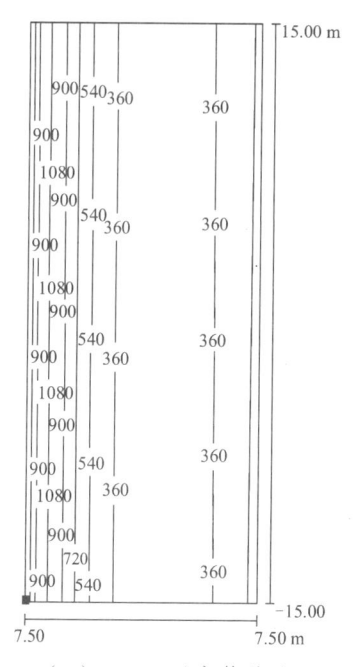

第 5 章　基于洞外光环境特性的毗邻隧道联动节能技术研究　　275

（c）15:30 照度等值线

图 5-21　底部两侧透光照度等值线

（a）9:30 效果图

(b) 12:30 效果图

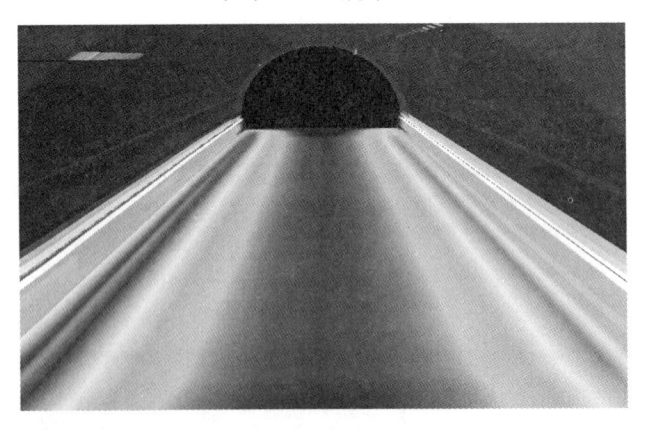

(c) 15:30 效果图

图 5-22 底部两侧透光光效图

由表 5-7～表 5-9、图 5-17～图 5-22 可以看出：在 12 月份晴天的主要时段，顶部两侧透光时，整体路面照度总均匀度全天变化区间为 0.47～0.54；中部两侧透光时，整体路面照度总均匀度全天变化区间为 0.67～0.73；底部两侧透光时，整体路面照度总均匀度全天变化区间为 0.49～0.55。可以得出和 6 月份相同的结论，12 月份时减光棚各部位两侧透光时，路面照度总均匀度值依然很高，最低为 0.47，最高可达 0.73。

2. 十二月份阴天顶、中、底部两侧透光模拟计算

1）顶部两侧透光研究

见表 5-10、图 5-23、图 5-24。

表 5-10 顶部两侧透光计算结果

顶部两侧透光率 50%					
计算时间	计算车道	平均照度/lx	最小照度/lx	最大照度/lx	最小照度/平均照度	最小照度/最大照度
9:30	整体车道	904	606	1 072	0.67	0.57
	左侧车道	847	663	1 003	0.78	0.66
	中间车道	1 052	1 016	1 077	0.97	0.94
	右侧车道	1 011	913	1 070	0.90	0.85
12:30	整体车道	1 371	919	1 626	0.67	0.57
	左侧车道	1 284	1 006	1 520	0.78	0.66
	中间车道	1 596	1 541	1 633	0.97	0.94
	右侧车道	1 534	1 384	1 623	0.90	0.85
15:30	整体车道	867	581	1 028	0.67	0.57
	左侧车道	812	636	961	0.78	0.66
	中间车道	1 009	974	1 033	0.97	0.94
	右侧车道	970	875	1 026	0.90	0.85

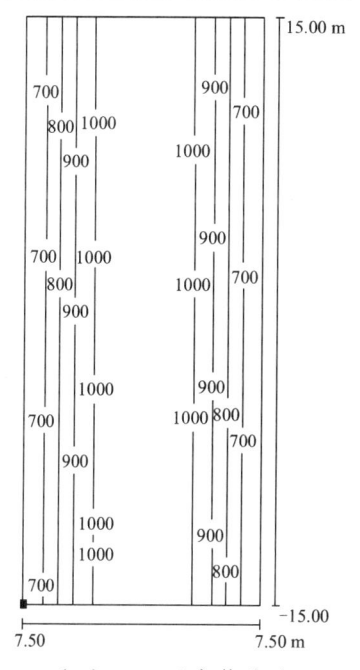

（a）9:30 照度等值线 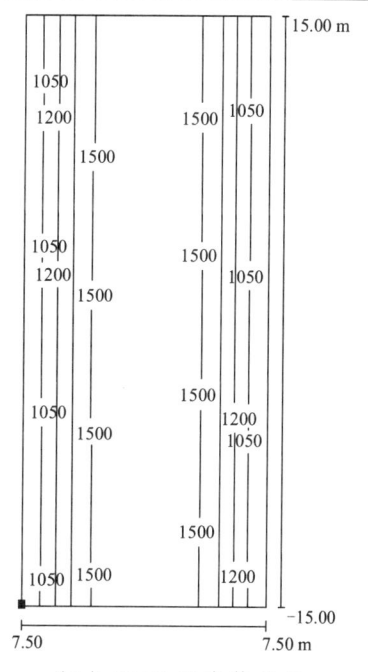　　　　（b）12:30 照度等值线

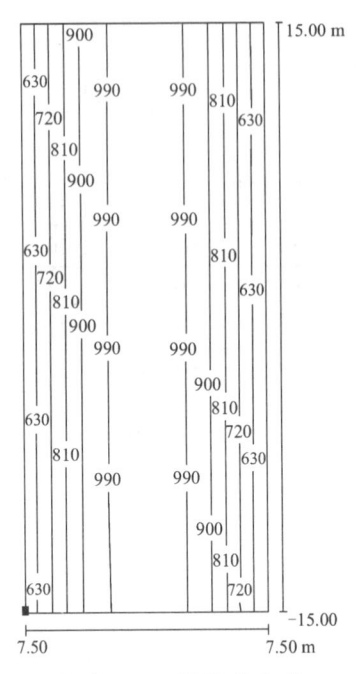

278 公路隧道照明节能关键技术

（c）15:30 照度等值线

图 5-23　顶部两侧透光照度等值线

（a）9:30 效果图

(b) 12:30 效果图

(c) 15:30 效果图

图 5-24 顶部两侧透光光效图

2) 中部两侧透光研究

见表 5-11、图 5-25、图 5-26。

表 5-11 中部两侧透光计算结果

中部两侧透光率 50%						
计算时间	计算车道	平均照度 /lx	最小照度 /lx	最大照度 /lx	最小照度/ 平均照度	最小照度/ 最大照度
9:30	整体车道	556	387	732	0.70	0.53
	左侧车道	651	514	739	0.79	0.70

续表

| \multicolumn{5}{c|}{中部两侧透光率 50%} |
计算时间	计算车道	平均照度 /lx	最小照度 /lx	最大照度 /lx	最小照度/ 平均照度	最小照度/ 最大照度
9:30	中间车道	414	387	477	0.93	0.81
	右侧车道	497	394	640	0.79	0.62
12:30	整体车道	843	586	1 110	0.70	0.53
	左侧车道	987	780	1 120	0.79	0.70
	中间车道	628	587	723	0.93	0.81
	右侧车道	753	598	971	0.79	0.62
15:30	整体车道	533	371	702	0.70	0.53
	左侧车道	624	493	708	0.79	0.70
	中间车道	397	371	457	0.93	0.81
	右侧车道	476	378	614	0.79	0.62

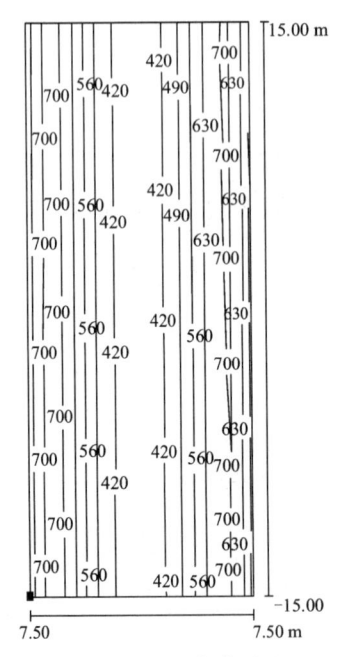

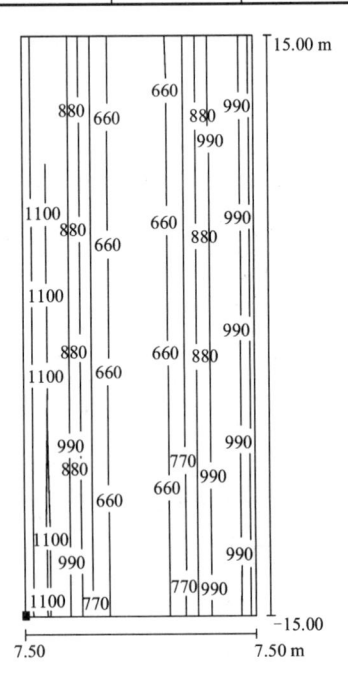

（a）9:30 照度等值线　　　　　（b）12:30 照度等值线

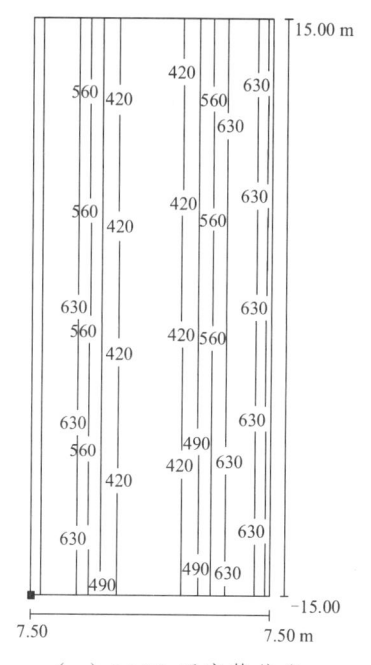

第 5 章 基于洞外光环境特性的毗邻隧道联动节能技术研究　281

(c) 15:30 照度等值线

图 5-25　中部两侧透光照度等值线

(a) 9:30 效果图

(b) 12:30 效果图

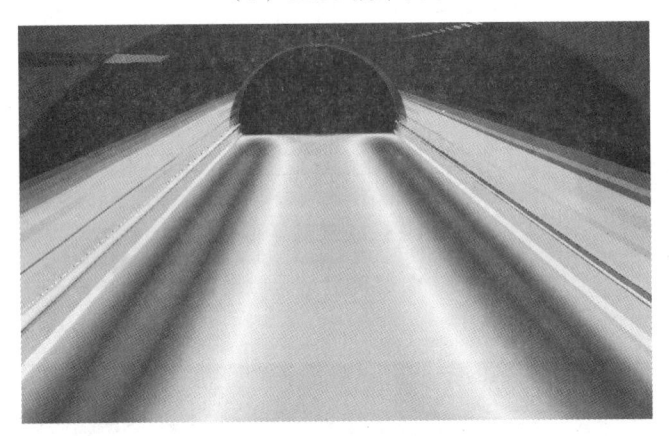

(c) 15:30 效果图

图 5-26　中部两侧透光光效图

3）底部两侧透光研究

见表 5-12、图 5-27、图 5-28。

表 5-12　底部两侧透光计算结果

底部两侧透光率 50%						
计算时间	计算车道	平均照度/lx	最小照度/lx	最大照度/lx	最小照度/平均照度	最小照度/最大照度
9:30	整体车道	212	78	523	0.37	0.15
	左侧车道	257	129	491	0.50	0.26

续表

| \multicolumn{7}{|c|}{底部两侧透光率 50%} |
计算时间	计算车道	平均照度/lx	最小照度/lx	最大照度/lx	最小照度/平均照度	最小照度/最大照度
9:30	中间车道	90	76	113	0.85	0.67
	右侧车道	123	85	188	0.69	0.45
12:30	整体车道	322	118	794	0.37	0.15
	左侧车道	390	196	745	0.50	0.26
	中间车道	136	115	172	0.85	0.67
	右侧车道	187	129	286	0.69	0.45
15:30	整体车道	204	75	502	0.37	0.15
	左侧车道	247	124	471	0.50	0.26
	中间车道	86	73	109	0.85	0.67
	右侧车道	118	82	181	0.69	0.45

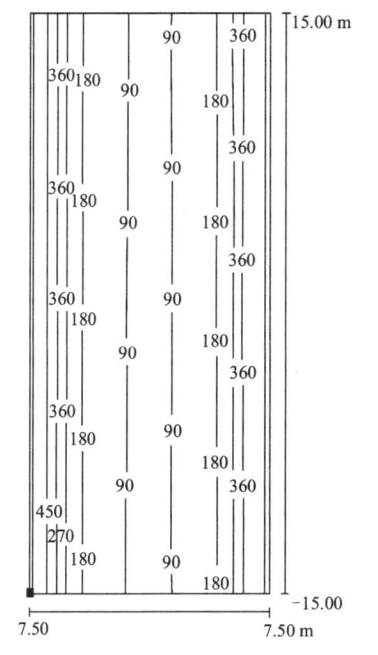

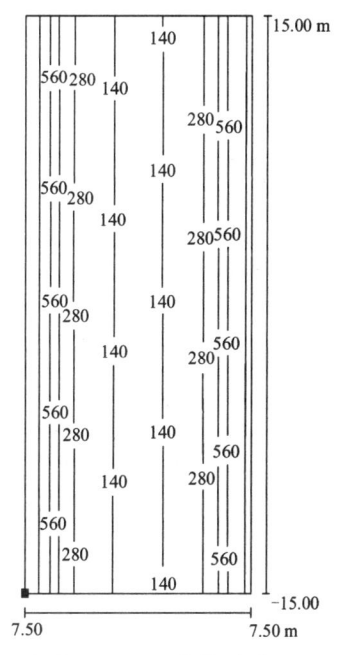

（a）9:30 照度等值线　　　　　　　　（b）12:30 照度等值线

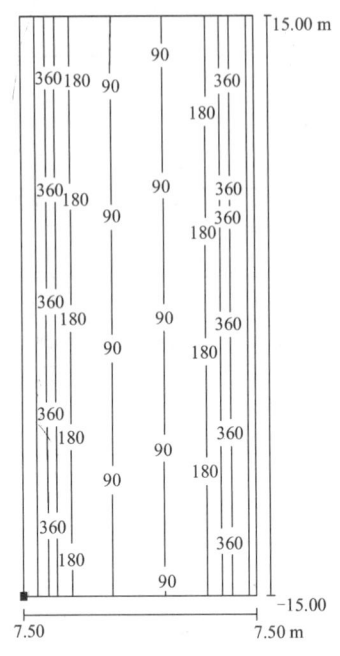

(c) 15:30 照度等值线

图 5-27 底部两侧透光照度等值线

(a) 9:30 效果图

(b) 12:30 效果图

(c) 15:30 效果图

图 5-28 底部两侧透光光效图

由表 5-10～表 5-12、图 5-23～图 5-28 可以看出：在 12 月份阴天的主要时段，顶部两侧透光时，整体路面照度总均匀度稳定在 0.67 左右；中部两侧透光时，整体路面照度总均匀度全天稳定在 0.70 左右；底部两侧透光时，整体路面照度总均匀度全天变化稳定在 0.37 左右。显然，通过与 6 份阴天对比，12 月份阴天各透光配置下路面照度总均匀度依然比较固定，且 12 月份和 6 月份阴天各对应的透光位置下有相同的路面照度总均匀度，即阴天天气减光棚区段路面照度总均匀度几乎不受季节的影响。

5.2.3 小 结

通过对不同月份和天气的模拟计算得出结果如下：

（1）全年顶部两侧透光时，整体路面照度总均匀度全天变化区间为

0.47~0.67；中部两侧透光时，整体路面照度总均匀度全天变化区间为 0.67~0.78；底部两侧透光时，整体路面照度总均匀度全天变化区间为 0.37~0.56，即无论是冬季还是夏季，各部位透光时路面照度总均匀度均能满足规范 0.4 的要求。通过各区段照度总均匀度对比，中部两侧透光照度总均匀度最高，顶部次之。

（2）夏季晴天相比冬季晴天，夏季路面照度总均匀度要高于冬季，但是顶、中、底部两侧透光照度总均匀度值变化并不大，相对变化差值在 0.1 范围内，中部和底部变化较均匀。

（3）夏季和冬季阴天相比，顶部两侧透光、中部两侧透光、底部两侧透光时，整体路面照度总均匀度相对近似等同，且全天主要时段几乎无变化，照度总均匀度分别稳定在 0.67、0.70、0.37 左右，即全天时段减光棚区路面照度总均匀度几乎不受季节的影响，全天路面照度均匀较恒定。

5.3 最佳透光率分析

减光棚透光位置配置影响路面照度均匀度，而减光位置透光率则影响着自然光投射到路面的总光通量，即影响着路面亮度、照度等照明指标。亮度、照度同样是公路隧道照明的重要指标，影响着隧道光环境优良问题。因此，在最佳减光棚透光配置的研究基础上又进一步对不同透光率做了相关研究，分析了减光棚中部两侧透光在夏季与冬季不同天气下路面平均照度变化情况。本小节减光棚模型选择了 30%、50%、70%的透光率进行最佳透光率优化研究。

5.3.1 六月份减光棚透光率研究

减光棚透光率研究模型与透光配置模型为同一套研究模型，只是相关参数做相对改变,同样分别模拟计算了 6 月份晴天和阴天中 9:30、12:30 和 15:30 三个时段毗邻区的路面平均照度、最大和最小照度、照度总均匀度和照度纵向均匀度，同时分别考虑了各车道和整体路面照度指标。

1. 六月份晴天各透光率模拟计算

1）30%透光率

见表 5-13、图 5-29。

表 5-13 30%透光率计算结果

中部两侧透光率30%					
计算时间	计算车道	平均照度/lx	最小照度/lx	最大照度/lx	最小照度/平均照度	最小照度/最大照度
9:30	整体车道	529	414	725	0.78	0.57
	左侧车道	509	454	562	0.89	0.81
	中间车道	427	412	456	0.97	0.90
	右侧车道	560	454	696	0.81	0.65
12:30	整体车道	585	396	847	0.68	0.47
	左侧车道	650	491	825	0.76	0.60
	中间车道	416	395	461	0.95	0.86
	右侧车道	491	405	627	0.82	0.65
15:30	整体车道	590	409	826	0.69	0.50
	左侧车道	669	510	828	0.76	0.62
	中间车道	434	410	482	0.95	0.85
	右侧车道	500	420	625	0.84	0.67

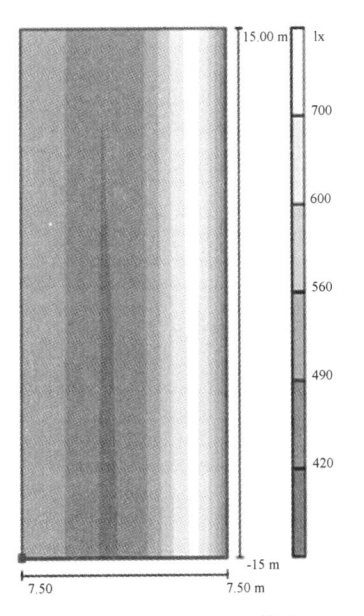

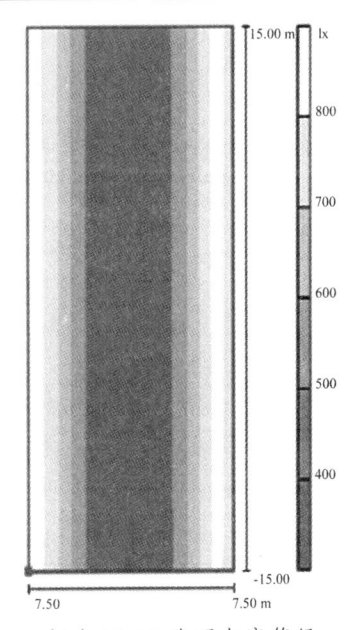

（a）9:30 路面灰度等级　　　（b）12:30 路面灰度等级

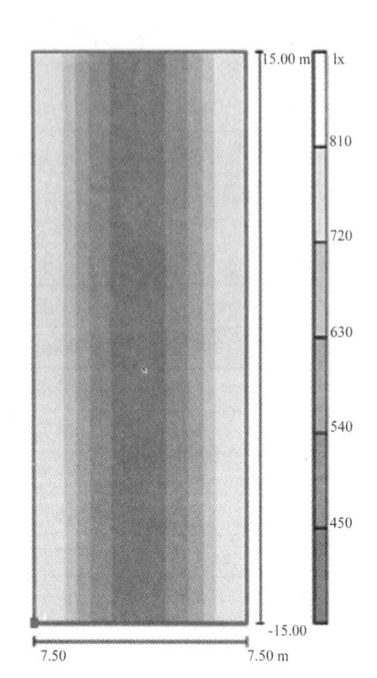

（c）15:30 路面灰度等级

图 5-29　30%透光率路面灰度等级图

2）50%透光率

见表 5-14、图 5-30。

表 5-14　50%透光率计算结果

中部两侧透光率 50%					
计算时间	计算车道	平均照度/lx	最小照度/lx	最大照度/lx	最小照度/平均照度	最小照度/最大照度
9:30	整体车道	878	688	1 203	0.78	0.57
	左侧车道	843	744	931	0.88	0.80
	中间车道	708	684	752	0.97	0.91
	右侧车道	932	756	1 157	0.81	0.65
12:30	整体车道	972	659	1 413	0.68	0.47
	左侧车道	1079	808	1 371	0.75	0.59
	中间车道	691	656	763	0.95	0.86
	右侧车道	817	673	1 043	0.82	0.64

续表

中部两侧透光率 50%						
计算时间	计算车道	平均照度/lx	最小照度/lx	最大照度/lx	最小照度/平均照度	最小照度/最大照度
15:30	整体车道	981	681	1 376	0.69	0.49
	左侧车道	1111	842	1 377	0.76	0.61
	中间车道	719	681	799	0.95	0.85
	右侧车道	831	696	1 042	0.84	0.67

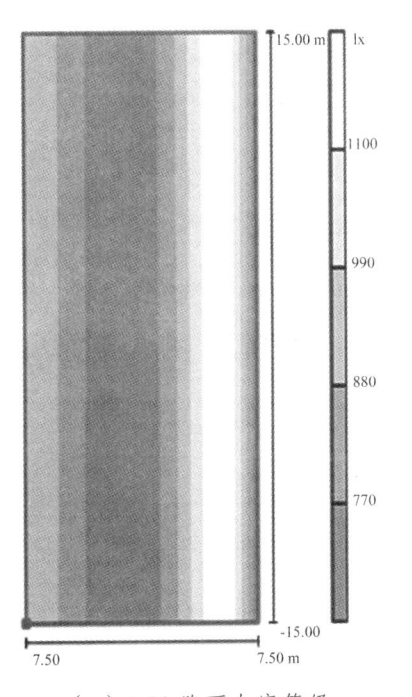

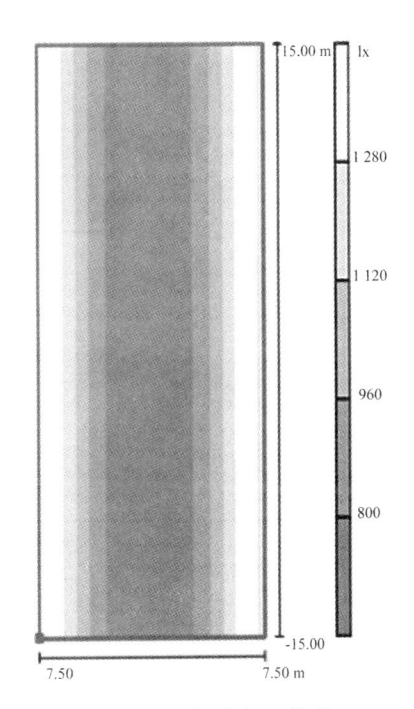

（a）9:30 路面灰度等级　　（b）12:30 路面灰度等级

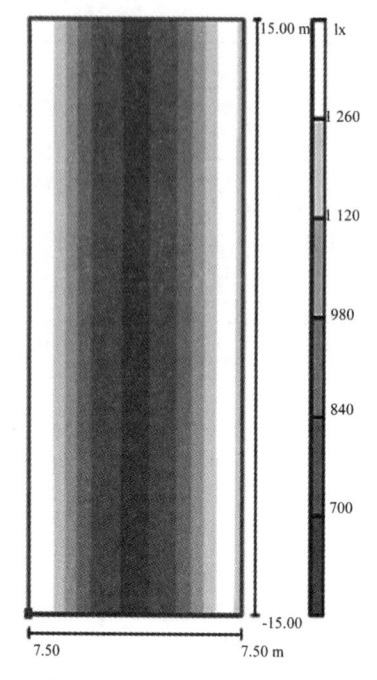

(c) 15:30 路面灰度等级

图 5-30　50%透光率路面灰度等级图

3) 70%透光率

见表 5-15、图 5-31。

表 5-15　70%透光率计算结果

中部两侧透光率70%					
计算时间	计算车道	平均照度/lx	最小照度/lx	最大照度/lx	最小照度/平均照度	最小照度/最大照度
9:30	整体车道	1 228	962	1 681	0.78	0.57
	左侧车道	1 177	1 034	1 301	0.88	0.79
	中间车道	990	956	1 048	0.97	0.91
	右侧车道	1 305	1 058	1 619	0.81	0.65
12:30	整体车道	1 360	922	1 979	0.68	0.47
	左侧车道	1 508	1 125	1 917	0.75	0.59

续表

中部两侧透光率 70%					
计算时间	计算车道	平均照度/lx	最小照度/lx	最大照度/lx	最小照度/平均照度	最小照度/最大照度
12:30	中间车道	965	917	1 066	0.95	0.86
	右侧车道	1 142	941	1 461	0.82	0.64
15:30	整体车道	1 372	952	1 927	0.69	0.49
	左侧车道	1 553	1 173	1 926	0.76	0.61
	中间车道	1 005	951	1 116	0.95	0.85
	右侧车道	1 162	973	1 459	0.84	0.67

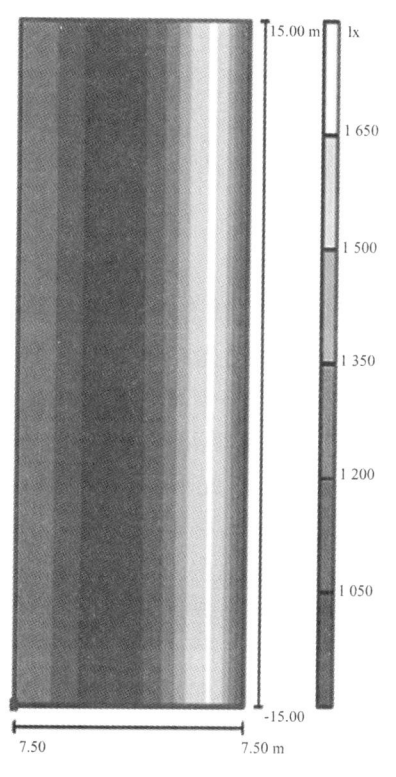

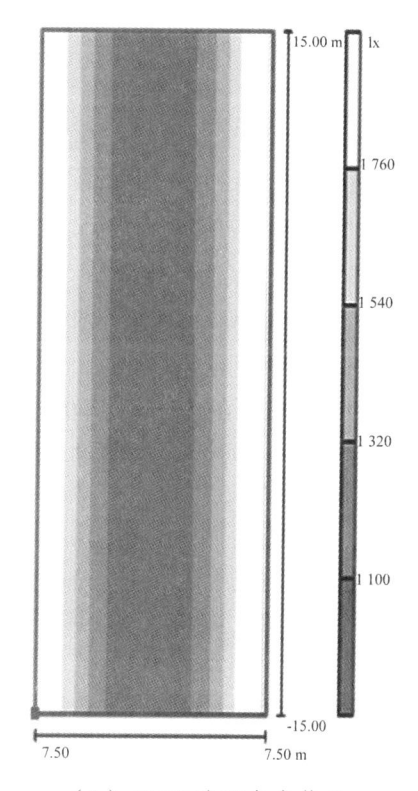

（a）9:30 路面灰度等级　　（b）12:30 路面灰度等级

(c) 15:30 路面灰度等级

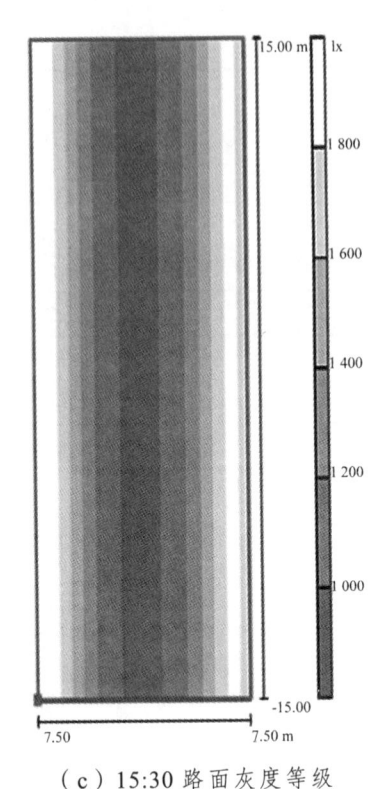

图 5-31　70%透光率路面灰度等级图

从表 5-13 ~ 表 5-15、图 5-29 ~ 图 5-31 可以看出:随着透光率的递增,路面平均照度也随之增加。在晴天主要时段,30%透光率下对应路面平均照度变化范围为 530 ~ 600 lx,50%透光率下对应路面平均照度变化范围为 880 ~ 1 000 lx,70%透光率下对应路面平均照度变化范围为 1 200 ~ 1 400 lx。全天主要时段路面平均照度变化随着自然光照射变化有所浮动,变动范围为 50 ~ 200 lx。总的来说,虽然各透光率下路面平均照度相互之间差值很大,但是都在 2 000 lx 上限接受范围内。从驾驶者舒适性角度考虑,30%和 50%透光率下路面平均照度更接近舒适最佳值(平均照度 900 lx 左右)。

2. 六月份阴天各透光率模拟计算

1)30%透光率

见表 5-16、图 5-32。

表 5-16 30%透光率计算结果

中部两侧透光率 30%							
计算时间	计算车道	平均照度/lx	最小照度/lx	最大照度/lx	最小照度/平均照度	最小照度/最大照度
9:30	整体车道	435	302	572	0.69	0.53
	左侧车道	509	404	580	0.79	0.70
	中间车道	324	303	374	0.93	0.81
	右侧车道	388	308	500	0.79	0.62
12:30	整体车道	520	500	947	0.69	0.53
	左侧车道	643	669	959	0.79	0.70
	中间车道	437	501	618	0.93	0.81
	右侧车道	543	510	827	0.79	0.62
15:30	整体车道	457	457	865	0.69	0.53
	左侧车道	570	611	876	0.79	0.70
	中间车道	390	458	565	0.93	0.81
	右侧车道	487	466	756	0.79	0.62

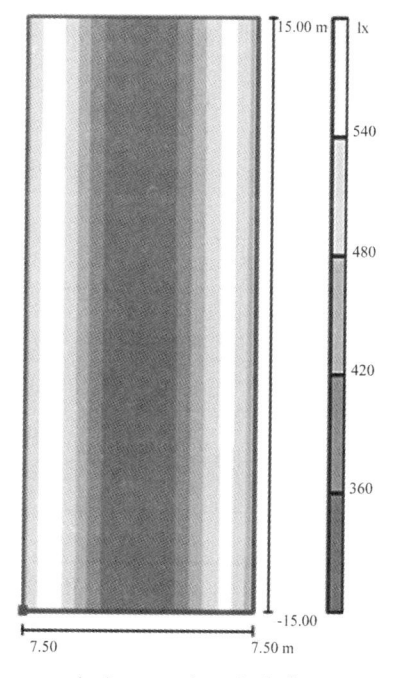

（a）9:30 路面灰度等级 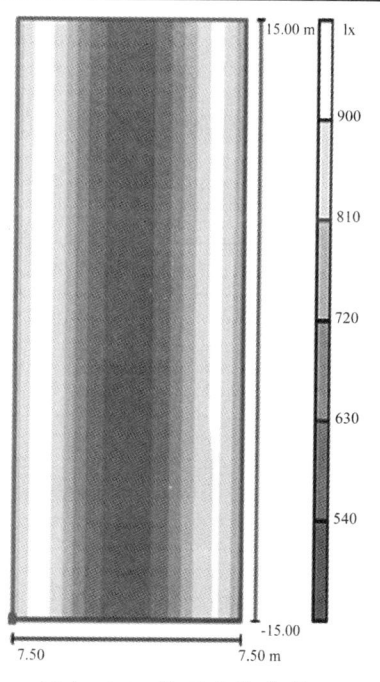　　　　（b）12:30 路面灰度等级

（c）15:30 路面灰度等级

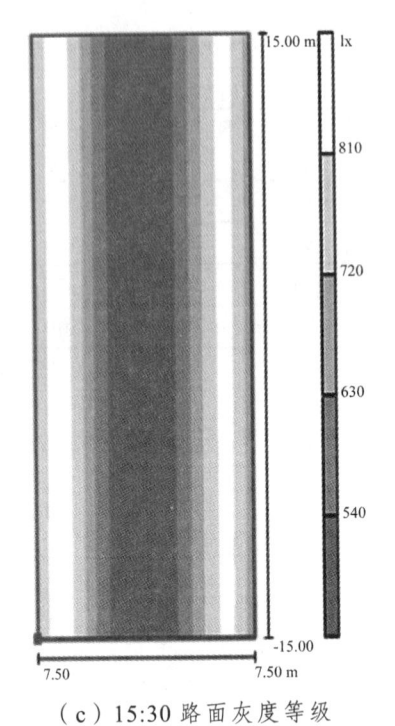

图 5-32　30%透光率路面灰度等级图

2）50%透光率

见表 5-17、图 5-33。

表 5-17　50%透光率计算结果

中部两侧透光率 50%					
计算时间	计算车道	平均照度/lx	最小照度/lx	最大照度/lx	最小照度/平均照度	最小照度/最大照度
9:30	整体车道	623	503	952	0.70	0.53
	左侧车道	647	669	961	0.79	0.70
	中间车道	439	504	620	0.93	0.81
	右侧车道	546	513	833	0.79	0.62
12:30	整体车道	897	833	1 576	0.70	0.53
	左侧车道	1 002	1107	1 590	0.79	0.70

续表

中部两侧透光率 50%					
计算时间	计算车道	平均照度/lx	最小照度/lx	最大照度/lx	最小照度/平均照度	最小照度/最大照度
12:30	中间车道	792	833	1 026	0.93	0.81
	右侧车道	969	849	1 378	0.79	0.62
15:30	整体车道	794	761	1 439	0.70	0.53
	左侧车道	880	1 011	1 453	0.79	0.70
	中间车道	715	761	937	0.93	0.81
	右侧车道	777	775	1 259	0.79	0.62

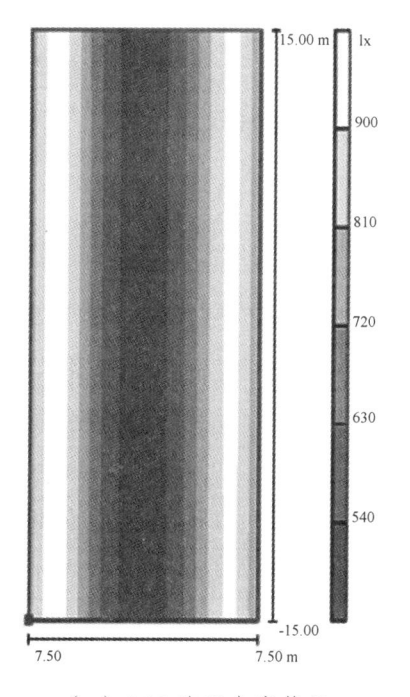

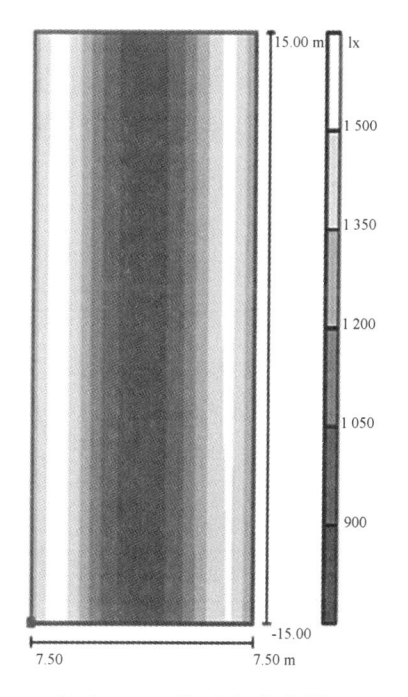

（a）9:30 路面灰度等级　　　（b）12:30 路面灰度等级

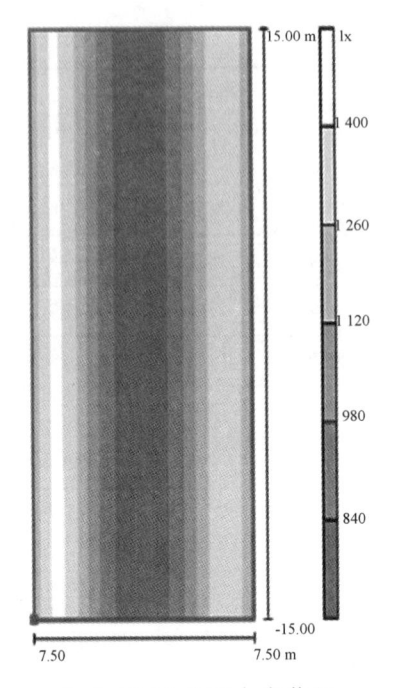

（c）15:30 路面灰度等级

图 5-33　50%透光率路面灰度等级图

3）70%透光率

见表 5-18、图 5-34。

表 5-18　70%透光率计算结果

| \multicolumn{7}{c}{中部两侧透光率70%} |
计算时间	计算车道	平均照度/lx	最小照度/lx	最大照度/lx	最小照度/平均照度	最小照度/最大照度
9:30	整体车道	912	704	1 333	0.70	0.53
	左侧车道	984	933	1 342	0.79	0.70
	中间车道	654	704	867	0.93	0.81
	右侧车道	804	718	1 166	0.79	0.62
12:30	整体车道	1 175	1 165	2 205	0.70	0.53
	左侧车道	1 060	1 544	2 221	0.79	0.70

续表

中部两侧透光率70%					
计算时间	计算车道	平均照度/lx	最小照度/lx	最大照度/lx	最小照度/平均照度	最小照度/最大照度
12:30	中间车道	847	1 166	1 435	0.93	0.81
	右侧车道	996	1 188	1 930	0.79	0.62
15:30	整体车道	1 030	1 064	2 015	0.70	0.53
	左侧车道	1 090	1 410	2 029	0.79	0.70
	中间车道	939	1 065	1 310	0.93	0.81
	右侧车道	967	1 085	1 763	0.79	0.62

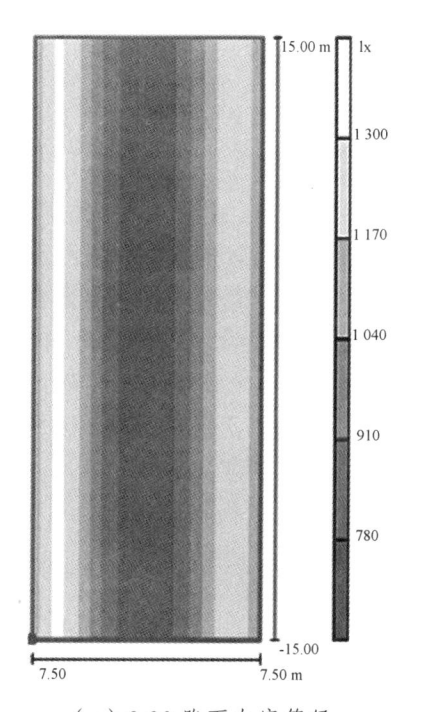

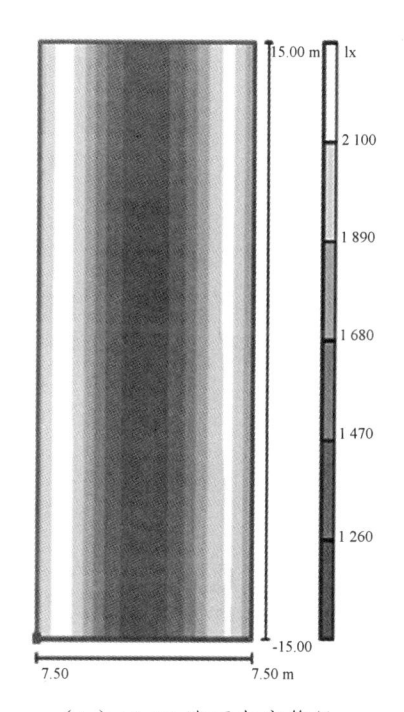

（a）9:30 路面灰度等级　　（b）12:30 路面灰度等级

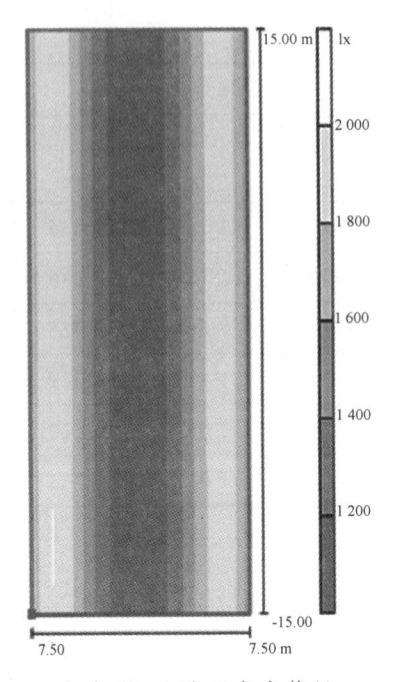

（c）15:30 路面灰度等级

图 5-34　70%透光率路面灰度等级图

从表 5-16~表 5-18、图 5-32~图 5-34 可以看出：随着透光率的递增，路面平均照度也随之增加。在阴天主要时段，30%透光率下对应路面平均照度变化范围为 450~550 lx，50%透光率下对应路面平均照度变化范围为 650~900 lx，70%透光率下对应路面平均照度变化范围为 1 000~1 200 lx。全天主要时段路面平均照度变化随着透光率增大变化幅度增加，变动范围为 200~700 lx。同样，虽然各透光率下路面平均照度相互之间差值很大，却都在 2 000 lx 上限接受范围内。而 30%和 50%透光率下路面平均照度更接近舒适最佳值（平均照度 900 lx 范围内）。

5.3.2　十二月份减光棚透光率研究

12 月份的减光棚透光率研究同 6 月份计算模型相同，分别模拟计算了 12 月份晴天和阴天中 9:30、12:30 和 15:30 三个时段毗邻区的路面平均照度、最大和最小照度、照度总均匀度和照度纵向均匀度，同时分别考虑了各车道和整体路面照度指标。

1. 十二月份晴天各透光率模拟计算

1）30%透光率

见表 5-19、图 5-35。

表 5-19　30%透光率计算结果

中部两侧透光率 30%						
计算时间	计算车道	平均照度/lx	最小照度/lx	最大照度/lx	最小照度/平均照度	最小照度/最大照度
9:30	整体车道	482	354	616	0.73	0.57
	左侧车道	558	419	624	0.75	0.67
	中间车道	522	456	605	0.87	0.75
	右侧车道	429	414	448	0.97	0.92
12:30	整体车道	642	435	942	0.68	0.46
	左侧车道	806	538	959	0.67	0.56
	中间车道	733	601	903	0.82	0.67
	右侧车道	517	494	562	0.96	0.88
15:30	整体车道	482	323	599	0.67	0.54
	左侧车道	525	383	603	0.73	0.64
	中间车道	540	486	592	0.90	0.82
	右侧车道	450	432	476	0.96	0.91

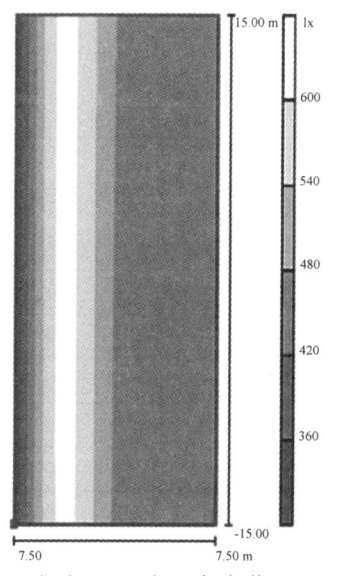

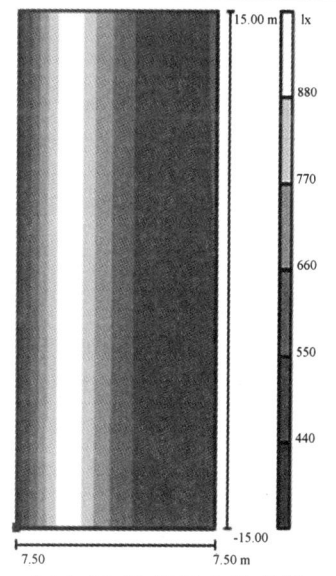

（a）9:30 路面灰度等级　　　　（b）12:30 路面灰度等级

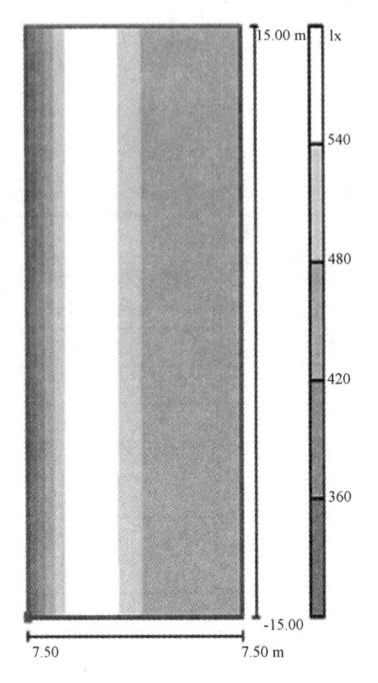

（c）15:30 路面灰度等级

图 5-35　30%透光率路面灰度等级图

2）50%透光率

见表 5-20、图 5-36。

表 5-20　50%透光率计算结果

计算时间	计算车道	平均照度/lx	最小照度/lx	最大照度/lx	最小照度/平均照度	最小照度/最大照度
中部两侧透光率 50%						
9:30	整体车道	800	587	1 020	0.73	0.58
	左侧车道	923	696	1 029	0.75	0.68
	中间车道	867	758	997	0.87	0.76
	右侧车道	712	688	743	0.97	0.93
12:30	整体车道	1 065	723	1 567	0.68	0.46
	左侧车道	1 334	895	1 586	0.67	0.56

续表

中部两侧透光率 50%						
计算时间	计算车道	平均照度/lx	最小照度/lx	最大照度/lx	最小照度/平均照度	最小照度/最大照度
12:30	中间车道	1 218	1 000	1 499	0.82	0.67
	右侧车道	858	821	934	0.96	0.88
15:30	整体车道	799	537	993	0.67	0.54
	左侧车道	868	638	995	0.73	0.64
	中间车道	896	809	982	0.90	0.82
	右侧车道	746	718	790	0.96	0.91

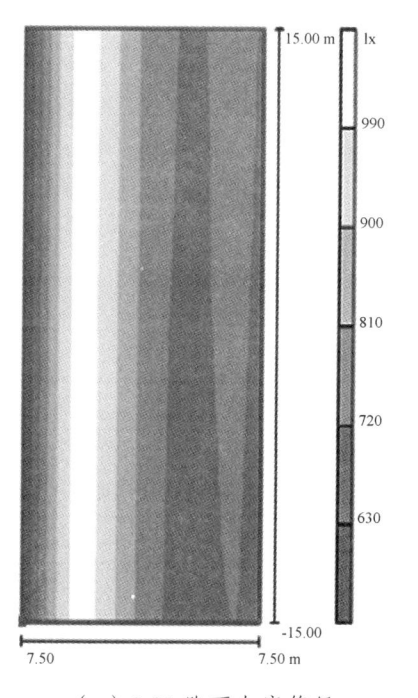

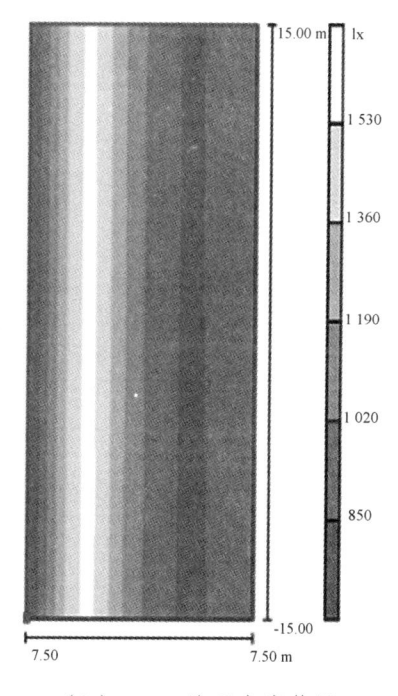

（a）9:30 路面灰度等级　　　　　（b）12:30 路面灰度等级

（c）15:30 路面灰度等级

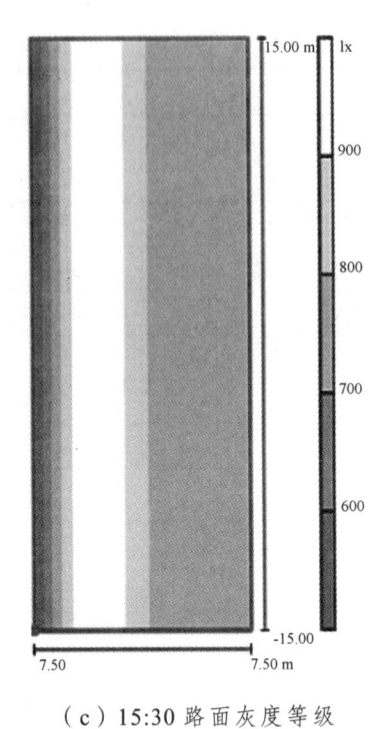

图 5-36　50%透光率路面灰度等级图

3）70%透光率

见表 5-21、图 5-37。

表 5-21　70%透光率计算结果

中部两侧透光率 70%					
计算时间	计算车道	平均照度 /lx	最小照度 /lx	最大照度 /lx	最小照度/ 平均照度	最小照度/ 最大照度
9:30	整体车道	1 118	820	1 424	0.73	0.58
	左侧车道	1 288	975	1 433	0.76	0.68
	中间车道	1 212	1 059	1 389	0.87	0.76
	右侧车道	995	962	1 038	0.97	0.93
12:30	整体车道	1 489	1 010	2 192	0.68	0.46
	左侧车道	1 863	1 252	2 212	0.67	0.57

续表

中部两侧透光率 70%						
计算时间	计算车道	平均照度/lx	最小照度/lx	最大照度/lx	最小照度/平均照度	最小照度/最大照度
12:30	中间车道	1 704	1 398	2 094	0.82	0.67
	右侧车道	1 199	1 145	1 306	0.95	0.88
15:30	整体车道	1 117	750	1 387	0.67	0.54
	左侧车道	1 211	892	1 386	0.74	0.64
	中间车道	1 253	1 131	1 372	0.90	0.82
	右侧车道	1 043	1 005	1 104	0.96	0.91

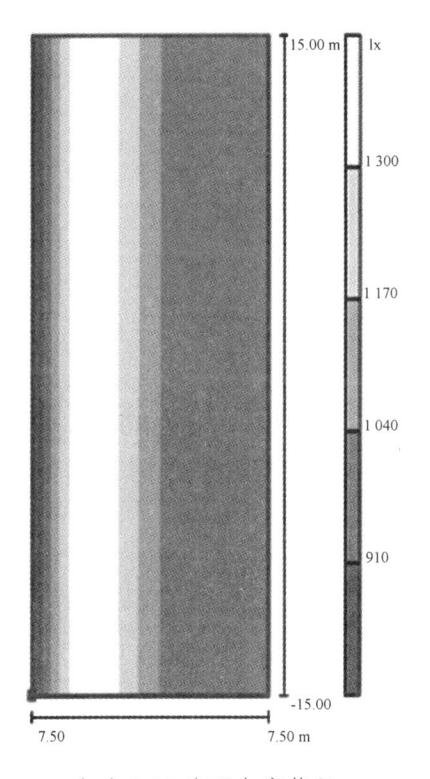

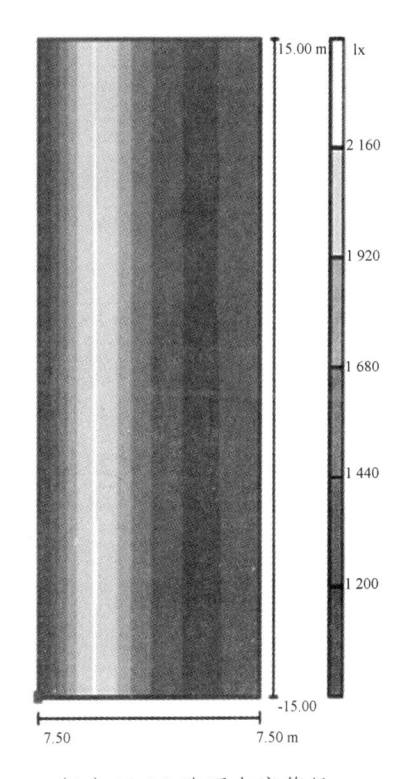

（a）9:30 路面灰度等级　　　　　（b）12:30 路面灰度等级

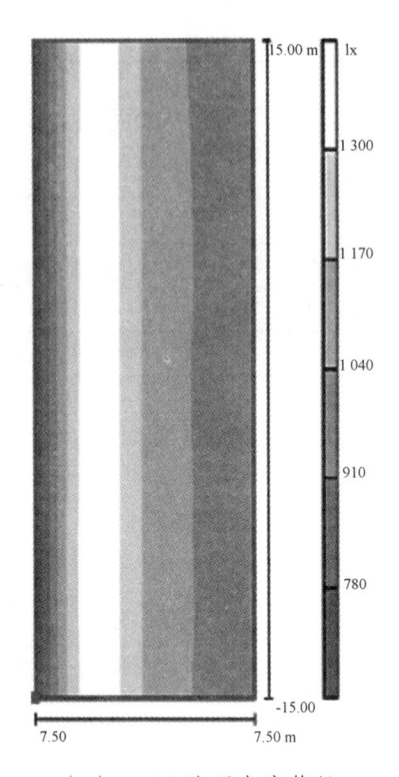

（c）15:30 路面灰度等级

图 5-37　70%透光率路面灰度等级图

从表 5-19 ~ 表 5-21、图 5-35 ~ 图 5-37 可以看出：随着透光率的递增，路面平均照度也随之增加。在 12 月份晴天主要时段，30%透光率下对应路面平均照度变化范围为 500 ~ 650 lx，50%透光率下对应路面平均照度变化范围为 800 ~ 1 100 lx，70%透光率下对应路面平均照度变化范围为 1 100 ~ 1 500 lx，各透光率都在 2 000 lx 上限接受范围内。全天主要时段路面平均照度变化范围为 150 ~ 400 lx。同理可知，30%和 50%透光率下路面平均照度更接近舒适最佳值（平均照度 900 lx 左右）。

2. 十二月份阴天各透光率模拟计算

1）30%透光率

见表 5-22、图 5-38。

表 5-22　30%透光率计算结果

中部两侧透光率30%					
计算时间	计算车道	平均照度/lx	最小照度/lx	最大照度/lx	最小照度/平均照度	最小照度/最大照度
9:30	整体车道	334	232	440	0.69	0.53
	左侧车道	392	311	446	0.79	0.70
	中间车道	249	233	287	0.93	0.81
	右侧车道	299	237	384	0.79	0.62
12:30	整体车道	507	352	667	0.69	0.53
	左侧车道	594	471	676	0.79	0.70
	中间车道	378	353	436	0.93	0.81
	右侧车道	453	359	583	0.79	0.62
15:30	整体车道	320	223	422	0.69	0.53
	左侧车道	375	298	427	0.79	0.70
	中间车道	239	223	275	0.93	0.81
	右侧车道	286	227	368	0.79	0.62

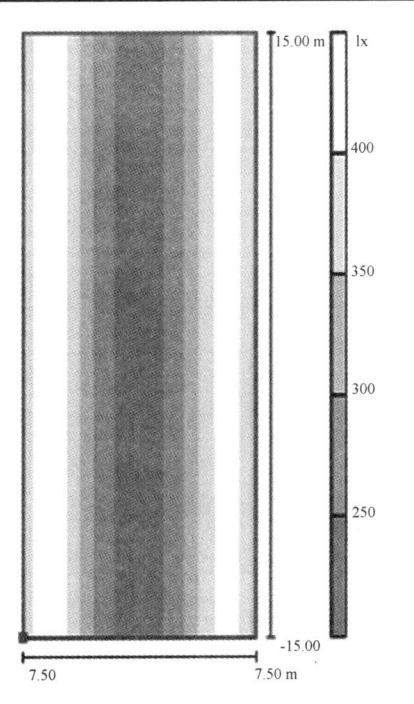

（a）9:30 路面灰度等级 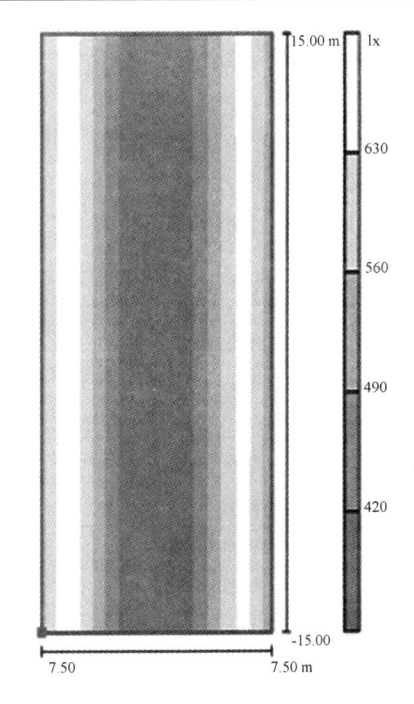　　　　（b）12:30 路面灰度等级

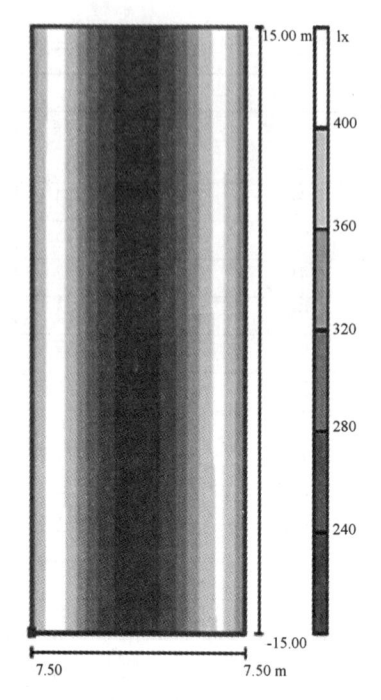

（c）15:30 路面灰度等级

图 5-38　30%透光率路面灰度等级图

2）50%透光率

见表 5-23、图 5-39。

表 5-23　50%透光率计算结果

中部两侧透光率 50%					
计算时间	计算车道	平均照度/lx	最小照度/lx	最大照度/lx	最小照度/平均照度	最小照度/最大照度
9:30	整体车道	556	387	732	0.70	0.53
	左侧车道	651	514	739	0.79	0.70
	中间车道	414	387	477	0.93	0.81
	右侧车道	497	394	640	0.79	0.62
12:30	整体车道	843	586	1 110	0.70	0.53
	左侧车道	987	780	1 120	0.79	0.70

续表

中部两侧透光率 50%						
计算时间	计算车道	平均照度/lx	最小照度/lx	最大照度/lx	最小照度/平均照度	最小照度/最大照度
12:30	中间车道	628	587	723	0.93	0.81
	右侧车道	753	598	971	0.79	0.62
15:30	整体车道	533	371	702	0.70	0.53
	左侧车道	624	493	708	0.79	0.70
	中间车道	397	371	457	0.93	0.81
	右侧车道	476	378	614	0.79	0.62

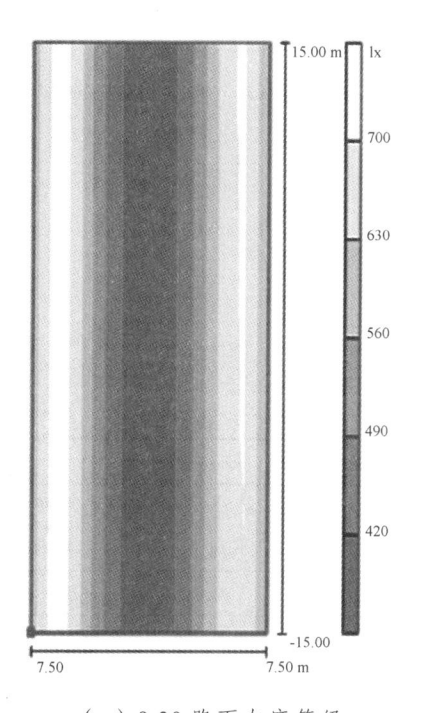

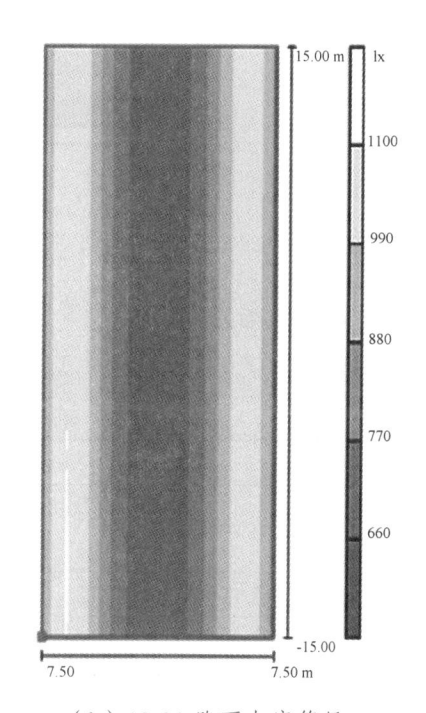

（a）9:30 路面灰度等级　　　　（b）12:30 路面灰度等级

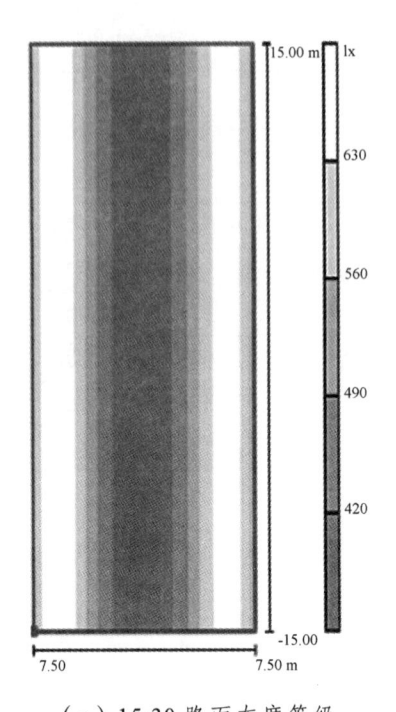

308 ❰❰❰ 公路隧道照明节能关键技术

（c）15:30 路面灰度等级

图 5-39　50%透光率路面灰度等级图

3）70%透光率

见表 5-24、图 5-40。

表 5-24　70%透光率计算结果

\multicolumn{5}{c}{中部两侧透光率70%}				
计算时间	计算车道	平均照度/lx	最小照度/lx	最大照度/lx	最小照度/平均照度	最小照度/最大照度
9:30	整体车道	778	541	1 024	0.70	0.53
	左侧车道	910	717	1 032	0.79	0.70
	中间车道	579	542	666	0.93	0.81
	右侧车道	695	552	896	0.79	0.62
12:30	整体车道	1 180	821	1 554	0.70	0.53
	左侧车道	1 381	1 088	1 565	0.79	0.70

续表

| \multicolumn{7}{|c|}{中部两侧透光率 70%} |
计算时间	计算车道	平均照度 /lx	最小照度 /lx	最大照度 /lx	最小照度/ 平均照度	最小照度/ 最大照度
12:30	中间车道	879	821	1 011	0.93	0.81
	右侧车道	1 054	837	1 359	0.79	0.62
15:30	整体车道	746	519	982	0.70	0.53
	左侧车道	873	688	989	0.79	0.70
	中间车道	555	519	639	0.93	0.81
	右侧车道	666	529	859	0.79	0.62

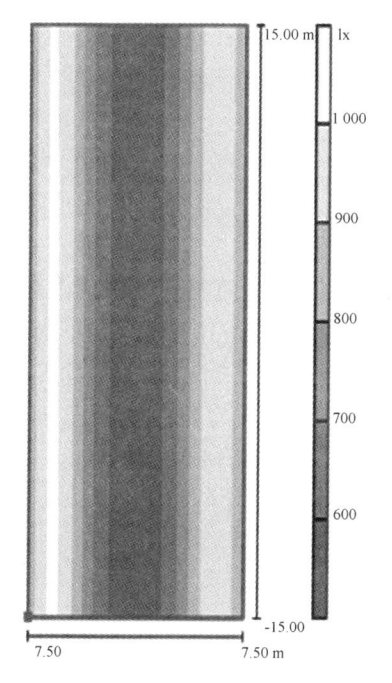

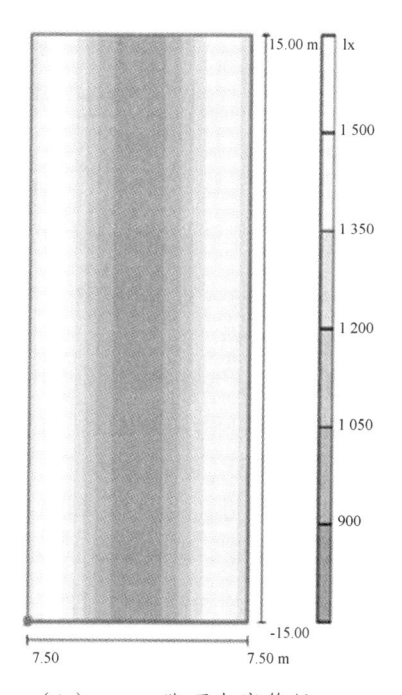

（a）9:30 路面灰度等级　　（b）12:30 路面灰度等级

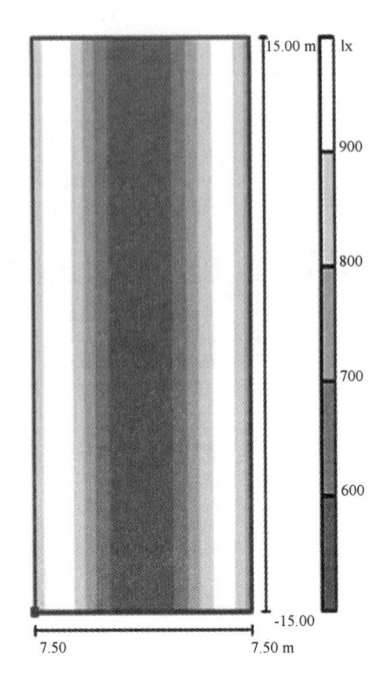

（c）15:30 路面灰度等级

图 5-40　70%透光率路面灰度等级图

从表 5-22 ~ 表 5-24、图 5-38 ~ 图 5-40 可以看出：随着透光率的递增，路面平均照度也随之增加。在 12 月份阴天主要时段，30%透光率下对应路面平均照度变化范围为 300 ~ 500 lx，50%透光率下对应路面平均照度变化范围为 550 ~ 850 lx，70%透光率下对应路面平均照度变化范围为 750 ~ 1 200 lx。全天主要时段路面平均照度变化随着自然光的变化浮动，变动范围为 200 ~ 700 lx。同样从驾驶舒适性来说，12 月份阴天 30% ~ 70%透光率下路面平均照度值都有利于舒适性驾驶。

5.3.3　小　结

30%透光率的减光棚在 6 月份晴、阴天时，昼天路面平均照度平均在 560 lx 和 500 lx 左右，12 月份晴、阴天时，昼天路面平均照度平均在 530 lx 和 400 lx 左右，夏季和冬季路面平均照度相对变化最大范围为 200 lx。

50%透光率的减光棚在 6 月份晴、阴天时,昼天路面平均照度平均在 940 lx 和 775 lx 左右,12 月份晴、阴天时,昼天路面平均照度平均在 950 lx 和 700 lx 左右,夏季和冬季路面平均照度相对变化最大范围为 300 lx。

70%透光率的减光棚在 6 月份晴、阴天时,昼天路面平均照度平均在 1 300 lx 和 1 100 lx 左右,12 月份晴、阴天时,昼天路面平均照度平均在 1 300 lx 和 975 lx 左右,夏季和冬季路面平均照度相对变化最大范围为 500 lx。

综上对比结果,30%透光率下随着季节天气变动时路面平均照度变化相对最小,50%透光率下路面平均照度变化次之,70%透光率下路面平均照度变化最大,所以针对最佳透光率下达到最舒适性路面平均照度要求,30%~50%透光率的减光棚作为推荐设计。

5.4　研究依托工程

毗邻隧道光环境研究依托工程选择太和洞—八片石隧道,试验研究取消八片山、太和洞隧道的入口和出口所有加强照明,玄真桥上方的棚洞设置基本照明,用于夜间照明,白天关闭,基本照明设置纵向间距和横向位置与两侧隧道基本照明一致。照明设置如图 5-41 所示。

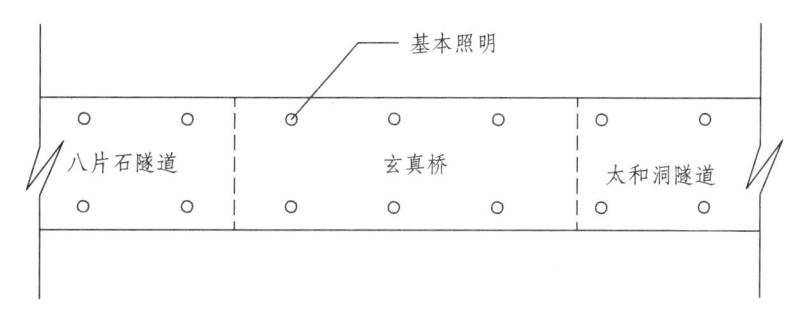

图 5-41　太和洞—八片石隧道

5.5　设计方案

在玄真桥上方设置遮光棚,以降低白昼路面亮度值,夜间配置照明工具。遮光棚设计如图 5-42 所示。

图 5-42 毗邻隧道遮光棚仿真图

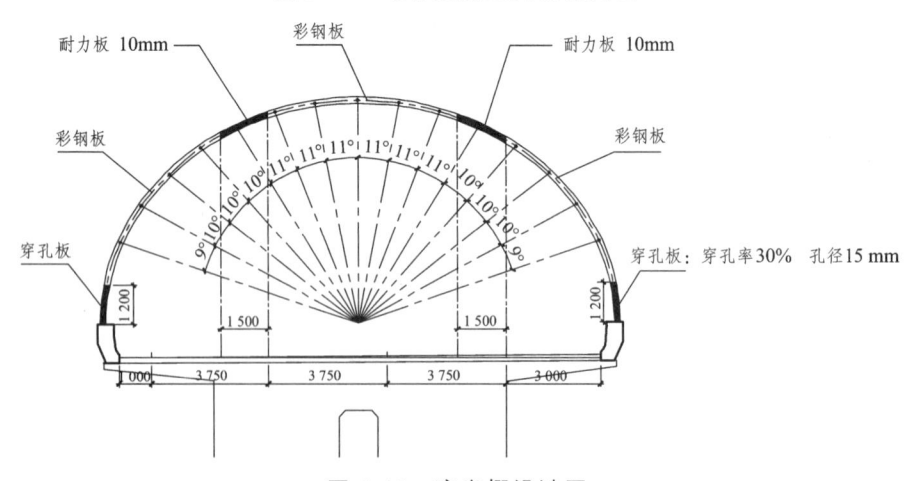

图 5-43 遮光棚设计图

遮光棚耐力板和穿孔板说明：

（1）耐力板设置在两侧车道上方，宽度为 1 500 mm，透光率暂定为 30%，采用无色透明耐力板，通过在内侧贴膜或者喷涂不透明材料将透光率调整为 30%。

（2）防撞栏杆上侧 1 200 mm 的范围内敷设不锈钢穿孔板，厚度为 1 mm，穿孔率为 30%，孔径为 15 mm，隧道内产生的废气通过圆孔溢出棚外。

（3）耐力板、穿孔板以外的部分采用钢板或者彩钢板。

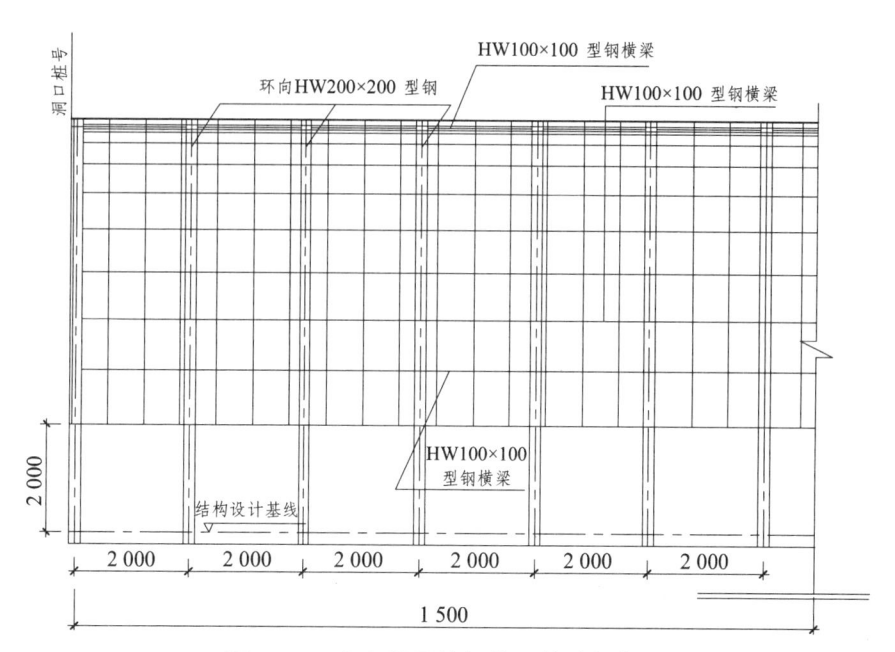

图 5-44 遮光棚柔性钢护网构造细部图

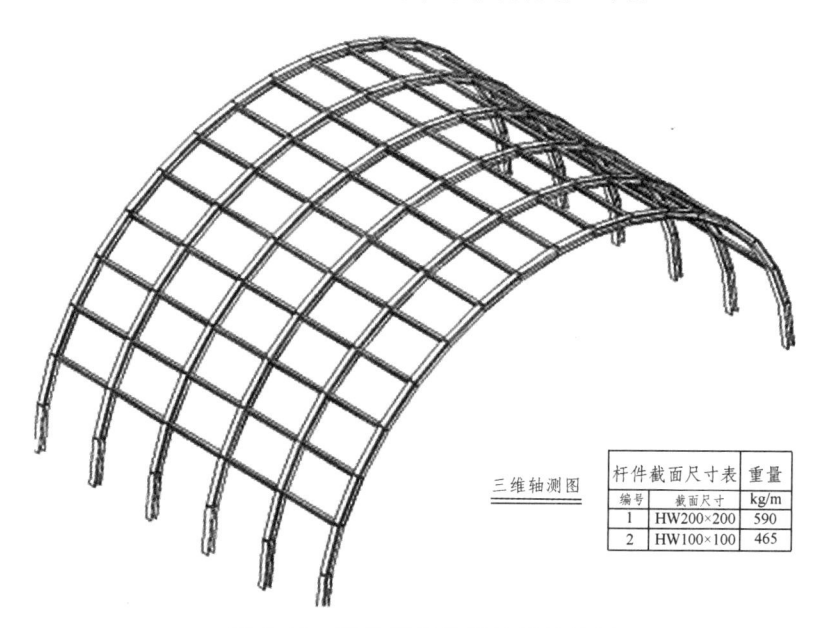

图 5-45 遮光棚柔性钢护网构造图

杆件截面尺寸表		重量
编号	截面尺寸	kg/m
1	HW200×200	590
2	HW100×100	465

柔性防护棚为型钢钢架结构，设计基线以上 2.0 m 至棚顶满铺柔性

防护网，上部结构与基础连接采用法兰连接。所有型钢、连接钢筋、连接钢板、螺栓、螺帽等钢结构应做防锈处理。其结构材料要求如下：

（1）采用Q345B钢材，应符合《碳素结构钢》（GB/T700—2006）中规定的Q235B钢和《低合金高强度结构钢》（GB/T1591—2008）中规定的Q345B钢技术条件的标准。

（2）高强螺栓采用扭剪型或大六角头型，性能等级为10.9S级，其性能应符合现行国家标准《钢结构用扭剪型高强度螺栓连接副》（GB/T3632—2008）的要求。

（3）普通螺栓采用C级螺栓，螺栓孔的精度和孔壁表面粗糙度应符合现行国家标准《钢结构工程施工质量验收规范》的要求。

（4）棚洞屋面采用PC透光耐力板。

（5）高强螺栓采用M20大六角头摩擦型螺栓，10.9s级，普通螺栓采用C级螺栓（4.8s级）。

遮光棚主体框架结构设计遵循规范、规程如下：

（1）《建筑结构可靠度设计统一标准》（GB50068—2001）。
（2）《钢结构设计规范》（GB50017—2003）。
（3）《冷弯薄壁型钢结构技术规范》（GB50018—2016）。
（4）《钢结构高强螺栓连接的设计，施工及验收规程》（JGJ82—2011）。
（5）《钢筋焊接及验收规程》（JGJ18—2012）。
（6）《建筑钢结构焊接技术规程》（JGJ81—2011）。
（7）《钢结构工程施工及质量验收规范》（GB50205—2001）。

5.6 亮度仿真分析结果

仿真分析结果和模拟图如表5-25~5-27、图5-46所示。

表5-25 顶部透光率为30%不同时间段照度对比（晴天）

顶部两侧透光率30%					
计算时间	计算车道	平均照度/lx	最小照度/lx	最大照度/lx	最小照度/平均照度	最小照度/最大照度
9:30	整体车道	706	473	837	0.67	0.57
	左侧车道	662	517	784	0.78	0.66

续表

顶部两侧透光率30%						
计算时间	计算车道	平均照度/lx	最小照度/lx	最大照度/lx	最小照度/平均照度	最小照度/最大照度
9:30	中间车道	821	793	840	0.97	0.94
	右侧车道	789	711	838	0.90	0.85
12:30	整体车道	1 168	783	1 384	0.67	0.57
	左侧车道	1 096	856	1 298	0.78	0.66
	中间车道	1 358	1 312	1 391	0.97	0.94
	右侧车道	1 305	1 177	1 386	0.90	0.85
15:30	整体车道	1 067	715	1 265	0.67	0.57
	左侧车道	1 001	782	1 186	0.78	0.66
	中间车道	1 241	1 198	1 270	0.97	0.94
	右侧车道	1 192	1 075	1 266	0.90	0.85

表5-26　顶部透光率为30%不同时间段照度对比（阴天）

顶部两侧透光率30%						
计算时间	计算车道	平均照度/lx	最小照度/lx	最大照度/lx	最小照度/平均照度	最小照度/最大照度
9:30	整体车道	755	427	903	0.57	0.47
	左侧车道	802	711	866	0.89	0.82
	中间车道	874	848	911	0.97	0.93
	右侧车道	794	659	897	0.83	0.73
12:30	整体车道	951	574	1 147	0.60	0.50
	左侧车道	955	687	1 135	0.72	0.60
	中间车道	1 039	989	1 113	0.95	0.89
	右侧车道	1 090	1 025	1 145	0.94	0.89
15:30	整体车道	942	598	1 117	0.63	0.53
	左侧车道	929	672	1 121	0.72	0.60
	中间车道	1 042	991	1 102	0.95	0.90
	右侧车道	1 071	1 013	1 115	0.95	0.91

表 5-27　顶部透光率为 30%不同时间段照度对比（混合天）

计算时间	计算车道	顶部两侧透光率 30%				
		平均照度 /lx	最小照度 /lx	最大照度 /lx	最小照度/ 平均照度	最小照度/ 最大照度
9:30	整体车道	1 223	731	1 447	0.60	0.51
	左侧车道	1 259	1 075	1 401	0.85	0.77
	中间车道	1 424	1 395	1 461	0.98	0.95
	右侧车道	1 298	1 112	1 436	0.86	0.77
12:30	整体车道	1 491	774	1 894	0.52	0.41
	左侧车道	1 509	985	1 855	0.65	0.53
	中间车道	1 626	1 508	1 810	0.93	0.83
	右侧车道	1 767	1 599	1 883	0.90	0.85
15:30	整体车道	1 676	1 020	1 983	0.61	0.51
	左侧车道	1 629	1 160	1 986	0.71	0.58
	中间车道	1 891	1 808	1 972	0.96	0.92
	右侧车道	1 923	1 813	1 997	0.94	0.91

（a）9:30 路面照度效果图

（b）12:30 路面照度效果图

（c）15:30 路面照度效果图

图 5-46 顶部两侧路面照度仿真

5.7 本章小结

（1）通过毗邻隧道减光棚透光配置模拟结果对比得出，中部两侧透光路面总均匀度最好，照度总均匀度最高可达 0.84，但是顶、中、底部两侧透光时路面总均匀度都大于 0.4，满足规范的最低要求。

（2）减光棚在 6 月份时，路面均匀度比 7 月份路面均匀度要高，中部两侧透光时，路面均匀度夏季与冬季在相同时间点波动 0.01~0.05，顶部和底部两侧透光时，路面均匀度变化幅度为 0.05~0.1，即在不同季节，减光棚中部两侧透光路面均匀度更稳定。

（3）通过毗邻隧道减光棚透光率模拟结果对比得出，中部两侧透光率在 50%~70%范围内时，路面平均照度为 800~1 200 lx，此时路面照度最佳，更接近最舒适性驾驶视觉。其中，路面总均匀度在相同时间条件下受透光率影响很小，总均匀度变化范围不超过 0.02。

（4）虽然减光棚在相同透光率下顶部两侧透光时路面平均照度要略高于中部和底部两侧透光条件下路面平均照度，但中部两侧透光时棚洞内整体光环境较舒适，路面照度和总均匀度最佳。底部两侧透光无论是对路面均匀度还是平均照度来说效果都一般。

【第6章】>>>>
国内外隧道照明相关规范及技术报告简介

6.1 《公路隧道照明设计细则》

6.1.1 《公路隧道照明设计细则》简介

随着我国公路隧道建设的发展，我国公路隧道照明设计规范也逐步完善。1990年前，我国对公路隧道照明没有具体规定。1990年12月1日，交通部颁布实施了 JTJ 026—1990《公路隧道设计规范》，从而使我国公路隧道照明设计有了相应的设计技术标准。目前，国内约有1 000多座 2000年以前建成的公路隧道，其照明系统的设计及运营管理主要采用该规范的相关规定。2000年6月1日，交通部颁布了交通行业公路隧道照明设计及运营管理的专业规范，即 JTJ 026.1—1999《公路隧道通风照明设计规范》(简称《规范》)。之后十多年间，已建成的7 000多座公路隧道其照明系统设计及运营管理主要采用该《规范》的相关规定。上述两个规范对推进我国公路隧道照明工程科技进步、规范其设计行为、完善隧道照明体系等均起到了积极的作用。但我国公路隧道建设和隧道照明技术起步较晚，规范编制阶段的经验和基础性工作不足，未能全面覆盖相关技术内容，在隧道照明的分期实施、短隧道照明设计方法与取值、节能光源及灯具的应用标准等方面仍存在一些不足。

鉴于此，招商局重庆交通科研设计院有限公司在总结近些年我国隧道照明建设经验及技术发展趋势的基础上，吸收了隧道照明设计经验及科研成果，参考 CIE88—2004《隧道和地下通道照明指南》和 CEN4380—2003《照明设备——隧道照明》，编制了 JTG/T D70/2-01—2014《公路隧道照明设计细则》(简称《细则》)，并在2014年8月1日由交通运输部正式颁布，同时还颁布了 JTG D70/2—2014《公路隧道设计规范第二册 交通工程与附属设施》，以指导隧道机电设计的规范化。《细则》的修订在《规范》的基础上，更进一步考虑了驾驶员的隧道行驶视觉特性，提出了符合隧道视觉特点的节能设计方法。与《规范》相比，《细则》具有如下先进性：

（1）考虑了短隧道及不同等级隧道的照明设置要求。
（2）调整了入口段照明要求，将入口段划分为2个照明段。
（3）调整了过渡段照明的亮度计算系数。
（4）完善了特长隧道中间段分段设置的亮度及长度。
（5）调整了出口段照明要求，出口段划分为2个照明段。

6.1.2 《细则》相关条文节选

现将《细则》中对体现节能性的条文节选如下：

公路隧道照明设计应根据交通量变化、洞外亮度变化、季节更替等多种工况制订调光及运营管理方案。

条文说明

隧道照明系统通常以最不利工况进行设计，不分工况开启照明设施必然会造成能耗增加或引起安全隐患。应根据交通量变化、洞外亮度变化、不同季节等制订适宜的调光及运营管理方案，以确保隧道照明系统在不同运营条件下的安全与节能运行，并实现科学管理。

公路隧道照明通常采用分级调光或动态调光。例如，白天加强段照明可采用晴天、阴天、云天、重阴天四级调光方案或时序多级调光方案；夜间中间段照明根据交通量变化可采用动态调光。

当显色指数 $Ra \geq 65$、色温介于 3 500 ~ 6 500 K 的 LED 光源用于隧道基本照明时，亮度可按表 6.1.1（见《细则第六章》）所列亮度标准的 50% 取值，但不应低于 1.0 cd/m^2。

条文说明

我国和世界上大多数国家照明设计目前所采用的亮度标准均是在明视觉条件下 2°视野范围内的亮度，这不能完全反映人眼对亮度的感知。为此，学术界开始应用"中间视觉理论"和"对目标物体反应时间的视觉功效法"对隧道照明进行研究。根据"基于反应时间的视觉功效法"

实验，得出反应时间相等时 LED 光源对高压钠灯（HPS）光源的亮度对比系数，见表 6-1，进而可计算 LED 光源中间视觉的等效亮度，因此其亮度值作相应折减。

表 6-1　LED 对 HPS 的亮度对比系数值

背景亮度/（cd/m²）	1.0	1.5	2.0	2.5	3.6	4.5
亮度对比系数	0.310 7	0.388 1	0.477 7	0.461 3	0.403 1	0.349 1

当显色指数 $Ra \geqslant 65$、色温介于 3 500～6 500 K 的单端无极荧光灯用于隧道基本照明时，亮度可按表 6.1（见《细则第六章》）所列亮度标准的 80% 取值，但不应低于 1.0 cd/m²。

条文说明

适应亮度不同时，人眼的相对光谱灵敏度曲线不同。适应亮度下降，人眼对蓝、绿色光的反应大大提高，而对黄色光和红色光的灵敏度随之显著降低。因此，在隧道照明低亮度水平条件下（长隧道的基本照明、夜间照明），采用含短波长较多的光源（单端无极荧光灯）进行照明会比相同功率的含长波长较多的光源（高压钠灯）产生更大的视觉亮度，故作出本条规定。

基本照明采用逆光照明方式时，亮度可按表 6.1（见《细则第六章》）所列亮度标准的 80% 取值，但不应低于 1.0 cd/m²。

条文说明

逆光照明灯具的特点是光束投射方向和交通车流方向相反，驾驶员主要通过负对比效应看到路面的障碍物和车辆。根据"小目标物体可见度"理论，在目标物体所在路面亮度相同的情况下，物体朝向驾驶员表面的亮度越低，相应的目标物可视度就越高，就越容易被驾驶员发现，故作出本条规定。

隧道照明光源的选择应遵循下列原则：

1　宜选择发光效率高的光源，光源的使用寿命不应小于 10 000 h。

2　以稀释烟尘作为隧道通风控制工况的隧道，宜选择透雾性能较好的光源；不以稀释烟尘作为隧道通风控制工况的隧道，基本照明宜选择显色性好的光源。

3　紧急停车带、横通道可选用显色性较好的光源。

条文说明

隧道照明光源目前多采用光效高、透雾性能较好的高压钠灯，对显色性要求较高的隧道和特殊地段较多采用荧光灯。

光源、透过率（烟尘浓度）对照明水平有较大影响。烟尘浓度不但与车速（要求视距）有关，而且与亮度（或照度）、光源有关，见表 6-2。日本照明专家经大量测试后得出图 6-1 所示的烟尘浓度（透过率）、车速、照度和光源四者之间关系。

表 6-2　设计速度—路面亮度—烟尘浓度之间的关系

设计速度/（km/h）	100	80	60	40
路面平均亮度/（cd/m^2）	9.0	4.5	2.5	1.5
K/（m^{-1}）	0.006 9	0.007 0	0.007 5	0.009 0

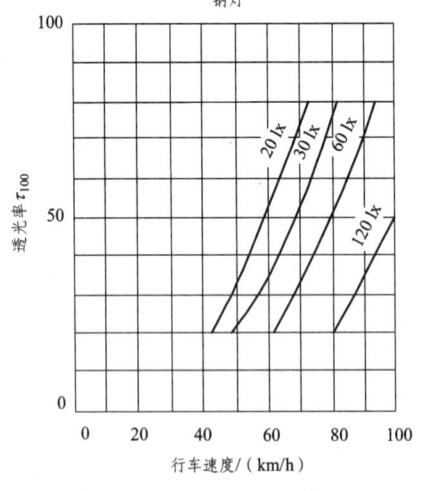

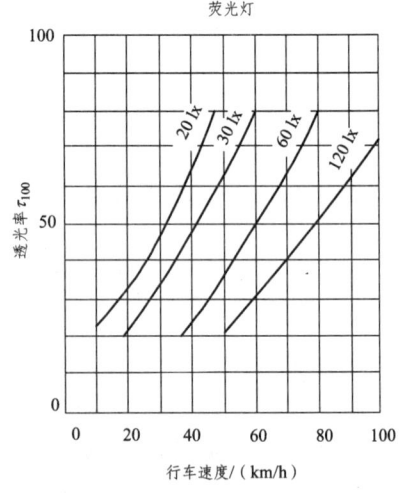

图 6-1　透过率、车速、照度和光源之间的关系

隧道照明采用中线或中线侧偏布置形式时，基本照明宜选用逆光型灯具；隧道照明采用两侧交错或两侧对称布置形式时，宜选用宽光带对称型照明灯具。

接近段可采用下列减光措施：

1 可采用削竹式洞门形式，并进行坡面绿化。

2 洞口采用端墙形式时，墙面可采用暗色调，其装饰材料的反射率应小于 0.17。

3 经硬化处理的隧道洞口边仰坡可进行暗化处理。

4 洞口外至少一个照明停车视距长度的路面可采用黑色路面。

条文说明

洞外亮度 $L_{20}(S)$ 对隧道加强照明规模的影响极大，若对洞门作明亮装饰会使洞外亮度值增大，加剧"黑洞效应"，导致照明能耗增加。在隧道接近段采取洞外减光措施，可以降低隧道洞外亮度，达到节能目的。

本条提出的洞外减光措施为常用办法，也可根据洞口现场情况采用其他减光措施，如洞口种植常青树。此外，隧道洞口设计遵循"早进晚出"原则，采取前置洞口工法，实现零仰坡开挖以及大面积绿化洞口等，尽量降低隧道洞外亮度。

采用削竹式洞口时，其洞外亮度低于端墙式洞口，即使隧道洞口处于微丘地段即 20°视场范围内天空面积百分比较高也是如此，因此从降低洞处亮度考虑，推荐削竹式洞口。

隧道夜间照明调光设计应满足下列要求：

1 夜间应关闭隧道入口段、过渡段和出口段的加强照明灯具。

2 长度 $L \leq 500$ m 且设有自发光诱导设施和定向反光轮廓标的高速公路和一级公路隧道，夜间可关闭全部灯具。

3 长度 $L \leq 1\,000$ m 且设有对向反光轮廓标的二级公路隧道，夜间可关闭全部灯具。

4 公路设有照明时，其路段上的隧道夜间照明亮度应与道路亮度水平一致；公路未设置照明时，高速公路和一级公路隧道夜间照明亮度可取 1.0 cdm²，二级公路隧道夜间照明亮度可取 0.5 cd/m²。

5 单向交通隧道夜间交通量不大于 350 veh/(h·ln)、双向交通隧道夜间交通量不大于 180 veh/(h·ln)时，可只开启应急照明灯具。

条文说明

隧道入口段、过渡段、出口段处的加强照明是为消除白天驾驶员接近及通过隧道时由于洞内外亮度差别极大引起的"黑洞效应"、"视觉适应滞后"等视觉现象，因此所有加强照明灯具在夜间均应关闭。若仍开启这些照明，不但耗能严重，而且驾驶员在进入隧道时会引起强烈眩光，驶离隧道时产生"黑洞效应"，存在安全隐患。

本条参照《城市道路照明设计标准》（CJJ 45—2006）道路照明路面亮度取值的相关规定，规定了各等级公路隧道的夜间亮度。

根据编制组对国内隧道较多的省（市）调研发现，对于夜间交通量较少的公路隧道，在车辆均开车灯行驶时，隧道内仅开启应急照明灯具供隧道内监控摄像机及诱导行车使用，运营情况正常。

6.2　CIE 88—2004

6.2.1　CIE 88—2004 简介

在 1973 年，国际照明委员会发布了《国际隧道照明建议书》(*Publication CIE No.26*)。此后的数年中，这个出版物更新了两次，即在 1984 年出版了《隧道入口照明——确定隧道入口段照明基础实验总结》(CIE 1984—61)。以 CIE 1984—61 为背景，国际照明委员会颁布了《公路隧道和地下通道指南》(CIE 88—1990)，这个指南是在与"PIARC 隧道照明委员会"的密切沟通中完成的。1990 年以来，在隧道照明领域的研究发生了相当可观的进步，有必要对指南进行修改，修改部分更精确地反映了隧道照明试验研究成果和工程经验。

CIE 88—2004 技术报告是国际照明委员会在 2004 发布的一部隧道照明设计相关的技术报告，全称为 *CIE 88—2004 GUIDE FOR THE LIGHTING OF ROAD TUNNELS AND UNDERPASSES*，即《公路隧道和地道照明指南》。主要目的是为设计新建隧道的照明设计提供建议，依然沿用了《隧道入口照明——确定隧道入口段照明基础实验总结》(CIE 1984—61) 和《公路隧道和地下通道指南》(CIE 88—1990) 的相关术语。

CIE 88—2004 规定隧道照明应遵循驾驶员的视觉需求，并以能辨识路面障碍物的停车视距作为照明安全设计的原则。其根据隧道行车的视觉适应性将隧道分为接近段、入口段、过渡段、中间段、出口段和分离段，既符合隧道行车的视觉特点，又可大幅降低长隧道照明能耗。此外，再进一步根据公路隧道的几何长度、线形、洞壁反射率及交通量规定了不同长度隧道入口段白天的照明要求。依据短隧道通透性确定了不同长度短隧道的照明设计标准，既符合短隧道行车的照明视觉要求，又有利于短隧道照明节能。

采用 CIE 88—2004 隧道照明亮度变化规律对隧道照明区段进行进一步细分是解决高速公路隧道照明能耗高的一种有效途径，上文中的《细则》也是吸取了 CIE 88—2004 的亮度递减思路，可以有效指导我国高速公路营运隧道安全与节能管理模式的建立，对提高我国公路隧道运营安全，降低高速公路隧道运营成本可以起到积极作用。

6.2.2 CIE 88—2004 相关条文节选

现将 CIE 88—2004 中相关条文节选如下。

1. 减光构筑物的设置

在许多国家，在隧道洞口设置减光构筑物，利用日光为隧道提供光通量。在亮度等级上，由日光提供的照明亮度等级必须和人工照明一样满足需求。对比度比率 L/L_v 的值必须同人工照明一样的方法进行确定。在照明方面，隧道的入口应该是减光构筑物的起点。在照明计算时，应该考虑灯具反射光的贡献。

根据隧道的位置和构造，减光构筑物应视为隧道的顶部或者墙壁的一部分，或者两者都是隧道的一部分。不建议采用透光百叶形式的减光构筑物，因为实践已经证明，就目前的设计方法和材料性能，无法保证足够高的透射率，从而无法满足亮度需求。对于透光百叶，建议各类隧道的入口段亮度 L_{th} 与等效光幕亮度的比值 L_{seq} 的比值至少为 2，建议采用更高的值，两者比值的最大值应为 6。这个数字的由来主要是因为：减光构筑物的透射率一般依赖于天气条件，在晴天时两者的比值可能达到 6 是合适的。对于多云的天气，两者的比值至少应为 2。对于减光构筑物的顶部应提出特别要求，以免产生闪烁干扰（见 6.14 节）。

2. 入口段的长度

入口段的总长度应不小于一个停车视距。在入口段的前半段，亮度等级必须等于 L_{th}（入口段起点的亮度），在入口段的后半段，亮度等级可以逐渐线性降低，在入口段的终点大小为 $0.4L_{th}$，见图 6-2。入口段后半段的亮度降低也可以采用分段式。然而，每个分段的亮度等级不要低于图 6-2 中的递减曲线。

3. 过渡段亮度

原则上，过渡段的亮度减小应如图 6-2 中的曲线所示。过渡段开始于隧道入口段的终点（$t=0$）。在过渡段，亮度降低曲线可以用梯级直线替代，但相应直线段的亮度不能低于连续曲线。相邻直线段的亮度比值

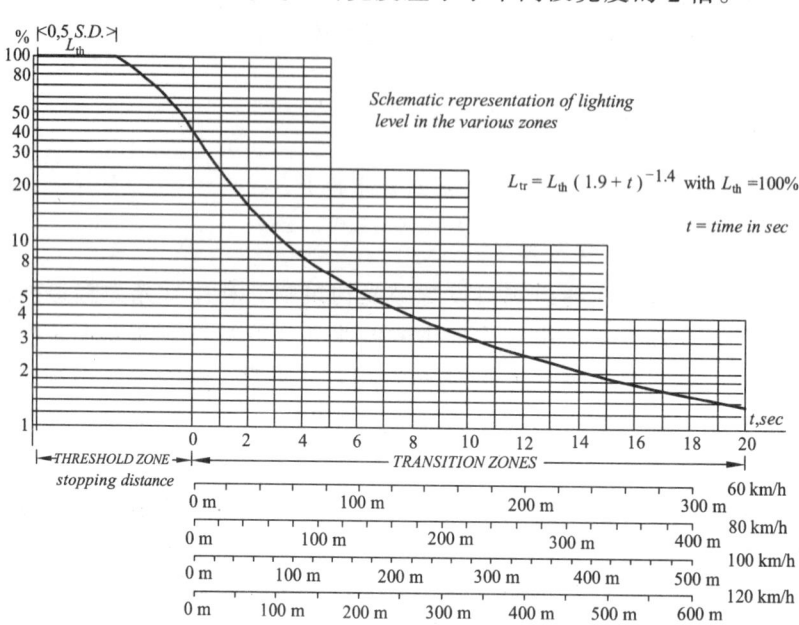

不应大于 3，最后一个直线段的亮度应小于中间段亮度的 2 倍。

图 6-2 沿隧道纵向的亮度

进入隧道后驾驶者的视野由隧道内部所填充，建议过渡段的长度尽量大一些，这样可以降低"二次黑洞"效应的影响。为了驾驶的舒适性，如过渡段采用梯级分段，在过渡段的末端应在 CIE 曲线基础上延长一定长度，在这个长度上行驶时间约为 1 至 2 s。

4. 昼天中间段照明

白天中间段的亮度等级是根据停车视距 SD 和交通量两个参数确定的。特长隧道的中间段可以分为两个部分。第一部分的长度等于车辆行驶 30 s 所覆盖的距离，这一部分的亮度应等于长隧道的亮度。剩余的隧道区间为第二部分，其照明连读应为特长隧道的亮度等级。

表 6-3 中间段亮度值（长隧道） 单位：cd/m²

停车距离/m	交通流量[车辆/（小时·车道）]	
	小	大
160	6	10
60	3	6

表 6-4 中间段亮度值（特长隧道）　　　　　　　单位：cd/m²

停车距离/m	交通流量[车辆/（小时·车道）]	
	小	大
160	2.5	4.5
60	1	2

停车视距在 60 m 至 160 m 之间、交通量在大交通量和小交通量之间时，可以采用线性差值的方式确定中间段的亮度。在前面表格中使用的交通量大小标准如表 6.5 所示。

表 6-5　交通流量分类

交通流量 （见 5.5 节的术语）	单向交通	双向交通
大交通量	>1 500	>400
小交通量	<500	<100

5. 出口段亮度

为确保小型车辆获得足够的直接照明和通过后视镜获得的视觉信息，出口段应与中间段一样的方式设置照明。当预计到洞口附近有额外的风险和隧道的长度过大时，建议从中间段的终点开始，在一个停车视距的长度内（从出洞口前 20 m），亮度从中间段亮度线性增加至中间段的 5 倍。

6. 驶离段亮度

当隧道所在的道路没有照明和车速超过 50 km/h 时，建议在驶离段设置照明。当有如下情况时：

（1）隧道夜间亮度等级大于 1 cd/m²。

（2）入口和出口的天气条件不同。

驶离段的长度应大于两倍停车视距（SD），亮度不小于夜间洞内照明亮度的 1/3。

7. 夜间照明

（1）如果隧道前后的道路存在照明，隧道内的亮度等级、均匀性、眩光应不低于洞外道路照明,隧道夜间的亮度均匀性应与白天一致。

(2)如果隧道前后的道路无照明,隧道内的亮度应不低于 1 cd/m²。总均匀度不低于 0.4,纵向均匀度不低于 0.6。

参考文献

[1] 马非，吴梦军，谢洪斌.隧道照明[M].北京：科学出版社，2018：23-30.

[2] 庞蕴凡.视觉与照明[M].北京：中国铁道出版社，1993：54-63.

[3] 刘晓玲.视觉神经生理学[M].北京：人民卫生出版社，2011：52-63.

[4] 中华人民共和国国家标准.照明测量方法：GB/T5700—2008[S].北京：中国质检出版社.

[5] 交通部重庆公路科学研究所.公路隧道通风照明设计规范：JTJ 026.1—1999[S].北京：人民交通出版社，2000.

[6] 中华人民共和国交通运输部.公路隧道照明设计细则：JTG/TD 70/2-01—2014[S].北京：人民交通出版社，2014.

[7] 刘亚军，史玲娜，涂耘，等.从CIE88—2004看《公路隧道照明设计细则》的先进性[J].公路交通技术，2016，32（6）：154-158.

[8] 杨翠，王少飞，胡国辉.国际道路隧道应急照明标准及其借鉴[J].照明工程学报，2016，27（6）：74-77.

[9] 杨勇.公路隧道照明光源对疲劳度的影响[J].照明工程学报，2015，26（6）：76-79.

[10] 朱应昶，肖辉.城市道路照明智能化研究[J].照明工程学报，2017，28（5）：16-19.

[11] 云朋.建筑光环境模拟[M].北京：中国建筑工业出版社，2010：42-43.

[12] CIE. Method of Measuring and Specifying Color Rendering Properties of Light Sources[R]. CIE 13.3—1995.

[13] CIE. Road Surface and Road Marking Reflection Characteristics[R]. CIE 144—2001.

[14] CIE. Road Lighting Calculations[R]. CIE 140—2000.

[15] CIE. Calculation of Tunnle Lighting Qunlity Criteria[R]. CIE 189—2010.

[16] CIE. Guide for the Lighting of Road Tunnels and Underpasses[R]. CIE 88—2004.

[17] CIE. On Site Measurement of the Photomertic Properties of Road and Tunnel Lighting[R]. CIE 194—2011.

[18] CEN. Lighting Applications-Tunnel Lighting[S]. CR 14380—2003.

[19] CIE. Road Lighting Lantern and Installation Data Photometric Classification and Performance[R].CIE 102—1993.

[20] CIE. Guide for the Lighting of Road Tunnels and Underpasses[R]. CIE 88-1990.

[21] CIE. Calculation and Measurement of Luminance and Illuminance in Road Lighting[R]. CIE 30(2)—1982.

[22] CIE. The Photometry and Goniophotometry of Luminaires[R]. CIE 121-1996.

[23] CIE. Road Lighting Calculations[R]. CIE 140—2000.

[24] CIE. Practical Methods for the Measurement of Reflectance and Transmittance[R]. CIE 130—1998.

[25] BLACKWELL H R. Contrast Threshold of the Human Eye[J]. Journal of the Optical Society of America, 1946, 36(11): 624-643.

[26] HAUBNER P, BODMANN H W, MARSDEN A M. A Unified Relationship Between Brightness and Luminance[J]. Siemens Forschung- und Entwicklungs Berichte, 1980, 9(6): 315-318.

[27] PRESLE G, HORVATH H. The Influence of the Color of Visibility Targets on the Visibility[J]. Pure and Applied Geophysics, 1979, 117(5): 913-926.

[28] ADRIAN W. Visibility of Targets: Model for Calculation[J]. Lighting Research and Technology, 1989, 21(4): 181-188.

[29] REA M S. Illuminating Engineering Society Lighting Handbook:

Reference and Application, 9th edn[M]. New York: Illuminating Engineering Society of North America, 2000: 5-10.

[30] MAYEUR A, BREMOND R, BASTIEN J M C. The Effect of the Driving Activity on Target Detection As a Function of the Visibility Level: Implications for Road Lighting[J]. Transportation Research Part F Traffic Psychology and Behaviour, 2010, 13(2): 115-128.

[31] BREMOND R, BODARD V, DUMONT E, et al. Target Visibility Level and Detection Distance on a Driving Simulator[J]. Lighting Research and Technology, 2013, 45(1): 76.

[32] O'BRIEN B. Vision and Resolution in the Central Retina[J]. Journal of the Optical Society of America, 1951, 41(12): 882-894.

[33] BOYCE P R. Lighting for Driving: Roads, Vehicles, Signs and Signals[M]. New York: Chemical Rubber Company Press, 2008: 213-228.

[34] ADRIAN W. Investigations on the required luminance in tunnel entrances[J]. Lighting Research and Technology, 1982, 14(3): 151-159,

[35] SCHREUDER D A. The Lighting of Vehicular Traffic Tunnels[J]. Technische Hogeschoolndhoven, 1964, 2: 48-54

[36] SCHREUDER D A. Tunnel Entrance Lighting-A Comparison of Recommended Practice[J]. Lighting Research and Technology, 1971, 3(4): 274-278.

[37] ADRIAN W. Method of Calculating the Required Luminances in Tunnel Entrances[J]. Lighting Research and Technology, 1976, 8(2): 103-106.

[38] BULLOUGH J D, REA M S. Simulated Driving Performance and Peripheral Detection at Mesopic and Low Photopic Light Levels[J]. Lighting Research and Technology, 2000, 32(4): 194-198.

[39] SCHREUDER D A. Road Lighting for Safety[M]. London:Thomas Telford, 1998: 215-233.

[40] AMUNDSEN F H, RANES G. Studies on Traffic Accidents in Norwegian Road Tunnels[J]. Tunnel and Uderground Space Technology, 2000, 15(1):3-11.

[41] NARISADA K, YOSEOIKAWA K. Tunnel Entrance Lighting: Effect of Fixation Point and Other Factors on the Determination of Requirements [J]. Lighting Research and Technology, 1974, 6(9): 9-18.

[42] VAN BOMMEL W. Road Lighting:Fundamentals, Technology and Application[M]. Cham:Springer International Publishing, 2015: 273-279.

[43] DE BOER J B. The Application of Sodium Lamps to Public Lighting[J]. Journal of the Illuminating Engineering Society, 1961, 56: 293-312.

[44] AKUTSU H, WATARAI Y, SAITO N, et al. A New High-pressure Sodium Lamp with High Colour Acceptability[J]. Journal of the Illuminating Engineering Society, 1984, 13(4): 341-349.

[45] LEE X H, MORENO I, SUN C C. High-performance LED Street Lighting Using Microlens Arrays[J]. Journal of the Optical Society of America, 2013, 21(9): 10612-10621.

[46] BULLOUGH J D, REA M S. Intelligent Control of Roadway Lighting to Optimize Safety Benefits Per Overall Costs[C]. Institute of Electrical and Electronics Engineers conference on intelligent transportation systems, Washington, 2011: 5-7.

[47] HUANG T S, LUO F. Energy Saving Tunnel Lighting System Based on PLC[C]. China International Conference on Electricity Distribution, Beijing, 2006: 527-533.

[48] PACHAMANOV A, PACHAMANOVA D A. Optimization of the Light Distribution of Luminaries for Tunnel and Street[J]. Engineering Optimization, 2008, 40(1): 47-65.

[49] FERNANDEZ E, BESUIEVSKY G. Inverse lighting design for interior buildings integrating natural and artificial sources[J]. Computers and Graphics, 2012, 36(8): 1096-1108.

[50] STILES W S, CRAWFORD B H. The Effect of a Glaring Light Source on Extrafoveal Vision[J]. Proceedings of Royal Society B, 1937, 122 (827): 255-280.

[51] SCHREUDER D. Outdoor Lighting:Physics, Vision and Perception[M].

New York:Springer Science+Business Media(Spinger), 2008: 357-358.

[52] WOLF E, GARDINER J S. Studies on the Scatter of Light in the Dioptric Media of the Eye As a Basis of Visual Glare [J]. Archives of Ophthalmology, 1965, 74(4): 338-345.

[53] NAGAI S, ISHIDA S, SHINJI M, et al. Energy-saving Lighting System for Road Tunnel[C]. Underground Space Use: Analysis of the Past and Lessons for the Future,Istanbul, 2005: 625-631.

[54] PENA-GARCIA A, GIL-MARTÍN L M, HERNANDEZ-MONTES E. Use of Sunlight in Road Tunnels:An Approach to the Improvement of Light-pipes' Efficacy Through Heliostats[J].Tunnel and Uderground Space Technology, 2016, 60: 135-140.

[55] CORNWELL P R. Appraisals of Traffic Route Lighting Installations[J]. Lighting Research and Technology, 1973, 5(1): 10-16.

[56] NARISADA K, YOSEOIKAWA K. Tunnel Entrance Lighting: Effect of Fixation Point and Other Factors on the Determination of Requirements [J]. Lighting Research and Technology, 1974, 6(9): 9-18.

[57] ZALESINSKA, MALGORZATA. Visibility concept in road lighting[J]. WIT Transactions on the Built Environment, 2011, 121: 159-170.